珍藏本
纪念版

汉译世界学术名著丛书

日本文化史研究

〔日〕内藤湖南 著

刘克申 译

2017年·北京

NAITO TORAJIRO

NIHON BUNKASHI KENKYU

汉译世界学术名著丛书
（120年纪念版·珍藏本）
出版说明

2017年2月11日，商务印书馆迎来120岁的生日。120年前，商务印书馆前贤怀揣文化救国的理想，抱持"昌明教育，开启民智"的使命，立足本土，放眼寰宇，以出版为津梁，沟通中西，为中国、为世界提供最富智慧的思想文化成果。无论世事白云苍狗，潮流左右激荡，甚至战火硝烟弥漫，始终践行学术报国之志，无改初心。

迻译世界各国学术名著，即其一端。早在20世纪初年便出版《原富》《天演论》等影响至今的代表性著作，1950年代后更致力于外国哲学和社会科学经典的译介，及至1980年代，辑为"汉译世界学术名著丛书"，汇涓为流，蔚为大观。丛书自1981年开始出版，历时三十余年，迄今已推出七百种，是我国现代出版史上规模最大、最为重要的学术翻译工程。

丛书所选之书，立场观点不囿于一派，学科领域不限于一门，皆为文明开启以来，各时代、各国家、各民族的思想与文化精粹，代表着人类已经到达过的精神境界。丛书系统译介世界学术经典，引领时代思想，为本土原创学术的发展提供丰富的文化滋养，为推动中国现代学术和现代化进程做出了突出的贡献。

为纪念商务印书馆成立120周年，我们整体推出“汉译世界学术名著丛书”120年纪念版的珍藏本，寄望既利于文化积累，又便于研读查考，同时向长期支持丛书出版的译者、编者和读者致以敬意。

两甲子后的今天，商务印书馆又站在了一个新的历史时间节点上。我们不仅要铭记先辈的身影和足迹，更须让我们的步伐充满新的时代精神。这是商务人代代相传的事业，更是与国家和民族的命运始终紧密相连的事业。我们责无旁贷，必须做好我们这代人的传承与创造，让我们的努力和成果不仅凝聚成民族文化的记忆，还能成为后来人可以接续的事业。唯此，才能不负前贤，无愧来者。

商务印书馆编辑部

2017年10月

译　序

任何一个民族都有属于自己的文化，文化是民族生存与发展的方式，是一个民族与生俱来之物。现代考古学的发现已经证实，生活在日本列岛上的人们早在他们的民族形成时期就已有了属于自己的文化创造。日本文化是在日本列岛的自然风土中萌发的，尽管后来在其发展过程中，不断受到大陆（其中主要包括中国大陆和朝鲜半岛）文化的影响，但就其本质而言，日本文化仍然是一种自发生成的文化，最具代表性的就是日本的原始神道。原始神道是在日本列岛的自然风土中孕育出来的宗教信仰，这种宗教信仰可以追溯到原始社会的祖先崇拜和各种祭祀活动，与古代社会生活中的咒语、歌谣、祝词、神话、传说乃至后来人们所说的言灵有着极其密切的关系，其最根本的特征就是体现了日本民族固有的本土思想。日本民族在其文化发展过程中，不断吸收外来的先进文化，尤其是古代中国文化，为了吸收、消化这些外来文化，使其能够契合日本的风土，日本民族做出了不可尽数、坚韧不拔的努力。外来文化与日本本土文化的融合经历了一个极其漫长的历史过程。从冲突到调和、融入，几经波折，反反复复，日本人的思想价值体系中的许多重大建构，如神佛融合、儒学日本化、老庄思想变异、禅宗世俗化，无一不是这种努力的结果。在吸收、消化外来文化的同

时，日本民族仍不断地致力于民族文化的创造，文学方面的和歌、俳句、物语、浮世草子等，戏曲方面的谣曲、狂言、能乐、净琉璃、歌舞伎等，绘画方面的大和绘、浮世绘等，这些文化成果无一不具有独特的日本民族特色。日本文化孕育于日本列岛的自然风土，伴随着日本民族的成长而发展，必然具有自己的民族特性，在其发展过程中，外来的文化特别是古代中国文化和近代西方文化都对它的发展产生过深刻影响，但这些都不曾，也不可能改变日本文化固有的民族特性。这种民族特性也就导致产生了日本文化与其他文化的差异性。日本人在对自己民族文化的认识中很早就对这种文化差异性予以了关注。平安时代，菅原道真最早提出来的所谓“和魂汉才”不仅仅是主张日本本土文化精神的固守，其中也包含着对日本文化与外来的大陆文化即“和”与“汉”的差异性的自觉。日本文化在其发展过程中，无论对大陆文化的吸收、消化，还是对西方文化的受容、变容，“和魂”始终如影随形，消长与共。

江户时代的国学家本居宣长是“和魂”的积极倡导者，本居宣长主张“清除汉意，坚固和魂”，他强烈批判日本在大陆文化的熏陶和影响下养成的崇拜中国文化的“唐心”，主张要从古道，特别是万叶世界中去寻找“大和心”，他认为这种“大和心”是遵循自然法则的“清净之心”，也是日本人的传统精神之源。本居宣长鼓吹一种自己的国家所特有的品性，强调日本文化的特异性，本居宣长可以说开了后来所谓的“日本文化论”的先河。

明治维新是日本结束长期锁国状态之后的一次重大社会变革。明治政府的基本政策是文明开化与富国强兵，其目标就是要尽快吸收近代西方文明，使日本成为西方式的现代化国家。先进的西方文明和文化的传入使日本社会发生了前所未有的巨变，这种巨变使日本人意识到日本与西方的差异。在弥漫着全面欧化的时代氛围中，一些文化人开始批判日本人对西方的过度崇拜，提出汲取西方的文明开化精神，将其“同化”于日本，同时还应该保持自己的国粹。从“和魂汉才”转为“和魂洋才”，时代在变化，但对民族精神的固守一如既往。所不同的是，在这一时期，从不同的角度探寻日本文化的特质和日本人的国民性形成了一股潮流，这也就是后来所谓的日本文化论和日本人论。在这样一种时代背景下，内藤湖南发表了一系列论述日本文化的文章。作为一位中国史学的大家，内藤湖南此时在日本已有相当的学术声望，其以独特的视角对日本文化的论述引起了广泛关注。1924 年，也就是大正时代尾期，内藤湖南将这些文章汇集成册，名之以《日本文化史研究》由京都弘文堂出版。此书甫出，反映强烈，好评如潮，尔后一版再版，现已被公认为日本文化论的名著。

内藤湖南（1866—1934 年），本名虎次郎，字炳卿，号湖南，出生于秋田县鹿角郡毛马内町的一个武士家庭，父亲和祖父都有一定的汉学教养。内藤湖南毕业于秋田师范学校，早年做过小学教师，后前往东京、大阪，担任过《朝日新闻》以及《明教新志》《日本人》杂志的记者、编辑和评论员。在此期间，他曾先后为松方正义、大隈重信内阁起草过内阁政纲。1897 年，内藤湖南赴台湾，担任《台湾日报》主笔，翌年又担任《万朝报》特约评论员。内藤湖南对中国的重大历史事件如戊戌变法、辛亥革命、“五四”运动等从历史学家的视角都做过深刻的观察并写出大量时评文章，他的一些观点对当时日本人的中国观乃至日本政府的对华政策都产生过一定影响。年近四十岁时，内藤湖南从新闻界转入京都大学。内藤湖南并非科班出身，没有大学文凭而被京都大学聘为东洋史学科教职人员，之后又成为该学科的学术带头人，这在京都大学是没有先例的。内藤湖南在京都大学主持“东洋史学”第一讲座达20年之久，在学术界产生了广泛影响。内藤湖南学识渊博，汉学功底扎实，从中国上古史至民国史，都有著述，其学说多有独创之见且自成体系，故有“内藤史学”之称，本人亦成为名驰遐迩的京都学派的代表人物。内藤湖南因其对中国古代史的独创性研究成果如“中国史三分法”理论，尤其是“宋代近世学说”受到中日两国史学界瞩目。内藤湖南学术研究范围极广，其一生治学，以史学最为专精，著述丰赡，又旁及经学、佛学、博物学、考古学、甲骨学、金石学、文字学、敦煌学、民族学、目录学、艺术史等众多领域，且皆有建树，这在学术界极为罕见。日本筑摩书房出版的《内藤湖南全集》十四卷收入了他的绝大部分著述。内藤湖南曾作为《朝日新闻》的特派记者派驻中国，其前后九次到过中国，我国学术界名流如刘鹗、沈曾植、罗振玉、王国维、严复、张元济、方药雨、郑孝胥、胡适等都与其有过交往，切磋学术，诗文酬酢。

在内藤湖南的日本文化研究中，他始终把中国文化与日本文化的关系放在最重要的位置，探寻中日文化的关系也是其一生的学术追求。内藤湖南认为，日本文化与中国文化同为古老的文化，但日本文化是在中国文化刺激下发展起来的。对于两者的关系，内藤湖南曾有一个很著名的比喻，他认为，日本文化如同磨成的豆浆，依靠中国文化的卤水才凝集而成豆腐。在内藤湖南看来，日本文化是与中国文化一脉相承的，中国文化是日本文化的源头，日本文化是中国文化的延长。

从文化史的角度来看，内藤湖南的这个比喻不无可推敲之处，但他认为日本文化与中国文化密不可分的观点可以说是点到了日本文化的命门。在各种民族文化的研究中，文化的发生、发展的条件各有所异，其过程也不尽相同。对于日本文化研究而言，地理历史上的渊源使中国及其文化成为一个无法回避的存在，如果想要绕开中国及其文化的影响，日本文化就无从谈起。文化是一个含义极其宽泛、庞杂的概念，可以涵括各种各样的领域，也正因如此，对于个体研究者来说，能将社会、政治、历史、艺术、宗教等众多学科纳入自己的研究领域并能在其间舒拳展袖，游刃有余，如果没有淹贯古今的学问根柢是难以为任的。以本书所收篇目涉猎领域之广阔，不难看出作者高远的学术视阈，而对各篇目细加研读，其对问题切入之准确，论述之精详，更可感知作者深厚的学殖。

本书的开篇是《日本远古时代的状态》，文章在描述远古时期日本列岛上的社会状态的同时，论述了那一时期日本与大陆中国的关系。尚处于部落生活的日本列岛上的土著民族在形成统一的国家之前，已经同大陆中国有着相当频繁的交往。当时的历史遗留物诸如铜镜、铜铎、铜鉾、货泉、玉器乃至丝绸在各地的发现可以印证从战国末期至东汉时期，中国文化已影响日本，且不止于沿海地区，后来传布至日本的内地。委奴国王金印的发现是一个不寻常的事件。关于金印缘何在远离政权中心的筑前志贺岛发现以及相关的问题曾引起很多争论。通过把自身掌握的材料与历史的分析融为一体，内藤推导出一个使人心悦诚服的论断，彰显了历史学家的思想逻辑和学术功力。日本古代社会历史的研究由于很多局限性而显得迷蒙混沌，此文如同一扇打开的窗户，让我们看到了那个世界的绚丽和迷人。

《近畿地区的神社》论述的问题与神道文化密切相关。日本神道文化的历史悠久，远远早于有文字记载的历史。近畿地区古来的神社众多，加茂地区日枝神社的缘起使人联想到《古事记》中美丽的传说，御影社（小野神社）的起源则可以追溯到作为遣隋使而闻名的小野妹子那个时代。更多的神社在没有历史记载时期已经出现，其历经沧桑，历史的积淀极为厚重，凭靠神社研究可以探寻到日本古老历史的秘处。历史总是充满诡谲，扑朔迷离，有太多的谜团留待史学家去破解。平野神社的今木神、久度神、古开神和比咩神究竟是何方神明？寻常可见的兵主神社的祭神又来自何方？这些问题历来虽不乏索解者，但迄无确解。历史文献的翻检往往是历史学家唯一可依助的手段，但又往往是事倍功半，甚至劳而无功。尤其是在年代久远，文字记载极为缺乏的情况下，有时会让人枯坐镇日，寥无所获。而本文的作者以其深厚的史学蕴蓄，把问题置于民族、民俗、社会、宗教等多学科融为一体的语境中去思索、辨析，从而言之有理、顺理成章地化解了这些谜团。其所持之论虽然仍属"异部名字难必和会"，但或许也可说"虽不中，不远矣"了。

《圣德太子》以简约的线条勾勒出一位日本民族奉为圣人的形象。圣德太子，一代英才，文韬武略，政治上高瞻远瞩，锐意进取，其制定的冠位十二阶与《十七条宪法》，为古代日本律令国家的形成奠定了基础。外交上圣德太子视野开阔，纵横捭阖，积极开展对外交流。他热心吸收中国文化，向中国派出遣隋使，"日出之处天子致日没处天子"，小野妹子那封著名的国书更是开了国际关系中对等外交的历史先河。“唯佛是真”是圣德太子始终不渝的信念，他以满腔热情致力于引导人心向善，为佛教在东土弘扬做出了居功至伟的贡献。圣德太子勤于思辨，学殖深厚，文采出众，《十七条宪法》和佛学经典《三经义疏》都出自他的笔下。圣德太子的卓越在日本历史上堪称前无古人，后无来者。《弘法大师的文学艺术》使我们对这位平安时代的文化人物在日本文化史上的建树有了更为深切的认识。弘法大师所编撰的《文镜秘府论》使读者得以窥见、领略中国盛唐时期的诗歌创作，其所引用、保留下来的文献在今日中国大都已亡佚，这就使该著述更显得弥足珍贵。与弘法大师的书法一样，《文镜秘府论》是大师留给后世的又一份文化遗产。《平安时代的汉文学》论述的是汉文学对日本国文学的影响，不言而喻，汉文学的影响远远逾越了文学领域。这一时期，来自东瀛的留学僧们不仅学习汉文学，他们热心专注于一切文化门类的学习，其中也包括音韵学。中国的音韵学受到印度梵语学的影响，在唐代已发展到相当的水平，“守温三十六字母”就出现在这一时期。日本的留学僧们写汉语、作汉诗，自然也学习到了中国的音韵学，日语五十音的辨别和划定就始于这些留学僧中间。五十音的辨别和划定从根本上说是受到了汉文学的影响，其奠定了日本语发展的基础，凝聚了一代遣唐留学僧的智慧，是惠泽整个日本民族的文化创造。

《关于应仁之乱》截取的是一个历史的断面，在日本历史上最为动荡不安的所谓下克上时期，社会生活的最底阶层打破了一切旧有秩序，皇族贵族阶层日渐式微，下级武士成为社会的主角登上了历史舞台。然而就是在这一时期，随着平民力量的兴起，文化开始走向大众，被视为贵族学问的汉学走出象牙之塔，成为了大众的学问，对神的信仰、天子宗庙的信仰变成大众的信仰，日本人的尊王观念就是在这一过程中形成或趋向稳定的。这对于国民思想的统一产生了非常重要的作用，也成为了日本国家统一的思想基础。文章夹叙夹议，对应仁之乱的历史娓娓道来。《樵谈治要》和《尘塚物语》片断的契入更是引人入胜，令人似乎感受到那段鲜活的历史触手可及。《樵谈治要》是一条兼良对将军义尚所论治国理政之书，其所述经纶实乃老生常谈，不足为道，但却真实记录了应仁之乱实态和作者亲历感受。《尘塚物语》所录山名宗全的趣闻逸事似令人发噱，而实为针砭时事，讥弹世态，发人深省。所谓应仁动乱十年，实不过三四年而已，大乱大治，继而便是盛世，日后日本的社会发展与这段历史有着千丝万缕的联系。在作者看来，所谓历史就是一部底层民众逐渐向上发展的记录，应仁之乱对于理解日本至为重要乃在于此。

文化的比较不能不涉及社会政治，日本古代社会律令仿效的是唐代制度，唐代制度的引进给日本社会文化打下了深深的印痕，但它的引进绝非简单的依样画瓢，从《唐代文化与天平文化》的论述可以知道，天平时代律令的引进是一次去芜存精、取吾所用的选择，这样的选择在日本社会发展进程中产生的影响极其深远。事实上，如果对日本社会文化生活细加观察的话，中国文化的影响至今随处历然可见，但是我们难以发现那些历史的糟粕夹杂其间。作为日本文化的他者，中国文化在文中只是一个参照，但如果能在日本人对自身文化的审视中发现我们文化中负面的东西——这些东西或许以往被我们忽略，甚至从未意识到，那么此篇的阅读就更平添了几分意义。

《大阪的町人与学问》描绘出的是一个城市文明史的略图。大阪是日本最早的商业都市。早在其开埠之时，文化的创造活动就已经出现。散人如竹的《四书》标注、西村天囚的宋学奠基之作都是在大阪完成的，他们的劳作推动了江户时代汉学的复兴。铁眼和尚的《藏经》刊行更是为日本佛教史添上了浓墨重彩的一笔。当然，大阪的文化勃兴还是在元禄时代以后，这是日本文化的成熟时期。大阪距京都咫尺之遥，净琉璃、演剧（芝居）、音曲等艺术都传自京都，千年古都的王朝文化一直沾溉着这座商业都市。但令人惊叹的是，大阪始终保持着自己独特的文化品格。大阪经济的发展、商业活动的兴盛促进了市民阶层的兴趣，市民阶层喜闻乐见的净琉璃、歌舞伎、浮世草子等成为了这一时期文化消费的主流。近松门左卫门的《国姓爷合战》在大阪竹本剧场连演三年，盛况不衰，井原西鹤的情色文学作品成为流行。他们的作品应时代潮流之运而生，是时代造就了他们，使他们成为江户文学史上的并峙双峰。富永仲基、片山蟠桃、桥本宗吉的名字在日本文化史上熠熠生辉，留下令后人仰慕的辉煌业绩，他们也都是从大阪这块土地走出来的。如果说江户文化渗透着幕府政治的影响，京都文化散发着皇家贵族气息，那么大阪文化就带着浓厚的平民色彩。大阪距江户遥远，中央政权的控制和影响相对薄弱，文化氛围也更为宽松，在这时期，阳春白雪的和歌开始被大阪的平民吟唱所替代，公卿贵族的蹴鞠成为大众的娱乐，学术文化如国学、汉学研究也呈现出平民化倾向。怀德堂的出现更推动了文化教育的普及，其施行的平民教育方针和兼容并包的学术理念具有开创性意义，也在日本文化

教育史上树起了一座永久的丰碑。

《关于香料的原产地》是别具一格的篇什。作者在尘埋网结、浩如烟海的历史笔记、地理资料中爬罗剔抉，广征博引，细密考辨，匡正了香道史上已成定识的纰误。香道是日本文化的一枝奇葩，其历史与佛教密切相连，可以追溯到佛教传入日本的最初时期。随着15、16世纪日本同南洋地区贸易的拓展，各种新的香料传入日本，促进了香道的发展，也大大地开阔了日本人的知识视野。作者生活的时代是一个博物学极其昌盛的时代，在其对香名、香料产地考辨的过程中，我们分享到的是令我们耳目一新的博物学知识，也勾起我们对那悠久而典雅的香道历史的无限遐思。

《日本国民的素质》细致有章地论述了从镰仓时代到足利时代那段日本历史黑暗时期文化的境遇。日本传统的神道在这一段时期几近完整地形成，并且被赋予了哲学上的意义，日本也开始拥有了以自己国家的历史作为出发点的哲学。歌学是建筑在国语基础上的，和歌的传授虽然由一条、冷泉家垄断，有繁杂的清规戒律，但其使国语具有了权威性，国语的权威性对任何一个民族来说都是至关重要的。《源氏物语》在这一时期备受推崇，被视为天下第一要书，歌学史上细川幽斋与门人宫本孝庸的那段著名对话使这部小说带有了几分“半部论语知天下”的意味。如同一千个读者眼里有一千个哈姆雷特，《源氏物语》当然有各种解读方式，但最根本的一点是，透过这部看似描写淫乱的男女关系的小说可以看到日本人率真的品性及深邃的社会意义。在日本历史上的黑暗时期，纵然兵燹战乱，日本人竭尽全力，甚至有人不惜生命去保护那些来之不易的外来文化成果和传统的歌道、书道、神道、物语等，并不断有所创造，传统的文化得以薪尽火传，体现了一个民族对传统文化的珍视，这样的民族无疑是具有文化素质的民族。《日本文化的独立与普通教育》从教科书的变迁论证了日本文化的独立，堪称蹊径另辟，匠心独运。教科书是社会历史文化知识的载体，其犹如一面镜子，反映出的是市井生活、人间百态，见证了时代的变迁。教科书摆脱完全使用中国输入的书本，从字书的逐渐演变到往来物读本的出现和普及，日本的教育从最初的公家（贵族）发展、普及到庶民阶层，经历了一个相当漫长的历史过程，在这一过程中，最终体现的是一个民族心智的成熟和文化的独立。

内藤湖南学术兴趣极其广泛，涉猎的研究领域众多，他曾在京都大学开设中国绘画史讲座多年，所著的《中国绘画史》不仅在日本学术界产生很大影响，而且被介绍到中国。收入本书的《日本肖像画与镰仓时代》是一篇关于日本肖像画演变史的专论。对于日本绘画史研究而言，肖像画是个难以把握的画种，风格繁多，不易分类，脉络复杂，难以梳理。内藤湖南运用实例如《圣德太子像》与五祖像、神护寺所藏画像、豪信的肖像画集等，从笔法、设色到服饰、人物表情、风采进行分析比较，从而勾画出一个历史时期内肖像画的创作特色。日本肖像画在保持数百年唐代风格之后，在藤原时代开始出现用新颖手法创作的肖像画作，固有的肖像画风格为之一变，以藤原隆信为代表的肖像画开创了日本肖像画的新时代。从镰仓时代至南北朝时期的肖像画极具日本特色，这是日本肖像画的全盛时期。而进入室町时代中期，即便也不乏有诸如狩野派之类的肖像画佳作问世，但就整体而言，肖像画已过了其鼎盛时期。传统的观点认为，现存肖像画最多的室町时代为肖像画的

全盛时期，内藤湖南不仅以令人信服的精辟论述推翻了这一陈陈相因的传统观点，而且从历史分析的角度厘清了日本肖像画与禅宗的关系。尤其值得关注的是，内藤湖南对肖像画演变的考察是放在时代的大背景下进行的。任何一门艺术，其创作手法、风格的变化都是与那个历史时期的社会、文化发展息息相关的。内藤湖南以历史学家的敏锐眼光洞察到藤原时代末至镰仓时代初、中期，日本社会经历着巨大的社会变革，伴随着各社会阶层的变化，新的思想、新的宗教如净土、真宗、日莲宗的产生，文化艺术领域内除旧图新、追求独创的精神开始孕育和不断发展，肖像画的兴盛是恰逢其时。

《关于日本南画的鉴赏》从美术鉴赏的角度通过对各个不同时期代表性画家如大雅堂（池大雅）、祇园南海、与谢芜村、野吕介石、田能村竹田、中林竹洞、渡边华山等人的创作分析，论述了日本南画的渊源流变。不同于大和绘和浮世绘，日本的南画是在中国文人画的影响下发展起来的。中国文人画的历史久远，到宋元时期文人画已日臻成熟，至明代已成为当时的主流画派，并直接影响到清代绘图的基本格局和审美取向，其表现出的是最传统的中国文化特色。文人画清雅淡逸，多为文人雅士信笔遣兴而作，不仅讲究笔墨技巧，更追求一种神韵，画面营造的意境往往透露出画家的某种精神寄托或感情抒发，如董其昌所云："以画为寄，以画为乐。"15世纪中叶即室町时代是日本历史上的多事之秋，应仁之乱就发生于这一时期，但这一时期日本传统的文化如能乐、花道、茶道、连歌、庭院艺术等仍得以灿烂绽放。也就在这一时期，大量的中国绘画传入日本，受中国宋元绘画的影响，在禅宗文化的背景下，水墨画成为流行，而且出现了雪舟这样的水墨大家，以土佐派为中心的传统的大和绘虽然一如既往获得朝廷的支持，但已风光不再，趋向衰微了。东山文化的开创者、足利幕府第八代将军义政酷爱艺术，曾延请相阿弥为其鉴定绘画。相阿弥是位造诣深厚的画家，他无疑是个有艺术眼光的人，但在当时像相阿弥那样真正懂得中国绘画内涵的人并不多见。文化艺术的发展受到历史和社会条件制约，一门艺术流派的形成只能到社会文化发展到与其相适应的阶段。日本南画的兴起是在江户时代中期即元禄时期，这是江户文化的成熟期，也是中国文化最为普及的时期，儒学的勃兴及其日本化的实现就是在这一时期。文人画集文学、书法、绘画以及篆刻等诸门艺术为一体，集中表现出中国传统文化艺术的特色，在浓厚的中日文化融合的时代氛围中，在中国文人画的影响下，日本的南画应运而生。在这样的一个时期，作为南画画家没有一定的汉学学养是不可想象的。日本南画的奠基人大雅堂、祇园南海、柳泽淇园皆擅吟汉诗、作汉文；田能村竹田不仅赋诗填词，而且还编撰了《填词图谱》那样的词学著作；彭城百川、与谢芜村都是享有盛名的俳句诗人，在他们的俳句中仍然可以感受到隽永的汉诗韵味和情调。田能村竹田的《山中人饶舌》和《百活矣》，野吕介石的《四碧斋画话》，中林竹洞的《竹洞画论》《画道金刚杵》等更是各具特色的画论，其中不乏对中国绘画艺术独到而精辟的见解。这些汉学学养深厚的画家，他们能够品赏、体察、领会中国绘画中的深远意境和丰富内涵，在他们的绘画中，我们可以看到中国不同历史时期的画风以及艺术风格迥异的画家如元末四大家、八大山人、石涛、石谿、四王吴恽的影响，当然这一时期赴日画家伊孚九、沈南苹、江稼圃

等对日本南画发展所起的推动作用亦不容低估。正是在这一背景下，日本的艺术家们开创了独具日本风格的南画。日本南画的兴起和发展从根本上反映出的是日本文化的特点。

《日本风景观》的写作源自于志贺重昂的《日本风景论》的影响。《日本风景论》曾经产生过广泛的影响，现已成为日本文化论的重要著作，其同后来从人文地理学与社会地理学视角展开的风土论乃至日本人论有着密切的关联。志贺重昂认为，“日本江山之美、植物种类之繁多，正是涵养日本人过去、现在、未来审美的原动力”。而《日本风景论》则从绘画艺术、自然观的角度提出了如何欣赏日本风景即风景观的问题。在漫长的历史进程中，伴随着人类对自然界认识的深化，风景观是不断变化着的。在古代中国，由于受到对自然认识上的局限，人们对大自然的山水风景充满着宗教式的神秘感，正是这种神秘感催生和促进了道教文化的发展。古代日本人对山岳崇拜之类的信仰、习俗也表现出由于认识局限而对大自然产生的敬畏。绘画是最能直观地表现出风景观的艺术，中国风景画即山水画的历史源远流长，到盛唐时期，山水画已经获得了长足的发展。从吴道子粗宕淋漓的墨画、大小李将军敷色精巧的密画和被誉为“诗中有画，画中有诗”的王维的水墨山水到“三家山水”的关同、李成和范宽，从南北两宗的山水到米芾父子、赵大年乃至元末四大家黄公望、吴镇、倪瓒、王蒙，而后迨至明清四王吴恽，沿着山水绘画艺术发展的轨迹，在探寻各个时期绘画风格技法的流变中可以清楚地窥见到对风景认识的变化。伴随着中国古代绘画传入日本，中国人的风景观也自然影响了日本人对风景的认识。从古老的绘卷、大和绘中描绘的风景我们可以感受到中国唐

代古朴飘逸的画风，在传统的隔扇画中可以体味到中国山水画的韵致。日本的艺术家对中国绘画绝非仅仅止于单纯的风格、技巧上的接受，他们能够体察、领悟到中国绘画的深厚内涵和气韵，并将这些审美收获融会贯通，尝试用新颖的手法表现他们对日本风景的感受。潇湘八景是中国绘画中充满诗意的传统画题，如果将其与同为八景图的近江八景相比就不难看出两者之间的差异。至于江户时代的浮世绘，更是开创出描绘日本风景的新天地。风景无疑是带着地域性特色的，如同妩媚柔美的江南水乡、雄浑宽阔的黄土高原是中国独特的风景一样，内藤湖南认为，“裾野”即火山脚下缓缓倾斜的原野是最具日本特色的风景，“秋草萋萋，野花盛开，漫无边际，极目远望，一座美丽的圆锥形火山静卧在天穹之下”，这道独特的风景曾让浮世绘画家歌川广重感动不已。毋庸置疑，独具特色的风景之美令人感动、陶醉，也令人向往，但美是无处不在的，也就是这位歌川广重，他更多的是在市街旅舍驿站发现风景，捕捉到美。诚如东山魁夷所说：“风景是无处不在的，问题在于观察它的人本身”是否有“观察风景的眼力和心力”。（东山魁夷《我的窗》）也正是在这一点上，歌川广重还有葛饰北斋等表现出了他们作为丹青高手的不凡之处。内藤湖南认为，日本山河无处不美，重要的是要善于在平淡无奇、寻常可见的风景中去发现美，表达了他的朴素的审美观念。风景观是一个动态的观念，近代西洋文明传入日本后，日本风景观发现了很大的变化，对诸如把日本的风景名以“日本阿尔卑斯山”“日本莱茵河”之类的现象，内藤湖南斥之为“日本风景观的堕落”，从中不难体察到其对传统的日本文化面临西化的担忧。与此同时，面对日本独特的风景在以极快的速度

趋向消失的现实，内藤湖南惋惜不已，环境日益遭到破坏，他讥讽道，“这就是所谓现代人的科学思维方式”。《日本风景观》是一位绘画艺术研究者的风景谈，也是艺术谈，在作者的笔下，风景之美与艺术之美水乳交融，合为一体，本篇目的阅读可以说是一次与美的邂逅。

《古代中国贸易与丝织物》引带我们走进历史，仿佛回到了两千多年前的大汉盛世，随着张骞西域之行的足迹，探访那些已湮没在历史尘烟中的丝路古国。充满神奇色彩的西域曾是一块生机盎然的土地，水草丰茂，牛羊成群，人畜兴旺，丝绸贸易更是带来了前所未有的繁荣(大漠荒域中进行大规模的丝绸贸易是不可想象的，如今的沙漠沙丘乃为生态遭到破坏的恶果，堪为人类的教训，惜迄今鲜为人解)。这条丝绸之路一直连通到阿拉伯半岛乃至欧洲，华丽精美的丝绸令全世界的人们为之倾倒，古希腊人甚至用赛里加(serica，意为丝绸)称呼中国。以丝绸为媒介，各种不同的文化在这里交汇融合，丝绸之路的开通促进了古代中国同世界的联系和沟通，让古代中国看到了世界，也让世界了解了东方的中国，张骞的凿空之功是不应该被忘记的。当年雄才大略、拓展疆域的汉武帝正是闻讯蜀地的丝锦已传入西域才顿生打通难于上青天的蜀道之念。在东瀛日本，当列岛上的先民还身着以树皮为原料制作的椁时，来自吴地的中国匠人们就已把丝绸及丝绸织造技术传入日本，开启了岛国织造丝绸的历史。中国是世界上最早种桑养蚕的国家，是丝绸的故乡，丝绸是中国对人类文明发展的贡献。

《关于古抄本〈日本书纪〉》是一篇考辨之作。《日本书纪》是日本最早的一部历史典籍，在日本文化史上占有独特的地位。由于

年代久远，版本不一，所在舛误甚多，加之历代注家或以讹传讹，或率而操觚，诸家之言，纷然淆乱，正误难辨。作者以《十七条宪法》为例，考证书中文字源流，远绍近搜，旁征博引，对历代注家之说逐一纠讹正义，辨伪存真，文章篇幅不大，然雅什如珠，泽及后世学人，厥功非细。

《卑弥呼考》及《倭面土国》同样是彰显出作者学术功力之作。卑弥呼是日本历史上最早的女王。关于卑弥呼的存在以及其所在的邪马台国曾经是日本史学界争论的话题焦点，围绕邪马台国的存在，日本史学界分为“九州说”与“畿内说”两大学派，两派观点迥异，争论几近百年，迄今未息。有关卑弥呼与邪马台国的记载最早出于中国的《魏志·倭人传》，而后又相继出现在《后汉书》等史书中。作者将文本中的地名、官名、人名分类，逐一有序地加以考证，其引证繁博，申论沉稳，烛幽发覆，见解独到，考证证实了卑弥呼及邪马台国的存在，廓清了围绕着这一史学命题的诸多谜团，阅后令人不禁生拨云见月之感。殊为可贵的是，作者检索群籍，钩沉稽疑，揭橥《魏志·倭人传》所论乃是踏袭业已失传的鱼豢《魏略》并略施点窜，而后《后汉书》作者又承袭其说，甚至凭虚逞臆，妄加篡改以传其不根之论。此乃内藤湖南在中国史籍研考中的一个重要的发现，对治史者不无启迪和警醒作用，惜乎此文迄今似并未为我国史学界所知。《倭面土国》是对《卑弥呼考》一文的补充。倭面土国及相关记载可见于《通典》《后汉书》以及《日本书纪》等日本典籍中，因版本各异，词有不同，实为古意，语焉不详。作者从字义、音韵诸多方面加以精详考证，匡谬正义，梳理出该词孳乳流变，论证其为邪马台国之别称，并确定该词汉音。区分一词，作者广搜博

取，穷源意委，史学典籍自不待言，诗词歌赋，几无所不涉，其腹笥之厚由此可窥。严几道有云，“一名之立，旬月踟蹰”，其意在言译事之难，史学考证，又何尝不是如此。倭面土国的释解化解了邪马台国研究的一个难点。

在日本文化的研究中，内藤湖南对中国文化影响的论述常常是以中国四周邻近国家尤其是朝鲜半岛地区的文化作为比照，高句丽的建国传说、庆州石窟庵的雕刻艺术、新罗时代的语言文学等都成为论述同一时期相关问题的参照。在考察日本文化的发展过程中，朝鲜半岛是一个不容忽视的因素。朝鲜半岛是同日本关系最为密切的地区，也是中国古代文明传入日本的重要通道。从文化典籍如《论语》《千字文》到稻作技术、器物制作如陶瓷、活字印刷术，甚至来自古印度的佛教在经过了中国文化的洗礼之后都是经由朝鲜半岛传入日本的。如果没有朝鲜半岛的中介和过渡，日本文明开化的滞缓不难想象。内藤湖南的这种日本文化与朝鲜文化的比照给了我们一个很重要的提示，当我们在研究中国文化的时候，应该给予中国四周包括朝鲜半岛国家在内的邻近国家以必要的关注，这也就是傅斯年所说的“虏学”。中国文化与四周邻近国家地区文化的沟通、融合应当成为当今东亚文化研究的重要课题。

内藤湖南毕生致力于中国历史文化的研究，其一生与中国结下了不解之缘。在对日本文化的研究中，他始终认为日本文化是在中国文化的影响下发展起来的。也正因如此，在许多问题的论述上，他能够保持着客观的态度，如被誉为日本三笔之一的弘法大师书法冠绝古今，藤原行成、小野道风书法别开生面，风靡一世，他们的书法都极具日本风格。内藤湖南追本溯源，细细辨析，客观而明确地指出其书法之源皆出自王羲之之风，表现出对历史事实的尊重。日本丝绸生产的历史悠久，奈良时代（公元8世纪前后）丝绸织造已经非常兴盛，全国大部分地区均生产丝绸，当时丝绸已作为“调”进贡朝廷。尽管如此，内藤湖南还是根据历史记载、考古发现乃至从语言学的角度辨析，强调日本的丝绸及丝绸织造技术是由古代那些中国吴地的匠人们传入日本的，而且他认为这样坦言并非有失国家的颜面。诸如此类的例子在内藤湖南的研究中不胜枚举。尊重历史应该是史学家的治史原则，也是一种职业操守。在《关于维新史的资料》一文中，内藤湖南更是强调了应该客观地对待史料，“揭示历史真相是一件神圣的工作”，所有一切个人的得失“在神圣的历史面前则是微不足道的”。为学不作媚时语，秉笔直书，求真存实，永远是史学家的历史责任和不容推辞的社会担当。

作为一个日本的学者，在推崇、赞赏中国文化的同时，内藤湖南并没有忽视日本民族独特的文化创造。从对日本风格的器物文化的褒美、对日本国语文学的称颂、对日本风景的赞美、对日本人文化创造的讴歌中，内藤湖南流露出的是对日本文化的挚爱之情。世界上没有一个民族不是以自己的文化为荣的。日本民族吸收了外来文化，又凭靠自己的聪明才智创造了属于自己的灿烂文化，这是足以引以为豪的，也是无可厚非的。但内藤湖南认为，在接受中国文化影响的中国周边国家中，只有日本最为了不起，其他国家是不能与日本同日而语的。在他的民族自豪感中，不难体察到其潜意识中的“日本人优秀论”的影响。“日本人优秀论”可以追溯到本居宣长的时代。本居宣长认为，日本“比许多国家都要优秀，越是了解那些国家，越会感受到皇国的优越”。（本居宣长《玉胜间》）尔后的复古主义与日本文化民族主义思潮都与本居宣长的这一思想有着密不可分的关联。明治时期的福泽渝吉发展了这一思想。福泽渝吉是近代日本启蒙主义思想家，是最早向西方寻求真理的日本人。福泽渝吉的理论和思想对开启日本民智产生了巨大影响，推动了日本社会的进步。但是他的思想有着浓厚的民族主义色彩，其产生的负面效应不可低估。福泽渝吉蔑视东亚各国，主张“脱亚入欧”，鼓吹吞并朝鲜，进占中国，这些都不能不对当时包括内藤湖南在内的知识分子民族主义思想的形成产生影响。甲午战争的胜利更是助长了日本对外扩张的野心，“日本人优秀论”在知识界盛行，而与之呼应的民族主义、国粹主义思潮日益高涨。作为一名学者，内藤湖南从文化学术的角度思索所谓日本的本职和前途，他提出了后来产生很大影响的“文化中心移动论”（参见本书《唐朝文化与天平文化》）。内藤湖南认为，在历史的进程中，文化中心的形成和发展并不是一成不变的。发源于黄河流域的文化中心已经移至长江流域，不久的将来必将移至日本，日本必将成为东亚文化的中心，而将来帮助和管理中国，恢复中国文化的繁荣是日本的天职和使命。内藤湖南的这一学说在一定程度上反映了那个时代日本知识阶层的普遍心态。二十世纪初叶，当日本加快对外扩张的步伐，军国主义甚嚣尘上之时，一些知识分子和文化人的民族主义情绪开始膨胀，他们在狂热的军国主义思潮中迷失了自我，丧失了应有的明智，更有人出于狭隘的国家（民族）利益为政府的对外扩张出谋划策、摇旗呐喊，能保持头脑的冷静，持国家批判立场的知识分子和文化人鲜有所闻，这可以说是一代知识阶层民族主义思想的必然归宿，是时代的悲哀，内藤湖南亦不例外。作为一代汉学巨擘，内藤湖南的学术成就可堪称高山仰止，不仅在当时，即使在今日学界，恐也无人可望其项背。犹如任何人不可能生活在真空里一样，在日本加紧对中国大陆侵略的时代氛围中，内藤湖南并没有游离于政治之外，他的学术活动亦与政治若即若离，不可避免地反映出时代风气的影响。内藤湖南一生同中国结缘，他对中国文化有着一种难以割舍的情结，没有理由可以怀疑这种情感的真诚。但在内藤湖南的言谈文字中，不难察觉到其流露出的对中国人的蔑视。这种情况并非鲜见，在中国国势孱弱的时代，甚至直到当代中国崛起之前，包括知识分子和文化人在内的日本人中普遍存在这种心理，甚至一些以研究中国为营生者亦是如此。身为中国通的内藤湖南于 1914 年和 1924 年发表的两部在当时产生一定影响的著作，都是以中国历史为依托、纵论国政经纬的时论之作，其迎合了日本侵华的舆论需要，论证了日本侵略的“合理性”。本书收入的《朝鲜攻守的形势》通篇论证了日本在朝鲜半岛同中国对抗的前车之鉴，字里行间难以掩饰其对“国益”的关切。内藤湖南的学术活动，不时会带有强烈的政治色彩，这是时代使然，我们完全没有必要以诸如时代的局限之类的遁词为其开脱解套，处在民族主义泛滥的时期，诸如此类的例子在文化界比比皆是。与作者同一时代的著名作家二叶亭四迷、夏目漱石、芥川龙之介对日本当时的大陆侵略政策无不认为是理所当然，无一人持有疑义、表示反对即为一例。民族主义是“各种思想、社会运动中最强大的运动之一”（以赛亚・伯林《民族主义：出乎意外的力量》），民族主义的激情一旦同国家意志结合，便可成为最大的社会运动，势不可挡，

任何人都可能被其所裹挟，极少有人能超然度外，独善其身。渐行渐远的20世纪的历史已经无可辩驳地证明了这一点。把一小撮人同广大人民区别开来的说法可以说是表现了言者的善意、胸襟和气度，但不能不说只是其一厢情愿，也有悖历史的真实。民族主义是一种极易煽动起来的民族情绪，尤其是在历史处于大变动、大转折，在关乎所谓国家（民族）利益之际，能够不被时代风潮所惑，以登高望远之态，俯视历史，洞察历史，明识人间沧桑，这不仅需要的是远见，还需要的是胆识和勇气。随着时代的发展和变迁，民族主义也可以在不同的国家、不同的历史条件下被赋以新的内容、以新的形态出现。民族主义的克服和逾越对知识分子和文化人来说，无论是过去，还是现在或将来，永远都是一道难题。

近年来，包括日本汉学研究在内的国际汉学研究日益受到学术界的广泛关注。作为日本汉学研究早期代表人物，对内藤湖南的研究已逐渐成为一门显学。内藤湖南以中国史学研究为业，他自云对日本文化研究是个外行，但从本书不难看出，这位史学大家对日本文化之稔熟，造诣之精深已足以令内行刮目。《日本文化史研究》内容庞杂而又丰富，在这本书中，日本的文化和日本的历史契合深深，藤葛交缠，难解难分，读者尽可以在历史的重温中感受文化，在文化的阅读中感知历史，从不同层面上获取日本历史和日本文化的知识，如果稍加认真梳理，还大致可以了解日本文化发展的脉络，从而认识日本文化的特质，加深对日本文化的理解，于此，也就不难发现本书的价值了。

《日本文化史研究》于1924年（大正十三年）9月由京都弘文馆出版，后多次重版，1930年（昭和五年）弘文馆又推出增补版。

尔后，创元社、角川书店、讲谈社等诸家出版社都出版了不同版本的《日本文化史研究》。本书以《内藤湖南全集》（筑摩书房，1969年出版）为底本译出，所收包括各版增删文章以便读者一窥全豹，《关于日本南画的鉴赏》《卑弥呼考》等文章是昭和年间即《日本文化史研究》结集后作者的著述，也是作者日本文化史研究的重要成果。书中部分文章系作者在不同时期、不同场合的讲演稿，出于文体的统一和我国读者的阅读习惯上的考虑，适当地做了一些必需的删减，但保留下来的文字没有做任何改动，有些词语今天看来已不合适，但也保持原貌，只是在译注中加以说明。

本书在翻译过程中始终得到刘一维君一以贯之的支持和帮助，尤其是我的姐妹和弟弟长期分担了照看年迈母亲的责任，使我得以安心于译事，这些都永远让我心存感激。责任编辑卢煜为本书的出版付出了辛勤的劳动，其敬业精神令人感佩，尤使译者感念的是，译者因诸事繁冗一再延迟交稿，对此卢煜编辑表现出极大的耐心和宽容，在本书付梓之际，谨在此表示译者言轻而意重的感谢。

刘克申

2015年初夏于嘉园

目　　录

附 录

何谓日本文化(一)

文化这一词语近来很流行,不论什么事物,似乎沾上这两个字就光鲜了许多。但一般人在多大程度上理解文化呢?文化是以国民整体的知识、道德、兴趣为基础建立起来的。作为基础的知识、道德、兴趣在现代日本处于何等的水平?政治、经济等所有被认为产生于人生需要的这些事物要求带有民众性,不带有民众性者就会被当作时代的错误遭到抵制,但作为文化基础的知识、道德、兴趣等果真都应该要求带有民众性吗?不带有民众性者果真就都应当被当作时代的错误吗?这样一来,在考察现代日本的知识、道德、兴趣在现实中反映出的事物时就会使人有时颇感为难,这在我等以其作为专业的史学方面更是如此。最近有人宣称在富士山某处发现神代记录,记载有神武天皇①之前几十代的事迹,而且还有人相信它。是伪造的历史,还是真实的历史,很多人无法区别,真假难辨。就在东京,还有某修行者,此人在所谓上流社会颇有势力,其对《古事记》等作非学术意义上的解读,得到官员、军人以及其他人士的追捧。倘若将这些当作现代日本民众的历史,维系道德的智识,那么明治初期以来的五十年间,作为日本文化基础的民

① 《古事记》《日本书纪》所记载的第一代天皇。——译者(本书脚注均为译者注)

众智识是否进步就不能不令人质疑了。明治时代初期，大分县曾有人宣称发现以神代文字记载的书，名为《上记》，将其译出，并欺骗当时著名的报业记者岸田吟香[①]将书出版。其把神代拉长了几十代，以编年体一一杜撰了记载。据三浦博士[②]所说，其与神代记录的《上记》几乎完全同出一辙。对自己国家的历史竟然如此盲目，倘若将其当作五十年前与今日几近相同的证据，那么我们对日本的进步心存疑惑也就不能说是矫激之言。因为这个缘故，这里所说的日本文化也许还有很多人难以理解，甚至有时还会带有反感。不过有一点很好，近来出现一种普遍的思想倾向，就是对学者的自由探讨较以往相对宽容了。因此，笔者尽管对很多日本人的智识并不抱有信心，但在此坦陈管见，抛砖引玉，以期展开自由探讨。

任何一个国家，其国民都有所谓的国家自豪感，在这种国家自豪感中，所谓本国自发性文化占有相当的比重。但是，这是一种毫无道理的谬想。举例来说，孩子从呱呱坠地开始到心智渐开的年龄时期，年长者的诱导教育打下其知识基础，这是不言自明的事实。但孩子长大成人后，如果对自己的知识之源产生自豪感，认为自己与生俱来就具有选择他者知识的能力，能把长者的知识化为

① 岸田吟香(1823—1905)，明治时期著名记者、社会活动家、企业家。早年从绪方洪庵学习兰学，1865 年(庆应元年)创办《海外新闻》，1867 年(庆应三年)创办运输商社。曾在 j. c. 黑本主持下参与编纂日本第一部和英辞书《和英语林集成》。1872 年(明治五年)入《东京日日新闻》社担任记者，1900 年(明治三十三年)在上海创办东亚同文书院。著有《富国策》《清国地志》等。

② 即三浦周行(1871—1931)，明治、昭和时期历史学家。曾任京都大学教授，著有《镰仓时代史》《法制史研究》等。

已有,因而才得以获得今日的发展。任何人都不可能不嘲笑他的无稽之谈。奇怪的是,体现在个人身上的这种人所皆知的道理,涉及国民就会作出有悖情理的解释。在日本文化的起源上,也存在恰与其相同的谬想。以国史家为首,很多日本人有一种倾向,至今还动辄就肯定日本文化其本身的最初存在,以图解释其对外国文化进行了不断选择、同化,才实现了今日的发展。这种谬想很早就业已存在,可以说在产生国民性自觉的同时,日本人就已经被这种谬想所束缚。明治维新以前的各种日本文化起源论最终几乎都是建立在这种立论方法基础上的。日本采纳中国文化,并依赖它获得进步发展,在这一点上,一般没有异议。然而,在德川时代中期,国学家们甚至连这一点也加以反对,还有人解释道,凡采自外国之物,皆低劣于我国固有之物,正是由于采用其故,才使我国固有文化变得不纯,有损于我国民性。而在今日,这些人虽心仍不服,但已没有人会采纳此种议论,可还是力图坚持认为,日本以本国文化为基础,最初就具有对外国文化加以选择的能力。这种观点仍非常盛行。

这里举忠孝为例。毋庸赘言,忠孝这一名目是从中国引入之语,但忠孝这一现象原本就普遍存在于我国民之中,只不过是要把自己所有之物使用中国的名称加以解释而已。如果从根本上思考这一现象,既然存在国民具备这一德行的事实,又已有原先固有的国语,那么理应会有一个与事实相匹配的名称。即便在数字的表示上,今天日本人在使用从中国输入的文字、发音,如一、二、三、四,但在外来词汇之外,现在还有一つ、二つ、三つ、四つ这类固有的国语词汇。不过有时也会有这样的例子,在朝鲜,表现东西南北方向时几乎就不使用国语，而只使用已经变形的外来词汇。如果从语言学角度探讨的话，历史上曾经有过这么一段时期，为表现南北一词而与以往的前后一词共用一语，直到近代，在地方方言中还可以发现其残留的痕迹。而忠孝这一类词汇，几乎很难发现日本民族在使用汉语以前是用何种语汇表达的。“孝”作为人名读作“よし(yoshi)”“たか(taka)”，是“善”“高”这一类意思的词，并不是对父母使用的特别词汇。“忠”读作“ただ(tada)”，是“正”的意思，其作“まめやか(mameyaka)”解时，就是诚恳之意，也并非是对主君使用的特别词汇。除一般所说的善行、正义之外，作为表现特别的家庭成员以及君臣关系的忠孝，倘若在古代没有相应的词汇，那就不足可以怀疑是否存在过这类思想吗？这里举出的仅仅是目前显而易见的例子，但其已令人生疑，所有的文化现象是不是都处于相互关联的关系之中？从近年发展起来的史学考古学来看，这一类疑问越来越多。日本的历史通常以神武纪元为始，在其后的数百年间仍是传说的时代，而不是有历史记载的时代。神武以后，神代的事多属神话，要从中扒抉出历史的真实事物相当困难，但与其不同的是，我们却可以了解民族化的群体、地方性的传说在哪些地方、以何种顺序形成、产生的。至于年代，近来很多历史学家大体定为耶稣纪元时期，这绝不是不着边际的推断。由于考古学的发展，渐次为人所知的历史遗留物中有些还是在其前之物，其中很多当时的遗留物中可以明确认定为是中国文化遗留物的变形。

近来对铜铎、古镜的研究有很大的进展。一般认为，铜铎大体上是由中国的钟演变而来的，其融入了土著民族而不是来自大陆中国人的创意。作为铜铎样本的中国器物，在先秦时代中华民族就已经使用,经过土著民族加以变形的时期应当在耶稣纪元以前,关于这一点可以举出很多证据。在铜铎之后,令人关注的历史遗留物就是古镜。在发掘出的古镜中,现在可以认为是西汉即耶稣纪元以前之物是在九州北部、畿内部分地区发现的,而东汉时代畿内地区汉镜完成了变形,这一时期日本民族制作的器物发现了很多。从地理上看,这条文化移动的路径现已逐渐变得清晰。日本民族的一部分居住在朝鲜南部,他们对中华民族的器物不断加以改良,使其日本化,最后是在日本内地完成了更大的变化。关于这一点,现在也已经很清楚了。观察日本民族制作西汉时期业已完成变形的铜铎这些实证,在其尚未变形、只是原封不动接受中国制作品时期必定是在西汉之前。我们必须认识到,其时,至少在战国末期,中国文化已经在日本民族中间传播。日本的历史、传说中,几乎没有与这一时期相吻合的事实。可以断言,中国文化最初影响到日本民族的时期,日本民族尚未形成类似真正国家的形态。关于这一点,不仅可以通过日本民族自身来了解,接受中国文化的中国周围各民族,他们几乎全都是选择了与此相同的途径,这也成了相当有力的佐证,例如高句丽、三韩①都是如此。高句丽国在形成之前,其所在地区在行政上最初接受中国的统治。高句丽国是在辽东的部分地区即今日的满洲②兴京地区建立国家,在其尚未建国时期,汉在这一地区已设置玄菟郡高句丽县。西汉末期,中国的统治力量一度松弛,于是在中国行政区域内最早出现了半独立

① 古代朝鲜南部的马韩、辰韩、弁韩(弁辰)三个地区合称三韩。

② 指中国的东北地区,现已成为死语。

的土著部落，其逐渐发展成为后来的高句丽国，时间当在王莽时期。尽管如此，高句丽国是在朝鲜民族中最早建国的，当时三韩地区尚未完全形成国家。三韩诸国最初形成国家大约在东汉中期以后，当时汉把整个朝鲜郡县纳入其行政区域内。东汉中期以后，由于统治力量松懈，被称为三韩七十余国的许多小部落开始形成。不过据说在此之前，即汉把朝鲜作为郡县之前，已经有来自中国的政治逃亡者建立的朝鲜国，甚至在其之前还有过称作箕子的朝鲜。但是有关箕子的传说在中国西汉时期的历史上记载得极不明确。承续箕子脉系的国家长时期延续下来的这一事实到三国时代才开始出现在记载中。即使如此，其也还是受到战国时期燕国文化的刺激才出现的传说，而不是在其之前朝鲜民族业已存在的祖先传说。其与中国内地吴、燕这些地区的传说十分相似，仍然是战国时代受到中国文化影响之后产生出来的。

可以认为，日本民族的国家形成几乎与高句丽同一时期，比三韩要早，其国家形成的过程也大致相同。不言而喻，日本并不如同高句丽、三韩那样在成为中国的属地之后才开始产生民族的自觉，而是在中国人迁徙到日本内地，或是于民族形成之前，在海上交往中，具有特殊技能的日本人在朝鲜、中国沿海地区接触到中国民族，从他们那里学习到民族形成的方式，或多或少带有自发性地创建了国家的雏形。正因如此，可以认为从民族的摇篮时期起日本民族的素质就很优秀。打个比喻来说，历来日本学者对日本文化的起源解释是，其如同树木的种子最初就业已存在，依赖中国文化的养分才成长起来。而笔者的观点是，如同制作豆腐，在豆子磨成的豆浆中已经有了变为豆腐的素质，但没有可以使其凝固的外力，而中国文化就如同盐卤可以使其凝固从而成为豆腐。如果再举一例的话,就同儿童一样,可以掌握知识的能力天生已经具备,但到能将知识变为其所有还是要在年长者的教导之下才能实现。

日本依赖中国文化形成自己文化的时期相当漫长,其政治、社会的进步是一点一点逐步完成的。任何一个民族,即便其继承某种异文化,到了一定时期,一般都会产生一种自觉,不仅是日本,中国邻近的后进民族,如汉代的匈奴,其在中国文化的刺激下实现了民族的形成,于是相应也就产生了民族独立的这种自觉。早在汉初,匈奴就向汉代皇帝自称,"上天所置之处,日月所照之处,匈奴大单于"。在日本,圣德太子[①]时期,对中国自称"日出之处天子",第一次使用了对等的语汇。如以上所述,国民的自觉常常是在政治方面最早产生,而真正的文化思想方面的自觉通常相对要滞后得多,不过也有没有产生过这种自觉的国家。日本民族毕竟在某一时期业已产生了思想上的自觉。依笔者所见,蒙古的进犯成为其最主要的契机,南北朝时期开始,思想文化上的自觉就极其缓慢而不断地产生,最近在接受中国以外的文化及思想后,思想上已经完全独立于中国。但是,即便在今日,真正的日本文化是否已经完全形成,这还是一个相当大的疑问。思想方面,日本正竭力地要从中国思想的束缚中解脱出来,但同时又不断地受到西方思想的约

① 圣德太子(574—622),用明天皇之子。后作为推古天皇摄政,致力于内政、外交。603年(推古十一年)制定冠位十二阶,604年(推古十二年)制定十七条宪法。607年(推古十五年)派遣小野妹子出使隋,同隋建立国交,输入隋的先进文物制度。与此同时,热心于振兴佛教,先后建立四天王寺、法隆寺。著有《三经义疏》。参见本书"圣德太子"一文。

束。文化的极端化在艺术上也明显地表现出来，以日本的绘画来看，约在百年之前就努力欲从古代中国绘画中解脱出来，但即便从其束缚中获得解脱，日本的绘画也没有达到可以与其等量齐观的程度，只不过在中国艺术之上增添点地方特色而已，很难说是具有了自觉且已独立之物，日本的写生派艺术就是如此。而且最近还有这样一种倾向，其艺术动辄就为西洋画的规则所拘，让人感到日本艺术真正的独立尚遥遥无期。不过不可以认为没有从他国文化的束缚中解脱出来就绝不可能提高自己民族的生活，并将影响到其他落后的民族，甚至将影响波及比自己先进的民族。虽然有时会将其文化当作自己的民族文化，但严格地讲，其很难说是民族的自发文化。

这样历史地考察日本文化的由来会不免令人感到失落沮丧，但这个民族尚属年轻，将来一旦进入成熟期，其前途还是充满希望的。不过，如前所述，并非每个民族都是能够顺利发展，由幼少逐步进入老年。曾经也有过这样的民族，其苗而不秀，秀而不实。要使日本免遭这种不幸的命运，顺利地发展，成为应当贡献于世界文化的一大力量，这正是我们的责任。

（1922 年 1 月 5—7 日《大阪朝日新闻》）

何谓日本文化（二）

我所要谈的题目是“何谓日本文化”，首先这里可以肯定的是，日本文化是存在的，但其现状如何呢？这里所说的文化既包括有社会组织，又包括有文学艺术，形形色色，不一而足。但在日本文化中，有多少是日本固有之物呢？这是一个要根据种种研究来解决的、相当麻烦的问题，会引起很多议论，我这里只说一个结论，那就是如果要研究日本文化的起源，那么日本文化中的相当大的一部分并不起源于日本。

举个极其简单的例子，日本古老文化的成果有和歌集《万叶集》[①]、还有用古老的日本文字写成的《源氏物语》[②]。阅读这些作品，与今天我们阅读用汉文写成的《论语》等相比较，哪一个更容易理解呢？显而易见，仅此一点就可以使我们日本人认识到，与日本的固有文化相比，普遍存在于东亚的中国文化对于日本人来说更易于理解。现状大致就是如此。接下来的问题是，日本文化作为

① 现存最古老的和歌集，共 20 卷，收入长歌、短歌、旋头歌等共 4500 余首。《万叶集》自奈良时代末期至平安时代初期经多次修订完成，编者不详。可以确定的是歌人大伴家持曾参与其事。

② 平安时代中期的长篇小说，共 54 卷，作者紫式部。《源氏物语》是 11 世纪物语文学的杰作，也是日本古典文学最具代表性的作品。

一种完整的文化其又是如何形成的呢?

日本文化的形成可以这样来解释,其就如植物,从一颗种子开始,得到养分后慢慢发芽,逐渐长大。或如豆腐的制作,最初并没有豆腐形状,但已有了可以形成豆腐的成分,一旦加入盐卤,其成分便凝集起来而成为豆腐。在这两种形式中,日本文化是以哪一种形式形成的,这也是一个问题,而且是一个很复杂的问题,以鄙人之见,当为后者。在日本,并没有文化的种子,而只有可以形成文化的成分,借助其他国家文化的力量,逐渐凝聚起来,最终形成了所谓日本文化的这个形状。

如果日本文化是这样形成的,那么其又是以怎样的顺序形成的呢?谈到日本文化,如果单单只考虑日本,那么就会以日本为中心思考问题。任何人都往往容易会以自我为中心来考虑问题。在太阳系理论还不为人所知的时代,是以地球为中心的,因此过去是天动说而不是地动说,认为所有的天体都是围绕地球运转的。后来太阳系学说渐渐发展起来,最终认识到自己所置身的地方并非是中心。对日本文化的看法也可以说与此相似,如果以日本来考虑,就会以日本为中心,如果从东亚整体来考虑,那么就不难理解日本文化其起源于何处,又经历过怎样的过程而形成的。如果从世界整体来考虑的话,那就更是不言自明了。

我认为东亚文化自古以来就是以中国为中心。当然还有印度,但就与日本的关系这一点来看,印度文化也并不是直接就从印度来到日本的,大部分是穿越中国来到日本的。例如佛教原来起源于印度,但今日日本的佛教并非印度本来的佛教,而是通过中国传入的佛教,其也不是仅仅通过中国的土地,而是通过中国的文化传入的,是经历了中国文化洗礼的佛教。

关于印度姑且就谈这一点,那么中国的文化又是怎样发展起来的呢?不言而喻,中国是一个幅员广阔的国家,文化不可能在整个国家一蹴而就。我的看法是,文化最早在黄河沿岸一带萌芽,然后向西或向南发展,再渐渐转向东北方面,最终到达日本。这种文化逐渐向四面扩散,影响了各地方的民族,在这种影响下,各地方在一定程度上产生了新的文化,这种影响最后波及日本,日本也就形成了今日的文化。

文化有自中心向终极方向发展的运动以及再由终极向中心反向发展的运动,在其反向发展的运动中,有源自权力关系的运动与源自纯粹文化的运动。例如,在中国最早兴起于古时三代[①]的势力是以今日的黄河流域为中心的,其影响波及长江沿岸,促使形成了新的势力,汉高祖就在那一带崛起并统一了中国。之后,其又影响到了北方匈奴游牧的沙漠地区,当地又形成了一支新的强大势力,这支势力屡屡侵占中国的国土并建立国家。日本的权力影响又是如何波及中国的呢?由于同中国相距遥远,权力影响的波及也相对迟缓,但最晚在明朝时期,众所周知的倭寇已经在中国的沿海一带骚扰,这应该是日本的权力影响波及中国之始。最近又有日清战争[②]以及其他种种事件,现在中国人非常担忧,称日本是军国主义,这就是因为日本的势力要影响到中国的缘故。

以上这些都是同权力相关的情况,从单纯的文化角度来看,中

① 三代即夏、商、周。

② 即 1894—1895 年间的中日甲午战争。

国文化的中心也是不断移动着的。其最早发源于黄河流域，而现在中国文化的中心应该是长江下游地区，或是诸如广东那些相当边远的地区，那些地区既有人才，也有文学、艺术。由于日本接受西洋文化的影响，最近许多中国学生到日本留学，他们读日本出版的书，接受日本的思想。当然，即使是西方的思想，那也是通过日本人而接受到的。与传播到各地的文化逐渐向中国的中心逆向发展一样，现在日本对着中国的文化逆向发展也已经出现，这正是日本文化在东亚的真正价值，随着它的传播，日本文化的真正价值也逐渐体现出来。

由此看来，日本文化的起源即使是中国，也不会因此而毫无价值。从整体来看，日本文化是东亚文化的发达部分，这一部分的发达给整个东亚以很大影响，因为日本文化这一体系属于东亚文化。

我曾经谈到过这样一件事，就是有一段时期有人主张中学课程中取消东亚史，听说这个问题在中学历史地理学科的教师会上也一直被议论，恰巧有次应邀在这些教师参加的会上讲演，就谈到了这个问题。有人认为自从有了日本这个国家就有了日本文化，这种想法是错误的。用现在的话来说，所谓日本文化，其是东亚文化、中国文化的延长，是同中国古代文化一脉相承的。正因如此，要了解日本文化起源、日本文化之根，必须首先了解中国文化。现在如果将历史只限定于日本历史，对在其之前的中国的情况一无所知的话，那么就完全不可能了解日本文化的由来。在今天的欧洲，将其历史不称作欧洲史，而是称作世界史，假如读历史者只读本国历史，而对在其之前的古希腊史、古罗马史一无所知，那能说是了解历史吗？认为东亚史是日本史以外之物的观点是完全错误的，东亚文化与日本文化同样是交织在一起的关系。

这是日本文化从大体形成到创造出今日价值的一个过程,但都已是过去的事了。至于将来如何,则是一个很难的问题。因为是对将来的预言,是否能说准不得而知。但从世界各民族的历史来看,一个民族创造了优秀的文化,该民族也就即告终焉,其国家灭亡,只有其文化传承下去,例如希腊、罗马这些国家就是例子。尔后又有新兴的国家承继了在其之前的国家的文化——受到前面文化感化的民族兴起,其吸收以往的文化,逐渐形成自己的文化。如此绵延不断,直至今日。

但现在的问题是,东亚文化在形成之后,东亚也会即告终焉,东亚民族面临完成使命即将灭亡的命运,而西洋人将会吸收这种东亚文化并创造出新的文化来吗?或者是东亚民族吸收今日西洋人的文化,把东亚文化与西洋文化融为一体并将其作为自己所有,从而使自己的民族生生不息?这是一个相当复杂的问题,很难对此作出预言,现实的情况是,究竟是东亚民族还是西洋民族不满足于自己的文化,态度谦虚、非常热心地渴望吸收外来文化?我以为是东亚民族。总的说来,西洋民族对其自身的文化已生厌倦,且又过于自负自尊,吸收外来文化的能力在相当程度上减退。而在这一点上,东亚民族有着一种坚定的信念,对任何艰深的文化、任何高雅的文化都是努力吸收并将其与自己的文化融为一体。这样,东西方文化的融合是有希望实现的。这当然是一个预言,不知是否言中,但现在总的看来可以说是这样一种趋势。为了创造世界最完美的文化,必须自己充分认识到已有文化的价值,永远保持其长处,更要尽量吸取他人的长处。醉心于自身的文化,完全排斥其他文化绝非良策。

(1921 年的一次讲演)

日本远古时代的状态

历来日本史的研究，不论哪个时代，通常都是从本国这一侧来观察。偶尔也有像松下见林[①]的《异称日本传》那样从他国一侧观察的例子，但这是极其少见的。尤其是德川时代中期以后，国学发展很快，与当时的汉学相比，其研究方法更为进步，由于更贴近学术，以日本为中心的研究方法愈来愈被普遍认可。因此，即使有像藤贞干[②]那样从考古学的角度出发，主张从他国一侧看待古代史的，其不过只能招致国学家的强烈反感，而那种研究方法并没有能付诸实行。不过，也有像平田笃胤[③]那样的，一面声称主张本国中心主义，一面研究其他国家的古代状态，尝试将其与本国古代史进

① 松下见林(1637—1703)，江户时代前期国史学家、儒医。大阪人。本姓桔，名庆。初名秀明，字诸生，通称见林，号西峰山人。13岁从古林见宜学医，同时研究儒学、国史。著有《异称日本传》《前王庙陵记》《国朝佳节录》《西峰笔记》等。松下见林亦是著名藏书家。

② 藤贞干(1731—1797)，江户时代史学家，金石学家。字子冬，通称叔藏，号蒙斋、无佛斋。京都人。早年出家，后还俗。通国学、有职故实，尤精考古，致力于古器物、金石文研究。著有《好古日录》《好古小录》《古瓦谱》《藤氏摹古印谱》等。

③ 平田笃胤(1776—1843)，江户时代后期国学家。幼名正吉，通称大角(壑)，屋号直菅乃屋、伊吹乃屋(气吹舍)。有志于古学，自称本居宣长没后门人。后将其研究扩展至易学、历学领域。早年曾在江户创办私塾，门人达五百余人。著有《古史传》《古史成文》《灵能真柱》《玉襷》等。

行比较。但是这种方法其外形依然是本国中心主义，很多低能的国学家对这种带探索性的研究法往往不得其解，最后不了了之。明治维新以后，虽说史学兴盛，但仍然是这种本国中心主义支配着国史学界，稍稍探索一下新的研究法便受到神职人员以及教育界人士赤裸裸的攻击已是司空见惯，而民族论以及语言学方面的研究则偏于向国外寻求其理论根据。尽管这种倾向非常普遍，国史研究无论如何都必须以本国为中心，甚至把日本国形成的若干因素归结于外界的刺激都是不合适的。在凭靠外国的资料开展研究方面，对从记载并不可靠的朝鲜历史进行研究表现宽容的同时，对从记载确切的中国历史进行研究却竭力加以排斥，这种情况很多。由于对日本远古时期的认识水平所限，时至今日依然未能摆脱国学家之流的束缚。在今后的研究中，这必须作为国史学方面的一大问题。

关于中国记载中所见到的日本远古历史，在此无暇作一一考证论述，这里只能依据上述研究法，就自己思考所得作一阐述。

日本作为倭国为中国所知大约是在战国末期，中国的战国末期对整个东亚各民族来说是一个重要时期，这可以说是中国史逐渐成为东亚史基础的时代。中国在春秋战国时期疆土分裂，内乱不断，然而由此中国的民族显著地发展壮大。春秋末期，在南方已经形成了如吴、越这样的蛮夷之国。与此同时，在北方则形成了燕国。随着进入战国时期，数十个国家逐渐并合，到战国末期，仅剩下十国左右。这些国家相互竞争，致力于发展国力，富国强兵。除四周被强国所围之国外，皆向外发展。楚不断追逐生息在南岭山间河谷的苗族，秦吞并巴蜀地区，赵挑起与北方匈奴的战端，拓展其疆域。被认为战国诸国中最弱的燕国也从辽东向外扩张，远至朝鲜的中部。在汉代，从大同江附近到燕国之间使用同一语言，仅从这一点也足以了解其发展的状态。这样，从战国时代开始，中国的疆域整体不断向外扩张。由于秦统一了天下，国力集中，其扩张力愈加增大，最终吞并的地区东自朝鲜中部，北至沙漠以南，西南直至安南，形成了绝对的大国。由于自秦灭亡至汉的兴起期间的内乱，这种扩张一时遭到顿挫，尤其是受到秦扩张的刺激，匈奴已形成大国的雏形，匈奴表现出的对抗力量已经达到可以攻击汉的程度，汉代初期，其扩张就未能持续下去。当时在汉的疆域以外建立起的形形色色的国家，大多是在自战国至秦期间由流亡外国的中国人建立起来的如越的尉佗国、朝鲜的卫满国等。也许当时中国的流亡者在他们进入的中国疆域以外的地区，将他们在自己国家长期生活形成的状态逐渐影响了那些尚未开化、没有脱离部落生活的土著民族，不断促进创造可以形成各自的民族国家的因素。

这样，在西汉以前其效果就渐渐显现出来，其他的例子暂且不说，在中国东北地区就已经出现数个国家，在王莽时期又出现的高句丽国、濊国等大约也是在这一时期渐渐形成的。在朝鲜南部的倭民族以及韩民族当时分成了数十个部落，直到东汉时期马韩、辰韩等才逐渐趋向统一。根据《汉书·地理志》所载，最初这些国家的居民皆为土著民族，其统治者是汉人，像高句丽或三韩部分地区，都是被汉明确认定的郡县，当地土著民族中会出现某一统治者，如王莽时期的高句丽侯、接受汉封爵的濊王等即是实例。很难想象当时的这种状态不会波及日本。不过由于日本地处海外，《汉书》上也说，乐浪[①]海中有倭人，不像高句丽、濊、韩诸国成为了汉的郡县，但经由朝鲜半岛渡海的中国移民也不断进入日本，开始了最早的交往，从而倭人百余国也与汉有了交往。当然，在此之前战国末期倭国与燕的关系业已存在，但其交往状况的公开化仍是在汉武帝将朝鲜作为郡县以后的事。根据中国的记载，这一时期倭国的状态是，已经存在所说的百余国，但皆仅为单纯的部落，明显趋向统一的征兆尚不明朗。这里所说的倭国意味着至少是日本的整个西半部地区，把倭人仅看作是在九州的民族，甚至限定为隼人种族这类见解仍属本国中心主义的偏见，笔者是不予采信的。根据近来发掘的文物，当时交往的实迹愈来愈清楚。现在九州北部、大和等地发现被认为是西汉时期形式的古镜，同在九州北部与这一形式的古镜并存的铜鉾铜剑在中国[②]、四国、纪州[③]一带发现，尤其是被称作王莽镜之物在美浓[④]发现，王莽的货泉[⑤]在丹后[⑥]、筑后[⑦]等地发现，从这些发现地来看，中国器物从朝鲜南部经过对马壹岐由九州北部传入濑户内，或因故凭靠四国南方的海流传至纪

① 即乐浪郡，公元前108年汉武帝在灭亡卫氏朝鲜之后在朝鲜半岛上设置的郡。参见后注。

② 本州西部地区，包括鸟取、岛根、冈山、广岛、山口五县。古代因其位于都城所在的畿内与九州各国的中间地区，故称中国。

③ 今和歌山县和三重县一部分地区。

④ 美浓，日本古代的地方行政区，位于今岐阜县南部地区。

⑤ 最常见的一种汉代钱币。王莽天凤元年（公元14年）始铸，一直流通到东汉建武十六年（公元40年）。

⑥ 丹后，日本古代的地方行政区，位于今京都府北部地区。

⑦ 筑后，日本古代的地方行政区，亦称筑紫，位于今福冈县西南部地区。

伊[1],另一方面,通过山阴[2]到达越前[3]地区,然后从各个就近的港口逐渐进入内地,例如有从但马[4]一带横穿中国地区进入濑户内的,也有从越前经过近江[5]进入畿内地区的,还有从美浓传至东海的,很显然这些器物在其所到之处传播了中国文化,尤其是今日历史上最被质疑的铜铎可以肯定与中国文化的传入有重大关联(关于这个问题日后有机会当另作论述),其分布的踪迹近来也逐渐清晰。从战国末期到西汉时期,通过承传中国周代文化的铜铎和代表汉代文化的铜镜,长期间影响日本的中国文化使尚处于部落生活的土著民族逐渐趋向统一。特别是有关铜铎,不光是古代中国制作的,还发现很多仿效中国而又增添日本地方特色的遗留物,从这一点上来看,在统一的国家形成之前,在文化上已显示出一定的独立性。可能在王莽时期,来自汉的压力日见衰微,对岸的朝鲜、满洲等大陆各民族趁机实现了独立,与此相同,岛国日本也在这时发展到面临形成统一国家的命运时期。

东汉初期即建武中元二年,与中国有着交往的统一国家的首领即委奴国王接受封号,领受汉的印绶。关于这位委奴国王,历来有很多解释,众说纷纭,但委与倭国的倭字当为同字,过去法隆寺

① 纪伊,日本古代的地方行政区(国名),即纪州。参见前注。

② 即山阴道,日本古代行政区的划分,五畿七道之一,包括丹波(今京都府北部以及兵库县部分地区)、丹后(今京都府北部部分地区)、但马(今兵库县部分地区)、因幡(今鸟取县东部地区)、伯耆(今鸟取县西部地区)、出云(今岛根县东部地区)、石见(今岛根县西部地区)、隐岐(今岛根县隐岐群岛)。

③ 越前,日本古代的地方行政区(国名),今福井县东部地区。

④ 但马,日本古代的地方行政区(国名),亦称但州,今兵库县一带。

⑤ 近江,日本古代的地方行政区(国名),亦称江州。今滋贺县一带。

收藏、现已成御物的圣德太子《法华经疏》正文是六朝风格，其标题书写时间稍稍晚一些时候，但不可能在白凤时期[①]以降，标题写着“大委国上宫太子”，委与倭同用，同注以大和音，很清楚传统上此字一直使用到太子时代前后。在太子时代，最早与汉交往的委奴国是被解释当作大和朝廷的。这种最初的解释历来无端地被本国中心主义的国史学者曲解，这是完全不妥当的。这位委奴国王的印后来在筑前志贺岛被发现[②]，如果把这件事与在其之后的时代大内氏[③]保存有足利氏接受的日本国王印并与明交往的情况一并考虑的话，就不会觉得不可思议。《三国志》的“倭人传”里也有倭王的执掌监管者审查进出口贸易品的记载，《三国志》的“倭人传”大约是根据《魏略》写的，《魏略》是东汉以后至三国前半期的记载，因此可以推断在东汉时期仍然是同样的状态，也就是说大和已有统一的朝廷，其派遣的官员类似后世太宰府人员去筑紫出差，负责管理与海外交往的文件，同时也保管国王印，这样解释是最为妥当的。不管怎么说，这一时期已经出现统一了日本西半部的国家，其国土相当广大，文化也相当发达，汉给予其待遇非常慎重，像国王印这类器物也是授予海外大国的具有象征意义之物。大约在东汉

① 指从公元645年大化改新到公元710年迁都奈良前的这一段时期，由白雉年号（650—654）而得名。

② 即福冈市东区志贺岛出土的金印。该金印于1784年（天明四年）发现，由福冈藩主黑田家传下。金印为正方形，边长2.3厘米，上部为蛇钮，金印整体高为2.3厘米。印文为“汉委奴国王”五字，隶书体。《后汉书·东夷传》记载，东汉光武帝七十五年，倭奴国王朝贡，接受赐赏。此金印当为其时赐赏之物。现此金印已为日本国宝。

③ 室町时代武将大内家族。大内弘世曾从随足利氏，后将其据点移到山口（中国地区）一带，势力逐渐扩大，其子义弘后任中国地区六国（长门、石见、丰前、周防、和前、纪伊）的守护。大内氏凭借其势力从事同朝鲜、明的贸易并获取巨大利益。

初期，此时日本统一的国家已初见雏形，其占有的领土从日本的西半部到朝鲜的南部，这对当时三韩尚未形成国家的各部落而言，肯定是一个具有巨大威胁的存在。其在日本传说的历史中相当于哪一个时期尚不十分清楚，但把这一时期大致定为日本开国纪元应该是合适的。

在此之后过七八十年，日本崇神天皇[①]时期，相当于东汉桓帝灵帝时期，因内乱之故，所谓卑弥呼[②]时代到来。笔者认为此时当为倭姬奉侍天照大神[③]御灵，使诸国土豪捐赠土地人口、巩固统一基础之时。总之，东汉时期以后与中国的交往相当频繁，这一时期中国的镜鉴在所有地区的古坟中都有发现，甚至可以说日本古坟出土的镜鉴几乎具备了中国各个时期的所有样式。特别是在这一时期，仿效中国样式的日本镜鉴制作得到了促进和发展，铜铧等器具也盛行日本制作，古坟的结构大为改进，甚至出现了仿效中国石造砖砌房屋式的棺椁。从这一时期到六朝时期，出自古坟的文物除镜鉴这类被认为与当时信仰有关的器物之外，玉石器物方面，汉代盛行的玉器仿制品也相当多，尤其是还有中国本土制作的器物，如琅玗的勾玉等，可能是为迎合日本人的喜好而特别制作、输出

① 崇神天皇，《古事记》《日本书纪》系谱上的天皇。据传其曾向北陆、东海、西道、丹波派遣四道将军，任那朝贡也始于其在位期间，其奠定了大和王权的基础，因此被誉为御肇国天皇。有一说认为御肇国天皇这一美称系神武天皇所授，崇神天皇是实际存在的第一代天皇。

② 生卒年不详。《魏志・倭人传》中所记载的2世纪至3世纪初期的邪马台国女王。

③ 《古事记》《日本书纪》神话中至高无上的神、太阳女神。其生于伊弉诺尊、伊弉冉尊二神创出大八洲国及天下万物之后，成为主宰天下的女神，是日本天皇家的祖先神，被供奉在伊势神宫的内宫。

的。至于甲胄、马具、刀剑、沓之类，都有很多镀金的精巧之作，这是东汉至六朝时期中国最为发达的工艺，从这些器物和镜鉴的附着物或包装的残留物来看，可以知道那时中国的丝绸已经大量输入，当时日本人称为和栲，发现这些华美之物的地区西自九州，东至两毛[①]奥州[②]南部，加上古坟中绝非少量的实物发现，由此可以了解当时日本的生活状态，部曲民[③]、贱民等生活在最底层的人们着用的只是荒栲，一种用树皮的纤维等制作的衣物，类似今日阿伊努人[④]的厚子，稍许上一等的也不过着用苎麻类的衣物，当时在相当于后世的郡的区域里，至少每个郡都有一两家地方贵族，他们皆着用从中国输入的绸缎，披戴镀金的甲胄，置备车轮包金的马具，佩带带着刀环的刀剑，过着相当奢华的生活。不言而喻，大和朝廷当时更是过着与高句丽、夫余[⑤]等王侯相比有过之而无不及的优裕生活。日本古代史的考证家或画家在描绘古代帝王及其他人的生活时，往往极力表现他们简朴的状态，这完全是一个错误，这些人过得恰恰完全是无异于中国王侯的生活。甚至那些重要的书契，因为自己不使用，他们也都完全交给译员处理，那些译员都是

① 日本古代行政区毛野国在公元五世纪上半叶分为上毛野国与下毛野国，俗称两毛，相当于今群马县、栃木县一带。

② 日本古代行政区名，别称陆奥国，相当于今青森、岩手、宫城、福岛四县和秋田县部分地区。

③ 亦称部民。在律令国家制度建立以前，其归属于各地豪族，每年要纳贡，服劳役。

④ 生活在北海道地区的少数民族。

⑤ 位于韩国忠清南道的锦江中游地区，古名泗沘，是百济后期 538 年至 660 年灭亡期间的都城。

归化人[①]的后裔。他们在其他方面，无论其生活还是思想，从很早以前开始就渐渐具备了产生圣德太子那种伟人的素质。东汉以后六朝时期与中国的交往中，由于自身不司管书契，名分这一观念没有能够得到长足的发展，其他国内的统治机构或监管海外贸易的机构使用归化的中国人史官，这些人逐渐开始作不间断的记录，打下了圣德太子时代国史编纂的基础。圣德太子正是在这一基础上明确了对外国的名分观念，最终凭靠完全的自觉总揽了由译官以及史官随心所欲摆弄历史的统治机构。可以认为，在这种状态下，虽然日本孤独地处于大海之中，其国力的强盛，人民智能的开化都已远在三韩诸国之上。正因如此，绝不可能会有因输入三韩文化才促进了日本发展之类的事情。日本凭靠长期的中国文化的影响，不失时机地实现了国家的形成，也正因为这个国家强盛的缘故，书契的使用相比高句丽、百济、新罗都要滞后。

笔者对日本远古时代状态的思考大体如上所述，依据文献及其他资料对此一一立证亦非难事，此工作留待他日，这里姑且先论述其大致的轮廓。

（1919 年 2 月《历史与地理》）

① 指从中国大陆或朝鲜半岛迁徙日本并在日本定居下来的人。现外国人在日本定居并加入日本国籍亦称归化。

近畿地区[①]的神社

近畿地区是个神社非常多的地方，尤其是古老的神社最多。不仅仅是神社，近畿地区的历史也非常悠久。同样是在日本，近畿地区与我出生的东北地区在历史年代上差别相当大。日本的开创到底是几千年，不得而知，通常说是两千五百年。但东北地区可以说得出的历史也就八九百年，历史上是否已有那些地名也说不清楚，在历史上或多或少可以明确下来的地名大都是在南北朝以后，在年数上与近畿地区要有两三倍之差。正因如此，近畿地区常有同一地方的事在历史上重复发生，从史迹上看，这也是件很令人棘手的事。神社自然也是如此，但是在近畿地区神社的研究上这却是最令人感兴趣之处。

现在说到京都附近一带气派宏大的神社，首先就要举出加茂。可是加茂的神社所在地区，神社以前是否就是那样气派宏大，那样兴盛，这一点是相当值得怀疑的。关于加茂的缘起，据说以前那里有条河，河中水流清澈，加茂神明的女儿在河边不知是在洗濯时，还是在玩耍时，一支涂丹之箭射来，姑娘身有所感，产下一子，孩子

① 近畿地区位于本州中部，包括京都、大阪、兵库、奈良、和歌县、滋贺、三重二府五县。

突然跃起，穿破屋顶远飞而去，于是那里变为松尾神社。诸如此类有趣的故事很多，一般都认为那一带从最初就被加茂的神社所占据，但仔细考察一下，事情也似乎并非如此。在下加茂地域内有一小神社，名为柊神社。该神社在《延喜式》[①]的神名簿中名为“出云井于”。这个神社很小，现位于加茂境内一隅，但过去是否很小，也是一个疑问。所谓“出云”，并非就是出云国[②]，还不至于要到那么遥远的地方去扯上关系。在其周围一带有很多冠以“出云”的地名、神社。丹波国[③]桑田郡有个出云神社。京都北部有个冠以出云这一地名的神社，这个大概与地名有点关系。山端北面有一个地方叫高野村，那儿曾有一个出云高野神社，现在改名为崇道神社。许多从事神社研究的人经过考证认为，现在的崇道神社就是过去的出云高野神社。京都的整个北部过去称出云路，所以其大概同出云是有关系的——是否直接同出云国有关尚不清楚——但可以认为往昔曾有一个名为出云的氏族在此割据。那么为何加茂同这里发生了关系，在此之前也应该还有与其有关系者。对我而言，崇道神社不是问题的所在，也无必要对其刨根问底。引起我兴趣的是，崇道神社所在的那座山后有一座墓，墓主名叫小野毛人。由于发现了铜板墓志，对墓志进行研究，就联想到种种诸如崇道神社之类的事情。于是又根据《延喜式》的神名簿发现在那一带曾有

① 式是律令的施行细则。《延喜式》是延喜五年(公元905年)根据醍醐天皇之命开始着手编撰，延长五年(公元927年)完成的，故称延喜式。《延喜式》共50卷，与在其之前编撰的《弘仁式》、《贞观式》并称三代式。《延喜式》是三代式中唯一完整保存至今的式。

② 出云国，日本古代的地方行政区，亦称云州，今岛根县东部地区。

③ 丹波国，日本古代的地方行政区，其地域位置横跨今京都府北部、兵库县地区。

一个小野神社。那个小野神社后来又怎么了呢？还是在那个高野村，现在有一个加茂御影社，位于崇道神社南侧，可以认为其就是昔日的小野神社。如果这样的话，该处就同小野这个人有某种关系。小野毛人这个人应该是圣德太子时代入隋的小野妹子[①]的孙辈，也就是说自圣德太子时代起小野氏就非常强盛。从其家族系谱来看，小野氏应为孝昭天皇[②]的后代，直至小野毛人，其先祖的神社即是近江国滋贺郡的小野神社。小野氏日渐强盛，后来越山将其领土扩展到山城[③]北部，所以小野毛人的墓才会建造到高野崇道神社的后面。这样看来，京都的整个北部地区与出云氏产生关联还是后来的事。小野妹子时代是历史清晰的时期，有关在其之前出云氏的情况几乎没有记载，所以只能根据神社作那些猜想。从有历史记载开始，也就是圣德太子时期前后，近江一带逐渐置于小野氏的支配之下，这一点是有据可查的，后来其又与加茂产生了关联。据说鸭建角身命[④]的女儿产下的是加茂的别雷神[⑤]，所以上

① 小野妹子，公元7世纪遣隋使，生卒年不详。607年（推古十五年）作为遣隋使派往中国。在隋其名为苏因高。其所携国书写有“日出处天子、致书日没处天子，无恙”云云，据说曾引起隋炀帝的不快。608年4月与隋使裴世清同行回日本。同年9月护送隋使回国，再次率学问僧旻、南渊请安等来中国，翌年9月回国。

② 孝昭天皇，《古事记》《日本书纪》记载中的天皇。

③ 即京都。

④ 即贺茂建角身命，京都下鸭（贺茂御祖）神社的主祭神。根据《山城国风土记》记载，其最初降临在日向曾之峰，后作为神武天皇东征先导到大和葛木山，又途经山城冈田的贺茂到达贺茂川上游久我国北边的山基，在那里迎娶伊可古夜日売，生下玉依公主。

⑤ 即贺茂别雷神，京都上贺茂（贺茂别雷）神社的祭神。根据《山城国风土记》记载，玉依公主拾得一支从河上游流下的一支涂丹之箭，于是有了身孕，生下此神。在成人仪式的宴席上其突然从座席上跃起，破屋而升天，飞往父神之处。因其外祖父为贺茂建角身命，故名冠以贺茂。

加茂地区也许历史更为久远。这一点姑且不论。总之加茂的一部分山里都有神社，加茂的氏人势力渐渐扩展，尤其是因为京都成为帝都的关系，当时一般都很尊重神社，再则就是天子所尊崇的神或其他大的神社也渐渐得到社会的尊重。即使在大和等地区，龙田①由于得到天武天皇②特别尊崇非常兴旺。到底因为何故得到尊崇，令人费解。但天子一旦特别尊崇，其必繁昌无疑。加茂因帝都迁至此处，其加茂神社也就得到特别的尊崇。加茂神社得到尊崇的缘由有各种各样的说法，此处姑且不论。由此加茂的氏人势力扩展，渐渐占领了早先出云氏所占据的京都北部地区，原先的神即出云井于神社被逐至该地的一隅，其大部分都在下加茂地域内。但是，并不因为占据该地就肆意破坏损毁其他氏族所尊崇的神社，这是日本自古以来的习俗。这种情况如果在中国的话，一旦革命，在其之前受到尊崇者的祠堂之类就会被损毁殆尽，尔后供奉的是取而代之者。而在日本，一是民风淳厚，再则就是一旦发生此类事件，便会遭致报应，冒犯神明、神明必然惩之，为免遭报应，通常是不触碰往昔之物，保持原封不动。因为这个缘故，柊社这一神社被称作地主之神。早先柊社所在的这块地方被后来者占据，他们把先前的神当作地主之神来尊重的。高野地区也是如此，小野神社后来变为了加茂御影社，加茂的氏族也非常繁昌兴旺，一直持续到近代。直到平安时代以后，情况发生了变化。神社并不

① 即龙田神社，奈良县生驹郡三乡町的旧官币大社。

② 天武天皇(? —686)，673—686 年在位。舒明天皇的皇子。母皇极天皇。讳大海人皇子。

是因为一个氏族遭到另一个氏族的侵犯发生变化，而是由于佛教的兴起，神社受到了寺庙的侵占。叡山就是一个很好的例子。众所周知，叡山有日枝神社，日枝神社有大小两个神社，称大日枝，小日枝。小日枝供奉的是大山咋神，据说其是现在加茂的别雷神的父亲，也就是化为涂丹之箭致使加茂建角身命女儿孕育的大山咋尊。这是有关小日枝神社最早的一些情况。然而传教大师①开山时带来自己信奉的神镇守其处，那就是大和的三轮神，让其在那里镇守的就是大日枝神社。以往业已存在的小日枝移至山下，因为是原先就有的神，所以仍被尊为地主之神。寺庙侵占神社的领地，不是直接公然占领，而搬来别处之神，宣称其为自身的镇守之神，让其占领该地。虽然多费了一些周折，但当时对占领神社领地却是必要的。后来，情况慢慢发生变化，平安时期开始，佛教逐渐占据了神社的领地，到后来镰仓时期，武家又占据了寺庙、神社的领地。武家信仰的范围极其狭窄，他们走到哪里都带着自己所尊崇的神。平家②带着严岛③的辨才天

① 即最澄(767—822)，平安时代前期僧人，日本天台宗开创者。出生于近江滋贺郡。幼名广野。12岁于近江国分寺出家，成为大国师行表弟子，780年(宝龟十一年)得度，名最澄。785年(延历四年)在东大寺受具足戒，后在此叡山修行。804年(延历二十三年)来中国，在天台山修行，相承圆禅戒密，翌年回国。806年(大同元年)开创日本天台宗。殁后，受赠传教大师号，著有《显戒论》。

② 平家即平清盛家族，平清盛(1118—1181)，平安时代后期的武将，官至太政大臣。因与天皇家的姻戚关系，势力极盛，一度主宰政局。

③ 严岛位于广岛西南部，亦称宫岛。岛上有著名的严岛神社，景色秀美，是日本著名的三景之一。

神[①]，源氏[②]抬着八幡神[③]，或是在原有的神社改换祭奉八幡神。平家时期不是太长，所以并没能大肆改祭辨才天神，而源氏势力不断扩张，其他所有神社皆改为八幡神。后来情况渐渐发生变化，镰仓时期出现了为这一类事引起的诉讼，文书由此出现。文书多出自寺院与武家的诉讼，而且我国的文书多为镰仓时期。寺院与武家的争执而产生文书，通过文书可清楚了解武家占据寺院领地的情况，而且在占据神社的寺院记录中还可了解相当多的在其之前的情况。但是，神社侵占神社，也就是一个氏族兴盛时所占据的地盘又被后来的氏族所侵占，后来者以自己的氏神取代前者的氏神，这种侵占时期没有留下任何文书，几乎也无历史记载。如位于加茂一隅的柊神社曾是往昔一地之主的神社，叡山的小日枝是从前比叡的氏人带来的，后又被寺院所侵占，这段历史今天只能凭靠神社的存在略知几分。从历史的角度来看，神社的研究就是解释没有记载的时代的演变，这是非常有意义的。例如，口碑的研究、神社的分布、神社的来历，这些研究对了解远古历史是非常有用的。日本自神代以来的神社保存至今，其间纵然不断发生种种变故，大神社变成小神社，小神社变成大神社，总之不会让其消亡。这种惯习使古老的神社得以保存到今天，据此我们得以窥见历史初创之前远古时代的情况。在我们所研究的中国历史中，遗迹如日本这样

① 辨才天神是司掌音乐、辨才、财福的女神，又称妙音天神、美音天神。原本是印度的河神，后成为学问、艺术的守护神，是印度最受尊崇的女神之一。

② 源氏是平安时代皇族受赐姓氏的氏族之一。赐予皇族源姓始于嵯峨天皇，历史上著名的有清和、村上、花山、宇多源氏等。此处当指清和源氏。源赖朝即出自这一氏族，其灭掉了平氏，开创了镰仓幕府。参见后注。

③ 八幡神是司掌弓箭、武道的神，在古代日本广泛受到尊崇。

新旧并存的现象是少见的，即使在历史记载非常多的国家里，远古记载中确凿可信者是没有的，所以古代的状态不得而知。所幸的是，虽然日本有记载的历史很短，但由于有神社，依据神社可以对没有文字记载的时代作些弥补，这对于研究国史是非常有利的。神社研究差之毫厘，谬以千里，所以必须谨慎细致，总之只要研究方法不出问题的话，许多古代的事情都可以凭靠神社得到解明。尤其近畿地区在远古没有历史记载的时期是开发最早的地区，近畿地区的神社历经沧桑，历史的积淀极为厚重，研究近畿地区的神社可以探寻到日本古老历史的秘处。

以上所谈的大体上类似关于神社研究的一个绪论，有关神社的书笔者读得不多，也没有打算对神社作深入的研究，更不是对文书一类问题作彻底的研究。笔者只是粗杂地读过一些有关神社研究的东西，据自己所知对其或多或少产生一些疑问，这里谈一些自己偶然想到的一些问题。

问题之一就是来自外国的神的问题。这个问题以前就有人研究过。伴信友的[①]《蕃神考》一书是关于京都平野神社研究的，这本书现在国书刊行会等都出版过，这本书曾使我想到一个问题。我一直认为，关于国学研究，无论是神社研究还是古代研究，在明治以前就已经达到一个相当的水平，明治以后却没有一点进展。即使关于神社，明治以前的研究已经进入非常细微的层面，而明治以后却几乎没有人进行研究，而且往往不仅没有进步，许多相关的

① 伴信友(1773—1846)，江户时代后期国学家。通称锐五郎、州五郎。号特、事负。著有《比古婆衣》《神名帐考证》等。

论著都反而倒退了。关于平野神社的研究也是同样。伴信友有关平野神社的研究是一个非常出色的成果，令人佩服。今天有关平野神社祭神的研究远远赶不上信友。有一部很大的书，书名是《古事类苑》[①]，书中写到了官国币社，只有五、六行提到信友研究中无关紧要的部分，而对至关重要的东西视而不见。这部书仍然是以往昔无稽之谈的传说为基础，关于伴信友对平野神社的研究，关键部分只字未提，当然这无足轻重。平野神社在这一过程中发生了种种变故，后来皇室繁华已尽，平野神社也随之衰败下去。总之，在中世时期，神社一旦失去其保护者，往往就得自己探寻自营方策。即使伊势大神宫，当时失去了皇室的保护也是如此。氏族的神社当繁盛不再时也就得想方设法自谋生路了。为此，神社从事各种各样的活动。神社自营活动的结果，最终是把各姓氏之祖搬进神社。据说平野神社也合祀了八姓之神，既有源氏，又有平家，任何姓氏都可进神社，以致当时京都大凡名门望族皆往平野神社参拜。这种情况都发生在中古时期的神社，作为其自营方策应该说是非常高明的。

那么伴信友是如何进行研究的呢？平野神社现供奉着今木神、久度神、古开神、比咩神四尊神。按照伴信友的观点，平野神社是在桓武天皇[②]创建平安京时带过来的。桓武天皇的母亲家一方

---

① 日本百科史料事典，于1896年（明治二十九年）至1914年（大正三年）期间刊行。其记载了自神代至1867年（庆应三年）日本历代制度以及经济、社会、文化等各方面的情况。

② 桓武天皇（737—806），781—806年在位。

是百济王的后裔。百济的圣明王于钦明王朝[1]时期将佛教传到日本。桓武天皇母亲家就是这位圣明王的子孙。平野神社的今木神应当为百济王家的神,也就是圣明王。久度神、古开神的情况不得而知,但大和的龙田一带有座久度神社,久度神当与这座神社始于同一时期。古开神也不是来自外国,其当为桓武天皇的母亲即皇太后娘家的神。比咩神则是母系之神。久度神就是灶神——在我的家乡至今灶还是称"くど(kudo)"[2]——当时大和国桓武天皇母亲家供奉有灶神,于是将灶神迎请过来。这是很有趣的,如果读国书刊行会出版的《伴信友全书》就会了解,此处毋庸赘述。但伴信友的考证亦有若干美中不足之处,在此略陈己见。

首先关于认为今木神是大和地名的问题。久度这个名称到处都有,所以还被当作地名。可是在大和一带有一个叫新汉(いまきのあや imaki no aya)之类的名称,所谓新(いまき imaki),其意为某一氏族新近刚从外国迁来、或现有一个刚迁徙过来的种族,故称作"新某",原先也写作"今来",今木不应该是个地名[3]。因为是新来的种族,所以将今木冠于词首。今木神的今木,没有必要将其当作大和的地名,今木神之意实为来自外国之神。

接下来是关于久度神的问题。伴信友也读过朝鲜的文献,但看来还是没有留意到这个问题。按照笔者的看法,供奉久度神是为祭祀圣明王的祖先,其是百济国开国最具威力的王。朝鲜历史

① 即钦明天皇时期。钦明天皇(? —571),539—571年在位。

② 日语中"久度",注音为"くど",与灶一词同音。

③ 按照日语汉字读音规则,いまき(imaki)也可注汉字"今木"。

上最古老的《三国史记》[①]中被称为百济国先祖的是温祚王。在其数代之后有肖古王，尔后是仇首王。在肖古、仇首两代时期，百济国已经相当强大，在这两代之后，又有在两代王的名前冠以近字即近肖古王、近仇首王，在近肖古王、近仇首王时期，百济国也非常强盛。总之，肖古王、仇首王时期是百济国急剧发展的时代。仇首王在《三国史记》中写作贵须，日本的《姓氏录》[②]中写作“贵首王”，或写作“阴太贵首王”。“阴太”为何意，不得而知，似乎与温祚有些关系。有时在朝鲜其他的一些书中，首字添上辶成为仇道。在中国有关百济国记载的《后周书》《隋书》《北史》等书中，开创百济国的不是温祚，而是一个叫仇台的人。原先百济这个国家与高句丽是同一祖先，后从夫余分离出来，当时分离者正是仇台，这是百济国的起始。在夫余国主要的王者名字中，有一个叫“尉仇台”的王。“尉”不是人名。在中国汉代，地方行政区划分为郡与国，郡的首领是太守，太守的领地分为两处或三处，由官职叫都尉的管理，县也有尉，所谓尉仇台，其意就是都尉或县尉仇台，在当时与中国毗邻的夷狄，土著居民都把都尉或县尉当成是很了不起的人物，所以在自己的名字前冠以“尉”这一词是非常普遍的。这种情况同日本是一样的。日本也有左卫门尉、右卫门尉，左兵卫尉、右兵卫尉这一

① 朝鲜现存最古的史书。1145 年高丽王朝学者金富轼(1075—1151)用古汉语撰著。纪传体，由本纪、年表、杂志、列传组成，记述新罗、高句丽、百济三国史事，共 50 卷，为研究朝鲜三国时期和后期新罗历史的珍贵文献。

② 即《新撰姓氏录》，平安时代初期即弘仁六年(815 年)，根据嵯峨天皇之命编纂的古代氏族名鉴。其分皇别、神别、诸藩 3 类共收录了 1182 个氏姓，记录了各氏姓的起源、由来。因在某之前已有氏族名鉴《氏族志》的编纂，但因故没有完成，故此氏族名鉴名以《新撰姓氏录》。

类官职。在朝廷中，这些都是地位极低的官职，但在镰仓时代，农村的豪族觉得是很了不起的官，名字称为某兵卫尉是非常荣耀的。尉仇台也是名字前冠以尉，以为荣耀，其名实为仇台。《三国史记》中又作优台，这是仇台的讹音。总之，古时就有仇台在夫余以及百济创建国家一说。后来又多次出现过以此为名的王者如仇首、仇道等，这些都是同音，读“くど”的音。仇台读作“くど”、在《日本纪》[1]等书中“台”字读作“ど”，这样，仇台也是“くど”，仇首、仇道也是“くど”，其中总有某种关系，贵首或贵须的发音清脆响亮，当由“くど”这一音变化而来的。根据现在朝鲜方面的历史，温祚是元祖，贵须王不过是中间时期干过一些大事的王而已，但按照中国历史上的记载，还是认为仇台（くど）这个人是开创伟业之王。仇首即久度（くど），久度是一个非常重要的神，在圣明王的门第、桓武皇太后的门第中，对仇首的尊崇等同圣明王，所以后来按照日本的读音转为文字“久度”，仍当为百济之王。

古開这个神令伴信友感到有些棘手，笔者亦颇感为难。甚至这个神是否是古開现在都是疑问。按照伴信友的说法，是“開”字还是“関”字都不甚清楚，因为所注的假名是“ふるあき”，所以就配上相应的汉字，究竟为何字，不得而知。这里试举几种假设，这样做有点亵渎神明，不胜惶恐。首先来看“古関”，可以设想一下，“古”字与“関”字既可合二为一，又可各自为一。在其他场合，合二为一或各自为一的情况也是有的。日本的《姓氏录》中记载的贵须王也为阴太贵须王，如果从阴太这一方面来考虑，那么其当为温

① 即《日本书纪》，日本最早的敕撰史书，古称《日本纪》。

祚。在朝鲜历史中，温祚与贵须是各自分开的，而在《姓氏录》中却是合在一起的。“古関”也不必硬将其合为一体，不妨将其一分为二加以考虑。

关于“古”，在朝鲜的远古传说中，有关自己国家的元祖有两个体系，一个体系认为其元祖是“沸流”[①]，另一个体系则认为是“东明”，这是很有意思的。关于“沸流”，在朝鲜现存的历史中，温祚的兄长中有一个称作沸流王，后兄长这一族断代，而弟弟这一族繁盛起来，这些事情都发生在百济国。而在高句丽国的传说中，高句丽一系来自于东明王。东明这一名根据同音变通可以有各种说法，有时作邹牟，也有时作朱蒙。高句丽地区的人们称东明，也称邹牟、朱蒙，其意是相同的。但到百济国则作“都慕”。在日本，大山祇神（おおやまずみの）的“祇”，海童（わだっみ）的“童”也是同音同义。大山祇也读作大山咋（くひ）。日语中角落一词朝鲜语中称クビ，也是同义。总而言之，在朝鲜关于国家创始的传说中，有先祖为“都慕”即“东明”一说和“沸流”一说。关于“沸流（ふる）”，在朝鲜古老的历史上扶余国曾有一名为解夫娄（ふる）的王，其子所得到的女子生下高句丽的东明王，关于东明开创高句丽有一个很有趣的神话，此处姑且不表。解夫娄的“解”与高句丽的“高”，还有新罗的“金”“健”之类都相似，冠于名前就带有“大”的意思。但整个词的主要意思是“ふる”，这在高句丽以及夫余、百济都是如此。在新罗国，开国之王称作赫居世，用汉字是这样写的，但读作“弗矩

① “沸流”读音为“ふる(furu)”，音同“古(ふる)”字。

内"，这在朝鲜史书《三国遗事》[1]中都有记载。其意为赫字对应的是"弗"字即"ふる"，矩字之意不得而知，"世"字用朝鲜古语读法作内，也就是说此"弗矩内"即赫居世之意，读法是按朝鲜语读音。赫字是古语，将其作"ふる"时，新罗国开国之王赫世居也就同样以"ふる"这一词语冠于名前了。将其传至日本，天照大神的大日孁贵[2]中的"日(ひる)"也就相当于"ふる"，两者都有闪耀发光之意。在朝鲜，称日为"ふる"，是发光的意思。总之，从朝鲜到中国东北地区一带有关各国创始的传说中最早的王是东明或沸流中的一位。因为古时就有此说，所以古関的古可以说就是"ふる"。那么"関"呢？"関"传自肖古王。在《姓氏录》中也写作"速古"。"肖古(せうこ)""速古(そこ)"就是"塞"、与满语的ヂヤハ、日语的"関"同义，是相同的词。因为名为肖古的王是创建百济国的名人，所以就把"関"这个字加在他身上了。不过相对近肖古王，肖古王指的是古肖古王，在满洲古(ふる)念作フオ(fuo)，古関为古肖古王，把其作一个王对待，这样做是最简便而又说得通的。总而言之，现在的今木神、久度神、古開神都是朝鲜的神。与伴信友的主张相比，这个观点还是有根据、可以说得通的。伴信友关于桓武天皇时期皇太后的娘家即大枝氏神为古開的主张是没有根据的，当然也无法自圆其说。相形之下，能够自圆其说也可算是一个成果了。

接下来看现在的平野神社。关于比咩神历来有种种说法，但

① 朝鲜古籍，高丽僧人一然(1206—1289)于13世纪80年代用古汉语撰著，汇集了新罗、百济、高句丽三国遗事逸闻。该书与《三国史记》并称朝鲜古代史书之双璧。

② 大日孁贵是天照大神的别名。

不管哪个古老的神社，除两三座祭神之外，很多都是要供奉姬神的。在祭祀神明方面，无论日本还是中国，有一点是相同的，就是供奉女性之神。多少年过去了，依然将女性之神当作祭神，这个女性之神就是毗咩神。对于这一点，没有必要作过多的解释，主要的一点就是，这些神都是朝鲜的神。

近畿地区还有一类神社就是“兵主神社”，这也是自古以来相当难以理清脉络的神社。主要的兵主神社是在大和国①城上郡。城上郡有穴师坐兵主神社和穴师大兵主神社，这是最主要的神社，除此之外，还有很多地方都有兵主神社。根据伴信友对《延喜式》神名薄的考证，有近江国野洲郡、伊香郡的兵主神社、播磨国②饰磨郡的射立兵主神社，有时在神社名前添加“いだて”③。射立兵主神社在播磨的广峰，迎请到京都后叫祇园社。“いだて”可以标注很多汉字，如可写作“射楯”，“伊太氏”等。按照最为普遍的说法，其为大国主命④，又被称作八千矛神，是武神。因为他是武神，所以叫作兵主神社。这种说法很多，但一般人也都认为这种说法是缺乏说服力的。出人意料的是，兵主神社的神在日本并没有成为武器之神，而皆成为食物之神。但由于八千矛神是大国主命，所以将其视为兵主神社。很早以前就开展这方面研究的学者都认为这种主张缺乏根据。这是一个远在百济之神之前、在日本还没有任何历史记载的时期就已经来到日本国的神，虽然要说出其确切

---

① 大和国，日本古代的地方行政区，今奈良一带。

② 播磨国，日本古代的地方行政区，今兵库县大部分地区，亦称播州。

③ “いだて”标注汉字即为射立。

④ 《古事记》神话中的神。

的情况也很困难，但我认为其还是来自外国的神。众所周知，《史记》中有“封禅书”一文，里面写到了秦汉时代各种各样的神，其中提到秦始皇在齐国即现在所说的山东地区巡游时，当地供奉的神有八神，一、天主、二、地主、三、兵主、四、阴主、五、阳主、六、月主、七、日主、八、四时主，其中兵主是最主要的神。其为何来到日本成为兵主呢？和泉国[①]也有一个名为穴师的神社，在《神名簿》中穴师的旁边就是兵主神社，两者是并排写着的，从这一点就可以知道两者的关系了。大和国的穴师坐兵主神社的穴师可以称作是兵主神社的元祖，神社有一处名为弓月嵩，在日本弓月就是一个名为秦氏的豪族，秦氏据说是秦始皇的子孙。应神仁德年间有众多的人口，也许有几十万，有记载说是当时有二十七县的人口归化日本，这是一个非常大的种族，至于是秦始皇的子孙，这在中国没有任何记载。秦始皇的十三代之后，有孝武王，其子是功满王，功满王之子是融通王。这个融通王在《姓氏录》中称作弓月王，在《日本纪》中叫弓月君。兵主神社所称弓月嵩当与这个弓月嵩君有某种关系。另一方面，穴师读作“あな”(ana)，此“あな”等同于“あや”(aya)，其意为中国，也是“汉”的意思。有一说认为，“あや”源自于“汉织”，即织绫，这实际上颠倒了前因后果，因为有了“汉”这个字的音，然后才有“汉织”的“あや”，“绫”的“あや”。当时汉人来了之后，在他们居住的地方供放他们信奉的神，于是在穴师或弓月嵩就有了兵主神社，因为他们还从外国带来了诸如水稻之类的食物，所以神又成了食物之神。从这些情况来看，穴师的兵主神社实际就

① 和泉国，日本古代的地方行政区，亦称泉州。今大阪府南部地区。

是移到日本的中国山东的兵主神社。日本的秦氏据说是秦始皇的子孙，但是他们的家系宗谱并不可靠。所谓山东八神是很古老的，很早以前就已经有了。当时这些种族渡海来到日本，他们不可能不把自己国家的神带过来。供奉八神因地而异，山东成山角供奉的是日主，因为该地位于山东的顶端，正对着日出之处，所以那里就供奉日主神。天主神供奉在临菑，临菑是齐国的国都。临菑有一个地方叫天齐渊，天主就供奉在那里。天齐的齐字等同于脐字，天之脐，也就是天的正中。按照齐国的传说，齐国是脐，是中国的正中央部分，是天脐之所在，故成为齐国。天脐在齐国的国都，那里有多处涌泉，被称之为天齐之泉。神是根据不同地方来供奉的，兵主神是众神之一，其被供奉在山东的最西面。即使在今天，山东人也很乐意向满洲那里迁徙，移民去满洲，甚至还去外国。于是古代的山东人经由朝鲜半岛来到日本，这些人应当是来自山东的内地，来到日本之后，逐渐地就成了秦氏。也因为这个缘故，他们在齐国时供奉八神，所以把八神也带到了日本。翻阅日本的《姓氏录》，可以看到其中写着某某氏的子孙，当时也有像汉高祖那样从平民变为天子的人，但氏族的势力已经相当衰落，而在日本非常尊崇氏族，如果不是有某氏姓者，来自国外者就会被当作如同秽多[①]一样的贱民对待，所以那些来自外国的人们都会带着令人生疑的家谱，自称是某某人的子孙，如称是汉高祖、秦始皇的后裔，有一技一艺，于是在日本就取得某氏姓，得到相当的礼遇。尤其是秦氏家

① 明治时代以前社会上遭受歧视的所谓“贱民”身份之一，其地位在士农工商之下，明治四年废除这一称谓，现已成为禁忌。

族擅养蚕织物，将其作为家业，得到非常优厚的待遇。《禹贡》等书中也有关于齐国地区养蚕织物的记载。总之当时那些人皆凭身有一二薄技，再加上带着并不可信的家谱，在日本以有地位的姓氏安身立命。至于是否果真是秦始皇的子孙已无从考证，但他们带来了氏神兵主，随着他们在日本定居下来，兵主神社也就逐渐在各地修建了起来，因此不能断言兵主与武道没有关系。还有射楯兵主神社、射楯神社，可以认为日本的射楯神社多为素盏鸣五十猛神，这是武神，非常威猛的神，其成为射楯神社之神。总而言之，兵主神社的神是八千矛神，并非叫兵主，由于从《延喜式》时代不称呼其古老晦涩的日语名字，而根据读音称其为兵主（ひゃうず，hyozu）神社。也可以认为其是从中国被带到日本来的，所以按照读音称呼其名，因此，其应该列入来自外国的众神之列。

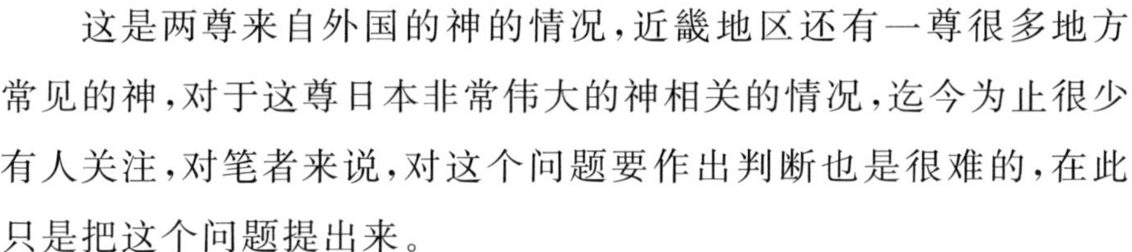

这是两尊来自外国的神的情况，近畿地区还有一尊很多地方常见的神，对于这尊日本非常伟大的神相关的情况，迄今为止很少有人关注，对笔者来说，对这个问题要作出判断也是很难的，在此只是把这个问题提出来。

日本至高无上的神就是天照大神。在《延喜式》中只是记载了在伊势国①度会郡有大神宫，至于天照之类只字没提。但冠以“天照”两字的神社在近畿地区有很多，人们是否考虑过其同大神宫有无关系？这是第一个疑问。从山城国的角度来说的话，就在其最近之处有一木岛坐天照御魂神社，即木岛明神。木岛明神是一尊

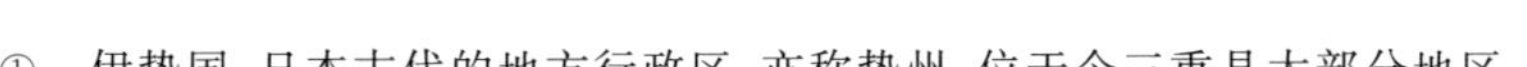

① 伊势国，日本古代的地方行政区，亦称势州，位于今三重县大部分地区。

非常风流的神。日本有一部很早就从中国传入的书，书名是《游仙窟》[①]，现在出版的话，会因有伤风化而遭到禁止。传说嵯峨天皇[②]时期，这部书传入日本，因为不知如何标注日本读音，因此也就无法阅读。此时这位木岛明神化为一个老者现身，将读法传授给一名叫伊时的学士，由此《游仙窟》才得以标注了日本的读法。木岛明神是一尊不可掉以轻心、随意安置的神。大和国也有两尊类似的神，城上郡是他田坐天照御魂神社，城下郡是镜作坐天照御魂神社。河内国[③]过去的高安郡有一神社，名为天照大神高座神社，现在不知在何处。摄津国[④]岛下郡有新屋坐天照御魂神社，丹波国天田郡有天照玉命神社，播磨国揖保郡有揖保坐天照神社，大致上就是这些，但在其他地区，还有类似的天照神社。在这些神社里究竟供奉的是什么神，其实并不明了。对这个问题的解释很难做到天衣无缝，而且供奉的神是否与天照大神有关系也是迷雾重重。如果这些问题都能搞清楚的话，或许可以为解明日本古代史增添

---

① 唐代传奇小说，作者张鷟。《游仙窟》全书一万余字，骈文体。书中使用第一人称，描写作者自己奉使河源与崔十娘相遇于仙窟，戏谑野合的故事。鲁迅说其“文近骈丽而时杂鄙语”。该书一脱志怪小说的怪诞色彩，用白描手法写现实生活，反映了唐代传奇的一个时期的艺术倾向和水平。此书传至日本，在日本文坛产生一定的影响。《游仙窟》在唐代广为流传，但后失传，近代学人杨守敬（参见后注）访书日本时又将其引回中国。

② 嵯峨天皇（786—842），809—823 年在位。三大法制文书《弘仁格》《弘仁式》《内裹式》、三大勅撰诗文集《凌集集》《文华秀丽集》《经国集》在其在位期间编撰完成。嵯峨天皇擅诗文，其诗文收入三大诗文集中。亦精于书道，与空海、桔逸势并誉为三笔。

③ 河内国，日本古代的地方行政区，今大阪府东南部一带。

④ 摄津国，日本古代的地方行政区，今大阪府以及兵库县一部分地区。

若干佐证材料，所以这一点值得关注。栗田博士[①]在写《神祇志》之前就研究过这一问题，其是在这一基础之上撰写《神祇志》的。但栗田博士对这一问题的处理过于简单了，其认为在众多的神社中，只有河内高安郡的天照大神高座神社供奉的是天照大神高御产巢日命，其余供奉的皆为天火明命。根据《旧事本纪》，火明命的名字是天照国照天火明命，所以就均据此对待。过去近畿地区最为显赫的氏族莫过于尾张氏。尾张国[②]没有天照御魂神社，而是真墨田神社，那里供奉的仍是天火明命。栗田博士断定近畿地区这类神社皆为尾张氏或与尾张氏同一家系的祖神。栗田博士的首创之说有很多。例如，《旧事记》中记载有尾张氏与物部氏的之祖家系图，这对于古代研究是很有用的，而栗田博士认为其混杂一起，含混不清。他在书中巧妙地把两者划分开来，尾张氏为灭火明命的子孙，物部氏为饶速日命的子孙，而在《旧事记》中两者是合二为一的。这种划分是种很特殊的做法，孰优孰劣，颇值得质疑。上古史研究只要手法高明得体，大体上都能自圆其说，研究者也就稳操胜券了，所以天照御魂也就是如此处理的。对于这一做法，笔者难以苟同。手法过于高明往往会弄巧成拙，反而造成麻烦。大体上看，木岛明神并非是什么大的问题，按历来说法，其就是天日神命，也就是高产录之子。但栗田先生没有采纳此说，而认为是火明命，其将天照御魂断定为今天的天火明命。但是还是有人认为，根

① 即栗田宽(1835—1899)，幕末、明治时期儒学家，历史学家。曾从学藤田东湖，后在彰考馆参与《大日本史》编修。一生从事修史，1892年(明治二十五年)任帝国大学教授。著有《神祇志料》《栗里先生杂著》。

② 尾张国，日本古代的地方行政区，今爱知县以及岐阜县、长野县一部分地区。

据当地的传说,供奉的应是天照大神。而大和城上郡的他田坐天照御魂神,伴信友认为其是志贵连的祖神天照饶速日命。过去还有一说认为镜作坐天照御魂神社供奉的就是天火明命,而饶速日命的子孙是镜作氏,这一点同栗田的观点不同,倘若把镜作当作饶速日的子孙,那么栗田先生把尾张氏与物部氏明确分开的观点就有一点不合情理了,但不管怎么,镜作供奉的是饶速日命。按照栗田先生的观点,摄津国岛下郡新屋坐天照御魂神社供奉的是天火明命,但其有三座神,按照当地自古以来的说法,其中只有一座是天照大神。传说中,神功皇后在征伐三韩之后回来时供奉了天照大神的御灵,具体情况语焉不详。关于丹波天田郡的天火明命,栗田先生的看法有些还是相当可信的,丹波的国造[①]与尾张氏本来出自一家,皆为天火明命的子孙。不过丹波氏这一氏族有两支,来自外国的丹波氏据说是西汉灵帝的后裔。总之,仅从这一点来看,天火明命的存在还是有相当根据的。至于播磨国的揖保,这是最为棘手的一个问题。揖保坐天照御魂社在当地称作伊势之宫,其位于一个叫伊势村的地方。如果认为其与伊势大神宫有关联的话,那么还有与其相反的情况。根据《三代实录》[②]记载,伊福部氏曾在此居住过,书中记载有一个揖保郡人伊福某。伊福部又写作五百木部,这个伊福部是火明命的后裔,认为当地的氏人供奉这位火明命是说得通的。但观其地名,有伊势村这样一个地方,也可认

① 国造为一国一郡之长。参见后注。

② 即《日本三代实录》,五十卷。根据宇多天皇敕令,由藤原时平等人编撰,于901年(延喜元年)完成。是记载自858年至887年即清和、阳成、光孝三代天皇约30年历史的编年体史书。

为其与伊势的神宫有关。总而言之，类似这种非常繁杂的情况在畿内以及周围邻近地区还有一些。在大和国就存在两种情况，在主要的地区几乎都有一个冠以天照两字的神社，从某些方面来看，其似乎与伊势的皇太神宫有关，从另一方面来看似乎又无关，而是与火明命有关。在丹波国这些地区一般认为，倭姬命等是抬着天照大神巡游各国时把天照大神带到了当地，当地才有天照大神的。总之，近畿地区冠以天照两字的神社一直是置于这类疑问之下的，其果真是与伊势的皇太神宫有关，或供奉的是尾张氏的祖先天火明命？这些问题都难以判断。尾张氏以及物部氏在神武天皇进入大和国之前在这一地区就已经非常强盛，对这些氏族若能稍作深入的研究，就可在相当程度上了解其当时的情况。如果再把同皇太神宫的关系稍稍厘清的话，那么就可以根据各个神社的情况，弄清自神武天皇在进入这一地区以后，今天的皇室获得巨大发展以至到完全控制这一地区的过程。因此，这是非常值得研究的。如果不对此作一研究，那么即使一味主张对神明祭拜，而实际无法了解这一地区如此服膺皇太神宫的缘由。我觉得从事国学研究者、神职人员对这一问题开展研究还是很有必要的，所以在此提出这一问题。这也并非就是今日所作的结论，而仅仅止于问题的提出。在阅读《神祇志》或《神祇志料》以及其他文献时，类似这样的疑问还会有很多，这里所谈的只是其中同近畿有关的一部分而已。

（1919 年 8 月史学地理学专业会的讲演）

圣德太子

关于圣德太子，德川时代的儒家有人称其为创作者之圣，这是最妥帖不过的了，几乎概括了其整个人格。在中国把创作者称之为圣，其意思是说为百姓制作与其生活相关的器物乃至文物典章的人是圣人，伏羲神农以降至文武周公，皆为此类人物。不言而喻，在日本，与百姓生活密切相关的日常事物，既有以往本国发明之物，又有在圣德太子之前由中国输入之物，但能将这两种文化精巧地糅合在一起，打下今日日本文化之基础，建成当时日本之文明者非圣德太子莫属。

在漫长的日本历史上，圣德太子不仅为佛家所尊崇，也被木匠瓦匠等匠人奉为神明，可以说这就是其为创作者之明证。因为此故，甚至连反对佛教以及圣德太子的儒家在圣德太子当为创作者这一点上亦无异议，他们称圣德太子为圣人，如同他们所尊崇的那些中国的圣人。兹仅就其作为文明创建者的主要业绩略述一二。

太子的外交方针

首先是关于外交。简单地说，让国人意识到日本乃独立之国家，与此同时又让外国承认日本者，可以说就是圣德太子。为了阐明这一点，有必要谈一下圣德太子之前的外交历史。

日本同海外的交往比我们从日本古代史上所了解的更为久远。《山海经》中有关倭的文字是战国末期至汉代初期的记载。在其之后，汉武帝平定朝鲜，设置四郡时，乐浪海中有倭人已为人所知，并记载在《汉书》的《地理志》中。根据《日本纪》的年代纪元，此当在神武天皇开国以后，但近来史学家却毫不踌躇地将此定在神武天皇之前。日本出土文物中有很多与此时期相应之物可以佐证这一记载。关于神武天皇以后与海外的交往，有东汉光武帝中元二年委奴国朝贡的记载，后在安帝时期有倭面土国王献生口[①]之事。到三国时期，卑弥呼与海外的交流就更是广为人知的了。从晋代到南北朝时期历代与海外的交往在中国正史上都有记载。

可资印证与海外交往的出土文物中，最为人所议论的是博多志贺岛出土的汉委奴国王金印。从当时汉代制度来看，授外国以印是对该国极为重视的表示，印为蛇钮符合当时规制，其为实物确凿无疑。国学家以及史家中有许多人认为，金印在九州发现，其与大和朝廷并无关系，有关卑弥乎的记载非常详尽，也称其九州地方女酋。还有人认为，从东晋至宋、南齐期间，授予倭国王的官爵不计其数，举其一例：

"使持节都督倭百济新罗任那[②]秦韩慕韩六国诸军事安东大将军倭国王"

① 古代战争中的俘虏，亦指牲畜。

② 历史上朝鲜半岛加罗诸国的别称。其最兴盛时期，范围从庆尚南道西部到整个金罗南北道，自古以来是乐浪、带方两郡的重要枢纽。

对此的解释是，这些官爵多为日本派往任那的太宰[①]滥用朝廷名义所授的。但事实并非如此，如果对前面所举的很长的官爵名细细加以考证的话，就会发现一个很有意思的现象。日本方面称呼时，如前面所举的为："倭百济新罗任那秦韩慕韩六国诸军事"，而中国南朝授予时则除去百济称："倭新罗任那伽罗秦韩慕韩六国诸军事"。这是因为当时百济没经过日本直接与南朝交往，南朝对其另封百济王，对日本方面时就不把百济放入进去，所以前面所述之事不可能是任他的太宰所为。不言而喻，如果说因为这样的记载，所以日本当时是中国的附属国，这种说法不能成立。

当时的外交有一种特别的现象，日本的朝廷在同海外交往时，担任其使者之职的都总是中国或朝鲜的归化人。即使是在最早的卑弥呼时代，担当使者的也是新罗的归化人。东晋宋齐期间担当使者或掌管有关对外交往事务的皆为中国的归化人，这一点若查看《姓氏录》即可明了。其姓皆为译语、史、文首、船首之类，都与海外交往有关，因管理有关海运的文书、检查货物，这些人亦称作史（日语读音ふびと）。此外，豪族也同朝廷一样，各自有掌管文书者，这些人都是归化人，依靠他们使用汉字记账造册也许很早就开始了。即使是朝廷，其也认为外交上的事务全交给这些人办极为方便，甚至没有考虑到朝廷自身应该留下记录。

这些归化人被派往海外之际，他们是秉承朝廷开展贸易的旨意，肩负着从海外带回珍稀器物、招聘技工匠人的重任。中国是一个极度看重面子的国家，来自海外者被视作蛮夷之使，到达中国

① 日本王朝时代百官中的最高官位，亦称大宰。

后，如果没有给皇帝的上表就寸步难行。因此译语、史等同中国主管外交事务的鸿胪寺官员沟通，得到他们协助，精心撰写上表，将其送呈中国的皇帝，使其自尊心得到满足，这样就可以如愿以偿地完成日本朝廷交付的使命而归。这是当时的使者以及译官的成功秘诀。在中国，这类情况延续到后世很多年，从明代四译馆[①]所保存的各国上表就可清楚。举例来说，满洲地区女真人送呈的上表虽说是用女真文字女真语写的，但其语法却是汉语语法，先用汉语文字写出之后再直译成女真语的痕迹历然可见，甚至有自己文字的国家的上表也是如此。上表完全用中国文字书写，就是要让中国的朝廷感到满意，这是不言而喻的。据此不难想象南朝时期日本、百济、高句丽等国上表之类的文书是如何写成的。

设置船首这一官职是在同海外交往频繁时期，在邻近朝廷的河内与大和交界之处，为检查进入淀川大和川的船只而设置的，在此之前，进行这类检查是在九州的入口之地，汉倭奴国王的印出自志贺岛就是这个缘故。据《三国志》的"倭人传"记载，根据国王命令，日本往来于三韩以及魏带方郡[②]的货物在博多附近必须接受检查，因此当时在管理同海外交往职位上的安昙连等可能就把从中国领受的国王印放置在自己家中，在同中国交往时随意钤盖、制作文书。当然，此时的文书还是竹简木简，用泥封上之后钤印，有印即可作去中国时的凭证，文书即使简单，甚至没有也可。后来足

① 明代初期设立的翻译机构，称四夷馆，清仍沿用明旧制，但改称四译馆，专司翻译和除汉语以外的各语种教学。

② 东汉后期(204 年前后至 313 年前后)辽东太守公孙康占领乐浪郡，将其南部分出设置地方行政区即带方郡，在今朝鲜黄海北、南道一带。

利时代[①]山口的大内氏使用足利家的日本国王印同明交往与此相同。在古代，朝廷使用印是很随意、无序的，他们所考虑的只是贸易上的利益。因此，这个时代的外交，一言以蔽之，是翻译外交。只要有贸易上的利益，不问与其交往关系如何，也不顾及是否涉及国家的体面。不过，日本文化逐渐在发展，贵族中一旦出现研究中国学问者，这种同海外交往的做法有时就会暴露出问题。传说菟道稚郎子[②]在高丽的上表中发现无礼之辞就是一例，但这种事情极少发生，大体上翻译外交依然如故。

然而圣德太子既精于中国的学问，又通晓海外情况，他注意到翻译外交非常有损国家体面，他把译员垄断的外交权收回朝廷，派遣使者赴隋时也不全都委任归化人译官、史之辈，也有如小野妹子那样皇族一系的知名人士作为使者的。国书也如《隋书》所记载的那样：

“日出处天子致日没处天子无恙”云云

从其语气推察，这封国书可能是太子亲笔所书，完全使用对等的词语。作为一个像隋炀帝那样统一了分裂旷日持久的中国而极富自尊的天子，这封前无先例的无礼的国书一定会让他大吃一惊。此时，对日本国的无礼感到吃惊的同时，似乎对这位海外的国王觉得不可思议，妹子回国时，派遣了一位名叫裴世清的使者陪伴。当时回信已交与妹子，交给裴世清的则是另一封国书。而妹子称途

---

① 即室町时代（1336—1573），参见后注。

② 菟道稚郎子，《古事记》《日本书纪》记载中的皇子，大约生活在公元5世纪前期，其父为应神天皇。自幼聪慧，先后从学来自百济的阿直岐和王仁，习读大量典籍。应神天皇28年，高丽王上表中称“高丽王教日本国”，引起菟道稚郎子的极度不满。

中遭遇百济人偷盗，没有把回信带回。这或是因回信书体不是对等，妹子故意将其遗失，或是在太子授意之下佯称遗失。但裴世清随身所带的国书不会遗失，是呈交朝廷了的。国书的起始之句是：

“皇帝问倭皇”

在后来的《太子传》里写道，天皇问及此事，太子言其虽为天子赐诸侯形式，但称倭皇使用皇字，皇字帝字，同为有分量的字，据说就这样顺利应付过去了。而实际上按照中国的书写文体应该是皇帝问倭王，在隋的国书原文中无疑应是倭王，在日本送呈时肯定稍稍作了手脚。与其对应，日本送交隋的国书在《日本纪》里是这样记载的：

“东天皇敬白西皇帝”

使用的是对等的词语。也就因为这一句话，隋从那以后再也没有派过使者。太子的想法是要让对方知道日本同中国是对等的国家，同时又不想损害两国之间的关系。太子打算吸收中国的文化，派遣大量留学生，因此他相当灵活地处理这些外交事务。总之，太子此举既使日本朝廷自身意识到自己国家的地位，同时又让中国了解到这一点，在当时世界上可谓开创了国际关系的先河。

在那以后同中国的交往中，极少再有类似太子这样灵活巧妙处理外交事务的例子。郭务悰受唐高宗派遣来日时，接待人员曾得其口授接待方法，具体情况现不明了。似乎并非是俨然对等的做法。和与中国交往的其他国家不同的是，历代的遣唐使没有一次是携带上表前往的。也不像其他国家那样从中国领受敕书而归。国家关系保持在这种状态下，在外交场合，其使者的座席排位通常在外国使者中占据主位。至今还流传着一个故事，曾经有次因座位排在新罗之后,日本使者提出抗议后又把座位更换过来。在唐玄宗时,张九龄[①]曾起草《敕日本国王书》一文,其开头写道:

“敕日本国王主明乐美御德”

这封敕书是否送抵日本,现不清楚。

后来历代的外交活动中似乎沿袭了圣德太子的这一方针,由此得以维系着与中国之间不即不离的关系。具有如此高明的外交手腕者只有圣德太子,别无他人。

太子的内政主张

关于内政,在这方面如果不十分了解太子之前日本国内的情况,也是很难理解太子的过人之处。从大化革新时期的诏书可了解到的太子之前的国情,当时全国到处都是天皇自古划定的子代之民[②],屯仓[③]、别[④]、臣、连[⑤]、伴造[⑥]、国造[⑦]、村主[⑧]所保有的部曲民。而朝廷的官吏所拥有的土地极少,豪族占有了大量的土地,甚

① 张九龄(678—740),唐代著名政治家、诗人。又名博物,字子寿。韶州曲江(今广东韶关市西南)人。唐开元年间任尚书丞相。著有《曲江集》。

② 子代是律令制实行之前皇室的直属隶属民,是天皇为皇子设置的。

③ 屯仓系倭王政权直接管辖的领地,亦包括在领地耕作的农民。

④ 古代倭国首领的称呼,后成为氏名。公元5世纪前后,各国的国造中很多人的名字带有别字。

⑤ 参见下页注。

⑥ 亦称友造。伴意为人,造意为统治,统治者。一般指公元5—7世纪中下层的中央豪族。其姓多为首、造、连等。与臣、连、国造并称。

⑦ 国造是君以及别、国造、县主、村主、稻置等官职的总称,亦指一国或一郡之长。其创设于倭王政权时期,到公元7世纪初已基本完备。

⑧ 参见上注。

至在外交贸易方面利用归化人扩大私权，已到几乎可与朝廷分庭抗礼的地步。然而到了圣德太子时代，颁布了著名的十七条宪法①。其不是像今日的法律文书，而是训令文体，其中有的条文反映了太子的高见卓识，引人注目。如第十二条：

“国司国造、勿敛百姓、国非二君、民无二主、率土兆民、以王为主、所任官司、皆是王臣、何敢与公、赋敛百姓”

在当时的氏族制度时代，各氏族除公民之外，还私有大量部曲民，能够根据这样一部宪法，发表官司皆王臣、人民皆王民这样一种主张，不能不说是非常进步的。在国史学家中，也有人认为这只是针对公民而言，并不包括部曲民，对圣德太子的主张作牵强而毫无说服力的解释。但百姓这一称谓两度使用，而且还同样使用兆民一词，这些词皆解释为公民之意，其意味着认可国司国造以下所有官司私有者皆为公民，而绝不应对这一主张作狭意的解释，可以说其包含有与明治维新的版籍奉还相同的意义。

圣德太子之所以能够提出这样的主张，是由于他通晓中国秦汉以来的政治，甚至可以推测，他熟知隋代的政治改革并进行了仿效。隋文帝是改革魏晋以来名族专制政治、废除乡官，开创后世科学之先河者，是中国政治史上的重要人物。圣德太子颁布宪法是在小野妹子遣隋之前，或许在遣隋之前太子已尽其所能对隋的国

① 日本最早的成文法律，据说是由圣德太子制定。根据《日本书纪》记载，其制定于604年（推古十二年），用汉文列出了官吏、贵族必须应该遵守的政治、道德规范共十七条。十七条宪法的内容反映出佛教、儒教、法家的强烈影响，强调了以天皇为中心的国家意识，成为日本在律令国家形成过程中的政治理念。十七条宪法对后世的法典制定也产生很大的影响。

情作了研究，也了解到隋的政治改革。这样，这部宪法的主旨就应该解释为主张天皇的大一统思想，可以说开创今日日本的国体者就是圣德太子。不过太子没有实现这一主张就英年早逝，三十年后的大化时期，以天智天皇[①]为主将这一主张付诸实行。这一功绩应当归于孝德[②]、天智两天皇，但毫无疑义，两天皇的改革是根据太子制定的宏远蓝图进行的，这一点不单是就其主张而言，大化革新的主要谋士，如南渊请安、高向玄理、僧旻等人都是受圣德太子之命陪同小野妹子遣隋的留学生。无论天智天皇，还是藤原镰足[③]，如果没有这些新知识，是绝不可能成就那种前无古人的伟业。由此可见，大化革新的主要功绩还是要归于圣德太子。

采纳佛教的理由

现在攻击圣德太子大兴佛教的人越来越少了，曾经有一段时期，国学家甚至曲解历史记载，对其加以非难。如推古天皇[④]十五年曾发布有关祭祀神祇不可懈怠的诏敕，他们对此解释说此诏敕并非是太子旨意，而是推古天皇的主张。对太子摄政时期的历史事实竟然都是如此吹毛求疵，横加指责。以今日历史的眼光来看，

---

① 天智天皇(626—671)，668—671年在位。

② 孝德天皇(597—654)，645—654年在位。

③ 藤原镰足(614—669)，7世纪官人，古代中央豪族藤原氏之祖。曾与轻皇子、中大兄皇一起参与大化革新计划，在打倒苏我氏、孝德天皇(轻皇子)即位后成为革新政府重臣，致力于律令体制的基础建设。临终前，天智天皇授其大织冠，擢升为大臣，并赐藤原姓氏，成为后来的藤原氏之祖。

④ 推古天皇(554—628)，592—628年在位。

此说完全是无稽之谈，太子在大兴佛教的同时，对神祇亦是心怀敬重之意的。应该认识到，当时的日本有必要引进佛教这样的新宗教。关于这一点，通过明治维新也可明白，维新以后禁止与迷信相关的淫祠或巫女职业，而在圣德太子时期却是最为必要的。日本探汤[①]的刑罚、置蛇于瓶中、使诉讼双方取之等做法在《隋书》中也有记载，这类事情当时非常普遍。为破除这类迷信，极其需要佛教这类当时被认为最合理、最进步的宗教。佛教后来被利用于迷信，修验道、真言宗等兴起，但圣德太子时期引进的佛教极具合理性，这一点从太子所著述的《三经疏》[②]中也可以了解到。

苏我氏与圣德太子

圣德太子最为后世国学家、儒家所横议者就是对于马子[③]弑逆事件没有加以处置。这些批评指责脱离了当时的时代背景和具体情况。现在来看，所谓马子弑逆即便确有其事，当时犯事者当另有其人，马子亲自将其弑杀。这一事件没有留下痕迹，而且当时太子还是一个尚未满廿岁的少年。在苏我氏权势炙手可热、已至顶点之际，如果太子因处置马子之事而失败，将会严重危及皇室。故

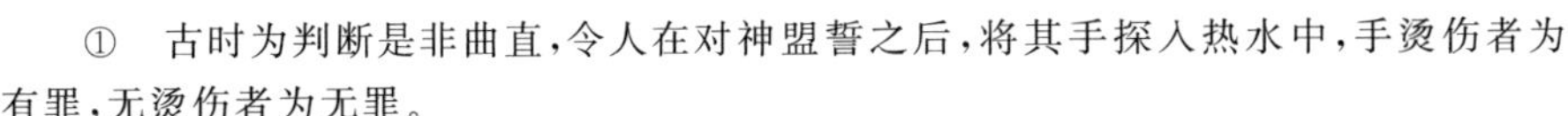

① 古时为判断是非曲直，令人在对神盟誓之后，将其手探入热水中，手烫伤者为有罪，无烫伤者为无罪。

② 即《三经义疏》，又称《上宫御制疏》。其包括《胜鬘经义疏》《维摩经义疏》《法华经义疏》，是佛教经典的注释书。

③ 即苏我马子(？—626)，公元6、7世纪官人，苏我稻目之子。曾任大臣，其利用佛教以及同皇室的姻亲关系强化政治上的权力，587年(用明二年)灭掉物部守屋，拥立崇峻天皇。592年(崇峻五年)又弑杀崇峻天皇拥立推古天皇。

其韬光养晦,等待时机。太子以其出众的才德使马子慑服,也抑制住苏我氏的权势。这些情况只要读《日本纪》即可明了。

圣德太子去世后,马子向推古天皇请求获得葛城一县作为领地,天皇巧妙地予以拒绝。天皇驾崩时,留下遗言将其位禅让与太子之子山背大兄王。不难想象,这些都应该是太子生前慎重向推古天皇进谏的。但马子之子虾夷将其篡改,让舒明天皇①即位。尔后又一步步削弱山背大兄王的势力,最终将其杀死。纵观这一过程,可知太子生前为削弱苏我氏势力,曾扶植自己亲信,如境部摩理势等人。圣德太子在世时,这些人在其势力之下,都是制约苏我氏的有力人物。但山背大兄王仁慈柔弱,缺少其父王那样的雄才大略,如此有力之手足后来皆被苏我氏翦除,最后自身也蒙遭祸殃。但从其失败也可推想太子的深谋远虑,圣德太子比马子还要年少,他肯定打算过要在其晚年之前实现将豪族打压下来的目标,但是没有能够实现,这只能说是宿命。评价圣德太子这样地位的人,必须要考虑其所身处的历史环境,如任侠之士振臂行匹夫一己之志那样随性率意是不行的。

由此看来,作为一位创作者,一位具有人格魅力者,可以说圣德太子是一个几近完美之人。最近适逢太子一千三百年忌,举办各种活动彰扬太子功德,笔者对国史学家关于古代史的意见有不敢苟同之处,兹略陈一己之见。

(1924 年 6 月)

① 舒明天皇(593—641),629—641 年在位。

弘法大师[①]的文学艺术

弘法大师在文学艺术方面的著述并不是很多。关注弘法大师的人都知道有一部叫《文镜秘府论》的书。这部《文镜秘府论》是弘法大师为当时写汉文作汉诗的人写的一部有关其规则的著作。所谓规则，并不是弘法大师自己所制定的规则。大师是把当时流行于中国有关诗文法则的书汇集起来，经过取舍编撰了这部著作。弘法大师在撰《文镜秘府论》序文时就明确说明了这一点。弘法大师年轻时，当时京都有称作大学寮[②]的机构，他曾在那里跟一个相当于他伯父、名叫阿刀某的人以及大学的博士们学习过汉文。大师后来入唐时就已经注意到关于诗文的法则。当时他读了很多流行的各种有关诗文法则的书。后来就想到把这些资料收集汇总起

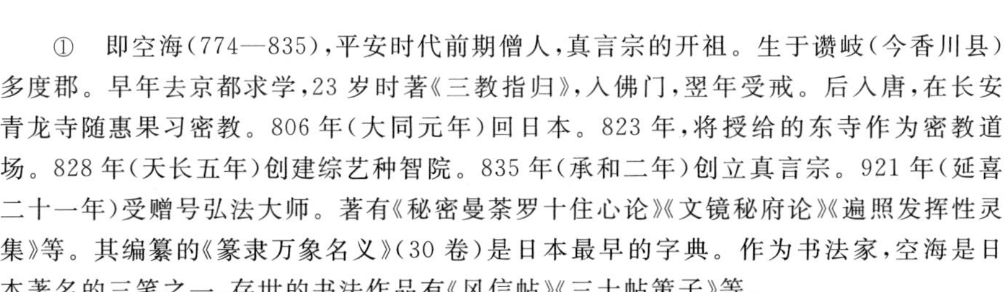

① 即空海(774—835)，平安时代前期僧人，真言宗的开祖。生于谶岐(今香川县)多度郡。早年去京都求学，23 岁时著《三教指归》，入佛门，翌年受戒。后入唐，在长安青龙寺随惠果习密教。806 年(大同元年)回日本。823 年，将授给的东寺作为密教道场。828 年(天长五年)创建综艺种智院。835 年(承和二年)创立真言宗。921 年(延喜二十一年)受赠号弘法大师。著有《秘密曼荼罗十住心论》《文镜秘府论》《遍照发挥性灵集》等。其编纂的《篆隶万象名义》(30 卷)是日本最早的字典。作为书法家，空海是日本著名的三笔之一，存世的书法作品有《风信帖》《三十帖策子》等。

② 为培养官吏而设立的高等教育机构，其起源可追溯到天智天皇时代(668—671)，以制度确立下来则在《大宝令》时期。主要学科有明经、明法、文章、算道等，各科教官是博士、助博士(《养老令》称助教)等。大学寮的最高管理者为大学头。

来，编一本书，无论俗人也好，僧人也好，为大家写作诗文提供方便。但是书很多，形形色色，既有相同之处，又有不同之处，相当繁杂。虽然书很多，但真正有用的部分相当少。大师有个习惯，看到这一类书，就把其搁置一旁，也不想照那种路子写，后来就想到把不需要的部分剔除，只保留合适部分，这样几经添削，反复斟酌，最后把重要内容保留下来，编成这部《文镜秘府论》。现在不清楚这部书是大师在从中国回来几年后编成的，但后来又有一部书名为《文笔眼心抄》的书，其是将《文镜秘府论》缩简而成的。这部书成书于弘仁十几年，由此可以知道《文镜秘府论》是在其之前完成的。

《文镜秘府论》的编撰由来大体就是这样，在编撰这部书时大师主要参考了哪些书呢？谷本博士经过苦心研究，举出了这部书的主要参考书。在大师的诗文集《性灵集》中提到王昌龄，这是盛唐时期的著名诗人，擅长绝句，王昌龄写过一本书，书名为《诗格》，即诗的格式。谷本博士认为《文镜秘府论》就是以《诗格》为基础编著而成的。这个看法很有价值，不言而喻，王昌龄的这部《诗格》应该是大师《文镜秘府论》的主要参考书。但除此以外，还参考了相当多的书。那么究竟参考了哪一些书，那些书又有什么价值呢？实际上大师在编撰《文镜秘府论》时，在其序文中已经谈到了其所参考的书。序文中这样写道：

“沈侯、刘善之后，王皎崔元之前，盛谈四声、争吐病犯①。”

此处所说的沈侯是个人名，即南朝齐时至梁朝期间的沈约，是

① 病为诗词制作中的禁忌之处，沈约曾列出八病：平头、上尾、蜂腰、鹤膝、大韵、小韵、旁纽、正纽。犯为词曲的移换宫商，如犯声、犯调。

个著名的学者，据说此人是中国四声的发明者。所谓四声，众所周知，是作诗的一种方法，平上去入，平声是平直之声，上声是上扬之声，去声是下抑之声，入声是内吞之声，把声分成四种，把所有的文字与此四声对应。南齐时永明年间，沈约提出四声，四声开始盛行，使用四声的诗称为永明体。所谓沈侯就是指沈约。之后又有刘善，也就是刘善经，经字被省略了，关于这一点留待后面细说。刘善的生平现不清楚，但他的著述还是为人所知的。刘善之后，王皎崔元，这指的是四个人。王是前面提到的《诗格》作者王昌龄，皎是唐代的僧人皎然，其所著《诗式》的片断部分还保存至今。崔指的是崔融，此人的著述还是写诗文的格法，元指的是元兢，此人也有关于诗法的著述。这些人都是唐朝人。从沈侯、刘善到王皎崔元，在这一期间，有关四声的争论非常热烈，所以才写有“争吐病犯”。所谓四声，也就相当于日本的歌调。即使是唱歌，如果歌调错了，就不成其为音乐，为了要使其成为音乐，就要探讨研究歌调。诗在过去是用作唱的，何处用升调，何处用降调，有其自身的规则，否则就唱不出调来。再如吟咏春雨的词就必须用吟咏春雨所用的调。论述这些规则相当繁杂，当然相关的书也有很多。大师参考了这六人的著述是没有疑问的。

大师所参考的这些书是有什么价值呢？值得注意的是，大师所参考的很多书没有传到今天，大体上都已失传，不复存在。由于大师作为参考将其收入《文镜秘府论》，这些人著述中的一部分得以保存下来。也就是说，这些人的书即今日已不复存在的书，在大师的《文镜秘府论》里现在还可以看到。那么其价值今日何在？现在所说的诗法、诗调，绝句也罢，律诗也罢、古诗也罢，都有一定的制作规则，如果在某一处搞错的话，就不符合诗的规则。

这都是很有意义的。今天我们要看唐代以及唐代以前诗的规则，除了这部《文镜秘府论》以外，再没有更好的书了。即便是现在，有人吟咏古体诗歌，也有人吟咏新体诗歌，要研究日本和歌的沿革，如果是《万叶集》，就要从《万叶集》那个时代开始，其间有《古今集》[①]《三代集》[②]等等，必须了解逐步发展至今的过程。中国也是同样，诗在那以后也非常盛行，唐代时期的诗是如何制作的？唐代时期的诗是根据什么规则制作的？是否符合当时的音律？今天要了解这些情况，必须要知道当时的人所写的有关诗的规则的书。可是那种书在中国没有传下来。现在中国传下来的是一部宋代的书《冷斋夜话》，这部书人们很熟悉，写这部书的人是一个和尚，名叫洪觉范。这个人还写过一部名为《天厨禁脔》的书，这部书人们很少读，它写的是宋代作诗的规则。那么那部书能起什么作用呢？诗到了宋代，已经与音乐没有关系了。唐代以前与音乐相关、可以咏唱的诗到了宋代就同音乐没有关联了。因此当时的所谓规则已经不具有同音乐相关的价值，在此之前的规则已经完全失传。中国是诗的故乡，但唐代以及唐代以前关于诗的规则的书一部也没有保存下来，然而正因为有了《文镜秘府论》，我们才得以了解这些规则。

---

① 即《古今和歌集》。平安时代前期敕撰和歌集。905年，纪贯之、纪友则、凡河内躬桓、壬生忠岑四人遵醍醐天皇之命选《万叶集》以后的和歌佳作1100首汇编而成。《古今和歌集》是最早的敕撰和歌集，对后世产生深远的影响，尤其纪贯之用假名所作的序作为最古老的歌论受到关注。

② 平安时代成书的敕撰和歌集《古今和歌集》《后撰和歌集》和《拾遗和歌集》的总称。

《文镜秘府论》所引用的书上自梁沈约，下至唐代。查找这些书，专业研究者有查找的工具。我们应该了解大师非常看重并使用过的书在当时的情况。一个很有趣的现象是，大师使用过的书如果在当时并不怎么流行，那么即使流传至今，也不会是珍贵之物。如果在当时就为世所重，那么在今天也会像大师的《文镜秘府论》那样极具价值。考察原本的价值，对专业人员来说有很多方法，现在我们也大致清楚有哪些方法。不了解这些情况，即使明知《文镜秘府论》是难得的珍本，也难以发挥其真正的价值。实际上也有这样的例子。有人已经关注到这部题为《文镜秘府论》的书是珍本，其记载的是唐代诗文法则，这个人还是一个中国人。当然在日本也不是没有人注意到这一点。这个中国人名叫杨守敬[①]，明治十三四年前后至明治十七八年前后在东京的公使馆供职，此人现仍居在中国。前一时期中国骚乱[②]时居住在武昌，据说为避难现在上海，应该已是七十多岁的老人了。杨守敬提到过这部书，而且还写入自己所著的《日本访书志》中。谷本博士对杨守敬也非常仰慕。总之，杨守敬提出关注这部书是一个事实，但其本人当时是否认真仔细地读过这部书就不得而知了。虽然杨知道《文镜秘府论》是珍本，对了解唐代诗的法则是非常珍贵的资料，但他认为那

① 杨守敬(1839—1915)，清末民初著名学者、藏书家。字惺吾，号邻苏，晚年自号邻苏老人。湖北宜都人。其研究涉历史地理、金石文字、版本目录、书法艺术等众多领域，且成就卓著，有83种著作传世，其中有代表巨著《水经注疏》以及《日本金石志》《日本访书志》等。杨守敬于1880—1884年间任驻日钦使随员，在日期间，其搜寻中国流入日本古籍，得书万卷，其中不乏珍本孤本。杨善书，其书法曾在日本书道界产生一定影响。

② 指1911年的辛亥革命。

些法则写得细碎繁缛，并非提纲挈领。该书确实定下了非常详细的规则，何处可加字，何处不可加字，但这绝非没有意义。唐代当时有诗的规则，规则中有者可用，规则中无者则不可用。唐代文官考试要考诗，而且诗是考试的重要科目，故应试者必须通晓诗的细规。一字之差，一声之错，都可导致考试落第。因此当时的人们都必须牢记那些细规。相当不幸的是，日本也原封不动地采用了这一做法。在日本若要成为大学的文章博士，同中国一样要参加诗的考试，哪怕一字之声错了，考试就会落第。一字半句都马虎不得，所以大家都研究其规则。规则很细，不了解这些规则就无法知道当时考试的情况，也不知道当时写诗的方法，这些规则在当时就相当重要。不能因为其过于烦琐，而且以今天的眼光来看没有什么用处，就把一个国家秀才考试使用的规则看作无用之物。杨守敬生于今日的中国，当时的考试究竟是怎样的，哪些规则是重要的，对这些问题他也并不十分清楚，他只是说这些繁文缛节的东西写的太多，而从当时的状况来看，这些规则却是至关重要的。

那么在同这些规则相关的书籍中，弘法大师采用的书有哪些价值呢？谈到这个问题，必须追溯到当时是如何查阅各种书籍的。查阅书籍是要有工具的。在中国，每一个朝代都编撰历史。中国是个革命的国家，天子的血统时常改变，天子的血统一旦改变，就要编撰上一朝代的历史。编撰时，一般要编制从古时到上一个朝代期间保存的书籍目录，这是一件很有意义的事情。因此唐代就要编撰上一个朝代隋代的历史。当时《隋书》中已有古时至隋代期间的书的目录，叫《隋书・经籍志》。这个书名就是记录经籍的意思，书中附有从上古至隋代期间行世并保存下来的书籍的目录。

隋代所保存的书的目录凭靠这部书大致可以一目了然。当然也并不是没有遗漏。在这之后就是唐代的书籍目录，其载在唐灭亡之后编撰的《唐书》中，这部书有两种，《新唐书》和《旧唐书》。《旧唐书》同《隋书》一样，有《经籍志》，而《新唐书》中则是《艺文志》。从上古至唐代保存下来的书的目录都记载在《经籍志》《艺文志》里。显而易见，在这个目录里记载的书都是很有影响力的书。因此做古学的人，尤其是做古籍研究的人都把《隋书・经籍志》《旧唐书・经籍志》以及《新唐书・艺文志》当作最重要的工具，依靠这三部目录查找古代典籍。关于弘法大师所采用的书籍，也是要根据这三部目录来了解当时的情况，这已成为查找古籍的一个法则。

说到唐代，这个朝代延续了二三百年，撰写唐代历史是在唐代灭亡之后的下一个朝代。到撰写《唐书》时，不知何故，许多即使在唐代相当流行的书消失得不知所踪。所以就必须设法作那些唐代曾经有过而《唐书》却没有记载的书的研究。这项工作在中国有很多方法，而在日本则有一部最适合这项查考工作的书，这是一部日本的书，但也非常受到中国人的关注，书名就是《日本国见在书目录》[1]。当然这不是今天我们所说的现在书目，这部书是一个名叫藤原佐世[2]的南家儒者所编纂的，藤原佐世出生于平安时代，有着儒学的家学渊源。他为什么要编纂这本书呢？当时日本不断地从

① 日本最早的汉籍目录，藤原佐世编纂。共 1 卷，891 年（宽平三年）前后成书。其分类仿效《隋书・经籍志》，分易家、尚书家、诗家等 40 家，收入书计 1580 部 1 万 7 千卷左右，根据此书可以查找在中国已散佚的书籍，此书在书志学、文献学上极具价值。有室生寺旧抄本，今藏宫内厅书陵部。

② 藤原佐世（？—898），平安时代前期学者。曾从学菅原是善。历任大学头、陆奥守等职，编纂有《日本国见在书目录》。

中国输入大量书籍并进行研究，中国的学问非常盛行。在嵯峨有个叫冷然院的地方。冷然院现在写作“冷泉院”，过去写作“冷然院”，在那里收藏有非常多的书，但全都被一场大火付之一炬。现在那部《日本国见在书目录》还写作冷然院。冷然院遭遇火灾是因为这个然字下面有四点，意为烈火或火，冷然院下面有火，所以就被烧了。从那以后就改为冷泉院了。总之，冷然院曾经有过大量的书，在平安初期遭遇火灾，大部分书化为灰烬。后来又逐渐不断收集各种书籍，当时编纂的中国书籍目录即这部《日本国见在书目录》。这部书是唐代末期编纂的，在唐代末期之前传入日本、当时还存在的书在这部书中都有记载。因此中国人也把《隋书·经籍志》《新唐书·艺文志》或《旧唐志·经籍志》同这部《日本国见在书目录》作对照，其中已经亡佚不存的书在这部《日本国见在书目录》上都有。也就是说在编撰《新唐书》《旧唐书》时已经亡佚的书都在这部书中作了记载。幸好日本有这么一部书目，要了解当时唐代有哪些书，弘法大师在世时有哪些书流行，查阅这部《日本国见在书目录》即可明了。在今天这仍是一部非常重要的书。

弘法大师编撰《文镜秘府论》时采用的书是否在这些目录上有记载呢？如果有记载，那毫无疑义就是好书，这是非常现实的。结果是全部都有记载。前面最初提到的发明四声的沈约，他的关于四声的书原本是一卷，就载入《隋书·经籍志》中。这本书在《日本国见在书目录》中也有记载，但只是没有沈约的名字。沈约之后的刘善经，他的《四声指归》在《隋书·经籍志》《日本国见在书目录》中也都有记载。看来弘法大师相当认真阅读过这部书，而且很喜爱这部书，在《文镜秘府论》卷一结尾部分记载有“四声论”，大约六七页的篇幅，几乎把刘善经的《四声指归》全部都摘录了下来，虽然没有提到《四声指归》，但“四声论”中写有“经案”，此处“经”字是刘善经名字最后面的一个字，不言而明，这是摘自刘善经的著述。弘法大师喜爱刘善经的书，又深知这是必不可缺之书，所以从中大量摘录。如今天地之间，《四声指归》这部书已不复存在，所幸的是大师原封不动地摘录了六七页，凭靠这一《四声指归》可以了解到六朝时期有关四声的情况。四声从最初发明到成为诗的规则，其间引发了种种议论。沈约认为四声是必需的，但当时就有人反驳，认为没有必要，其时中国为南朝北朝，沈约是南朝人，北朝也有相当多的学者，其中不乏反对者。有个人名叫甄思伯，当时也很有名，他就是持反对意思的。当然也有一些人持与沈约相同观点的。这些人所写的书虽然是一部分，但都被刘善经的《四声指归》所引用，而弘法大师在《文镜秘府论》中又引用了刘善经的这部书，所以据此可以清楚地了解到一千二三百年前有关四声的争论情况。也正是有了大师的这部《文镜秘府论》，我们今日可以进行有关这方面的研究。关于王昌龄的《诗格》，如谷本博士所考证的那样，弘法大师在《性灵集》中谈到，“诗格之书数众多，近世行王昌龄《诗格》，具情以告天子”云云，由此可知王昌龄《诗格》当时十分流行。可是书的卷数各有不同，《新唐书·艺文志》是两卷，《性灵集》是一卷，传到日本的唐代《才子传》中也是一卷。实际上这是一回事，在古本上是一卷，而到后来变为写作两卷，从这一点上也可知目录之重要。王昌龄的《诗格》不仅弘法大师非常赞赏，其也深得当时一般人的喜爱。王昌龄的这部《诗格》在《文镜秘府论》中每段都写着“王曰”字样，除《文镜秘府论》之外，再没有哪一部书引用王昌龄

《诗格》的了。今天只有完全依靠弘法大师的这部《文镜秘府论》来想象揣摩《诗格》的内容。除此之外，别无他法。

接下来是皎然，此人著述在《新唐书·艺文志》中是《诗式》五卷、《诗评》三卷，但现在几乎大部分都已失传。《诗式》仅存一部分，但根据乾隆年间编著的《四库全书总目提要》的解题来看，今日存世的《诗式》已不是当时《诗式》的原样，而是残缺不全的极小一部分。不仅如此，在残存的皎然《诗式》里，大师所提及的当时诗的做法，例如何处不得用何声，类似这样的详细记载一点也没有保存下来，留下来的大体上都是评论。但在《文镜秘府论》里却保留了下来。弘法大师在《文镜秘府论》中引用了皎然的《诗式》以及其所作的种种评论，据此今天我们还可以大致了解皎然《诗式》的大要。

关于崔融的书，实际上此人是否叫崔融也并不清楚。但翻阅弘法大师的《文镜秘府论》，其中有个人叫崔融，此人有部著述，名为《唐朝新定诗体》。唐朝时有文官考试，必须以何种体作诗是有一套规则的，这部书就是写作诗规则的。也有的书将其写作《新定诗格》。弘法大师在《文镜秘府论》中写的是引自崔氏《唐朝新定诗体》。这一书名在《隋书·经籍志》《新唐书·艺文志》《旧唐书·经籍志》中都没有出现，而在《日本国见在书目录》中有这一部书，但仅仅是书名而已，并没有注明系崔融所作。弘法大师《文镜秘府论》中写作崔氏，也有的地方写作崔融，如果没有大师这部《文镜秘府论》，那么就不知其人何名。即使依据《日本国见在书目录》可知这一书名，但谁为作者，仍不得其解。就是因为有了《文镜秘府论》，我们可以得知这部书的作者及其内容。

元兢有著述《诗髓脑》一卷。这部书在《新唐书》的目录、《旧唐书》的目录都没有记载。只有在《日本国见在书目录》中有记载，但是否是元兢所作并不清楚。所幸的是《文镜秘府论》中写有“右可见于元氏髓脑”等，据此可知元兢作《诗髓脑》及该书内容。

在当时这些都是很有用的书才流行于世的，如果没有《文镜秘府论》，那么所有这些书都会湮没，今天我们既不会知道其作者之名，也不会知道其著述之名。弘法大师在《文镜秘府论》中将这些书汇集于一体，写明作者各自观点看法，使我们得以了解这些著述的作者及其书名，同时还了解了唐代诗歌的格式。唐代文官考试有非常严格的规则，当时的诗可以配上音乐咏唱，但有一定的法则。今天也正是有了弘法大师的《文镜秘府论》，我们才得以了解这些法则。即使是中国人，他们也把这部书当作工具。除了弘法大师的《文镜秘府论》之外，没有任何其他工具可用，这也正是《文镜秘府论》的重要价值所在。通过《文镜秘府论》，我们可以了解一千二三百年前的诗歌制作方法，如果说得更详尽一点，也就是如何将诗同俗歌俗谣一样配上音乐可以吟唱的方法。《文镜秘府论》卷数仅仅只有六册，然而是部非常重要的书，这一点是不言而喻的。

除此之外，弘法大师还引用了一本书，这在其序文中也提到，就是《日本国见在书目录》中记载的名为《文笔式》的书，《文镜秘府论》中引用了这本《文笔式》。还有一点，就是有些书即使保存下来了，弘法大师的书还是有着其非常重要的作用，这里可举一例子。唐初有个叫殷璠的人，他的著述中有一本名为《河岳英灵集》的书，该书收集了自古代到他所处时代的诗。这本书现在还在，弘法大师在《文镜秘府论》里引用了《河岳英灵集》的序文，但其与今天保存的序文有所不同，大师所引用的序文多出一百多字。也就是说今天保存下来的序文比《文镜秘府论》引用时少了一百多字，所以即便其被保存下来，也是一个不能用的版本，而弘法大师所见到的是保持当时状态的原本。大师所引用的这篇序文中，诗的数量是275首，而现在所传的《河岳英灵集》中，将275首改作235首。有一本书可以对这一数字进行比对，但比对下来却只有228首。这样看来，弘法大师所见到的是原本，有275首。尽管如此，其中50首左右今天已经失传了。总而言之，今天的《河岳英灵集》是个残本，不是原本。现仅仅通过《文镜秘府论》所引用的一篇序文就了解了这个情况。

还有类似的情况，前面提到的元兢，他除了《诗髓脑》之外，还有一部很重要的书，就是《古今诗人秀句》。这部书是把从古代到当时的人的诗中选出的佳句汇编而成的。这部书现在已经失传了，但在《新唐书》中记载有元兢的《古今诗人秀句》两卷，《日本国见在书目录》也记载有这个书名。在弘法大师的《文镜秘府论》中有一篇非常长的文章，很可能就是《古今诗人秀句》的序文。文章对自上古至初唐的诗歌一一作了点评。通过这篇文章可以知道编撰《古今诗人秀句》的由来，了解当时的评论。这仅仅只是一篇序文，但有着这些很重要的东西，而这些东西都是凭靠《文镜秘府论》保存到今天的。

关于诗病，就是作诗方法上的毛病，诗作的败笔。败笔一般可分条列出。关于败笔，一般其他书列出八种，弘法大师列出二十九种。大师读过所有关于诗的法则的书，通常所说的诗病是八种，但其根据诗的法则又举出二十一种，并将其写进书中。

《文镜秘府论》的最后部分也很有意思，提到了一部名为《帝德录》的书。这部书不是论述作文章的法则，而是谈在写文章时，涉及天子时如何使用与常人不同的词语，如说出行要用“行幸”。有关天子的词语有很多，与一般人是不一样的，在中国非常重视这些词语的使用。《帝德录》就是把这一类词语汇集在一起编著而成的。《日本国见在书目录》中载有《帝德录》两卷。这部书现在已经失传，但《文镜秘府论》最后涉及这部书的部分约占一册左右，甚至也许就是该书的全部。

总之，《文镜秘府论》是一部很有价值的书，由于这部书得以保存到今天，对我们了解唐代文学提供了极大的方便，对于以往的事情，许多其他地方无法得到的材料，通过这部书可以得到，从而进行研究。真言宗人士经辛勤劳作编著的《弘法大师全集》中收入了这部《文镜秘府论》，其新版本是以若干古抄本与通行版本的《文镜秘府论》对照，又同优于其后成书的《文笔眼心抄》互校而成的。但校订仍有不足之处。如此具有价值的一部书，我希望不仅仅是真言宗人士，研究日本文学的人士应该了解其在研究日本文学、中国文学方面所具有的重大价值。关于《弘法大师全集》本校订不充分的问题，现试举一疏忽之例。这部《文镜秘府论》实际上在弘法大师去世后只留下的一部草稿，后来被传抄流传下来。在这次出版的书中，常常可以看到写有“御草本”字样，其意为大师的草稿本。在十四条八阶的条文中有一说明，“御草稿本有此，现以朱色消去”。其意为原正文没有删去而现在此处删去。那么问题是，是在出版此书时注上这一说明的？还是此书出版之前传抄时就根据草稿本已附上这一郑重校注的？总而言之，弘法大师的草稿本保留了其原本的删去之处并留下了有关删去的说明。但是在原本上表

示删去之意的“消”字皆使用金字偏旁的“销”字，写作“销之”、而在出版时有的地方误作“错”字，“销之”则误成“错之”。《弘法大师全集》出版时应加以说明“照原本‘错之’，此乃‘销’字之讹”。但并没有加以说明，这是校订者疏忽之处。总之，希望研究弘法大师的人士、研究日本文学或中国文学的人士能够对《文镜秘府论》这部书进行更加周密详尽的研究。

接下来要谈的一部书是《篆隶万象名义》，这部书也非常少，栂尾的高山寺有其原本，另有两处有其后来的传抄本。这是一部什么书呢？是中国字典的摘录。前面提到的杨守敬对这部书也相当关注，并充分肯定了它的价值。说到这部书的价值，就必须稍稍谈一下中国字典的历史。字典这种书，在中国最早汇编成册的是东汉末期许慎[①]的《说文解字》，这是一部非常重要的著述，即使在今天，任何人要研究古代辞书，都必须看这部《说文解字》。在其之后，字典就渐渐多起来了，后来最盛行的字典是梁朝一个叫顾野王[②]编著的《玉篇》。《玉篇》问世之后，又发生了很多变化，在日本，即使一些极其普通的字典也都起带“玉篇”的名字，这是顾野王的《玉篇》在社会上盛行的结果。据说现在的《说文解字》这部书并不是原样，但大体上还保留着过去的体例。《玉篇》的原本现在也没有保存下来。《玉篇》有三十卷，其中有四卷半现在日本，这四卷

---

① 许慎(约 58—约 147)，东汉经学家、文字学家、语言学家。字叔重，汝南召陵(今河南郾城县)人。其所编的《说文解字》是我国第一部按部首编排、系统分析汉字字形和考究字源的字典。

② 顾野王(519—581)，南朝梁陈间文字训诂学家、史学家。字希冯，吴郡吴县人。曾任梁太学博士，奉命编撰字书，于是编撰《玉篇》30 卷。此书为继东汉许慎《说文解字》后的又一部重要字典，也是我国现存最早的楷书字典。

半都保持着原样。栂尾的高山寺、石山都有收藏，著名的藏书家中也有收藏者。这是因为这部书的原版在中国已经绝迹，杨守敬在日本时，将该书留存在日本的部分付梓再版，但其并不是该书的全部，保存下来的也只是六分之一左右。《玉篇》是部非常流行的书，在唐代这部书已经过相当程度的修订，修订后的版本流行于世。在西方，辞典也是不断修订，年年变化，到后来变得面目全非，认不出最初问世时的原貌。《玉篇》也是同样，梁、陈时顾野王将其编撰出来之后，不断地修订，改动。唐时也变，宋时也变，尤其是宋时，出版业兴盛，宋元期间《玉篇》的版本达几十种之多。流行的版本不断增多，体例也在变化。字数在增加，释文却在减少。今天我们要看东汉以后、唐以前六朝时期的字典，《玉篇》是非常重要的一部书，令人惋惜的是，顾野王的《玉篇》原本只保留下其中的六分之一。其后的版本由于唐宋以后反复修订，种种书外之物夹杂其间，已无法窥清六朝《玉篇》原貌。但是凭靠弘法大师的《篆隶万象名义》这部书我们得以窥见《玉篇》的真貌。《篆隶万象名义》无论从排列顺序、字数、声反，还是释义，一切保留《玉篇》的原貌，没有加入任何唐宋以后的修改之处，只是删去了顾野王引自各种古本加以解释之处，字音与字的释义还是保持原样，这是这部书的特色。对照这部《篆隶万象名义》可以弥补日本所存原本《玉篇》残缺部分八成以上，所以这部书是部非常重要的书。中国人可能只有杨守敬有这部书，但想看这部书的人非常多，由于没有流布于世，所以中国人无法轻易读到这部书。所幸的是这部书传到了日本，我们得以看到六朝时期字典的真实面貌。如果真正要厘清、传布弘法大师在文艺上的功绩，那么希望有关方面筹划出版高山寺所藏的

原本。这不是一件小事，保存好这部字典对于日本文学研究，对于东亚文明都是非常重要和必要的。如果能够再版的话，弘法大师九泉之下也会感到欣慰的。

除文学之外，还要谈一下弘法大师的书法。众所周知，弘法大师是一位善书者。在弘法大师的全集中，有一本名为《弘法大师真迹书诀》的书。这是江户的一个叫屋代弘贤[①]的人对真迹加以注释出版的，当时非常走俏，总之这是一本过去很有名的书。有人对这本书表示怀疑，但我对其为弘法大师的著述不抱疑问。从六朝到唐代，有关书法的书种类繁多，其书写方式大体与《弘法大师真迹书诀》的写作方式相似。大师写作此书是在唐代，这种写作方式是可信的，不应该是伪作。但事与愿违。谈此问题必须提及一件事。笔者的朋友须藤南翠[②]是位著名小说家，他近年以通俗读本的体裁写了一本题为《空海》的书，写的也就是弘法大师。我们之间关系很好，他请我写篇序之类的东西，我没有很深的研究，于是约定就书法谈点什么记录下来，所记录下的也就是现在刊在那本《空海》上的文章。所谈的不光是有关《真迹书诀》研究的内容，还谈到了弘法大师书法的风格。当时日本正值书风变革时期，已经呈现出与六朝、唐初传入的书风浑然不同的风格。文字自中国传入日本以来，当时的许多名人的书法与中国人相比毫不逊色。从

① 屋代弘贤（1758—1841），江户时代后期国学家。初名诠虎，后名有诠贤、弘贤，通称太郎吉，号轮池。曾参与编纂《国鉴》《宽政重修诸家谱》等。亦为江户时代著名藏书家，不忍文库的创建者。主著有《古今要览稿》。

② 须藤南翠（1857—1920），明治时代小说家，新闻记者。本名光晖。曾参与编辑《新小说》，担任过《朝日新闻》的记者。代表作有《绿蓑谈》《新妆之佳人》。

《古写经》等的笔迹来看，早在弘法大师之前，六朝至唐初的书风就已传入日本并产生相当大的影响。六朝人书风的传入并不足为怪，唐初的书风在弘法大师之前奈良时期就已传入，时间间隔非常紧凑，似乎不可思议。看来因为这一时期遣唐使往来相当频繁，所以很快传入日本。今西本愿寺所藏《华严音义》原是一个叫养鸬彻定的人的旧藏，《华严音义》就是在日本写的。其字就酷似唐初著名书法家欧阳询的字，由此可知欧阳询的书风在奈良时期已经传入。大阪小川为次郎所藏写经《金刚场陀罗尼经》与欧阳通①的字十分相似，欧阳通是欧阳询之子。长谷寺千体佛下刻有铭文，其铭文字体也与欧阳通的字相似。书写这些写经、铭文的时期与欧阳通的时代仅仅相隔三四十年，由此可知，初唐书风自奈良时期就已传入日本。此书风传布日本，日见其广，终于弘法大师的书风异军突起。此时中国正值盛唐，书风正发生重大变革，出现了一著名人物颜真卿，其开创了一代崭新书风。谷本博士也曾对阮元②关于南北书派的观点进行过研究。南北书派之议是阮元的一家之言，对于其观点，笔者既有赞同之处，又有难以苟同之处。不管有多少不同看法，也不论唐代是否存在南北书派，所有人在一个问题上意见是一致的，那就是唐代书法发生重大变革，这个变革是颜真卿、

① 欧阳通（？—691），唐代书法家。字通师，潭州临湘（今湖南长沙）人。书法家欧阳询之子。其书学其父，苍劲雄浑，与其父并称大小欧阳。传世书作有《道因法师碑》《泉君墓铭》。

② 阮元（1764—1849），清代学者、文学家。字伯元，号芸台，江苏仪征人。曾在杭州创立诂经精舍，在广州创立学海堂，提倡朴学。著有《畴人传》《两浙金石志》《揅经室集》等。

徐浩[1]等人带来的结果，这一点是不容置疑的事实。弘法大师在日本开创了与历代迥然不同的书风并给予一代书风的重大影响，这也是受颜真卿、徐浩书风的影响。总之，其具有足以改变一代书风的力量，日本的书风才为之一变，弘法大师的书风后来成为历代书风之祖。日本承继了唐以后的正统书风，时至今日，不论是哪一个书派，没有不或多或少受到大师书风影响的，弘法大师对后世书风的影响是巨大的。

（1912 年 6 月 15 日弘法大师诞辰纪念会上的讲演）

① 徐浩（703—782），唐代书法家。字季海，越州（今浙江）人。家学渊源，书文俱佳，深得玄宗、肃宗、代宗、德宗四代皇帝赏识。擅草、隶，时人评其书为"怒猊抉石、渴骥奔泉"（《唐书本传》）。传世书作有《崇阳观圣德感应颂》《米巨川告勅》《大证禅师碑》等。

平安时代的汉文学

平安时代前半期汉文学一统天下，后半期国文学兴起，国文学的兴起源自汉文学的刺激。大体上日本的文化是在中国文化的刺激下发展起来的，但培育文化的素质最初就已经存在于日本，这一点同其他邻近中国的国家是不一样的。在朝鲜，有如同我国假名的谚文，除少数歌谣外，谚文文学最终没有发展起来。谚文的广泛使用是在日清战争以后，而这是自古以来几千年间都未曾有过的现象，其他国家就更不用说了。只有日本有自己的文学，日本是在中国之后发展起来的国家，其受中国的刺激也是不得已的。

要了解中国文化对日本文化的影响，必须首先从制度方面考察。平安时代日本实行的完全是唐朝制度，大学制度也是模仿唐朝。在唐朝国子监掌管大学，在日本是大学寮掌管。此大学之名是取自汉朝制度之名，但其制度内容则完全依照唐朝制度。唐朝国子监分国子学、太学和四门学，各有博士、助教，上自贵族下至平民，广收弟子。国子学收三品以上贵族子弟，大学收五品以上贵族子弟，四门学收七品以上贵族以及庶人子弟。庶人子弟入四门者称之为俊士生，是纯粹的平民。在日本，按照学令没有招收过平民，这是因为社会尚未发展到平民进入大学的程度。日本大学的教学科目有哪些呢？有明经道、纪传道、明法道、算道、音道等，明经道研究九经(三经、三传、三礼即《诗经》《书经》《易经》《公羊传》《穀梁传》《左传》《周礼》《仪礼》《礼记》),纪传道研究《史记》《汉书》《后汉书》,此为史学,同时又为文学。明法道即法律学,音道为字音学,音道是为向中国派遣唐使留学生所必需的科目。

当时日本固有文化尚未发展起来,因此也就无可堪称学问之物,大学的学生从最初开始就学中国的学问,当时的日本人都能写出令今日中国人都赞叹不已的漂亮汉文,这种汉文现在让我们写也写不出来,这是因为我们出生之后就没有置身在那种做中国学问的环境里,恐怕搞西方文学的人在这一点上是相同的,写作与王朝汉文相同程度的英文、德文同样也是困难的。

这个时代的特色是产生了纯日本本土的学者,出现了学问世家。奈良时代的学问是归化人的学问,《怀风藻》[①]的作者中有四分之一以上是归化人或他们的后代。但平安时代的学者大部分是日本人,而不是归化人。在中国自六朝时期至唐朝,学问是贵族的学问。中国的氏族制度远在三代以后就已绝迹,从六朝至唐朝的贵族已不是如三代那时拥有官氏的家业,而只止于为地方豪族。唐朝的大学造就了不少文人学者,但以学问为家业者很少。只是在历史学方面有父子相承之便,因此六朝至唐初出现以史学为家业者,但这是例外,一般并无以学问为家业者。而在日本,当时还保留有氏族制度,终于出现了以学问为业之家。家学的产生主要在平安时代中期至后期,其中菅原、大江两家[②]以纪传道为家学,

① 日本现存最早的汉诗集。

② 菅原家有平安时代前期的菅原清公,其后有菅原是善、菅原善主、菅原道真、菅原淳茂、菅原文时等。大江家有平安时代前期的大江音人,其后有大江千里、大江千古、大江朝纲、大江维持等。

清原、中原[1]两家以明经道为家学，中原氏亦有以明法道为家学者，其又衍生出今日的五条、坊城、清冈诸家的纪传道，舟桥、伏原两家的明经家等。

当时他们的学问造诣如何？从都良香[2]于贞观十八年大极殿烧毁时所作论废朝事之文与元庆元平就夜间日食现象所提建议可窥其如何博学多识。《春秋三传》中多为后世所读者只有《左传》，而当时学者皆精通《公羊传》《穀梁传》，甚至有人被称为公羊学者。良香的夜间日食之议即反映出其精于《穀梁传》。本来白昼有日食，天子忌之而止其政事，此人所皆知。但夜间有蚀当如何处置，此并无前例可援，于是垂询臣下。良香当即禀报其议。春秋庄公十八年三月发生夜有日食，三传之中，《左传》《公羊传》都无夜有日食之记载，而将此现象作夜之日食解者只有《穀梁传》，[3]良香就是以此为证据提出其建议的。这不过只是一例而已，但仅此一例可

① 清原家有平安时代前期的清原夏野，其后有清原深养父、清原元辅、清原赖业、清原宣贤、清原国贤、清原秀贤（舟桥秀贤）等。中原家有平安时代中期的中原广季，其后有中原亲能、中原师冬、中原师绪、中原师重、中原师守、中原康富等。

② 都良香（834—879），平安时代前期汉诗人，本名言道。参与编纂《日本文德天皇实录》，其汉诗收入《和汉朗咏集》《新撰朗咏集》。著有《都氏文集》。

③ 《春秋三传》："（庄公）十有八年。春，王三月，日有食之。穀梁：不言日，不言朔，夜食也。何以知其夜食也？曰：王者朝日，故虽为天子，必有尊也，贵为诸侯，必有长也。故天子朝日，诸侯朝朔"。对于《穀梁传》所论，历代皆有异议。近人傅隶朴云："按日食之例，应该书日书朔，此经不书日，也不书朔，必然是在夜半食，但夜半日食，人何由得见？因王者朝日，诸侯朝朔，所谓朝日必在日始出时，当王朝日时，日食尚未全复，亏缺仍在，故知其是夜食。这一说是不甚可据的，如果说是半夜日食，不等天亮，日就全复了，人何由得知？若云王者朝日，见日尚亏缺，则是日食正在朝时，应该有时刻可稽，不当云夜食。杜预云：'不书日，官失之。'是对的。穀梁之云夜食，乃是强作解"。（傅隶朴《春秋三传比义》）

知当时学者的学问造诣之精深。

诗文在延喜时期之前已达到相当高的水平，但其多为与朝廷的礼仪相关，纯文学方面与中国相比则相形见绌。虽说如此，但其并不是因为日本人才能低下，而是环境使然。可举阿倍仲麻吕[①]为证。阿倍仲麻吕同李白、王维等人交往是在盛唐，这是中国诗文全盛时期，阿倍仲麻吕同他们的交往没有任何障碍，其留存于世的汉诗仅一首，与中国人的诗堪可比肩，这是因为他很早就去了中国的缘故。入唐者的诗文，即使其未在中国久居，也要比没有入唐者的诗文好得多。举菅原家为例亦是如此。菅原[②]祖父清公[③]曾经入唐，其诗文要胜过菅公。顺便提一下，菅原家从事编史，其所作《续纪》等的序文文笔优美，倘若收入《唐文粹》《文苑英华》，中国人读了也绝不会想到是出自日本人之手。

平安时代的诗文集有《凌云集》《经国集》《文华秀丽集》《本朝无题诗》《本朝文粹》《朝野群载》等，这一时期，唐已出现诗风的变

① 阿倍仲麻吕(698—770)，奈良时代遣唐留学生。717年(养老元年)随遣唐使入唐，后在唐做官，汉名仲满、朝衡(晁衡)。752年(天平五年)随遣唐使回国，后遇海难，又辗转回到长安，最终埋骨盛唐。历任左补阙、秘书监、卫尉卿、安南都护等职。与唐诗人李白、王维等交往甚密。

② 即菅原道真(845—903)，平安时代前期公卿、学者。菅原是善之子，因世代家学渊源，人称菅公。其深得宇多、醍醐两代天皇重用，894年(宽平六年)上奏废止遣唐使获准。官至右大臣，殁后追赐为太政大臣。后世将其尊为祭神即天满大自在天神供奉在太宰府天满宫、北野神社等处。其又作为文神广受民众喜爱。著有《菅家文草》《菅家后集》《类聚国史》等，参与《日本三代实录》编修。

③ 即菅原清公(770—842)，平安时代前期公卿、学者，菅原道真祖父。804年(延历二十三年)作为遣唐使来中国，翌年回国。历任大学头、式部大辅、右京大夫、弹正大弼等职。侍读嵯峨天皇《文选》、仁明天皇《后汉书》，是《凌云集》《文华秀丽集》的编撰者之一。

化，对这一变化，日本人是如何接受的呢？有一说认为，《白氏文集》自嵯峨天皇时就已行世，可能当时极其稀少。白乐天与其同时代的元微之共同创造了一种新的诗体，称作“元白体”，当时根据年号亦称“长庆体”，该诗浅显易懂，后来在日本也极受欢迎，但在嵯峨天皇的御制诗中尚没有受其诗风影响之诗。唐诗大体上分成初唐、盛唐、中唐、晚唐四个时期，嵯峨天皇的御制诗完全是盛唐时期的风格。白乐天、元微之那时应该已为人所知，正好在这一时期入唐的弘法大师也没有提到过元白。这是因为大师的入唐是在德宗的贞元末期至宪宗的元和初期期间，当时元白体尚未盛行。穆宗的长庆年间，元白的诗文集问世，于是由此成名。此当在大师回到日本之后，时间恰是弘仁后期，所以嵯峨天皇时《元白集》很少，天皇能够御览，而社会尚未流行。元白体闻名于世，中国原有的诗风为之一变，但日本尚未受到其影响。受到影响是在菅公时期，菅公作诗是元白体，而菅公那个时期，在中国已流行晚唐温李体的诗风，温庭筠（飞卿）李商隐（义山）当时相当闻名，据说菅公读到温庭筠的集子非常喜爱，但在菅公的诗中少有温李体之作。到菅公之孙文时时才开始作温李体的诗。日本的流行总要比中国滞后五六十年，这在中国日本文化关系上是很有意思的现象。

接着简述平安时代编撰的书籍。不言而喻，这一时期书的数量是很大的，这里论述的只是其中现存的被中国学者所珍视的两三种，其中之一就是弘法大师所撰论述诗文做法的《文镜秘府论》。这部书在今日可以说是具有世界性意义的著作。其原因是，当时唐朝有关诗的做法众说纷纭，有关的书籍多如牛毛，其主要是为应付考试而编撰的。以诗赋为主的考试制废止之后，其做法也自然衰微，有关的书籍也渐渐销声匿迹了。所幸的是，大师编撰了这部书，保存下如今在中国已不复存在的有关唐代诗文做法的著述。《文镜秘府论》中可以看到唐《河岳英灵集》，这部诗集曾是平安时期诗集的范本。到平安时代后半期，文集《本朝文粹》问世，此似为模仿《唐文粹》之作。《唐文粹》于宋真宗大中祥符四年成书，此当为日本一条天皇①时期。《本朝文粹》编者藤原明衡②在世晚于此四五十年，认为其模仿《唐文粹》是可信的。《续本朝文粹》则是集平安时代后期代表作而成。其他各种家集则多为仿效唐代家集。

唐招提寺的开山鉴真和尚③是唐的名僧，来日本传授戒律。途中漂流至海南岛，历经磨难，千辛万苦，最后来到日本，淡海三船④曾作其传记。三船少小出家，法名元开，后来还俗。其当为弘文帝之孙，是撰神武以后历代谥号的名人。此传记撰于宝龟年间，是奈良时代至平安时代过渡期的代表性著述。这部传记写得很

① 一条天皇(980—1011)，986(宽和二年)—1011(宽弘八年)在位。

② 藤原明衡(989？—1066)，平安时代中期官人、汉诗人。字耆莱、安兰。历任出云守、式部少辅、文章博士、东宫学士、大学头等。编著有《本朝文粹》《明衡往来》《新猿乐记》等，其诗文收入《本朝文粹》《朝野群载》《本朝无题诗》等，和歌收入《后拾遗集》。

③ 鉴真(688—763)，唐代律宗僧人。扬州江阳(今江苏扬州)人，俗姓淳于。早年在长安实际寺受具足戒，后回淮南传授戒律。应入唐日僧荣叡、普照请求，决意赴日。前后五次出航，均以失败告终。因多年辛劳导致失明，但仍不移其志，终于克服重重艰难险阻，于公元753年(天平胜宝五年)到达日本。鉴真在日传授律宗，在东大寺建立戒坛院为圣武天皇、光明皇太后授戒。后受赐土地，建立唐招提寺，并被授予大和上(大和尚)之号，鉴真渡日不仅弘扬了佛法，而且带去了中国的典籍，传播了文学艺术和中医药知识。鉴真已成为中日文化交流史上的代表性人物。

④ 淡海三船(722—785)，奈良时代的官人，文人。早年曾出家，后还俗。曾任大学头、文章博士、四位下刑部卿兼因幡守。参与国史编修，著有《唐大和上东征传》。《经国集》收有其诗作。

好，却不太为人所注意，故在此一提。

当时日本人的著述中有一部可以在中国人面前引以为豪的书，那就是《秘府略》。《秘府略》由滋野贞主编纂，有一千卷，今日仅存世两卷。这两卷是当时抄本，前田家一卷，德富苏峰家一卷，均为壬官务藏本。类书是在六朝、隋唐时期制作诏敕诰令以及其他诗文时普遍使用的书，在日本亦是同样。在唐代，有编于梁代的《华林遍略》(620 卷)、编于北齐的《修文殿御览》(360 卷)以及进入唐以后完成的《艺文类聚》《初学记》《北堂书钞》《白氏六帖》等，日本学者也引用此类书，《秘府略》就是汇集这类书而编成的。在这之后，宋太宗时，《太平御览》(1000 卷)问世，为世所珍重，此书仍是集唐代类书而成，其卷数、体裁与《秘府略》完全相同，而这种类书早在一百五十年前日本人已经编出来了。《秘府略》中的百谷、锦绣部今日尚存，与《太平御览》比较，《秘府略》更为精详，仅此一点，可知当时编纂规模之浩大，我们日本人足可以此为豪。

还有《文选集注》一书。《文选》行世于平安时代，将其注集于一体者即为《集注》，《集注》最初为一百二十卷，一般没有流布，长期存于武州金泽的称名寺。《文选》中有唐之前的大量注释，后多散佚，仅存李善注、五臣注。但《集注》中引用了很多那些今日没有保存下来的注释。《文选集注》是天历时期之作，中国著述目录自不待言，当时的日本所存中国书籍总目录即《日本国见在书目录》中也不见其书名，其出自日本人之手是确凿无疑的。虽然仍属编纂之作，但是一部皇皇巨作。现在明确可知的还剩下二十卷。

在中国正史中，大抵都有诸如艺文志、经籍志之类某时期的书籍目录,根据该目录可以知道该时期有哪些书。要了解唐代的书,只能首先依靠《隋书·经籍志》《新唐书·艺文志》《旧唐书·经籍志》。然而唐代是一段非常漫长的历史时期,在《隋书·经籍志》与《新唐书·艺文志》之间相隔一段很长的年代,其间正好有日本编的《日本国见在书目录》,凭靠这部书可以知道《隋书·经籍志》《新唐书·艺文志》《旧唐书·经籍志》中没有记载的唐代书籍。关于此书目的由来,弘仁时期就业已存在的藏书处冷然院遭遇大火烧毁——当时说是冷然院的然字从火之故遭遇火灾,于是改从水字称冷泉院——后收集原有书籍时,觉得有必要编制当时所收书籍的目录,于是编了这部《日本国见在书目录》,此事当在宇多天皇[①]宽平时期。这部书目中国的目录学家也极为看重。在旧的冷然院藏书中没被烧毁、保留至今的书中,有一部叫《文馆词林》的书。此书编于唐初,是多达一千卷的大部著述,到宋代初期就已亡佚。一百多年前,大学头林述斋[②]曾将其中四卷出版,收入《佚存丛书》,并送给中国,这部书让中国学者大吃一惊。此书残存部分总共约三十卷,高野山保存的是原本的大部分。

最后谈谈汉文对国文、国语的影响。先谈日记类。本来日记固定是用汉文写的,后出现纪贯之[③]仿汉文写成的《土佐日记》等国文日记。纪贯之的《古今集序》原来是其侄淑望写的汉文,贯之

① 宇多天皇(867—931),887—897年在位。

② 林述斋(1768—1841),江户时代后期儒学家。名衡,字叔纨、公鉴、德诠。别号蕉轩、天瀑。1793年(宽政五年)任大学头,将林家圣堂学会改作幕府学问所,致力于幕府的教育,被称为林家中兴之祖。著有《佚存丛书》《宽政重修诸家谱》《德川实纪》等。

③ 纪贯之(870?—945/946),平安时代中期官人、歌人。著有《新撰和歌集》《土佐日记》等。

将其改成国文，此为国文之肇始。国文的发展源自于汉文，此已是人所皆知，在此不作赘述。关于国语，日本的五十音是在梵语学的影响下发展起来的，其当在弘法大师之后。有一说认为系吉备大臣[①]所作，但其时日本尚不可能知晓梵语，故该说乃为谬误。中国的音韵学、日本的语学都受到梵语学很大影响。在中国，唐朝时期关于字母就已经非常繁杂，先定为三十六个字母[②]，后根据口的开合又分为四十一个。中国三十六字母的排列与日本五十音的排列完全相同，可知其共同受到梵语学的影响。中国的这个三十六字母成为《韵镜》的基础，不言而喻，音韵学是在中国本国渐次发展起来的，但梵语学传入之后，音韵学方得以变得明晰清楚。日本也是同样。日本的五十音是那些去过中国、在中国研究过梵语或中国音韵的人们创制的，当然中国的音韵也是受到过梵语的影响。日本人在经过研究、学到了已经相当清晰的音韵之后，他们才掌握了

---

① 即吉备真备(695—775)，奈良时代公卿、学者。公元717年(养老元年)作为留学生入唐，在中国生活了十七年，回国时带回大量中国典籍、器物。曾侍读天皇。公元752年(天平胜宝四年)作为遣唐副使再次入唐，回国后曾升任右大臣。著有《私教类聚》等。

② 字母即声母的代表字。称作字母，与梵语有一定的关系。“三十六字母”相传为唐代僧人守温所创，故又称“守温三十六字母”。但也有不同意见。“三十六字母”究竟何人所创，学术界至今尚无定论。“三十六字母”如下：

(唇音)帮滂並明　非敷奉微

(舌音)端透定泥　知彻澄娘

(齿音)精清从心邪　照穿床审禅

(牙音)见溪群疑

(喉音)晓匣影喻

(半舌音)来

(半齿音)日

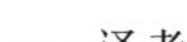

——译者

语音的辨别。关于这一点，我曾经对某博士有关陆奥国名的观点提出过批评。某博士认为，把陆奥读作“ムツ（mutsu）”是因为按照东北地方口音把本来读作“ミチノオク（michi no oku）”的陆奥变为“ムツノオク（mutsu no oku）”发音后，再进一步简略成“ムツ（mutsu）”。对于这一观点，我不敢苟同，不仅因为我自己是东北人，而且因为在古代，近畿地区也是发音作“ムツノオク（mutsu no oku）”的。近江国的竹生岛至今还作“チクブシマ（chiku bu shima）”发音的。《延喜式》的神名簿上有都久夫须麻（ツクブスマ）神社，信州有条名为千曲川的大河，今读作“チクマ”。古时该地的郡名称筑摩郡（ツカマノ），不是“チ（chi）”的音，而是“ツ（tsu）”的音。把筑紫读作“ツクシ”应该是合乎情理的。也就是说，在古代，イ（i）列的音与“ウ（u）”的音没有明显的区别，把“魚（ウヲ）”读成“イヲ”，有的地方把“上野（ウハノ）”发音作“イワノ”，皆为其例，イ例发音既不讹为ウ列，ウ列发音也不讹为イ例。除此之外，还有同イ列与ウ列相似的例子，如《上宫圣德法王帝说》中写有“等已弥居加斯支移比弥乃弥已等”，其中“弥”字既可念作“ミ（mi）”音，又可念作“メ（me）”音，其区别含混不清。今关东以北的人们常常把活用词的“ヒ（hi）”与“ヘ（he）”混淆，把“石（イシ）”读作“エシ”就是其积习。最为常用的活用词“リ（ri）”与“ル（ru）”，通常前者为终止形，后者为连体形，而在古代把“リ”作为连体形，此例在吉泽博士所研究的《大唐玄奘三藏表启》就有，如“恩ヲ冒セリコトニ”云云，这是人所周知的。老一代国语学家常用五音相通的方法解决类似这样的问题。五音相通，即五音各自独立，

但同时似乎又有可相互变通的方法，这就是可以用所谓讹音的规则。但我认为这是由于古音中五音区别不明确的缘故。顾炎武[①]在中国的音韵学上完成了一项新的重要研究，他确立了一个原则，称“古人韵缓、不烦改字”。此说本源自唐初陆德明[②]的学说，摆脱了宋代吴才老[③]的叶音说即日本的五音相通说，提出古音不明之说。不明的古音得以逐渐明晰则缘于五十音图的出现。近畿地区以及其他地区根据经过整理的五音可以准确发音。而东北等地区则依然保存着古音。因为这个缘故，奥州音自不待言，如果认为近畿地区的人们时至今日依然保留着古代的发音，那是一点都不错的。但是五十音果真是因国语的发展而源自梵语的吗？或是其间通过中国音韵学而受到梵语的影响？实际上的情况应该是后者。在日本古代梵语学大家安然[④]的《悉昙藏》等著作中，都是借用中

① 顾炎武(1613—1682)，江苏昆山人。原名绛，字忠清。明亡后改名炎武，字宁人。尊称为亭林先生。明末清初著名思想家、史学家、语言学家。顾炎武在音韵学方面有卓越的建树，被誉为清代古韵学的奠基人。著有《日知录》《音学五书》等。

② 陆德明(约550—630)，唐代经学家，训诂学家。名元朗，以字行。江苏苏州人。著有《周易注》《周易兼义》《易释义》等。

③ 即吴棫(约1100—1154)，宋代音韵训诂学家。字才老，建安(今福建建瓯)人。政和进士，官泉州通判。著《韵补》五卷，认为古人用韵较宽，有古韵通转之说。又撰《诗补音》《字学补韵》《楚辞释音》等，已失传。阎若璩《尚书古文疏证》说，“疑古文自吴才老始”。顾炎武也非常推崇吴棫，说“念考古之功，实始于宋吴才老”。(顾炎武:《吴才老韵补正序》)

④ 安然，生殁年不详。平安时代前期天台宗僧人，天台密教(占密)的集大成者。被称作五大尊者、五大院，后世尊其为阿觉大师。精悉昙学。著有《初梦记》《悉昙藏》《诸阿阇梨真言密教部类总录》《菩提心义抄》等。

国的反切[①]即九弄音纽来作梵语学的解释的。《反音钞》这本书就充分反映了这种关系。也许唐代留学中国的日本僧人在彼邦凭靠梵语学整理中国的反切，全盘接受了三十六字母、开口、合口等方法，也就是后来成为韵镜学基础的那种状态，将其方法运用到了日本语学。由此看来，可以说正确的国语学的基础五十音仍然来自于汉文学的影响。

（1920 年 8 月史学地理学同学会夏季演讲会上的讲演）

① 反切是一种用两个汉字合起来为一个汉字注音的方法。是中国传统的注音方法。有时单称反或切。据历史学家范文澜研究，音韵学开始于东汉末年，当时一些儒生受梵文拼音字理的启示，创反切法来注音。孙炎作《尔雅音义》，用反切注音。一般认为孙炎为反切的创始人。唐代时，据说僧人守温取汉字三十六声母，宋人又以韵书的韵母字作为韵母，反切法愈为精密，成为最通行的注音法。

日本的肖像画与镰仓时代

毋庸赘言，我国的绘画主要源自于中国，中国的绘画每每因时代变迁而发生变化，我国绘画亦随之受到影响，这一点也是不容置疑的。其中，肖像画自绘画初始时期就已经存在，肖像画在日本表现出独特技法、最为发展的时期究竟是何时？这个问题一直被史学家、美术史家们所议论，在此不揣浅陋，略陈管见。

在谈这个问题之前，有必要简略叙述一下日本肖像画的演变过程。在肖像画中，最为古老且最为著名的就是被称为唐本御影的圣德太子像，该肖像原为法隆寺[①]所收藏，现已为皇室御物。据传肖像出自百济阿佐太子之手，当然此说尚无确凿证据。但是，该肖像表现出中国六朝时期肖像画的风格，这一点根据近年来发现的种种资料已被证实。不过此唐本御影的现存本是真本还是摹本尚存疑问，对这一点笔者也并非没有看法，但与现所论述的问题无关，姑且从略。

中国有福州林氏所收藏的《唐阎立本帝王图》，其照相版近期

① 亦称法隆学问寺或斑鸠寺，位于奈良县生驹郡斑鸠町，是圣德宗的大本山。相传为推古天皇与圣德太子所建，后被大火烧毁。现存的法隆寺系672—689年重建。主要建筑有金堂、五重塔和中门、回廊等，是日本现存最古老的木结构佛教建筑群之一，1993年被定为世界文化遗产。

传至我国，该书汇集西汉昭帝至隋炀帝计十三人的肖像，各帝王像画面构图与圣德太子像极其相似。圣德太子画像中，其本人居中，左右两侧画有两王子。《阎立本帝王图》中有九幅皆与此构图相同。阎立本[1]乃唐初人，这些帝王各自所处时代前后横跨数百年，这些肖像抑或仅根据想象绘制而成？以余所见，倘若不是如此，便是摹写历代旧肖像画汇集而成。近年法国伯希和氏[2]在敦煌所摄的大量照片中也有与此相似的三人并立的人物像，其所画的可能就是供养佛像地区豪族等的肖像。总之，显而易见，六朝之前的肖像画与圣德太子像相互是有关联的。

唐的肖像画在什么时候发生变化的，现尚不明了。但在唐代，所有艺术的重大转折期是盛唐，也就是玄宗皇帝的开元、天宝年间，绘画中如山水画由王维[3]、吴道玄[4]等带来变化也是在这一时期，从这些方面来考虑，肖像画发生变化应该也是在这一时期。关

① 阎立本(约 601—673)，唐代画家。雍州万年(今陕西省临潼县)人，曾任工部尚书、右丞相。秉承家学，长于工艺、建筑，尤精绘画。其画作为世所重，被时人视为“神品”。传世作品有《步辇图》《古帝王图》《职贡图》等。

② 伯希和(paul pelliot，1878—1945)，法国东方学家。1906 年率中亚探险队到中亚各地勘察历史遗迹，发现大量古代文书、写本、木简、绘画、雕刻等。尤其是其在敦煌千佛洞发现大量古代写本、文书等。著述除勘察报告外，有《敦煌千佛洞》等。

③ 王维(701—761)，盛唐时期诗人。字摩诘。祖籍山西祁县，后迁至蒲州(今山西永济)。官至尚书右丞，世称王右丞。王维是唐代诗歌山水田园派的代表，与孟浩然合称“王孟”。其诗画成就都很高，苏轼赞曰：“味摩诘之诗，诗中有画；观摩诘之画，画中有诗”。善画人物、山水，名作有《辋川图》。

④ 即吴道子(约 680—759)，唐代画家。又名道玄，画史尊称为吴生。阳翟(今河南禹州)人。少孤贫，初为民间画工，后因有画名被召入宫廷。曾随张旭、贺知章学习书法，通过观赏公孙大娘舞剑，体会用笔之道。擅人物、山水、鸟兽、草木、楼阁等，尤精于佛教绘画和人物，长于壁画创作，是唐代最具代表性的画家，后世尊其为画圣。

于这一点，可资作参考的仍是近期在中国出版的一本名为《中国历代帝后像》的书，原清朝宫中有一处名为南薰殿，那里收藏有历代帝后像，关于这些情况，清朝胡敬写了一本《南薰殿图像考》，其记载与《历代帝后像》大体一致，由此可以推测，帝后像的照片原本就是南薰殿所藏。然而，此帝后像中，唐至五代期间的画像只有五枚，且其画像是否系唐代原图已不得而知。宋代以后者则可确定无疑。在中国，历来是用拓本收集历代君臣画像，我自己所收藏的最古老者乃元代之物，是墨本[①]。唐以后的部分大体上与《历代帝后像》一致，从这一点上看，可以认为其原本为同一物。墨本唐以前的部分与阎立本的图仍有一致之处，这一点也可佐证。但作为研究唐代肖像画特色的资料尚存不足之处。此墨本后来其数量逐渐增加，甚至后来加上古代伏羲、神农，以至想象画与肖像画混杂在一起。我所收藏的元代本没有这类想象画，但明初的墨本以及日本庆长时期的《君臣图像》根据明版重刻，后又几度翻刻，翻刻本皆加入想象画，广为流布。若参照新旧版，细心观察，当可获得了解古代肖像画传写到何时的资料。

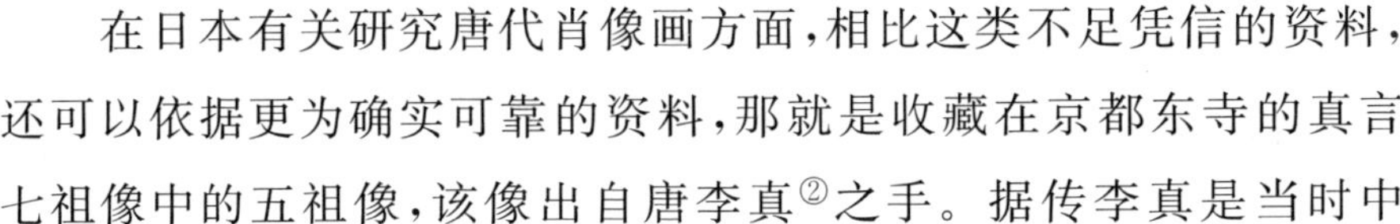

在日本有关研究唐代肖像画方面，相比这类不足凭信的资料，还可以依据更为确实可靠的资料，那就是收藏在京都东寺的真言七祖像中的五祖像，该像出自唐李真[②]之手。据传李真是当时中

① 即碑帖的拓本，亦称墨刻。

② 又作李贞(780—804)，唐代画家。善画神佛像及人物、肖像画。其画法属阎立本同一系统并承袭六朝顾恺之以来的所谓“铁线描”，作品已失传。仅日本京都教王护国寺收藏有他在永贞年间和其他画家应日本留学僧空海请求所画的《真言五祖像》(绢本设色)中间的第五轴《不空金刚像》为李真手迹，傅抱石曾说其“可以称得上是唐代肖像画的代表作品”。

国著名的画家，大师请其作画并带回日本，因确有其事，所以完全可以将其画当作唐代肖像画的典范。这幅五祖像与太子像比较，相异之处历然可见。不过单从画面人物布局来看，阎立本的《帝王图》中也有与五祖像相近者，从用笔特点来看，可知已有相当大的变化，该像可视作经历盛唐时期巨大变化之后的肖像画代表之作。这幅唐代肖像画的传入对当时我国的肖像画产生影响，尔后其风格一直延续保持了数百年，作为我国具有这种风格的肖像画，高野山普门院的勤操僧正像是最为合适的例子。

藤原时代①中期开始，日本文化普遍开始表现出自己的特色。文学方面，国文已至全盛时期。与此同时，艺术也展现出日本特色，但从现存世作品来看，藤原时代的绘画除佛教绘画外，并无可观之物。虽然有一说认为，由于花山天皇②的创意产生崭新画风，但无遗世作品可以佐证。从藤原时代末期至镰仓时代初期，出现大量具有显著日本特色的绘画作品，即绘卷③。随之在肖像画方面，具有日本特色的肖像画迅速发展。由于此时正处于过渡时期，当时肖像画中既有运用唐以后一脉相承的手法创作的作品，又有运用新颖手法创作的作品，这些都在情理之中。但值得注意的是运用新颖手法最能体现出时代的特色，这一时代的代表人物当推

① 文化史、美术史上划分的时代。在这一时期以废止遣唐使、主张摆脱中国影响的藤原氏为中心，日本特有的文化兴起，故称藤原时代。这一时期以废止遣唐使的894年（宽平四年）为始，持续约300年。

② 花山天皇（960—1008），984—986年在位。

③ 亦称绘卷物。一种仿效中国的画卷、具有日本风格的绘画形式。平安时代随着物语的产生和发展，以描绘物语内容的绘卷流行，此即物语绘，著名的有《源氏物语绘卷》等。

藤原隆信[①]。

在今日被认为是隆信的作品中，最著名的是高雄神护寺的后白河法皇[②]、平重盛[③]、源赖朝[④]、光能[⑤]、文觉上人[⑥]的肖像画。这些神护寺的藏品，作为镰仓时代末期出自隆信之手的人物肖像，关于其画主之名仍有值得怀疑之处，关于这一点将在后面论及，但其中有些肖像画确实明显运用了新颖的手法，完全脱离了唐代肖像画风格，尤其是称作重盛、赖朝的两帧即属此类。与其相比，后白河法皇、文觉上人的两帧手法就相当不同，如果前者是隆信的真迹，那后者就值得怀疑是否真是出自隆信之手，因为后者其手法更带有唐代肖像画的遗风。关于对这些肖像画的评价，历来鉴赏家往往着眼于其服饰，这有失妥当。隆信在当时被称为"似绘"[⑦]的

① 藤原隆信(1142—1205)，平安时代后期公卿。画家、似绘的名家，被誉为大和绘风格肖像画第一人。

② 即后白河天皇(1127—1192)，1155—1158 年在位。名雅仁。即位第二年(1156 年)发生保元之乱。在位三年，后摄政三十余年。1169 年(嘉应元年)出家，法名行真。喜好文艺，是当时谣曲高手，撰有《梁尘秘抄》。法皇亦作法王，正式称呼为太上法皇，即入佛门的太上天皇。

③ 平重盛(1138—1179)，平安时代后期武将，公卿。平清盛之长子。官至内大臣。后出家，法名净莲。

④ 源赖朝(1147—1199)，镰仓幕府首任将军，1192—1199 年在职。平治之乱后被流放伊豆。后在三浦、千叶等武士支持下东山再起，在镰仓创建幕府，任征夷大将军。

⑤ 即藤原光能(1132—1183)，平安时代后期公卿。历任下野守、右近中将、藏人头、皇太后宫权大夫、右兵卫督、左兵卫督等职。因书写追讨平氏的敕书被解职，后出家。

⑥ 文觉上人，平安时代后期、镰仓时代前期真言宗僧人，生卒年不详。俗名盛远。1173 年(承安三年)因强请后白河法皇捐献庄园被流放伊豆。据传在流放期间遇源赖朝，促其举兵。1178 年(治承二年)回京。为神护寺、东寺的重兴奔走，不遗余力。1199 年(正治元年)，源赖朝殁后，因参与筹划袭击土御门通亲被流放佐渡，后又流放对马，殁于对马。

⑦ 似绘是平安时代后期至镰仓时代流行的肖像画，其运用大和绘技法绘制，带有写实风格。由于当时社会的个人崇拜和新兴宗教尊崇宗祖的倾向导致了肖像画的流行。

名人，这在九条兼实[1]的《玉叶》中也有记载，其擅长的是人物面部，据说服饰等都由土佐光长[2]等补画。总之，隆信推动了日本肖像画新时代的到来。其子信实在其之后，也成为了肖像画的名家。他们构建了日本肖像画独特的创作手法。不过也有人提出批评，认为他们的肖像画雷同，如赖朝、重盛的两帧就十分相似，很难区别，表现缺乏个性，观其肖像，给人感觉不过是令人想起那个时代缙绅类型的人物而已。这种见解，实为谬误，如同田舍翁见西洋人，认为所有的人都长着同一张脸，反映出批评者鉴赏能力的缺乏。当时的人们看重盛像、赖朝像，不难从中寻找出个性化的东西，而今日在对艺术敏锐者的眼中，要发现其个性亦非难事。妙法院也收藏有一帧后白河院宸影，据称是隆信所作肖像画中最为著名的真迹。

信实[3]留下了许多确凿可信的真迹，也有种种据称是其所作的绘卷，其中水无濑宫[4]所藏后鸟羽法皇[5]御影尤为著名。《随身庭骑图卷》作者佚名，据说亦是信实所作。此卷画面所画的人物面

① 九条兼实（1149—1207），平安时代后期、镰仓时代前期公卿，九条家之祖。1202年（建仁二年）出家。法名圆证。有日记《玉叶》。

② 即常盘光长，平安时代后期画家，生卒年不详。长期任宫廷画师，受后白河法皇之命，长期参与《年中行事绘卷》的绘制。据近年研究，著名画作《伴大纳言绘词》乃出自其手。

③ 即藤原信实（1176—1265），镰仓时代公卿、歌人、画家，隆信之子。法号寂西。擅似绘，作品有《后鸟羽天皇影》《中殿御会图卷》《随身庭骑图卷》《三十六歌仙绘卷》等。

④ 即水无濑神宫，亦称水无濑法华堂、御影堂，位于大阪府岛本町广濑。

⑤ 即后鸟羽天皇（1180—1239），1183—1198年在位。名尊成。1183年（寿永二年）即位，1298年（建久九年）让位于土御门天皇。承久之乱出家，法名金刚理、良然。曾命撰《新古今集》（一说亲撰）。文武双全，多才多艺，擅蹴鞠、琵琶，好相扑、射箭等。

部皆系摹写当时现实生活中的人物，完美地表现出他们的个性。这种画作不可说画面表现的不过是镰仓时代寻常可见的芸芸众生因而缺乏个性。最近由佐竹家出手而始为人知的《三十六歌仙[①]》据说也是出自信实之手，三十六歌仙各自所处时期不同，一一为其摹写殊无可能，况且古时歌人多为身份低贱者，也不可能留下肖像画，作画除凭想象，别无他法。倘若肖像画出自信实这样的名人之手，其也是将自己在现实生活中接触到的实际人物比附歌仙，画出想象中的形象。歌仙的肖像画或许就是某个模特的写生。

关于信实的后人，《古画备考》等书中都有记载，最近粟野秀穗君研究信海的《不动明王图》，确定信海乃信实四子。近年西本愿寺发现的《亲鸾圣人[②]像》也被认定是信实之子专阿弥陀佛[③]的手笔。这帧圣人像面部表情刻画简洁而栩栩如生，但服饰用笔极其粗放，或许与其祖父一样作的是"似绘"，不过亲鸾圣人当时生活如

① 歌仙为吟咏和歌的名家高手。日本各个历史时期有不同的三十六歌仙。其遴选因选家、作品、职业等也有所不同。藤原信实生活的时代三十六歌仙当为：后鸟羽院、土御门院、顺德院、后嵯峨院、雅成亲王、宗尊亲王、道助入道亲王、式子内亲王、藤原良经、藤原道家、西园寺公经、久我通光、西园寺实氏、源实朝、九条基家、藤原家良、慈镇、行意、土御门通具、藤原定家、八条院高仓、藤原定成女、宫内卿、藻壁门院少将、藤原为家、藤原雅经、藤原家隆、藤原知家、藤原有家、藤原光俊、藤原信实、藤原隆佑、源具亲、源家长、鸭长明、藤原秀能。

② 亲鸾（1173—1262），镰仓时代僧人，净土真宗始祖。号范宴。早年入法然门下专修念佛。其所创立的净土真宗亦称真宗、一向宗。亲鸾主张依靠佛的本愿力往生净土，提出"恶人正机"思想，即越是恶人，就越是阿弥陀佛拯救的对象。只要笃信阿弥陀佛，即使犯有大罪，死后亦可往生净土，并能成佛。著有《教行信证》《叹异抄》等。

③ 专阿弥陀佛，生卒年不详，镰仓时代画僧，藤原信实之子。作为西本愿寺所收《亲鸾圣人像》（亦称镜御影）的作者而闻名。贴在该画作后面的纸上有 1310 年（延庆三年）亲鸾曾孙觉如所记的文字，"此画出自藤原信实子专阿弥陀佛之笔"。

同乞丐，也未必着用值得一画的服饰。信实之后第六代有一称豪信法印的肖像画家。豪信法印真迹传世的有花园天皇[①]御影，从御影的天皇题签来看，其所记内容与豪信的家谱之间，可以看出作为后代在辈分上的差别，但根据尊卑及支脉分布，可以解决此间的疑问。

关于豪信，其最值得称道的业绩就是编纂先祖以后的肖像画，留下了三种肖像画集，即《历代帝王宸影》《摄政关白影》《大臣影》。这三种肖像画卷是以传写本流布，《历代帝王宸影》所收入的是从鸟羽院[②]到后醍醐院[③]的宸影，根据其题签，其中鸟羽院到伏见院的宸影[④]是出自信实曾孙为信卿之手，后伏见院、后醍醐院两代宸影乃豪信法印所作。毋庸赘言，出自为信卿之手的十数代宸影中，当包括摹写其代代先祖的画像。这些宸影中，笔者所见到过的乃是富冈铁斋翁[⑤]

① 花园天皇(1297—1348)，1308—1318在位。伏见天皇第三子。1335年(建武二年)出家，法名遍行。人称萩原院法皇。通晓汉文，著有《花园院宸记》《诫太子书》等。

② 即鸟羽天皇(1103—1156)，1107—1123在位。名宗仁。堀河天皇长子，自幼丧母，由祖父白河法皇抚养长大。笃信佛教，在位期间广建寺庙。1141年(永治元年)出家，法名空觉。

③ 即后醍醐天皇(1288—1339)，1318—1339在位。后宇多天皇次子，名尊治。著有《建武年中行事》《建武日中行事》等。

④ 即伏见天皇(1265—1317)，1287—1298在位。后深草天皇之子，名熙仁。擅和歌、书道，著有《伏见天皇宸记》。

⑤ 即富冈铁斋(1836—1934)，明治、大正时期日本画家。本名猷辅，后改百炼。字无倦，别号裕轩、铁崖、铁道人。曾从大田垣莲日修国学、汉学，从窪田雪鹰、小田海僊学南画、浮田一蕙学大和绘。1861年(文久元年)游学长崎，与铁翁祖门、木下逸云交往甚密。翌年在京都创办私塾。明治维新以后，曾担任过神社宫司，致力于神社复兴。后从事美术活动和美术教育，是日本南画协会的创建人。作品有《旧虾夷风俗图》《阿倍仲麿明州望月图》等。

的藏品，是冷泉为恭[①]所摹写的。《摄政关白影》现手边无可资作证据者，《大臣影》本人收藏有其摹本，汇集有花山院家忠以后八十位大臣的肖像。此摹本的原本为近卫家所收藏，曾根据其跋所记，请近卫家查寻家中藏品，但未有所获，所发现的只是摹本中的另册。根据其记载，可知在八十位大臣之外，还有补画其后的人物摹本。当然，其编纂的是隆信之后所绘的肖像。关于这本肖像画册的可疑之点就是其中重盛的肖像与现存于神护寺的肖像毫无相似之处。这样，神护寺现存的重盛、赖朝肖像果真是其本人之像，还是他人之像，就很值得怀疑。但是，这并不意味着其不能成为当时正兴起的日本风格肖像画的代表之作。即使该肖像画确凿无疑是出自隆信之手，神护寺所传下的画像是否就是重盛、赖朝还是存疑的。笔者认为这三种肖像画集存在的时代即藤原末期至南北朝初期是日本肖像画的高潮时期。在这一期间，隆信、信实自不待言，就是豪信也是技艺精湛，用笔简洁却不乏精致，表现面部表情、人物风采别具特色。

镰仓时代中期，禅宗兴盛，宋、元高僧渡海来日，我国高僧去彼国后归国者人数众多，于是宋代肖像画画风自然由此传入。中国宋代的肖像画不同于唐代肖像画，这从前述《历代帝后像》中宋代帝后像即可看出。与唐代肖像画相比，宋代肖像画在用笔、敷色方面更崇尚细密，接近工匠手法而丰采不足，宋代肖像画大体上已进

① 即冈田为恭（1823—1864），幕末时期画家。京都狩野派画家狩野永泰三男。幼名晋三，称冷泉三郎。致力于大和绘古典研究，是大和绘复古派代表画家。代表作有大树寺隔扇门画作等。

入衰落期是不争的事实。不过，宋代肖像画传入日本时，正值具有日本特色的肖像画的兴盛时期，此时隆信、信实已不在世，但承其余绪者并未扬弃其肖像画风格精神，他们承袭了这种风格精神并运用了带有宋风的形式。在南北朝时期之前我国高僧肖像画中颇有堪可观者，这一类肖像画，其形式虽承袭宋风，然其传神妙处仍得自于大和画，因而完全不可说其为宋代风格肖像画。但是，我国肖像画的全盛期延续至何时，其风格如何，在这些问题的判断上，往往会因此而导致错误的结论。

足利时代①中期，在日本出现了大量宋以后风格的肖像画，在其之后虽然存世作品也非常多，但皆为低俗之作，毫无丰采可言。从这一点上来说，宋代风格肖像画使日本特有的肖像画逐渐低俗化，进而颓变为低俗之物，而其存世量之多更不可能提高画作的价值。足利中期以后，地方大名小名②逐渐得势，效仿攀比身份更高的中央缙绅生活之风盛行。德川初期，肖像画的数量大量增加，但水平并没有因数量增多而取得丝毫提高，这样一旦趋向衰运，即使在德川文化全盛时期，肖像画也没有能够再度兴盛，当然其间偶尔也会有稍见其优的画作留存于世。举其一例，就是京都堀川伊藤

① 史称室町时代，自 1336 年（建武三年）制定建武式目或 1338 年（历应元年）足利尊氏任征夷大将军、建立室町幕府始至 1573 年（天正元年）第十五代将军足利义昭被织田信长赶出京都、室町幕府灭亡为止约 240 年，其间包括南北朝时期和战国时期。

② 大名出现于平安时代后期。江户时代为领有 1 万石以上的俸禄、直接受幕府将军支配的武士。大名阶层是在江户时代初期逐渐形成的，是协助德川幕府统治全国的封建领主。明治维新以后大都转为华族。小名是势力较小的在地领主。

家所传下的仁斋[①]、东涯[②]两先生肖像画，其面部表情描绘仍是以似绘流派风格为主。京都有狩野派[③]，其大家如永纳[④]就曾摹写豪信的肖像画，仁斋、东涯两先生的肖像画是否就是京狩野派画家习得隆信、信实一家所传技法所画，这一点尚未确证，留待日后考证。

以上是就日本肖像画兴盛时期的问题所陈一己之见，也有人持与此不同意见。其意见多认为，应以现存肖像画数量最多的足利时代为肖像画的全盛时期。其所依据是，肖像画在日本兴盛多缘于禅宗的传入，禅宗以传袭其师顶相即肖像为宗旨之本义，祭典亦有挂真即悬挂肖像画之风，肖像画的功用因禅家而发展起来，日本肖像画与禅宗有着不可分离的关系，这一宗派兴盛的同时，也促进了日本肖像画的进步，此乃一家之言。

这种观点有一个明显的欠缺。禅宗将高僧肖像传至日本固然是事实，但在其本土中国，没有证据表明肖像画的发展是特别有缘

① 即伊藤仁斋(1627—1705)，江户时代前期儒学家、古义学派创始人。京都堀川人。名维桢、字源佐。自幼学四书，后研读儒学、老子、佛学，在此基础上构筑自己的学问体系。1662年(宽文二年)在京都创建家塾古义堂。著有《童子问》《语孟字义》《论语古义》《孟子古义》等。

② 即伊藤东涯(1670—1736)，江户时代中期儒学家，京都堀川人，伊藤仁斋之子。名长胤，字源藏，别号慥慥斋。由于家学渊源，学识渊博，与其弟伊藤兰嵎(字才藏)并称堀川首尾藏。其父殁后，作为古义堂第二代传人一生致力于治学。著有《学问关键》《训幼字义》《古今学变》《用字格》等。

③ 狩野派是日本绘画史上最大的画派。这一画派的画风受中国宋元绘画的影响很大，该画派开山鼻祖狩野正信(1434—1530)任室町幕府的御用画师以后，直至江户时代，狩野派始终保持着日本画坛权威的地位。

④ 即狩野永纳(1631—1697)，江户时代前期画家，京都狩野画派第三代传人。代表作有《贺茂竞马图》屏风、《洛中洛外图》屏风等。其著《本朝画史》被认为是日本绘画史最基本的重要文献。

于禅宗。唐以后，中国肖像画流行日盛，甚至扩展到士大夫阶层，其影响波及宋代也是事实，但根据真言五祖像也不难想象，肖像画的精美之作还是出在唐代，且在当时的诗集中已经出现很多与肖像画有关的诗文。到了宋代，这种风气更为普遍，多用于肖像画的词语如“陋容”“陋质”等也被禅家以外的宋代士大夫所使用，其意指自身的肖像。士大夫的人家有一处所，谓之影堂，用以祭拜祖先，那里供奉的影即肖像。关于肖像绘制，有一风俗，男子在其生前可绘制肖像，女子生时不可给他人看面相，更遑论绘制肖像。而死后则将盖脸的绸布取下以作写生，此举是否合乎礼也曾发生过争论，司马温公的《书仪》中也有记载。士大夫人家都有影堂及肖像是当时的习惯，这种习惯也影响到禅宗，但禅宗肖像画特别兴盛的现象从未有过。宋代绘画，就整体而论，其并非人物画的全盛时期，人物画在唐代已经过了其全盛时期，这从中国艺术一般倾向来看也很清楚，在唐代盛行雕刻，但宋代以后就趋向衰微了。雕刻的衰微与人物画的衰微有密切的关系，而人物画的衰微又同肖像画的衰微大有关系。在宋代那样山水画鼎盛的时期，肖像画衰微、变得呆滞刻板也是必然的。不过，中国的文化输入日本后就会发生特殊的情况，在对一些事物因果作判断时往往会产生错觉。举个浅显的例子，日本的药材店铺喜欢挂金字招牌，以为金字招牌是药材店铺特有的，而在中国，所有的店铺都挂金字招牌，并不限于药材店铺。足利时代，日本对中国的贸易中最重要的商品就是药材，药材商直接去中国，使用中国式的金字招牌，以至于以为金字招牌就是药材店铺所特有的。在建筑方面也是如此，佛殿法堂式建筑在日本只限于寺院，而在中国，宋代以后的大建筑大体上都是法堂式样。在日本,这种式样的建筑只限于在以禅宗寺院为中心的范围内,因此被认为是禅宗所特有的。禅宗与肖像画的关系也与这种情况完全相同,这是中国文化输入日本之际产生的特殊现象。从根本上说,禅宗与肖像画之间没有特殊的关系。总之,这是对有关宋代肖像画传入情况的误解,如果要了解我国肖像画的历史,必须首先充分认识到禅宗传入之前已经出现过日本肖像画的全盛期。

现在有一种意见认为,应当把足利时代作为肖像画的全盛期,有人还找了一些特别的理由,理由是因为在足利时代底层阶级开始兴起,社会促进了个性的发展,由于崇尚个性的发现,肖像画才得以在足利时代兴盛。这种意见实际上是没有把足利时代肖像画的实物同隆信、信实那一类优秀作品进行过比较,也就是无视实际,自成一说,而且同时还自以为对时代真实情况的观察准确无误。对于前者,如果对现存的肖像画进行观察,对隆信一家多人的作品与足利时代许多肖像画加以比较,不难判断孰优孰劣。即使是禅宗传入以后的肖像画,也不难发现镰仓时代以后南北朝时期的肖像画最为出色,尔后日见衰落下去。而对于后者,即对日本历史各个时期的认识,笔者认为在日本思想开始活跃,出现个性化活动并涌现出大量天才的时期仍然是在藤原时代末期至镰仓时代初中期这一期间。从宗教信仰的动摇到叡山一隅、横河山中净土教信仰的萌发,如同真言宗的新义派①、净土思想的产生,这些都是当时思想觉醒的标志。藤原时代,净土教也已被贵族化的趣味所

① 同空海开创的真言宗即古义真言宗相对的真言宗新派,其以觉鑁为宗祖。

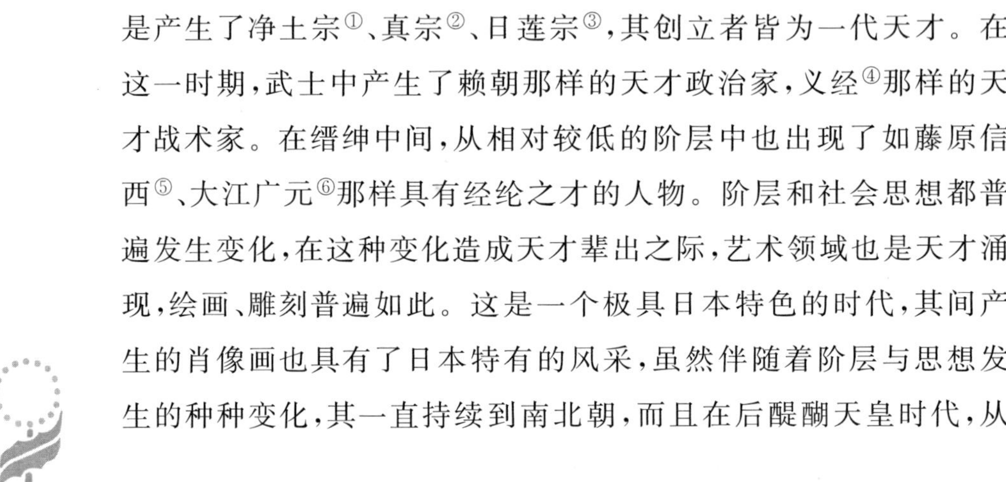

束缚，开始产生如同《山越阿弥陀》《二十五菩萨来迎图》所表现出的奢华思想，而到镰仓时代初期，权力思想的觉醒影响到地方武士，其结果是当时兴盛的宗教思想适合了地方武士的简朴生活，于是产生了净土宗[①]、真宗[②]、日莲宗[③]，其创立者皆为一代天才。在这一时期，武士中产生了赖朝那样的天才政治家，义经[④]那样的天才战术家。在缙绅中间，从相对较低的阶层中也出现了如藤原信西[⑤]、大江广元[⑥]那样具有经纶之才的人物。阶层和社会思想都普遍发生变化，在这种变化造成天才辈出之际，艺术领域也是天才涌现，绘画、雕刻普遍如此。这是一个极具日本特色的时代，其间产生的肖像画也具有了日本特有的风采，虽然伴随着阶层与思想发生的种种变化，其一直持续到南北朝，而且在后醍醐天皇时代，从

① 平安时代后期由法然房源空开创的佛教宗派，其主张不需戒律，不必造寺造佛，只要念佛，人皆可往生极乐净土。

② 即净土真宗，是镰仓时代初期由亲鸾开创的新宗派。亲鸾发展了其师法然的教义，主张只要通过念佛、皈依阿弥陀佛，任何人都可往生极乐，强调恶人是阿弥陀佛救济的对象（恶人正机说）。参见后注。

③ 亦称法华宗，是镰仓时代中期由日莲开创的佛教宗派。其倡导南无妙法莲华经，主张佛法神髓在法华经，只有通过其才能得到救赎。

④ 即源义经（1159—1189），镰仓时代前期武将，其兄为镰仓幕府第一代将军源赖朝。

⑤ 即藤原通宪（？—1159），平安时代后期官人。由于家庭出身等原因，政治上地位不高，官位至正五位下、日向守、少纳言。1144 年（天养元年）出家，法名信西。出家后仍参与政治，深得后白河天皇信赖。后在平治之乱中被杀。其作为学者，当时也很有名，著有《本朝世纪》《法曹类林》等。

⑥ 大江广元（1148—1225），镰仓时代前期幕府官僚，藤原光能（参见前注）之子。学识广博，精通法律，最早侍奉朝廷，1184 年（元历元年）赴镰仓，受源赖朝重用，参与各种政策的制定，如守护、地头的设置就是源自其建言。1217 年（建保五年）出家，法名觉阿。

各方面摆脱古来旧习、表现独创精神的画作层出不穷。这样，仅从外部情况也可推断，从藤原时代后期到南北朝时代中期是一个最适合于天才产生的时期，肖像画的兴盛是恰逢其时。

在足利时代，从义满①时起，在武家制度确立的同时，社会动荡减少。而从中期起，从应仁、文明到延续不断的乱世，社会动荡剧烈，这一时期的社会动荡与藤原时代末期相比，有极大的不同，社会剧烈动荡造成最下层者变为最具有势力者，这一时期也成为没有文化、没有教养的阶层飞扬跋扈的时代。即使是打仗，凭靠的是兵力的优势、火器一类无须技巧的武器，掌兵者也都是缺乏统率之才的武夫，往往随众人心理而妄动。因此，元龟天正时期之前，没有适合产生天才的条件和机会，艺术也没有摆脱呆滞之气。大和绘止于摹写前代，一味仿效中国绘画，虽然有北宗风格的新派，但很难说其仍如同绘卷物时代，具有日本独特的风采，肖像画也是如此。下克上带来的一个后果就是，肖像画可以应那些暴发户的要求大量制作，定制者根本就没有鉴赏能力，制作者的艺术水平也不高，肖像画同其他绘画一样，堕落到如同批发货物的地步。众所周知，艺术一旦变为如同批发货物时，也就表明其到了最为衰落时期。无论从社会情况来看，还是从对现尚存世的肖像画鉴赏上来看，将足利时代作为肖像画的全盛时期与事实极不相符。为这个缘故，笔者把以镰仓时代为中心的这一时期定为日本肖像画的全

① 即足利义满（1358—1408），室町幕府第三代将军，1368—1394 在职。应永四年（1397 年）足利义满在京都北山营造豪华宅邸即今金阁寺。金阁的建筑融入了传统的寝殿造风格和禅宗寺院的风格，完美地表现了室町时代的文化特征，故这一时代的文化又称北山文化。

盛时期，而镰仓时代是以几代相承的隆信一家为中心的。

附记

在中国，元明以后，肖像画逐渐流于形式，明代仕女画的名家如仇英①，其影响也未能够赋肖像画以新的风采。清代的禹之鼎②，相传其善肖像，也不过承仇英一派之余绪而已。不过乾隆嘉庆以后，伴随思想上的变革，仕女画名家辈出，出现了改琦③那样的充满生气的新仕女画，但这一时期肖像画最终未能复兴。其画法自元代王绎④的《写像诀》问世以来，始终一成不变，无跳出旧巢者。即使在元代，曾有过少数将南画风格移入肖像画的尝试，但最终未能获得如山水画那样的发展，因而也没有影响到我国的画风。

（1920 年 12 月史学地理学同学会讲演）

① 仇英（1498—1552），明代画家。字实父，一作实甫。号十洲，又号十洲仙史。太仓（今江苏太仓）人。擅画人物、山水、花鸟、楼阁界画，尤工仕女。与沈周、文征明、唐寅并称“明四家”“吴门四家”。传世名作有《汉宫春晓图》等。

② 禹之鼎（1647—1716），清代画家。字尚吉、尚稽、尚基，号慎斋。江苏兴化人。擅山水、花鸟、走兽，尤精肖像，名重一时。传世作品有《骑牛南还图》《放鹇图》《王原祁艺菊图》等。

③ 改琦（1773—1828），清代画家。字伯韫，号香白，又号七芗、玉壶山人、玉壶外史、玉壶仙叟等。松江（今上海）人。宗法华嵒，擅人物、佛像、仕女，尤以仕女最为著名，人物衣纹细秀，树石背景简远，造型纤细，敷色清雅，开创仕女画一代新风，时称改派。代表作有《张夫人晓窗点黛图》《元机诗意图》等。

④ 王绎（1333—?），元代著名肖像画家。字思善，号痴绝生。严州（今浙江建德）人。擅长人物肖像，多线条素描，少颜色晕染，所作写像不仅貌似，而且传神。著有《写像秘诀》。传世作品有《杨竹西小像图》卷（与倪瓒合作），现藏故宫博物院。

日本文化的独立

关于日本的文化这一问题，我从自己的专业即研究东亚历史的角度也常常思考。有时会想到这些问题，如日本文化到底最初是在什么样的状态中发展起来、又在什么时候形成了真正日本的文化？谈到日本文化的由来，不免话长，此处姑且省略，先谈一个对于日本文化形成而言具有特别意义的时代，这就是从后宇多天皇①时期到南北朝这一期间，这是一个相当重要的时代。不言而喻，在这一时期前，日本的思想已经在内部发生了种种变化，变化并非始于此时。但我认为，在自后宇多天皇到南北朝这一期间，已经发生了变化了的日本文化影响到所谓王朝文化的保护者皇室、公家②。

众所周知，日本在藤原时代、镰仓时代的历史转折时期社会状态已经发生巨大变化，以往没有势力的武家渐渐抬头。在思想方面也起了变化，当时宗教方面也在变化，出现了新的宗教。这些宗教并不全是根据日本人的想法产生的，其中若干是引进产生于中

① 后宇多天皇(1267—1324)，1274—1284 年在位。

② 公家最初指天皇、朝廷。镰仓时代武家地位确立以后，相对于武家，侍奉天皇的朝臣称作公家。

国的新宗教，当然其同日本的思想有显著的关联，这是毫无疑义的。这种思想、社会状态逐渐由下而上发展，最后在皇室以及公家中也出现了与这种思想、社会状态相一致者。此时正是大觉寺统[①]的龟山[②]、后宇多以后南朝系天皇时期，有这种思想的人很多。在这些人中间，很明显革新的机运日益高涨，从而形成日本面临社会革新的形势。以往一切皆墨守中国成规的日本文化也面临得以独立的机遇。这种形势并不只是由社会状态自然形成的，在那个时代还有强有力的君主，强有力的公家，是他们促成了当时的形势。这一点是最引起我兴趣的，其对于日本整体文化、思想的独立也是相当重要的。

凡有志于国史研究的人都一定读过《神皇正统记》[③]，在这本书中读到后宇多天皇后一定会大加赞赏。自古以来，日本被称为名君的天皇有延喜、天历、宽弘、延久，即醍醐天皇[④]、村上天皇[⑤]、一条天皇、后三条天皇[⑥]，据说这几位天皇个个都是宏才博识，精

---

① 大觉寺是真言宗大觉寺派的大本山，在今京都市右京区。此寺原系嵯峨天皇离宫，龟山天皇的后代居大觉寺，后宇多天皇曾在该寺住持院政，尔后其皇统即称大觉寺统。

② 龟山天皇（1249—1305），1259—1274 年在位。后嵯峨天皇皇子，名恒仁。自幼受其父后嵯峨天皇宠爱，与兄后深草天皇不和，此亦为后来大觉寺统（龟山系）与持明院统（后深草系）对立的缘由之一。1287 年（弘安十年）幕府让其子后宇多天皇退位，后深草天皇之子伏见天皇即位，由于政治上的失意出家，法名金刚眼（金刚源）。

③ 《神皇正统记》，六卷。史论，作者北畠亲房。书中对自神武天皇至后村上天皇即位（1339 年）期间的历代历史逐一论述点评，强调了天皇统治的正当性，对后世的皇国史观产生很大的影响。

④ 醍醐天皇（885—930），897—930 年在位。

⑤ 村上天皇（926—967），946—967 年在位。

⑥ 后三条天皇（1034—1073），1068—1072 年在位。

于诸道，后三条天皇以后再也没听说出现过如具有后宇多天皇那样才华的君主。那本书详尽论述了后宇多天皇对学问以及佛教的精深造诣。根据北畠亲房[①]所述，宽平年间的宇多法皇御诫中谈到，天皇的学问不必作得很深，很多东西在《群书治要》那本书里都有。《群书治要》成书于唐初，在中国现已经失传，但在日本保存下来了，所以是部在中国很受珍视的著作。其主要是中国经史诸子等书中的摘录，记载的都是对天子而言的要务。《群书治要》内容极为丰富。宇多法皇认为学问不必作得很深，但宇多法皇自身以及其之后被称为名君的天皇，如醍醐、村上、一条、后三条天皇皆为雄才大略、博览群书者，而且还擅长文学。北畠亲房《神皇正统记》所记载的与后宇多天皇的遗言即今天我们所能见到的天皇遗书中所写的非常一致。从中可以知道，后宇多天皇不仅通晓作为天皇所理应知道的，而且还很不满足，他认为身为天子，学问应该精深，谈佛教学问就应如高僧，谈诸道学问，就应如诸道学者，天皇抱着这种决心对学问精研细究，这一点很值得关注。

天子如此热心于学问，这在当时不可能不在某些方面产生影响，在观察这种影响时，还可以看到在另一方面其他影响到天皇的后代，如后醍醐天皇就是在这种影响下成功地实现了日本政治上的革新，即使那是一段很短的时期。《神皇正统记》中后醍醐天皇

① 北畠亲房(1293—1354)，南北朝时代公卿、歌人。曾出家，法名宗玄、觉空。自1298年(永仁六年)始先后侍奉伏见、后伏见、后二条、花园、后醍醐、后村上六代天皇，成为南朝政治的柱石。其所著《神皇正统记》以及《职原抄》《元元集》《关城书》等在政治思想方面对后世产生深远影响。北畠亲房擅和歌，其歌作多收入《李花集》，并有著作《古今集序注》等。

的条目中,记载后醍醐天皇也是雄才博学,其在佛学方面最初受教于父皇后宇多天皇,后精益求精,甚至受到精于此道的高僧的认可。

总之,其影响是多方面的。像后宇多天皇如此热心致力于学问,其并非作为如通常所说的天子来治学,而是自身以学者的要求治学,其造诣也就非同一般。天皇对达到当时一般人所能理解的程度并不满足,他有着一种对学问锲而不舍的精神。后宇多天皇尤其精通密教,即使从其遗书来看,也可知其是以自弘法大师之后相传的最严格的方法研究密教,而且他给密教正统一脉相传的僧众留下遗训,要他们严守教规,实际上这也可称是密教的清教主义式教规。不仅仅是遗书,后宇多天皇还亲笔书写弘法大师的传记,不难看出,天皇仰慕教法先祖弘法大师,期望回到纯粹遵循高祖教规的古时。天皇不满足末世僧侣的水平,而是要探究密教的根本,复兴先祖之业,这也就推动了高涨的革新形势。

过去的社会情况与现在不同,要开创任何新的事物,很多改革论者都首先提出要复古,这已成为惯例,在这一点上,中国与日本是相同的。所谓复古,在任何时候都是一种革新论。后宇多天皇所主张的教法复古也是一种革新,这可以证明天皇不满于当时的现状,已具有革新思想。而且这同后醍醐天皇的学问、思想有非常大的关系。如果观察最近的明治维新也可以明白,维新之前日本开始高涨的思想是王政复古,当王政复古逐渐实现的时候,接下来又变成了开国进取。用现在的话来说,是王政复古的延长。也就是说,后宇多天皇有关学问上的复古思想再进一步发展就可变为后醍醐天皇那样更为先进的思想,这是毫无疑义的。当然后宇多天皇的复古思想也是相当重要的。这里就不能不提到后醍醐天皇,否则有些问题就难以理解了。

接下来的时代,后宇多天皇的儿子后醍醐天皇出现了。不可思议的是,无论大觉寺统还是持明院统[①],都存在一种革新的气运,各方都出现了具有革新思想的人物。北朝——也就是在持明院统一方,出现了花园天皇这一类人物,其同后醍醐天皇一样有着革新思想,这是一种相当不可思议的现象。不管怎么说,那个时代革新的要求相当强烈,不过这种革新的要求并非一开始就主张日本文化的独立,但最后导致了日本文化的独立。

这种革新形势导致的结果之一就是后醍醐天皇时期宋学的输入,这是学术文化上的一个非常重大的变化。在汉学方面,日本朝廷历来都是承袭汉唐以来代代相传的学问,而就在这一时期,宋学传进来了。禅宗传入日本以后,禅宗的僧人受到当时流行的宋学的影响,不言而喻,宋学的传入就是以此为基础的。一般所谓宋学只限于程朱理学,但还可将其含义考虑得更宽泛一些。在程子朱子之前或在其之外,中国北宋时期已经出现了各种不同的新的思想。例如司马温公的《资治通鉴》就是一部一改历来史学旧貌的力作,对当时的思想产生相当大的影响。总之,中国对于历来的学术文化进行重新思考的新思想通过禅宗的僧侣间接地传入日本,到后醍醐天皇时期,终于出现对这一思想进行真正研究的人,此人就

① 镰仓、南北朝时代,皇室围绕皇位、领地的继承问题分裂成两个皇统,持明院统是其中之一。伏见天皇于1298年(永仁六年)成为上皇,其将持明院作为仙洞御所,尔后这一皇统就被称作持明院统。

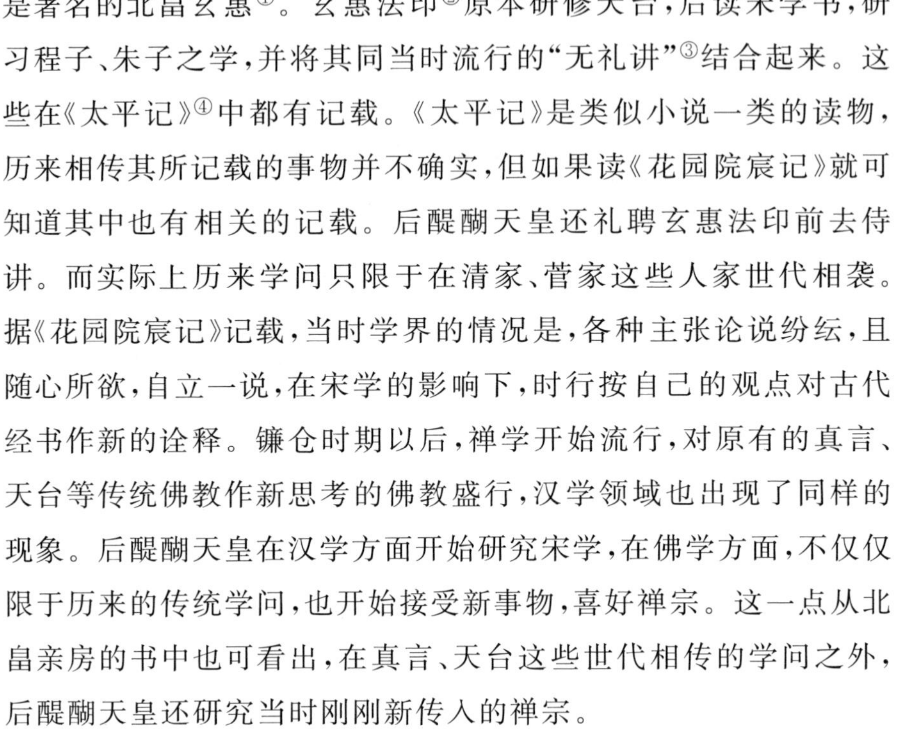

是著名的北畠玄惠①。玄惠法印②原本研修天台，后读宋学书，研习程子、朱子之学，并将其同当时流行的“无礼讲”③结合起来。这些在《太平记》④中都有记载。《太平记》是类似小说一类的读物，历来相传其所记载的事物并不确实，但如果读《花园院宸记》就可知道其中也有相关的记载。后醍醐天皇还礼聘玄惠法印前去侍讲。而实际上历来学问只限于在清家、菅家这些人家世代相袭。据《花园院宸记》记载，当时学界的情况是，各种主张论说纷纭，且随心所欲，自立一说，在宋学的影响下，时行按自己的观点对古代经书作新的诠释。镰仓时期以后，禅学开始流行，对原有的真言、天台等传统佛教作新思考的佛教盛行，汉学领域也出现了同样的现象。后醍醐天皇在汉学方面开始研究宋学，在佛学方面，不仅仅限于历来的传统学问，也开始接受新事物，喜好禅宗。这一点从北畠亲房的书中也可看出，在真言、天台这些世代相传的学问之外，后醍醐天皇还研究当时刚刚新传入的禅宗。

从这些情况来看，后醍醐天皇在学术文化上是有新思想的，与后宇多天皇相比，有很多不同之处。后宇多天皇从根本上研究密教，甚至要探寻密教的复古途径，而后醍醐天皇比其更进一步，其要研究用新思想所解释的佛教以及汉学，父子两人所思考的问题差别很大，但是倘若没有后宇多天皇如此勤思笃学，其复古思想引

① 即玄慧（？—1350），镰仓时代后期、南北朝时代僧人、儒学家。京都人。号独清轩、健叟。曾在比叡山研习天台宗。

② 法印是佛教中最高僧位，亦泛指僧侣。江户时代此称号也授予画工、佛师、医师等。

③ 指一种无贵贱、上下之别，不讲虚礼的酒宴或聚会。

④ 南北朝时期的军纪物语，据传北畠玄惠是其作者之一。

发、推动了革新的机运,也就没有可能在其之后会出现后醍醐天皇这样的人物。后宇多天皇以学者姿态的出现与后醒醐天皇的新思想有很大的关系。

不仅仅是南朝的天皇,这种思想在北朝的花园天皇身上也反映出来。花园天皇也是很热衷禅宗,虽然身为持明院统的天子,但在思想上他对后醍醐天皇抱有相当的同情。很有意思的是,这一点在书法风格上就表现出来了。观其当时书作,龟山天皇等人的书法风格平实柔和,这是平安时期至镰仓时期一脉相承的日本风格。而到了后宇多天皇时,从当时的书札中也可看出其风格已不是当时书风,无论假名还是真名[①]都豁达大气,显然不囿于在其之前的那种平和拘谨之风。花园天皇的书风更为进了一步,到后醍醐天皇时则把这种豁达的书风发展到了极致。有关这一点,当时著名的青莲院[②]尊圆法亲王[③]撰写了一部有关书法的著述《入木抄》,对当时的书风作了评述。尊圆法亲王是持明院统伏见院[④]之子,后伏见院[⑤]、花园院[⑥]的兄弟,从尊圆法亲王的评述来看,其对大觉寺统即南朝派的书风是持抨击态度的。其曰:"近书皆从宋朝之风,实不足为吾所取。此风日甚,渐入皇室,后醍醐天皇亦从其

① 相对假名而言的汉字。

② 青莲院,天台宗寺院,位于京都市东山区。1311 年(延庆四年)尊圆法亲王在此出家,后成为青莲院门主,并于此开创书法的青莲院流派。

③ 即尊圆入道亲王(1298—1356),伏见天皇第五皇子,名尊彦。曾在青莲院出家,任青莲院门主、天台座主。早年随世尊寺行房、行尹兄弟学习书法,是书法青莲院流派的创立者。著有《入木口传抄》《释家官班记》《门叶记》等。

④ 即伏见天皇,参见前注。

⑤ 即后伏见天皇(1288—1336),1298—1301 年在位。

⑥ 即花园天皇,参见前注。

书风"云云,语中颇带几分讥讽之意。据此可知,大觉寺统即后醍醐天皇的书风已是当时新传入的宋代书风。那么尊圆法亲王本人书风如何?此人自身并不囿于以往的书风。历来就有将日本书风统为一体者,如同二条家统一和歌风格一样,在书道方面统一书风者是世尊寺[①]。伏见院、后伏见院写的都是世尊寺风格,尊圆法亲王是另一流派,完全是全新风格。尊圆法亲王吸收的当然不会是宋代书风,但可以肯定的是,如同后宇多天皇要在学问上复古一样,尊圆法亲王的想法是要在书风上复古。他的目标是超越世尊寺流的元祖行卿[②],直追道风[③]。尊圆法亲王在抨击南朝书风的同时,自己也一改以往书风。而花园天皇的书风却糅入了宋风,与南朝书风颇为相似。虽同为兄弟,如思想会有差异一样,书风也会不同的。

这是一个很有意义的现象,当时同学术文化、艺术相关的领域都面临着革新的机遇,从内部开始,不墨守自古以来的传统,要对所有一切进行改革。除此以外,在备受关注的政治上也出现了同样的情况。北畠亲房在政治上是有真知灼见的。如果把《神皇正统记》只作为国史教科书来读的话,会觉得其平淡无奇,不过如此而已,但仔细品味,你就可以体察到其不仅仅是根据以往的记载来书写历史。当然作者有表明皇室正统是在南朝的意图,这一点是

---

① 平安时期由小野道风开创的日本风格的书法经由藤原佐理的发展,到藤原行成时已臻成熟。藤原行成去世后,其家系世称世尊寺,其流派称世尊寺流。

② 即藤原行成(972—1027),平安时代中期著名书法家,与小野道风、藤原佐理并称书法"三迹"。

③ 即小野道风(894—966),平安时代前期著名书法家。小野道风是日本风格的书法开创者,被誉为书圣。

毫无疑义的。但书中纵谈经纶，更可以说是一份洋洋洒洒的主张对当时日本政治实行改革的建言书。毋庸置疑，北畠亲房一定读过司马温公的《资治通鉴》，那是一部可资作君主治政参考的著作，所以他的这部《神皇正统记》也并不仅仅是向天子传授以往的历史，而是一部论述历史变化，针对置身新时代的天子如何面对形势、如何施政这些问题畅抒己见，建言献策的著述。正因如此，若要举出日本一流历史学家，非北畠亲房莫属。日本历史上能够提出自己的真知灼见、并将其付诸笔墨者寥如晨星，其中北畠亲房的《神皇正统记》是一部令人景羡的皇皇历史巨作。特别是从其所提出的正统论这一点来看，作者不仅仅对司马温公的《资治通鉴》，而且还对宋代中国流行的正统论相当熟悉。现在不清楚朱子学派的著作《通鉴纲目》当时在中国流行到何种程度，这部书传入日本后北畠亲房是否见到过也是疑问，但宋代在与朱子学发展的同时，正统论成为备受关注的问题却是事实，北畠亲房也正是熟知这种情况，才取了《神皇正统记》这一书名。这一点绝非是想象，如果将两个时代及书的内容加以比较就一目了然了。

所有一切事物都面临着革新的机遇，作为天子也不仅仅是大觉寺统的后醍醐天皇，持明院统的花园天皇，以及侍奉他们的公家中，具有革新思想的人相当多。当时有个名叫日野资朝[①]的人，可以说日本历史上像他那样豪爽倜傥的人物绝无仅有。日野资朝随

① 日野资朝(1290—1332)，镰仓时代后期公卿。其深受后醍醐天皇信赖，历任检非违使别当、权中纳言等职。1324年(正中元年)因策划后醍醐天皇的讨幕计划，事发被六波罗探题逮捕押往镰仓，后流放佐渡。

从玄惠法印学习新学问，又研修禅学，不仅如此，其革新的精神非常强烈。为兼大纳言入道[①]被北条氏捕获后押往六波罗[②]时，日野资朝在一条[③]一带目睹此景，感叹道："此足可令人羡也。人生在世当如此，然此事可遇不可求也"。《徒然草》[④]中有关于此事的记载。某日，日野资朝与西园寺内大臣实衡[⑤]在禁中值班，西大寺静然上人[⑥]进宫，曲腰弓背，须眉皓白，一副年高德劭之态，"尊乃佛陀乎"，实衡面露仰慕之色，资朝见景，曰："乃年岁之故也"。尔后送实衡一条年老秃毛的狮子犬，曰："此状乃佛陀乎"。日野资朝就是如此豪爽倜傥而不羁。后醍醐天皇也就是在这一些充满造反精神的人们拥戴下灭掉北条氏，进行了一场大改革，尽管这场改革时间不长。此乃建武中兴。

当然，改革是当时普遍的风气，不仅仅是公家人物，学说思想也同样反映出这样一种氛围，这里举其一例，就是改元——更改年号。这是一件大事，也叫革命，当然与今日所说的革命意思有所不

① 即京极为兼(1254—1332)，镰仓时代后期公卿，歌人。亦名冷泉为兼、入江为兼。官至权大纳言。因与持明院统的伏见天皇关系密切遭镰仓幕府所忌，后被流放佐渡。著有和歌集《玉叶集》。

② 即六波罗厅，是镰仓幕府在京都设立的管理警备、政务的机构。在今京都市东山区六波罗。

③ 今京都一条大道附近一带。

④ 《徒然草》是14世纪出现的一部随笔集，作者吉田兼好(1282—1352)。该书内容驳杂，包括典故传说，逸闻逸事以及对自然、人生、艺术、世道的看法评述，语言隽永生动，与《枕草子》并誉为日本随笔文学的双璧。

⑤ 即西园寺公衡(1290—1326)，镰仓时代后期公卿。历任检非违使别当、中宫大夫等职，官至内大臣。

⑥ 即奈良西大寺，南都七大寺(东大寺、兴福寺、元兴寺、大安寺、药师寺、法隆寺)之一。静然上人(1251—1331)，西大寺四世长老。

同。研究天地之间运数、革命气运当在何时到来的学说出自汉代流行的纬书之说，尤其是出自易纬，天地间所有事物都从周易的革卦中推导出来，以五行运数、干支等进行判断。日本开始应用此说是菅公[①]时代一个名叫三善清行[②]的人，其称为辛酉革命、甲子革令。所谓辛酉之年，每隔六十年循环一圈，此时正值天地革命运数，可更改年号，故天子、大臣对这一年份非常关注。此六十年的二十二倍年数称一蔀，据此，自神武天皇即位的纪元辛酉至齐明天皇[③]六年即庚申，恰好一蔀终了。辛酉起经三年即甲子年，甲子称革令，又称革政。戊午年称革运，因辛酉有革命，甲子有革政，故有以辛酉为蔀首一说。也有以戊午为蔀首一说，各种各样的说法都有，但后来变为每逢甲子必改之。醍醐天皇的延喜元年恰巧正值辛酉，故三善清行提醒菅公注意该年正对辛酉革命之年份，于是昌泰这一年号改元为延喜，后此成为极其有力之说，终于代代沿袭此说行事，一直持续到近代。当然战国时代的朝廷也有没进行改元的，但这只能说是异例。自延喜以后，逢辛酉革命、甲子革令，必定进行改元。在记日本年号时，如果了解这一点，就会非常方便。

辛酉革命、甲子革令已成为一种强有力的学说，但后醍醐天皇时就已有人提出反对了。因后醍醐天皇的元亨元年适值辛酉，当

① 即菅原道真。

② 三善清行(847—918)，平安时代前期公卿、学者。唐名善居逸，法名妙音。人称善相公。文章博士，后兼任大学头。参与《延喜格》的编集。著有《圆珍和尚传》等。

③ 即皇极天皇(594—661)，642—645年在位，尊称宝皇女。645年(皇极四年)中大兄皇子(天智天皇)、中臣(藤原)镰足灭苏我氏后，让位其弟孝德天皇。孝德天皇驾崩后，再次即位，为齐明天皇。655—661在位。

时算博士[①]三善朝衡与小槻言春上呈革命勘文，而大外记中原师绪[②]对此种所谓辛酉革命、甲子革令之说提出反对意见。其理由是，三善清行之说乃依据纬书，而神武以来，任何书中都无所谓革命一说，即使在中国，经典上也无此说。现在没有三善清行所依据的纬书之文，虽然并不一定不存在，但问题是纬书鄙俗，学者皆疑其非圣人所书，而术数之学亦为圣人所不屑。即使运数中谶，只要天子有德，灾祸自会消弭。凭天子之德，逢凶可以化吉。可以纵然有纬书之说，但革命既不足以畏，又不足以信，大外记中原师绪认为应当即消除群疑，垂法将来，主张废止辛酉革命改之论。这在当时是一种非常超前的识见和新颖的观点，当然其中也包含有宋学的思想。此时正值后醍醐天皇时期，其说并未实行，顺从众议，仍然改元。在其之后，每逢甲子年时，都有改元之举。尔后，日本历史上辛酉革命、甲子革令依然一如惯习。总之，当时能树此新说并公然宣说实为一壮举。事实上若不按当时作法改元，一旦发生诸如地震、多雨或骚乱等不祥事件，就会被说成是由于没有采用革命之说造成的。在这种状况下，能够提出主张，指出此类迷信无济于事，这是很有意义的。这是后醍醐天皇研习宋学、禅学之外，学术文化面临革新机遇的又一有力佐证。

在所有方面都面临着革新的形势下，无端迷信旧说的现象逐渐消失，这是内部出现的一种革新机运，而内部一旦出现这种变

① 大学寮中负责算术教学的教职，此职后为三善、小槻两家世袭。

② 大外记是负责处理文书的官职。中原师绪，镰仓时代后期明经家，生卒年不详。

化，外部自然也就发生变化，而且也正好在此时，发生了蒙古侵袭[①]这一重大事件。蒙古侵袭在当时是一非常事件，事关一个国家存亡的大问题。当时亀山上皇为此甚至代表双亲、国家、人民进行祈祷。近来有国史学家认为，这次祈祷是后宇多天皇所为。当然这件事发生在后宇多天皇时期，后宇多天皇八岁即位，在位十二三年，其间亀山上皇实际掌管政治，所以祈祷的策划者应该还是亀山上皇。蒙古侵袭是开天辟地以来的大事件，为防御蒙古的侵袭，信仰一切神佛便可免遭国难，于是在伊势、石清水的八幡[②]等处举行祈祷活动。根据当时记录，其时有罕见的吉兆，吉兆显现时刻正是九州刮起大风之时，蒙古船只被刮得七零八散，溃不成军。文化上对外独立的观念的产生与这些事情的发生有很大的关系。

在石清水八幡修尊胜陀罗尼法[③]时，最主要的人物来自奈良西大寺，其名兴正菩萨，当时的启白中这样写道："蒙古乃犬之子孙，日本则神之末叶[④]，神犬焉能匹对。纵至皇运之末，政道诚无，神祇咎吾非礼，佛天恶吾虚妄，然相争之中，当取我国而舍他国，取吾人而舍他人，故当求其助，焉论愿否。"这样的祈祷表现出一种极有价值的思想。其当然是出自于针对蒙古的同仇敌忾之心，但由

① 元在征服高丽之后，于1274年(文永十一年)、1281年(弘安四年)两次派大军进攻北九州，但均以失败告终，史称文永・弘安之役。

② 即石清水八幡宫，在今京都府八幡市。该神社的祭神为应神天皇、神功皇后、比売神。

③ 佛顶尊胜陀罗尼的略称，亦称延寿陀罗尼。密教经典，亦是平安时代贵族中间盛行修行的一种密教别尊法，目的是灭罪、除病、延命、安产、祈雨。通常修法期间为三十日、五十日或一百日，据称长期修法，功德倍增。

④ 末叶即子孙之意。

此产生了一种很有意义的现象。在此之前，日本一直把中国尊崇为日本文化之师，可就是这位文化之师居然被犬的子孙蒙古所灭，蒙古甚至进而侵袭日本，日本国难当头，由于在伊势大神宫和石清水八幡向三千余座神明祈祷，神之子孙终于战胜犬之子孙。而且在此之前，一直被奉为至尊的中国竟轻而易举地被犬的子孙所统一。正因为如此，对日本来说，中国也就不足为尊了。况且日本依助神的力量击退了灭亡中国的蒙古，日本是相当伟大的，能够得到神的佑护是非常了不起的。后宇多天皇在其遗书说，日本是与密教相应之国，密教盛则日本盛，密教衰则日本衰。他认为日本是密教与国体相合为一的国家。用今天的话来说，这个最优秀的国家有着与其匹配的最优秀的文化。后宇多天皇的话言中了，神风果然显出灵验[①]，所以这种思想在当时的人们中间产生很大的影响。

后来终于发展到出现“日本乃神国”这样一种观点，这个观点的出现当然还同许多因素有关。当时伊势出现一种神道[②]，这种神道最先是由外宫神主度会氏创立的，其对北畠亲房的学问产生了影响。北畠亲房对佛教研究有很深的造诣，在神道方面，他采纳了新出现的度会家的神道，甚至自己也撰写有关神道的著述。“大日本者神国也”，这是《神皇正统记》开头的第一句话。然后论述因

① 神风指蒙古军队侵袭日本时突然刮起的大风，导致大量蒙古军队的船只沉没。

② 即伊势神道，亦称度会神道、外宫神道，是以主张伊势神宫信仰为中心的神道说。倡导者外宫祢宜度会氏的目的是提高处于内宫之下的外宫地位。镰仓时代初期，受两部神道影响，此神道说兴起，其集大成者为南北朝时期度会家行。到室町时代后期，在此神道说的影响下吉田神道形成。

为日本是神国，所以至尊至贵。天竺[1]由天神子孙所构成，与日本相似，但后来道有所变，下劣之种因得势而成为国主，统领五天竺[2]。而中国更是混乱不堪之国，改朝换代贯以始终，恃强力夺国，有出自草莽而占据王位者，有自戎狄起兵而夺国者，亦有累世之臣挟天子以令诸侯者。只有日本完全不同，万世一系。结论是，因是神之子孙，今日皇统也必然是正统天子，明确了南朝当为正统。实际上这正是北畠亲房的一个信念。其信念非常坚定，亲房在政治上的观念并非陈旧的思想，其见解皆为新颖之见，反映出当时我国兴起的新思潮。

日本在世界上至为尊贵这一观念可以说是一种新思想。在此之前，日本崇仰中国，而在这一时期，中国已不足道，印度亦不足道，没有哪个国家能像日本如此尊贵，这样一种观念成为了当时的新思想，这一时期日本的文化正是基于这样一种观念才得以实现独立。即使认为北畠亲房政治上的见解新颖，但其也不认可从根本上把当时的社会打碎，地位低下者占据上层行使权力。北畠亲房的观点是很有意义的，有些到现在还没有过时。例如，他主张不能因为有功勋就可以因功升官，有功勋者可另行奖赏。过去日本的制度中勋位有十二级，有功勋者授以勋阶，官职归官职，官职授予既有学问、又有地位、才德者。日本中世以来，官职都是授予历代名门，名门之中也是授予那些有才德有学问者，这是正确的为政之道。因为有功勋，就让不懂政治的武夫去搞政治，这是极大的错

[1] 印度的古称。

[2] 古代印度分为东、西、南、北、中五部分，故称五天竺。

误。用现在的话来说，就是要反对军阀。北畠亲房具有这样的真知灼见，同时他又投身新的活动。北畠亲房提出，官职不可文武分道，依照古法，公家也可兼任武职。北畠亲房之子多从武事，他自己也曾在东国[①]打过仗。他的这番见解是很有意义的，当然这也是后醍醐天皇的想法。但在整个日本的问题上，北畠亲房认为，日本国家的根本绝不可动摇，其不可动摇正是日本的至尊所在。在这一点上，日本这个国家与天竺、中国完全不同，其有着日本独特的政治理念，独特的社会组织，独特的学问思想。北畠亲房可以说是那个时代的代表性人物，也可以说他代表了那个时代的思潮。不言而喻，后醍醐天皇以及其他人也具有同样的思想。从中国文化中选择宋学输入，从根本上来说，并非仅仅是出于对中国这一类学问的佩服，而是当时各种对古代典籍的诠释以及传统的学问已无法得到满足，创立日本自己的思想，实现日本文化的独立这样一种思维已经开始萌动，这些都是与日本文化有着重要关联的。

然而，并不是只有和平到来的时代文化才得以兴盛。紧接着是足利时代，足利时代中期开始进入战国时期，文化上几乎就是黑暗时期，其间独立思想自然而然地渐渐普及开来，而且关于日本是神国、日本是特别的国家这种观念也在这一黑暗时期广泛渗透。自龟山、后宇多天皇时期至南北朝初期兴起的新思想虽然经历了足利时代的黑暗时期也完全没有消亡。陈旧的文化在足利时代已

① 各个历史时期东国所指的区域有所不同。室町时代通常指镰仓府（关东府）管辖的关东地区即关东十国。

经灭亡，但新兴的思想却能够一以贯之，直至德川时代。到德川时代，即使在研究外国学问的人中，以日本为中心的思想依然非常盛行，其也就成为明治维新、缔造今日日本的基础。这是非常重大的问题，其同大觉寺统的后宇多天皇、后醍醐天皇有着密切的关系。南朝是否正统、大觉寺的兴隆之类的问题即使另当别论，由于那种机运的萌动，与那种机运相关的龟山、后宇多、后醍醐三代天皇以及北朝花园院等名君的相继出现，公家中自然也会有类似的人物出现。这样，武家这一类底下阶层开始抬头，他们自然要改革日本的社会结构，也就是官职极其低下者执掌日本权力的时代已经到来。革新的机运波及最后剩下的皇室、公家也正在这一时期。不可思议的是，这同大觉寺统即南朝有关，由后宇多天皇的复古思想逐渐演变成以日本为中心的思想，这一思想也是后宇多天皇复古思想的延长，其构筑了日本文化独立的基础。

值得注意的是，这时发生了一件很著名的事件。南北朝中期以后，南朝逐渐衰微，皇子分赴东西两面活动，东面是宗良亲王，西面是怀良亲王，其被封为征西将军前往九州。当时中国已发生元明革命，蒙古灭亡，明朝兴起。据中国人的书中记载，明的使者到达九州，征西将军自称日本国王出来接待中国使者，然而中国使者听说京都还有持明院统的天子，又派使者前往。中国方面责难日本国王的不恭，表露出欲征伐之意，此时怀良亲王作出了一个答复，中国称之为上表，这封信在中国的《殊域周咨录》《使职文献通编》《明史》等书中都有记载。其云：

臣闻三王立极。五帝禅宗。惟中华而有主。岂夷狄而无君。乾坤浩荡。非一主之独权。宇宙宽洪。作诸邦以分守。盖天下乃天下之天下。非一人之天下也。臣居远弱之倭。偏小之国。城池不满六十。封疆不足三千。尚存知足之心。故知足者常足也。今陛下作中华之主。为万乘之君。城池数千余座,封疆百万余里。犹有不足之心。常起灭绝之意。天发杀机。移星换宿。地发杀机。龙蛇起陆。人发杀机。天地反复。尧舜有德。四海来宾。汤武施仁。八方奉贡。臣闻陛下有与战之策。小邦有御敌之图。论文有孔孟道德之文章。论武有孙吴韬略之兵法。又闻陛下选股肱之将。起竭力之兵。来侵臣境。水泽之地。山海之州。是以水来土掩。将至兵迎。岂肯跪涂而奉之乎。顺之未必其生。逆之未必其死。相逢贺兰山前。聊以博戏。有何惧哉。倘若君胜臣输。且满上国之意。设若臣胜君输。反作小邦之耻。自古讲和为上。罢战为强。免生灵之涂炭。救黎民之艰辛。年年进奉于上国。岁岁称臣为弱倭。今遣使臣答黑麻。敬诣丹墀。臣诚惶诚恐稽首顿首。谨具表以闻。

这封书信是经过中国人改动过的,在多大程度上可信颇值得怀疑,但其原信大意应该没变。其意思是,同你的国家相比,日本是个小国,你为中华之主,身居大国,若欲发动战争,我方绝不畏惧。即使派兵侵入我国,也绝不跪拜屈从。顺你者未必能生,逆你者未必能亡。不如何时到贺兰山前决一胜负,此又何足畏哉。如我方胜而你方负,此亦为你国家之耻。这封信口气很大,使中国也大吃一惊。中国四周的国家历来都对中国君主极其尊重,蒙古统治时，日本曾因拒绝中国使者而让其惊愕。中国把海外各国皆视作自己臣下对待，写书信也是以皇帝向某国下谕的形式，这已经成为天经地义、习以为常的事。但对日本似乎经过深思熟虑，并没有这样做，而是用诸如“大蒙古皇帝奉书日本国王”这种对等的文体，在结尾处还写上“不宣白”一类字样。在当时的记载中，也有诸如“以示不为臣”之类的话。他们满以为如此宽待，日本一定会很高兴的，只要形式上派个使者，日本就会朝贡的。但是日本不作回应，使者还是不断地派来，最后终于把使者也杀了。于是他们觉得对日本已经是无计可施，终于发动了那场大侵袭，但最终也归于失败。到那时蒙古的天子对日本真正刮目相看了。

后来明太祖驱逐蒙古天子，光复了中国。为了维护自己的体面，明太祖派使者来日本，要让日本朝贡，而且还使用了带威胁性的词语。在这种情况下，怀良亲王写了这封回信，称如果要打仗就打。在日本方面来说，此时的这封信比蒙古侵袭时的态度更要强硬得多，当时并没有马上给予回音，而只是不予理睬，后蒙古一直来纠缠，就把使者杀了。这次南朝的怀良亲王虽说口气很大，实际上其连整个九州还没有能够控制，守住的不过是很有限的土地城池而已，却写了这样一封很了不起的信，一封主动挑战的信。明太祖虽然为这封信吃了一惊，但他也是个聪明人，他认为没有必要去重蹈忽必烈的覆辙。在临去世前还留下遗训，遗训中提到许多事情，其中就写有海外不可征伐之国，在这些国家中，日本名列在最前面。

因为这些事情，日本在中国面前扬眉吐气，而且自蒙古侵袭以来一直如此，也可以说这正是因为日本文化从根本上实现了独立。

蒙古侵袭是在后宇多天皇时代的初期，有关怀良亲王信的事件是在后龟山天皇[1]时期，总之，可以说日本实现相对于外国而言的思想独立，文化独立自始至终是在大觉寺统这一时期。

（1922年5月讲演）

① 后龟山天皇（？—1424），1383—1392在位。后村上天皇之子，名熙成，通称大觉寺殿、嵯峨法皇。1392年（元中九年）卸位后出家，法名金刚心。

关于应仁之乱[①]

应仁之乱是日本历史上相当重要的一个时期，这一点应该是没有疑义的。其不仅与京都人有密切关系，也不光是京都的街道、寺庙、神社被烧毁，这些倒是与应仁之乱有关的小事，应仁之乱与日本历史有最大关系的是在其他方面。

在某种意义上说，所谓历史，可以说是底层民众逐渐向上发展的一个记录，日本的历史大都也是底层民众向上发展的记录。在这个意义上，应仁之乱可以说是一个最为重要的记录。一言以蔽之，应仁之乱在日本历史上至为重要就在于此。

日本的各地有很多贵族即大名，他们各自为中心形成集团，日本的社会就是由这些集团构成的，这种现象一直持续到最近。现在，除堂上华族[②]即公卿华族之外，所谓的大名华族大部分都是在应仁之乱以后出现的。在现在的大名华族中，应仁之乱以前就业已存在的极少，只是在相对偏僻的地区有一些，如九州的岛津家，

---

① 1467 年(应仁元年)—1477 年(文明九年)以京都为中心爆发的动乱，由此日本进入战国时代。

② 1869 年(明治二年)授予历来的公卿、诸侯的族称。1884 年曾颁布《华族令》。1947 年(昭和二十二年)此令废除。

势力范围极小的伊东家。当然肥后[1]的细川很早就存在了，但并不是在那个地区。此外还有一些如秋月、锅岛之类为数不多的九州土著大名，土著大名大多数也是在应仁之乱以后出现的。四国、中国则可以说在应仁之乱前几乎没有大名。在东部，信州的诹访家很早以前就已存在，其半为神主，半为大名。而在关东，则可以说没有大名。东北地区，应仁之乱以前有一些，如伊达、南部、上杉、佐竹等，即便如此，应仁之乱以前即为当地土著的极少，二百六十个藩数量众多的大名中，屈指可数的也就这么几家。

同时，应仁之乱以前存在的华族大名可以说因后来的元龟天正年间的争乱几乎全部灭亡。当时地方上有很多类似神主的人家，他们占有土地、人口，这是一种很早以前的氏族制度。现在作为神主还存在的有出云的千家、肥后的阿苏、住吉的津守等，都很小，没有大名那样的势力，昔日的面影已不复存在。

源平以后[2]，成为守护[3]、地头[4]的许多人家大抵皆因应仁之乱以后的长期争乱而破落了。应仁之乱以后的一百年间是整个日本财富转换时期。在其之前的很多家族几乎都衰落凋零，而延续至今的都是后来兴起的家族。从这一点上来说，应仁之乱使日本完全改天换地了。最近改造这一词很流行，但还没有像应仁之乱那

① 肥后，日本古代的地方行政区，今熊本县一带。

② 即源氏与平氏，两者皆为平安时代皇族赐姓的氏族。平氏以伊势、伊贺为根据地建立平氏政权。后源赖朝击败平氏，在镰仓开创镰仓幕府。

③ 镰仓、室町时代幕府的官职。1185年（文治元年）由源赖朝设置，通常每一国（行政区）设置一守护，掌管地方军事、司法。

④ 镰仓、室町时代幕府的官职。平安时代末期乡司亦称地头。主要在庄园、公有领地掌管土地、征收租税，行使警察职权。

样规模的改造。有人说近来的工潮是改造的序幕，但那种做法终究是无济于事的，正因为是改造，没有像应仁之乱那样闹得翻天覆地是不解决问题的。因此，如果需要改造，那就最好是掀起如应仁之乱那样翻天覆地的大骚动。

正因为如此，那是一个非常重要的时代。为了解今日的日本而研究日本历史，一般没有必要去研究古代史，了解应仁之乱以后的历史就足够了。应仁之乱以前的历史令人感觉只像是外国的历史，而其后的历史则是与我们密切相关、可以触摸到的历史。如果真正了解的话，那么可以说有关日本历史的知识已经足够了。因为这是一个重要的时代，所以我想谈谈自己的一些想法，我的资料很有限，而且在专业人员眼里看来，有的资料或许还不可信，但这也无妨，无论事实准确与否，能够了解那个时代有那样一种看法，那样一种风气就可以了，没有必要拘泥于一些细枝末节。

关于应仁之乱，我年轻时读过一些书，有的现在还记忆犹新。当时有一个很有名的人，叫一条禅阁兼良[①]。此人生于应仁之乱时期，官至关白[②]，而且其才学也是出类拔萃的，不仅是在当时，恐怕在日本历史上的关白中也是最富学识的。这个人写的书中，有

---

① 即一条兼良(1402—1481)，室町时代公卿、学者。人称桃华老人、三关老人。官至太政大臣、关白。因应仁之乱(1467年)家宅书房(桃华坊)被毁，避难奈良。在奈良寄居十年之久，其间专心致力于学问艺道。1473年(文明五年)出家，法名觉惠。一条兼良治学领域广阔，著述宏富，有有职故实《公事根源》、和歌《南都百首》、古典评释《花鸟余情》、神道研究《日本书纪纂疏》、政道论《文明一统记》《樵谈治要》等。其神儒佛一致的思想在和魂汉才的思想基础上更前进了一步，产生了很大的影响。

② 亦称总己百官、博陆、执柄、摄箓等。以辅佐天皇为职，所有奏状先由关白过目，然后送呈天皇。其地位在太政大臣之上。前关白称大阁(太阁)，若前关白出家则称禅阁。

一部叫《日本纪纂疏》，是用汉文写的《日本纪》神代卷的注文。在有关中国的学问方面，一条禅阁兼良是非常博学的，由此我们可以知道，当时在日本，在这些人中间，汉籍的资料已经相当丰富，可以说这些资料随着应仁之乱损毁殆尽，这就是要重建日本文明的缘由之所在。大量的资料的毁损也许反倒变成了好事。

关于一条禅阁兼良的《日本纪纂疏》暂且不表，下面要谈一本极其普通的书，这就是《樵谈治要》。这本书收入《群书类从》，该书是在应仁之乱以后为将军足利义尚[①]讲说治国要道的一本书，浅显易懂，但通过这本书可以了解当时的那段历史。不过此人对治国要道所发的议论、此人的经纶并非有过人之处，而且甚至可以说是不足为道。一条禅阁兼良是个博学多识的人，但却囿于传统的贵族政治风习，没有丝毫的新颖创见，不仅如此，而且还对当时的权势表现出几分阿谀曲从，不能坦率直言己见。举其一例，书中谈到女性执政，当然这与现在的女性参政权是两码事，是簾内执政，将军内室干预政事，对于这一点，兼良是以赞许的口吻来谈的。自古以来，女人帘内问政弊害丛生，而兼良的态度却很暧昧，含混不清，说什么只要人好就行。当时义政[②]的夫人干预政令，为所欲

① 足利义尚(1465—1489)，室町幕府第九代将军。足利义政之子，善和歌，著有《常德院殿御集》。殁后追赠太政大臣。

② 即足利义政(1436—1490)，室町幕府第八代将军。1449—1473 在职。最初因无子嗣，立弟义视作为后嗣。翌年妻日野富子生子义尚，又欲立义尚为将军，因此引起应仁之乱。1473 年(文明五年)把将军职让位于义尚。之后耗费巨资营造东山山庄，1483 年(文明十五年)移居东山山庄。1489 年(延德元年)完成银阁寺建造。足利义政文化艺术兴趣极广，在其周围聚集了一批当时的文化名流，促进了文化的发展，所谓东山文化也就在这一时期形成。

为，应仁之乱的根源就在于义政的夫人，可见其势力之大。书中的这些话就是为了迎合其势力，这是此人最不可取之处。书中其他议论也都是维护旧习，没有任何新的见解。与其形成鲜明对照的是，南北朝时代的北畠亲房以古今历史为鉴，对当时政治提出鞭辟入里的批评，在传统政治之外，提出新的政治方策，主张公卿武家一致，公卿也做武家之事，其经纶极富新意，在这一点上，兼良绝非可与其同日而语。但重要的是，兼良的议论虽不足道，却实实在在地反映出当时社会的实情。

其中有一条是我在第一次阅读这本书后始终没有忘记的，这一条是“足轻者①，当长期废止”。兼良对足轻即武士之下的步卒胡作非为非常愤慨。足轻在旧记中没有记载，据塙检校②考证，《源平盛衰记》③《太平记》④中都有记载，当然其时地位还无足轻重，但由于应仁之乱，足轻这一阶层开始引人注目了。书中这样写道，

“自古即有天下大乱之时，然足轻乃不见诸旧记所载之名目。平家之雏妓已为怪诞之事，今足轻之出，实为恶党，有过之而无不

① 日本中世以后的杂兵，因其装备少，行走步子轻，故名足轻。江户时代其位于武士阶层的最底层。明治初期称其为卒族。

② 即塙保已一(1746—1821)，江户时代后期国学家。本姓荻野，幼名寅之助，通称千弥、保木野一。号水母子。七岁失明，十五岁赴江户入雨富检校须贺一门下，先后从学萩原宗固、川岛贵林、山冈浚明、贺茂真渊。文政四年(1821 年)任总检校。塙保已一花费四十余年编撰《群书类从》(530 卷)，后又编撰《续群书类从》(千卷)，未能完成去世。另有著述《史料》(403 卷)、《武家名目抄稿》(463 册)等。

③ 镰仓时代的军记物语。48 卷，作者不详。主要描写源氏与平氏的盛衰，江户时代曾多次出版，广为流传，对近世文学有一定影响。

④ 描写南北朝五十年内乱的军记物语。40 卷。对中世文艺及小说创作产生一定的影响。

及，洛中洛外[①]诸社、诸寺、五山十刹、公家、门迹[②]之灭亡，皆彼等所致。敌所据之处，软弱无力，而他处则打砸抢烧，实为白日强盗。此等事前所未闻也”。

应仁之乱，说是持续了十年之久的动乱，而实际上发生在京都的战事不过三四年而已，但在这三四年间，洛中洛外的公卿门迹全部被烧毁，此皆足轻之所为。这些在《樵谈治要》中都有记载。对敌方占据之处，软弱无力，束手无策，而在敌方没有占据之地，打砸抢烧，无异于白日强盗，若不加以取缔，无法治政，应仁之乱中贵族阶层人士痛切感受到的实际上就是这一点。

关于足轻胡作非为，飞扬跋扈，书中还有很有意思的事例。我曾经说过，足利时代是个乱世，乱世之时会出现许多很有才能的人，足利时代尽管也是个乱世，但没有出现天才，没有出现有卓越才能的人。当然这只是大体上的情况，要逐一论证仍需斟酌。不过读《樵谈治要》，可以知道当时的人们竟然也会有同样的感受，这倒是很有意思。书中在论说足轻之后有这样一段文字：

“唯武艺衰落之时出现此等事。本应著名武士征战却由足轻出征、且中足轻一箭而丧生者众，此非一时之耻辱，实为留后世之暇瑾。”

当时武士中没有武艺出众者，而足轻则人多势众，或膂力过人，所以能飞扬跋扈，肆无忌惮。武士阶层的教养日趋下降，人才

① 洛阳曾为中国周、东汉、西晋、后魏、隋等历代都城，京都取此意亦称洛阳，洛中洛外即为京都城内城外。

② 继承一个宗派的寺院或僧侣。亦指皇族、贵族出家当住持的寺院。

匮乏，而最底阶层没有教养、膂力过人者逐渐得势，一条禅阁兼良当时就是这样一种感觉。

足利时代完全是个没有天才出现的时代，应仁以后百年间，纷争不止，战乱持续，历史上类似这样的情况屡屡发生。中国唐代至五代末期就是这样一个时期，今天的中国也是如此。现在的动乱并不是很大，但也无法统一，因为没有出现具有卓越才能的人。没有这种人出现，动乱终究是不会平息下去的。但是这样一个时代，最终会出现具有卓越才能的人。一条禅阁兼良对旧阶层进行激烈的批判，他是从曾经实现过统一的时代角度观察问题，所以对足轻的胡作非为极为不满，于是他写下了“这就是下克上的世道！”最近在研究国史的人中，有人错误理解了下克上的意思，并且还把错误的看法写进了教科书。所谓下克上，就如足利之下有细川、畠山，他们的管领飞扬跋扈，细川之下有三好、三好之下有松永，处于下方者个个跋扈，层层以下抑上便成了下克上。但一条禅阁兼良感受到的下克上远不是这样简单，那是他在社会完全黑暗的时期亲眼目睹、切身感受到的下克上，是最下层者破坏一切旧秩序、更为剧烈的社会动荡。对这种下克上，兼良是经过深刻思考的。

另一方面，也有下克上中的下方即下层阶级对这一时代所作的思考的书，但不是当时那个时代的著述，而是要稍稍往后一些的时代。其中有一本书《尘塚物语》，写于天文、永禄时期，内容写的是关于应仁时期的事。书的结尾部分谈到了山名宗全[①]与某大臣

① 即山名持丰(1404—1473)，室町、战国时代武将。1450年(宝德二年)出家，法名宗全。

一次面谈的情况，很有意思。应仁之乱时期，山名宗全到某大臣家，谈到由于乱世很多人苦不堪言的情况时，该大臣援引了许多古例。此人可能是个类似一条禅阁兼良那样的人物。“聆听诸多高见，诚为感佩”，宗全说，你所说的诚然不错，但不可援引前例，“‘例’字今后当改为‘时’字”。援引往昔之事作为惯例，但惯例在实际中不是一成不变的。如登基大典在大极殿举行已成惯例，但一旦大极殿不存在了，大典只得在别殿举行，别无他法。如果别殿也不存在了，大典还得在当时合适的地点举行。书中写道，援引前例说明大法不易的政道当然可以，但把无时不变，应时而变的事物当作惯例是不妥的，不识时务是不行的。

这件事是否真实，不得而知。或许是子虚乌有，但这也无妨，由此我们可以了解到当时人们的想法。对于由来已久的等级森严的制度，人们认为其应随时代变化而变化。不过，山名宗全说得相当风趣，他还说，像他自己这样的匹夫来到大臣处这样谈话也是没有先例的，今天不是也做到了吗？这是时代使然。山名宗全的话里夹带几分讥讽，但反映出当时的一种状态。《尘塚物语》与《樵谈治要》反映的都是人们对时政的看法。

《尘塚物语》记载了很多趣事，是否确有其事不得而知。书中写到足利时代尤其是应仁时期前后盛行的赌博就很有意思，当时的情况就同现在中国所看到的完全一样。同中国相比，日本是个很好的秩序井然的国家，但也会发生与中国相同的事情。在有关赌博的记载中，还提到足利时代有名的德政，即当时每隔几年一次把旧债全部免去的政策。当时赌风极盛，起初武士把自己的甲胄送进当铺，于是就出现了只有甲没有胄的武士，很不成体统，而且据说打仗出名的还往往是这种人。后来到了应仁之乱时期，以自己所有之物作抵押去赌不过瘾，便以别人的财产作赌注，如哪个寺庙有珍贵的宝物，就将其作为赌注，这种赌法是相当新颖的。这是最好的共产主义的例子了。共产主义应该彻底到这种地步。这是一个下克上的时代，所以才出现了这种奇怪的现象，自己的东西与别人的东西不分界限。

这类现象反映出当时社会的一种状态，其对当时的文化也产生了影响，一条禅阁兼良就对传统文化遭到的破坏感慨不已。一条家当时保存有大量的书籍、文书，应仁之乱时，其已有思想准备，自己的家在劫难逃，在其暂离京都避难时，只在库房安排了守护的人，后来果然发生了大骚乱。原以为家宅被毁是必定无疑的，但库房或许能躲过一劫。没料到一条家的家臣比他更聪明，他们想藏在库房里的一定是好东西，于是不管是珍贵的书籍还是重要的旧记，全从库房里倒腾出来，弄得一塌糊涂，损毁殆尽。据当时记载，一条家七百箱文书散乱在街头，一片狼藉，一条禅阁为此痛心不已。著述《樵谈治要》也缘自于此。他产生如何设法保存古老文化以传后世的想法想必当在这些书籍被付之一炬、化为乌有之际。

《群书类从》中还有一本书，就是兼良所作的《夜半醒来》，这本书记述的是当时所存的书产生的来历，其中也写到过去治学的方法，兼良是为传留古老文化而写这本书的。尤其令人心感钦服的是乐人丰原统秋[①]所写的《体源抄》。《体源抄》的体源（體源）两字

① 丰原统秋（1450—1524），战国时代雅乐家、歌人。时称乐道第一人。曾任后柏原天皇之师，教授笙。1518年（永正十五年）任雅乐头。著有乐书《体源抄》《舞曲口传》，随笔《虫记》、家集《松下集》《丰原统秋千首》等。

中含有其姓氏丰原(豊原),其把自己的姓氏在书名中表现了出来。丰原家世代以笙为业,至今其后裔仍姓豊某。从丰原所写的《体源抄》序文中可以知道,当时战争自应仁元年正月上御灵之战时日趋激烈,在这种情况下,天子只能行幸至室町的足利宅第,说是行幸足利宅第,实际上是细川胜元[①]出自自身利益请求天子临时行幸,从而将天子软禁起来。在这种状态下,社会极其动荡不安,乐人祖传秘笈的传承非常困难,于是克服重重困难,在这一期间先将祖传秘笈详细记录下来。《体源抄》是一部大部头的著述,不仅只是有关音乐的秘笈,作者将自己所思所想皆写入书中。此人是《法华经》信徒,动辄就抄写《南无妙法莲华经》。以今天眼光来看,可以说其几乎不成著述体例,但经历应仁之乱的人想的是,要把祖先传下来的东西尽可能地传给后人,所以把什么都写进书中。总而言之,在当时的动乱时期,人们抱有一个信念,就是要使古代文化薪火不灭,传至后世。

不过到后来后阳成天皇[②]时期,即丰臣秀吉时代,天下大治,盛行恢复旧仪,于是依据这些仅传下来的书本恢复一切朝廷仪式。在这些方面,那些不畏艰辛、费尽心血保存古代文化的人们所作的努力显出了成效。

但是,当时整体的潮流与此不同,所有的文化大体上已从特别的阶层即此前政治上拥有势力的贵族阶层向普通阶层普及,这是

---

① 细川胜之(1430—1473),室町时代武将。曾三度任幕府管领,应仁之乱时期任东军主将与西军作战。

② 后阳成天皇(1571—1617),1586—1611 年在位。

当时的实际状况，当然也有出于不得已的原因，这里举一两个例子。首先谈一谈伊势大神宫维持法。众所周知，伊势大神宫是日本天子的宗庙，是非常重要的场所。自古以来，伊势大神宫是不允许普通百姓参拜的，延历寺的仪式册上也没有百姓参拜的记载。这一时期，朝廷对神宫的保护非常周全，为神宫服务的人家都过着衣食无忧的生活。到南北朝时期，朝廷渐渐衰微，给伊势大神宫的各种贡物日见减少，应仁之乱前后则受到最惨重的打击。但在这时也产生了相应的智慧，京都吉田的神主提出把伊势大神宫迁到吉田山。这是一个时机相宜的好主意，由此朝廷的负担可以大为减轻，两全其美，此案立刻得到赞同，但伊势的祢宜[1]们不停地告状，神宫迁移之事最终不了了之。从那时起神宫获得维持经费越来越难，于是御师[2]们想出了一个维持办法，叫作伊势参拜团，即有组织的参拜神宫。按照国学家平田笃胤的说法，其是运用佛家讲经会的方式创立的，这种说法大概是没有错的。参拜团成立后，虽然得不到朝廷的保护，但得到日本普通民众的支持，御师负责一般参拜者的接待事务，神宫任何人都可以参拜了。

关于这些情况，早在平田笃胤之前，尾张东照宫神主吉见幸和[3]就研究过伊势外宫神主的妄说由来，平田也是根据他的论调。原本内宫供奉天照大神，外宫供奉丰受大神，丰受大神是掌管天照大神供物之神，地位较低。然而这位地位较低的外宫神主为了要

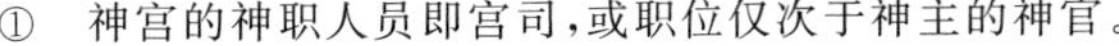

① 神宫的神职人员即宫司，或职位仅次于神主的神官。

② 为去神社寺院参拜还愿的人们提供服务的人员，亦称祈祷师。

③ 吉见幸和(1673—1761)，江户时代中期神道家。号恭轩、风水翁。著有论述伊势内宫重要性的《宗庙社稷答问》等。

同内宫神主分庭抗礼、平起平坐，很早就开始寻找各种理由。有关神道的著述也是外宫神主、度会家行[①]等人搞起来的。地位较低的外宫神主头脑倒是聪明智慧，早就想到要争取外部信徒，所以御师也是外宫人众势大。总之，日本普通国民参拜神宫已被认可，神宫亦由此得以维持。当时御师在一个地区也划分地盘，各自有自己的神社参拜客，所以常有交易某地的参拜团，转让神社参拜客的事情，记载这类情况的契文现在还保存在伊势神宫的文库中。

伊势神宫失去了朝廷的保护，却依靠一般民众得以维持下去，当初这个设想应该是很高明的。但这种情况并非只是伊势神宫，寺院也是如此，如高野山[②]就是这种情况。高野山的塔头[③]上都是写着“某国认助某某院”这一类字样，高野山的僧人到处化缘才得以维持那里的寺院。那些寺院当初都是得到朝廷、藤原氏这一些贵族保护的，后到了乱世失去了依赖，这时靠了一般民众才得以维持下去，这是应仁前后、足利时代普遍的状态。对于当时的情况，平田笃胤曾作过很有意思的解释，他说，本来没有形成制度，后来大家普遍向大神宫敬送供物，家家户户设立神龛进行祭祀，这当然是神灵使然，也就是耶稣教所说的神的意志。这种看法很有意思，其妥帖地解释了贵族时代的信仰转变成普遍信仰的这一过程。

伊势神宫还制定年历，这是一种用假名写的、极其简便易懂的

① 度会家行(1256—1351)，镰仓时代后期、南北朝时代神道家。家名村松，有行之子。初名行家。1306年(德治元年)任伊势外宫祢宜。家行是度会神道集大成者。著有《类聚神祇本源》《瑚琏集》《神道简要》等。

② 位于和歌山县伊都郡高野町。公元816年(弘仁七年)空海得嵯峨天皇准许在此建立道场和金刚峰寺，为真言宗的本山。

③ 禅宗的高僧死后，弟子仰慕其德在塔旁修建的僧舍。

年历。本来制定年历是京都贺茂、安倍这些人家的特权，他们特制的年历只有几部，分发给天子和一些贵族，这就是所谓的具注历[①]。这种具注历采用的是里面可记日记的体例，其实是为有职务的人记日记而制作的。后来伊势的町人通过祭主藤浪家从安倍氏土御门家得到年历的抄本，将其改作成假名历当作御师的礼物发放，最后成为商品，只要出钱，谁都可以买到，年历的颁布变为平民化。这是随着神的信仰的扩大新出现的行当，包括新行当在内的所有一切都带有平民化倾向是这一时代的特色。

下克上的社会里，下层者飞扬跋扈，上层者听之任之，这对于日本最重要的尊王问题产生什么样的影响呢？战国时代末期，孩童可以在皇室的御家花园里面玩耍，由此可知皇室的式微。但是对神的信仰即对天子宗庙的信仰由于脱离了朝廷的保护变为一般民众的信仰，这反而养成了一种尊王心理。从后来的尊王观念的历史来看，这一期间与普通民众内心的敬神观念同时养成的尊王心理是非同寻常的。朝廷的一时衰落几乎没有从根本上对日本的尊王观念产生影响，而倒是由于这个缘故，其在尊王观念由贵族转向在普通民众中间普及方面起了作用。这是当时的一个现象。

当时还有一个现象，就是开始研习日本的道德经典，这也可说出自一种信仰目的。从古代贵族政治时代以来，不通晓各种学艺是不可能成为真正的公卿、缙绅的，如那位菅公[②]就被称为“和魂汉才”。生活在乱世，研习那些繁杂的学艺不可能面面俱到，于是

① 日历中标注有当日凶吉、祸福以及节气等内容的历书。

② 即菅原道真，见前注。

往往就偏于某一学艺。当时最为盛行的、或者可以说已经奉为信仰对象的一部书就是《日本纪》神代卷。而一条禅阁兼良的《日本纪纂疏》则是为《神代卷》注释的书，书中作者以广博的知识遍引和汉用例，目的仍然在于要使人们把这部书奉为经典。这个现象很早以前就已出现，并非始自一条禅阁兼良。蒙古侵袭曾产生相当大的影响，当时有一种观念非常盛行，认为是神的力量拯救国家于危难之中。南北朝时期北畠亲房、忌部正通[①]提出“日本乃神国”，后来到德川时代，林道春[②]著《神社考》时，他在书中也写道：“日本乃神国也”。因此，即使到应仁之乱时期，对外始终沿袭着南北朝以来的思想，《日本纪》神代卷成为了一部卓越经典，其取代了这样一种观念，即日本这个国家无论经历多大多长的动乱，皇室依然存在，日本根本的状态是永远不会变化的，这部书的地位相当于中国的四书五经。这不能说是当时信仰状态发生了变化，而是原本并不稳定的信仰状态到这一时期趋于稳定了。应仁时期是个乱世，但可以说对国民思想的统一却产生了非常重要的作用。

另一个原因缘于当时公卿的生活状态。由于公卿的生活状态相当困窘，如神社、寺院设法依靠普通民众信仰一样，公卿也开始设法凭靠自己的家业维持生计，于是各种学艺的传授开始兴起，如

---

① 忌部正通生卒年不详。南北朝时代神道家。《神代卷口诀》的作者。其所主张的神道论对忌部神道的发展产生很大影响。

② 即林罗山(1583—1657)，江户时代初期儒学家，幕府儒官林家之祖。名信胜，法号道春。又号罗浮子。京都人。早年出家，在建仁寺为僧。有志于朱子学研究，成为藤原惺窝门人。后侍读幕府第一代将军德川家康。1630 年(宽永七年)在上野忍冈创办家塾即后来的昌平黉(汤岛圣堂)。林罗山在江户文化史上产生过重大影响，著作有《本朝通鉴》《罗山文集》等。

有的依靠传授《古今集》维持生计。这是一个很好的办法，就是今天这样做也不失为良策，是知识阶级的自卫法。足利时代，所有的知识如果不是私家传授，都被认为是不正宗的。阴阳道是土御门家传授，歌学则是二条家、冷泉家，不管什么门类都必须得自私家传授。这不仅仅是日本，西方中世纪天主教的神父们也想出过同样的办法，因为把人送往天国的钥匙掌握在神父手里，不依靠神父是进不了天国的。这种私家传授是知识阶层维持自己生存的一种智慧。

这一时期，《源氏物语》受到特别的推崇。《源氏物语》是藤原时代的小说，在男女关系方面，书中大胆地描写了当时的风习，那时的人们把其尊为经国经纶之书。《日本纪》神代卷是尊崇神祇和皇室的经典，《源氏物语》则是了解世间人情、通晓艺术精髓的经典。足利时代末年至丰臣、德川时期有一个很有名的人，名叫细川幽斋[①]，他是战国时代以后唯一传授《古今集》的人，关原战役[②]中，据守丹后田边城时，朝廷特派使臣让停止战事，说不能打死他，不然《古今集》的讲授就无传人了。幽斋与其门人宫本孝庸之间曾有过这样一段问答：

某次，孝庸请教玄旨法印[③]，曰：何为世间第一大书，答曰：《源氏物语》。又问，何为歌学第一宏富者，答曰：《源氏物语》。世间万

---

① 细川幽斋(1534—1610)，织丰时代武将、歌人。曾侍奉织田信长，后受封丹后。本能寺之变后出家，号幽斋玄旨。和歌造诣精深，被称为近世歌学之祖。著有《众妙集》《百人一首抄》《伊势物语阙疑抄》等。

② 1600年(庆长五年)9月15日德川家康率领的东军与以石田三成为中心的西军在美浓关原为争夺天下进行的战争，东军大胜，由此确立了德川氏的政权。

③ 即细川幽斋。法印为第一等僧位，相当于僧正。

事皆靠《源氏》,熟读《源氏》百遍,歌学自成,此乃孝庸之说。

一部《源氏物语》可解决所有问题,当时的学问有一部《源氏物语》就足够了。《源氏物语》成了一部了解人间百态、纵论世间经纶的唯一重要经典。通常在乱世,在政治上几乎无法统一的时期,一般人就会产生借助某种东西实现统一的想法,于是就会通过这些经典的传授了解其秘蕴,从而从文化上获取能够实现统一的智慧。这些正是其意义所在。这也表明,即使在日本的动乱不安时期也有趋向统一的因素。

在知识普及方面还有一个例子,那就是汉学也出现了变化。汉学到了从贵族学问变为普通学问的阶段。汉学是一门古注学问,所谓古注就是使用汉唐以后的注,还是朝廷的学问。当时还不称四书五经,而称五经。汉学的一大变化就是德川时代开始时行宋代朱子学且广泛传播,古注学问是贵族的学问,而新注学问是普通民众的学问。这种新注学问就是应仁之乱时期开始逐渐兴起的。后醍醐天皇时期玄惠法印曾开讲新注,后醍醐天皇的意图是要打破自古以来的一切陈规旧习,但最终归于失败。而到了应仁时期可以说其遗愿才得以实现。

《康富记》是一部著名的传记,其中记载了一个名叫清原赖业[①]的人,此人曾侍读高仓天皇[②]。清原家是世代相传的经学之家。《康富记》记载,赖业非常重视《礼记》中的《中庸》并着力加以研究。此人与朱子的观点不谋而合,很了不起,云云。有次我因查

① 清原赖业(1122—1189),平安时代后期儒学家。

② 高仓天皇(1161—1181),1168—1180年在位。后白河天皇第七子,名宪仁。

找有关赖业的资料在帝国图书馆看了原本，觉得有些情况记载颇值得怀疑，赖业果真说过那些话并一直传到足利时代吗？实际上自南北朝时代起新注开始流行，人们推崇《大学》《中庸》，特别将其从《礼记》中抽出，这对清原家的学问也产生了影响，于是就出现了这种说法。我曾请教过已故的田中义成先生[①]，田中先生认为这些都不足为信，是当时的人们杜撰出来的。自足利时代开始，《大学》《中庸》采用新注，汉学研究产生新的思路，经书学问在清原家使用古注是自古以来的规矩，要一改以往的做法必须要找一个理由，于是编造出赖业的说法。同中国一样，在日本新注是把学问向平民传播的强有力量的学派。其在足利时代开创了汉学由贵族向平民转移的新阶段。

应仁之乱前后，足轻飞扬跋扈，凭借暴力为所欲为。在思想方面、其他知识、趣味方面都发生了变化，由过去的贵族阶级占有开始转为在普通民众中扩展，这是历史的一个转折点。在佛教信仰方面，这种变化也明显地反映出来。当时急速发展的是门徒宗[②]。门徒宗那时是一种很危险的思想。一条禅阁兼良也是这样认为

① 田中义成(1860—1919)，明治、大正时期历史学家。1876 年(明治九年)起供职太政官修史局，后终生致力于修史事业。曾兼任东京帝国大学教授。著有《南北朝时代史》《足利时代史》《织田时代史》《丰臣时代史》等。

② 即净土真宗，亦称真宗，镰仓时代初期称一向宗，是镰仓时代亲鸾开创的新宗派。亲鸾发展了其师法然的教义，主张念佛，认为皈依阿弥陀佛，任何人都可往生极乐净土，而且还认为恶人正是阿弥陀佛救济的对象(恶人正机说)。在日本，这一学说以农民阶层为中心被广泛接受，到室町时代中期，其信徒大量增加，产生很多信徒组织，这一宗派以石山本愿寺为中心向北陆、近畿、东海等地区发展，与战国大名发生冲突，所谓一向暴动不断发生。江户时代初期，这一宗派分裂成东西本愿寺两派。目前该派是日本拥有信徒最多的佛教宗派。

的，他在“当尊佛法事项”的条目中这样写道：“出家者当有广传吾佛宝之志，然劝无智愚痴男女入门，以致纠结徒党、妄行邪法、妨碍民业，胡作非为者实乃佛法之恶魔、王法之怨敌也”。一条禅阁兼良对门徒宗大肆骗取不明真相的民众信仰，扩展势力的做法是持否定态度的。由此可以得知，当时确实存在这样一种现象，而兼良是亲眼目睹、有感而发的。到了战国时代，门徒屡屡暴动，社会骚乱，加贺的富樫[①]因之而灭亡，家康公[②]也因一向门徒[③]暴动而几遭灭顶之灾。农民集会因信仰而采取偏激行动，连显赫的大名也可被置于死地。门徒宗可以说是一种可怕的势力，其当时在传播危险思想上是很能蛊惑人心的。但是，一旦天下大治，有了秩序，危险思想也就收敛了，如现在的真宗，你是想象不出原来的样子的。药劲稍稍过大一点，就会进入迷失方向的状态。应仁之乱，在力图维持古来制度习惯的人如一条禅阁兼良这样的人看来，肯定是一个难以容忍的危险时代。

百年之后，到了元龟(1570—1573)天正(1573—1592)时期，社会得到了统一和治理，其间所形成的各种思想在日本统一的过程中发挥了重要作用，造就了今天这样统一观念很强的国民。很难说今后每次发生动乱就一定会产生统一的思想。但每次动乱确实都会出现特别的结果，只是究竟什么样的结果不得而知。一条禅阁也没有料想到当时的乱世之后会出现盛世。历史学家依据过去

① 南北朝时期加贺国(今石川县南部)的豪族。

② 即德川家康。

③ 即净土真宗。参见前注。

判断将来，稍不慎重就会产生重大失误。

总而言之，在今天来看，应仁时代是一个已经逝去的时代，但可以说应仁时代是同整个日本有着种种重大关系的时代，尤其是对平民力量兴起最为重要的时代，所以也是平民最值得讴歌的时代。与此同时，从统一日本的动力即日本帝室的角度来说，应仁时代也是一个极具价值的时代。

（1921年8月在史学地理同学会的讲演）

大阪的町人[①]与学问

关于大阪的町人与学问，我的朋友幸田成友君[②]作过相当精细的研究，刊载在《大阪市史》上，我所要谈的只是对大阪的町人与学问的关系所作的个人考察。关于这方面的问题，我曾经在怀德堂[③]谈过山片蟠桃[④]，下次还将谈富永仲基[⑤]，土屋元作君关于桥本宗吉[⑥]也作过精彩的讲演。这些人都是大阪的町人学者，在这里我只谈自己一点粗浅的看法。

不言而喻，近代大阪开埠、成为大都会始于丰太阁时期，丰臣氏不久后灭亡，尔后大阪是在德川幕府时代发展起来的。德川时

---

① 町人是日本近世的一个社会阶层，泛指居住在城镇的商人和手工业者，其身份不同于当时的武士和农民。汉语中没有与此相对应的词，故从日语原词。

② 幸田成友（1873—1954），明治、昭和时期历史学家，著名文学家幸田露伴之弟。曾任大阪市史编纂所所长，主持编纂《大阪市史》。后曾任庆应大学教授。著有《江户与大阪》《日欧通交史》等。

③ 1724年（享保九年）以中井甃庵为中心在大坂（今大阪）町人的资助下在大坂创立的学堂，亦称怀德书院。其对促进大坂町人教育、文化的发展发挥了重要作用。

④ 山片蟠桃（1748—1821），江户时代后期町人学者，曾在怀德堂学习儒学，对于兰学也很有造诣。著有《梦之代》。

⑤ 富永仲基（1715—1746），江户时代中期思想家，号谦斋，曾在其父创办的怀德堂学习，神、儒、释皆通。著有《出定后语》。

⑥ 桥本宗吉（1763—1836），江户时代后期兰学家，曾从学大槻玄泽，后在大阪开设兰学塾。译著有《荷兰新译地球全图》《西洋医事集成宝函》等。

代的大阪是个重要地区，其与幕府所在地相距甚远，只因经济、商业的发展而成为一个重要城市，但这个商业之都却为当时的文化作出了贡献。元和元年(1615 年)，丰臣氏灭亡，在其之后很短的一段时期内，大阪即使有点像样的学问，那也不是如同德川时代源于商业的学问，而是与武家丰臣氏开创的这座城市相关的学问。今天的学界以及社会普遍都忽视的一点是，在汉学界非常值得关注的一个人物就出自这一时期的大阪，此人就是如竹散人①。如竹散人继承了足利时代以来的正统宋学。当时有个名叫文之②的僧侣，是萨摩国③人，他是给《四书》标注训读音符的元祖，据传甚至藤原惺窝④的标注都是剽窃文之的，如竹散人继承的正是文之的学问。如竹是大隅屋久岛人，他曾出版过文之标注的《四书》，这件事也很有名。此时正值明治大正时期，在大阪复兴汉学的学者

① 即泊如竹(1570—1655)，汉学家，萨摩(今鹿儿岛)屋久岛人。幼年剃发出家，僧名散人如竹。曾入京都本能寺听藤原惺窝讲《四书》，后从学文之玄昌。曾翻刻、刊行《家法倭点》《四书文之点》《周易传义》等。宽永九年(1632 年)应聘赴琉球为国王、王子侍读，三年后返回大阪。晚年开设私塾讲学。

② 即文之玄昌(1555—1620)，织丰时代、江户时代前期临济宗僧人、儒学家。俗姓汤佐，号南浦、懒云、狂云。曾在京都东福寺开讲《大学》，其给《四书集注》《周易》《素书》等标注训读音，世称文之点。著有《南浦文集》。

③ 日本古代的地方行政区，今鹿儿岛一带。

④ 藤原惺窝(1561—1619)，织丰时期、江户时代前期儒学家。名肃、字敛夫、别号柴立子、北肉山人。幼时为僧，后入相国寺，习读佛典的同时研习儒学，后以儒学为专念。1596 年为德川家康侍讲《贞观政要》。庆长年间与庆长之役俘虏、朝鲜著名朱子学者姜沆结识，受其很大影响。著有《寸铁录》《大学要略》《文章达德录》等。林罗山、松永尺五、那波活所等皆出自其门下。

是西村天囚[1]，在尚不能说如竹在大阪复兴汉学已有所建树之前，西村天囚已经为大阪的学问作出了相当大的贡献。西村是种子岛人，而如竹出自其毗邻，这不能不说其中有着某种奇妙的因缘。如竹散人不久离开了大阪，西村天囚也在居住大阪三十年之后离开了大阪，抑或是西村天囚的学问不适合于大阪？这个问题与其我个人苦思冥想，倒不如向大阪的各位请教更为合适。

根据幸田成友的《大阪市史》，大阪初期的汉学家大抵都兼从医业，古林见宜[2]、北岛寿安[3]这些人都兼过医业。不仅是大阪，当时的汉学家要维持生计，一般都依靠从医，没有衣食之忧才能安心治学。伊藤仁斋时学者兼业孰是孰非还引起过一番争论，由此可知当时的汉学家普遍都兼从医业。这里所谈到的学者并不是商业之都大阪这块土地上培育出来的，而且在此之后的一段时期内，这里也是学者后继无人。

文化在大阪兴盛起来是在元禄时期以后，不仅是大阪，江户也是如此。元禄时期以前，江户那块地方就没有产生过学问，学问皆传自京都。德川时代中期以后，江户出现了曲艺家以及戏剧演员等，元禄时期以前这些人也皆来自京都。而在大阪，正统的学问并

---

① 西村天囚(1865—1924)，明治、大正时期新闻记者。本名时彦。大隅种子岛人。曾进入东京大学学习。1890年(明治二十三年)进入大阪朝日新闻社，中日甲午战争时期担任随军记者。曾兼任过京都大学教职。著有《日本宋学史》等。

② 古林见宜(1579—1657)，江户时代前期医家。名正温，号桂庵、寿仙房，堂号见宜堂。年轻时曾从曲直濑正纯学习李朱医学，自成一家。中年以后定居大阪，开业行医的同时教授弟子，据称门人两千，松下见林、稻生恒轩、古林见桃等皆出自其门下。

③ 此处北岛寿安当为北山寿安之误。北山寿安(？—1701)，江户时代前期医家。长崎人。明人马荣宇之子。名道长，号友松、仁寿庵、逃禅堂。曾从戴曼公学医。著有《北山医案》《方考评议》《大成论抄》等。

没有从京都传入，这或许是因为还没有吸收这种学问的土壤，但净瑠璃、演剧、音曲[①]这类通俗艺术还是传自于京都。总而言之，元禄时期之前大阪的学问实在可以说是不值一提的。当然商业方面却是相当繁荣，已经出现了仓储、钱庄等。而学问方面与商业恰恰相反，无可观之物。

即使是元禄时期以后，正统的学问依然没有发展起来，而是与大阪这块土地相适应的通俗文化如平民文学首先开始兴起，井原西鹤[②]就是其代表人物。大阪是町人之都、经济之城，有着一种平民文学的特色。井原西鹤所写的作品可以说都是淫秽之作，以现时的眼光观之，也套用现时的一个词就是开放的文学。井原西鹤之前即从足利时代开始时行的草纸[③]类似于神话，是相当古典的。在中国，汉代开始有“赋”，这种赋中，有的是把一些具有地方特色的材料收集到一起，用诙谐有趣的词句写成。足利时代伽草子[④]一类多相当于这一类赋。《净瑠璃十二段草纸》等皆为古典的东西，这一类作品在德川时代持续流行。后来即使改编成傀儡戏、小净瑠璃上演，也都是用这种体裁写成的。从这一点上来说，井原西鹤的作品不拘泥于陈规旧套，为当时的人们喜闻乐见，即使没有古典知识的人也能读懂。不过井原西鹤的作品今天看来艰涩难懂，

① 净瑠璃是一种用三弦伴奏的说唱曲艺或说唱的故事。音曲是用三弦伴奏的通俗歌曲、小曲。

② 井原西鹤(1642—1693)，江户时代前期俳人、小说家。大阪人。本名平山藤五，别号鹤永、西鹏、松寿轩等。代表作有《好色一代男》《好色五人女》《武道传来记》《日本永代藏》等。

③ 日本中世、近世以图为主的小说，多为短篇。

④ 南北朝时期至江户时代初期所创作的三百余篇短篇物语草子的通称。

他在其作品中灵活巧妙地运用了许多当时的俗语、谚语以及比喻，在当时来说，是极其开放、自由无羁的。在其之后就是近松门左卫门[①]的净瑠璃，净瑠璃就与义太夫节相关联了[②]。近松门左卫门的文学具有古典与开放的双重性格，这也反映了当时的时代特点和文学倾向。享保时期以前，近松门左卫门的净瑠璃是古典式的，他的被称为时代剧、又被称作唐人戏的《国姓爷合战》[③]前后连演三年，经久不衰。但到其又创作出《国姓爷后日合战》时，人气就大不如以前，于是近松门左卫门转而开始写世态剧。在此之前，近松也间或写过一些世态剧，但专注于世态剧创作是在享保初期以后。根据近松门左卫门一生作品的变化——从古典形式到开放形式，就可以清楚地了解大阪文学的演变。以上是有关通俗文学方面的情况。

在正统的学问方面，说到国学，必须首先提到契冲阿阇梨[④]。

① 近松门左卫门(1653—1724)，江户时代剧作家。名信盛，别号平安堂、巢林子。在净瑠璃方面，近松门左卫门曾为竹本义太夫创作《出世景清》从而奠定了其在演艺界的地位，尔后成为剧场竹本座的专属作者。在歌舞伎方面他与坂田藤十郎相携，在当时获得极高声望。近松门左卫门是位多产剧作家，代表作品有《曾根崎殉情》《国姓爷合战》《殉情天网岛》《用明天王职人鉴》等。

② 净瑠璃的一个流派。由竹本义太夫首创，拨弹三弦的一种快唱。元禄时期，在竹本义太夫原创的基础上，经近松门左卫门、竹泽权右卫门、辰松八郎兵卫等人的再加工，成为最具代表性的人形净瑠璃。

③ 《国姓爷合战》剧本由近松门左卫门创作，其以明朝遗臣郑芝龙与其子郑成功抗清复明的活动为题材。郑成功的母亲是日本人，他幼时曾在日本生活过。有关郑成功的故事在日本流传得很广，有很多相关的书如《明清斗记》《国仙野手柄日记》等。

④ 契冲(1640—1701)，江户时代前期国学家、真言宗僧人。字空心。1652 年(承应元年)去高野山，24 岁时成为阿阇梨(即高僧)。受下河边长流影响，致力于《万叶集》研究。受德川光圀之托，著《万叶代匠记》。在古典研究方面，契冲继承了本居宣长的学术传统，在出典、注释、语源考据方面非常严谨，开创了实证研究法，成为国学勃兴的先驱。著有《古今余材抄》《百人一首改观抄》《河社》《圆珠庵杂记》等。

在契冲之前，有个名叫下河边长流[①]的人，其研究的对象是古典，研究方法也是不拘一格的。大体上这一时期的国学尤其是歌学沿袭了足利时代的传统，没有得到师门的允许是不可做任何事的。如果所作所为与师门相违，就会被立即逐出师门。在这种情况下，研究学问受到极大的束缚。这种现象在今天来说，是知识阶层的自卫方法，为保护自己的学问，不可让其过分的开放。即使到德川时代，做学问的方式一如既往，依然被严格束缚住，没有任何宽松的迹象。在此之前，江户已有梨本茂睡[②]与二条、冷泉家[③]对立，主张自由开放的歌学。但在国学史上，其地位远非能与契冲阿阇梨相提并论。二条、冷泉把《古今集》的传授视作其世袭领地，清规戒律极多。而下河边长流、契冲要对轻快自如的《万叶集》重加解读，另辟蹊径，主张自由不羁的歌学，在二条、冷泉家之外树起另一面旗帜。这些都是关于研究法方面的问题，除此之外，还有前辈学人、已故法学博士、文学博士有贺长雄君[④]先祖有贺长伯[⑤]一家的

① 下河边长流(1627？—1686)，江户时代前期歌学者。名共平，通称彦六，号长流。著有《万叶集名寄》《万叶集管见》，在歌学研究上自成一家，其学风对后世古典研究产生很大影响。

② 即户田茂睡(1629—1706)，江户时代前期歌学者。通称茂右卫门，后改茂睡。名恭光，号露寒轩、梨本等。著有《百人一首杂谈》《梨本集》《御当代记》等。

③ 二条、冷泉家是歌学的两大派别。前者以二条为氏为代表人物。二条为氏(1222—1286)为藤原为家的长子，晚年出家，法名觉阿。著有《新和歌集》《续拾遗集》。后者以冷泉为相为祖。冷泉为相(1263—1328)，藤原为家的三男，与二条为氏系同父异母。其长期在武士阶层传授和歌，被尊为镰仓歌坛上的领军人物。著有《藤谷和歌集》。

④ 有贺长雄(1860—1921)，法学博士，文学博士。曾在东京大学任教。江户时代歌人有贺长伯之孙。著有《国家学》等。

⑤ 有贺长伯(1661—1737)，江户时代中期歌人。其主张二条派歌风，著有《和歌世世之栞》等。

歌学。有贺长伯开创了大阪底层民众歌咏公卿王族吟咏的那种和歌，后来底层民众又研究起公卿王族们的国学。不仅仅如此，底层民众甚至玩起了公卿王族所玩的蹴鞠。这当然不是研究方法的解放，但公卿王族的活动大众化、公卿王族的学问普及化，这在大阪文化发展史上是不能忘却的。当然，从整个国家来看，这些事情在学术文化发展上影响不大，但对于大阪来说，是不应被遗忘的。这一时期正是元禄时代。

与国学相比，汉学要稍晚一些，大约在享保时期，最先始于怀德堂的元祖三宅石庵[①]在大阪授业，在其之前，并非没有学者，但真正始于町人要求而兴起的汉学当以此为嚆矢。石庵的学问被称为鵺[②]学问，其既非朱子学派，亦非阳明学派，而是杂糅了朱子学和阳明学。当时町人所要求的并不在乎哪个学派，朱子也罢，王阳明也罢，都无关紧要，只要关乎道德修养即可，所以石庵的学问受到了欢迎。创建怀德堂的五君子[③]皆为大阪町人，这些町人所要求的是道德修养，所以怀德堂以经学为主，诗文方面则无任何限定，顺其自然。当时的汉学大致也是这样一种情况。制订怀德堂规约的是道明寺屋左卫门（富永芳春），按照其规约，父为学主，其子绝不可再成学主，此为原则。若父将学主之位让与他人，后其子修业优良，受让者则可将学主之位再转让与其子。此规约归根结

① 三宅石庵（1665—1730），江户时代中期儒学家，京都人，著名儒学家三宅观澜之兄。名正名，字实夫，通称新次郎。早年从学浅见䌹斋。1701 年（元禄十四年）在大阪创办私塾，广收弟子。后受邀担任怀德堂首任堂主。

② 传说源赖政曾在紫辰殿射落的一种怪鸟，其猴头狸身蛇尾，足似虎，声似画眉。后喻为暧昧不清的人、事。

③ 即中井甃庵、三宅石庵、中井竹山、中井履轩、富永仲基。

底是要防止血统上的世代相袭,与当今选举制度之一的禁止连任与再任颇有异曲同工之妙。怀德堂的这一规约后来逐渐松弛,也出现过父子相传的现象,但当初五同仁创建怀德堂时期,这种现象绝对没有发生过。怀德堂就是这样一个为避免产生门阀因素而相当开放、民众性的组织。真正的汉学植根于大阪也正始于这一时期。道明寺屋吉左卫门善书假名,其不仅是汉学,还擅长书法,不言而喻,也正是这些人才有力量为大阪的学问打下基础。吉左卫门之子富永仲基的学问更充满改革的精神。前面已经提到,三宅石庵的学问既非朱子,亦非王阳明,对町人而言,是十分相宜的。而作为町人学问能对汉学真正进行批判性思考则始于富永仲基。

富永仲基在佛教方面也有造诣颇深的著作。富永仲基曾光作《说蔽》批评儒教,又著《出定后语》批判佛教,由于写《说蔽》被其师三宅石庵逐出宗门。富永仲基还在一篇题为《翁之文》的著述中阐述对国学的看法,令人遗憾的是,《翁之文》与《说蔽》今已失传。《翁之文》现在已经有了可以探寻其踪影的线索。我一直在想,倘若这三部著述都发现的话,应该举办一次富永仲基的纪念活动。总而言之,富永仲基是个町人,儒学佛学国学,门门通达,精详圆熟,令人折服。富永仲基在《出定后语》中提出学问也必须适合国情,他批评天竺是幻、中国是文,此言极富见地。那篇《翁之文》中可以肯定也有很多其对国学的真知灼见。富永一家并非只是仲基一人,其弟兰皋过继给池田的荒木家做了养子,当时荻生徂徕[①]的

① 荻生徂徕(1666—1728),江户时代中期儒学家。本姓物部,名双松。字茂卿,通称惣右卫门。别号蘐园、损庵、赤城翁。江户人。早年从林鵞峰、林风冈学朱子学,后开古学派一代新风,是古文辞学集大成者。其具独创性的学说风靡当时,甚至对国学也产生深刻影响。著有《政谈》《辨道》《论语徵》等。

门人田中省吾隐居在池田，其弟可能从学于此人。富永一家父子兄弟皆为学者。据传《出定后语》是富永仲基在黄檗山相助校订《藏经》时将《藏经》全部读后所著，过去将《藏经》全部通读者绝非仅有，但如富永仲基那样具有高见卓识者却是别无二人。认为仲基是通读了《藏经》之后才写出《出定后语》这样一部著作实乃僧侣之辈一派胡言妄语，源自于其怪僻根性，不足为信。印度佛典多无时间和空间观念，《出定后语》中，富永仲基尽量比照历史解读这些佛典，令人心生钦服，可以说他所作的是佛教发展历史的研究。以僧侣之见，他们认为富永仲基把佛教说成邪恶之物。其实不然，富永仲基的佛学是研究佛教的发展之道，这一点观其著作即可明了。富永仲基是从汉学研究进入佛学研究的，在他的思想中，没有考虑过自己的学问是否能化为大阪町人的利益，其观念完全超越了时代和历史。这类学者的产生是在大阪的学问已经转移到平民阶层、完全开放的状态下偶然出现的一个结果，并非有其他更深层次的原因。

佛学方面，除此之外，难波①还有一个铁眼和尚②。著名的《黄檗藏经》的出版完全靠的是铁眼，当然也是有了大阪町人的帮助才得以实现的。中国北宋太祖太宗时期成书的《藏经》是官版，因为散佚现已无法窥其全貌。前几年南禅寺发现一册，其余几乎全无

① 大阪古称难波。

② 即铁眼道光（1630—1682），江户时代前期黄檗宗僧人。生于肥后。俗姓佐伯。13岁时出家。1655年（明历元年）曾于长崎拜见隐元大师。后师从木庵性瑫。1668年（宽文八年）筹划翻刻明版《大藏经》，从全国募集资金，1678年（延宝六年）完成。世称黄檗版（铁眼版）《大藏经》。著有《铁眼禅师假字法语》等。

踪影。苏东坡的时候，即宋神宗时期以后，依靠民间赞助出版的《藏经》一为浙江版，一为福州版，即东禅院版与开元寺版。与此相比，日本出版《藏经》相对要晚一些时候。镰仓时代元寇时期曾有计划要出版《藏经》，但最后不了了之。后到南北朝时期出版了五部《大乘经》，这也是得到武家大力支持才得以实现的。天海僧正[①]使《藏经》的出版得以实现也是依靠了德川幕府的力量。在中国，北宋末期依靠民间力量就已印行《藏经》，而在日本，铁眼和尚的《黄檗藏经》是第一次依靠民间力量出版的。而且铁眼和尚的这部《黄檗藏经》是小册子，与明万历年间成书的《藏经》形态相同。本来《藏经》的折本在寺院里保存并无不便，但在社会传播，折本体积过大，就不方便了，将其改为册子则有利于《藏经》在社会的传播。铁眼版《黄檗藏经》在铁眼和尚生前并未完成，但印行计划完全是其策划制定的。正因为有这位大阪的僧人铁眼以及大阪町人的帮助，这部《藏经》才得以印行，富永仲基也才能够轻而易举地读到这部《藏经》。

铁眼和尚在元禄时期之前就已去世，在其之后从事佛学新研究者是葛城的慈云高僧[②]（此前曾居中河内高井田）。此人虽为真言律宗僧人，但不为任何宗旨所囿，在融合各宗各派的基础上提出新颖见解。慈云高僧的功绩是其归纳总结了梵语研究，这对开展

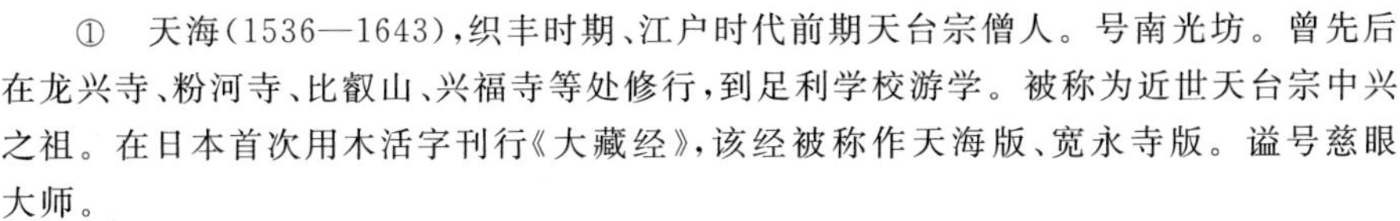

① 天海（1536—1643），织丰时期、江户时代前期天台宗僧人。号南光坊。曾先后在龙兴寺、粉河寺、比叡山、兴福寺等处修行，到足利学校游学。被称为近世天台宗中兴之祖。在日本首次用木活字刊行《大藏经》，该经被称作天海版、宽永寺版。谥号慈眼大师。

② 慈云（1718—1804），江户时代中后期真言宗僧人，日本梵学研究的奠基人。

日本佛教新的研究有着极其重要的关系。慈云高僧生活在宽政时期前后。

大阪的学问是平民化的,大众化的,这主要是在享保时期前后,在这一时期,大阪的学问表现出无论京都还是江户都没有的特色。大阪是一个远胜于江户、京都的经济城市,其特色也就是其他都市所无法看到的平民化特色。

后来,大阪并没有顺着这个方向一直发展下去,国学发祥于此但却移向他方,净瑠璃一类通俗文学的价值在降低,傀儡戏也只是傀儡造型稍有发展,而净瑠璃的戏文已趋向低俗。即使在汉学方面,怀德堂在相当长的时期内一直存在,这期间学问上已形成派阀,怀德堂本身也出现了种种帮派。也就在这一时期,徂徕学兴起之后,怀德堂虽然仍坚守朱子学,但其创建伊始时期的意气早已销蚀殆尽与往昔不同的是,汉学修业不止于道德修养,同时还习诗作文。中井竹山①确实是个极其少见的杰出人物,但其利用的是幕府的力量,怀德堂就成了政府所认可的官学,其成员也有了教授之类的头衔。这是町人日渐形成帮派,开创伊始时的风发意气早已销蚀殆尽的必然结果。

在此之后,又出现过山片蟠桃、尼崎鸿池家的伊助(即草间直方)②、兰学界著名的桥本宗吉等町人学者。山片蟠桃如同其名字

① 中井竹山(1730—1804),名积善。怀德堂的学主,江户时代后期著名儒学家,著有《草茅危言》《逸史》《社仓私议》等。其父中井甃庵(1693—1758)为怀德堂的创建者。

② 鸿池家是大阪最大的钱庄即金融商。1580 年(天正八年)从清酒酿造起家,后扩展到海运、金融业。1867 年(庆应三年)成立商社,1897 年(明治三十年)成立鸿池银行(后改名三和银行)。草间直方(1753—1831),江户时代后期著名商人、学者。著有《三货图汇》。

的发音是番头[①],伊助也不是大阪町人老板而是番头,他是学徒出身的学者。

当时的商界老板已经形成门阀,他们不通买卖经营,更不做学问,所有的经营都让其底下的人操办,文化的中心也就在这些人中间形成,经营也皆转移到学徒、番头手上,学问最终也成为了被雇用者的学问。这就是享保时期以后具有显著特点的大阪学问体系。

商界老板从町人变为门阀,他们的学问代表人物就是木村蒹葭堂[②]。蒹葭堂是酒业老板,此人的学问同商业买卖无任何关联,也不是出于道德修养之类的目的,而仅仅是出自癖好专事收藏而最终归结于学问。其他还有各种门类的学问,也有各类学者都出自大阪,其发展演变的过程大致如上所述。本篇题目为大阪的町人与学问,但也可将其看作为大阪文化史的一部分。

明治时期以后情况就完全不同了,德川时代那种以大名为对象的商业形式不复存在,大阪迎来了一个新的时期。从时代的角度来看,现阶段的大阪相当于桃山时代至宽文延宝时期的大阪,从时代文化方面来说,今日大阪完全处于黑暗时期。商界老板用当下的话来说也就是资本家,在他们中间并没有产生很有学问的人,而在被雇用者中也没有出现很了不起的学者。如果一定要举出明

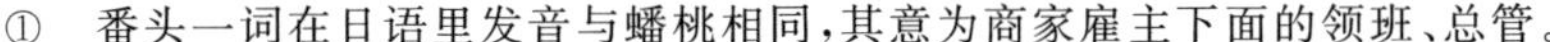

① 番头一词在日语里发音与蟠桃相同,其意为商家雇主下面的领班、总管。

② 即木村孔恭(1736—1803),江户中后期文人,本草学家。亦为大阪著名的酒业商人。字世甫、号巽斋。曾从津岛桂庵、小野兰山习本草,从片山北海学诗文,从鹤亭、池大雅学画。擅书法篆刻,尤喜好本草。亦为当时著名收藏家。著有《本草纲目解》《禽谱》《奇贝图谱》《巽斋翁遗笔》等。

治时代大阪学术文化的代表者，那也只能是大阪医科大学。德川时代初期的大阪都是医家兼做学问，如果说大阪医科大学是现时大阪学问中心的话，那恰恰与德川时代初期相似，这倒也是一个很有意思的对应。

德川时代可称作商界典型人物中，我所知道的是已故平濑龟之辅氏[①]。据外界所传，平濑氏虽然还没到任何事一问三不知的地步，但其对自家的买卖可以说是一窍不通。据说平濑家的买卖有一段时期经营不善，但当时与买卖无关、出自嗜好收藏的古董弥补了经营上的亏损。今天我们能够知道德川时代末期有这样一位出自町人的门阀代表人物平濑是一种幸运，今后，在明治大正时期以后的新大阪，在我们的有生之年，还能否可以看到具有广博学识的町人典型？我们期盼着尽早能看到这类典型。

（1921 年某月在大阪的演讲）

① 即平濑露香（1839—1908），明治时期社会活动家、金融家。本名龟之助（辅），号春爱。早年在大阪经营钱庄“千草屋”，后历任国立银行行长、日本火灾保险社长、大阪储蓄银行董事长等职。博才多艺，为当时大阪社会名流。

关于维新史的资料

任何社会每当革命之际必然会伴随着阴谋，有关的记载也多为当时阴谋的结果的记载，因而不足凭信，这种情况自古以来屡见不鲜。但是在经过一段时日之后，涉及当时阴谋者多已不在人世，对历史的观察也就自然趋于公正，有时往往会因发现不同于历来记载的资料而史实为之一变。在中国那样的国家，不仅在朝代的更换之时，即使是同一朝代，在阴谋篡权夺位之后，这种情况也会反复重演。

例如，关于明代永乐帝夺取建文帝王位的所谓靖难之役，明代的记载就不认可建文这一朝代，称之为革除，而把前一朝代洪武的年号期间加以延长。但到了永乐帝的曾孙或玄孙一代时，又出现了建文帝没有死于靖难之役而是扮作僧侣逃生的记载，最终建文帝又被奉迎回明宫，以僧侣之身颐享天年。清朝撰《明史》时不采信此说，竭力主张建文帝乃死于靖难之役，而在明朝普遍不认同此说。

这件事孰是孰非，真伪难辨，此姑且不论。总而言之，一个引人注目的事件之后，总会出现形形色色的历史谜团而使后来者苦于分辨判断。事件平息之后，往往由于各种阴谋的痕迹被掩盖遮蔽，其结果是只能采纳胜者一方的材料加以记录，倘若能够尽早采集另一方即败者的材料，那么产生暧昧不清的疑问就会相对减少许多。如今把历史已当作一门学问来研究，提示历史真相成为一件神圣的工作，必须要具有这种认识，而一时的患得患失在神圣的历史面前则是微不足道的了。

从上述立场出发观察我国明治维新史，就会产生各种各样的问题。我不清楚现在的维新史料编纂局是根据什么方针、在收集哪一些资料。但最初主持该局的是藩阀思想最为浓厚的井上侯[①]，而称作其委员的人物也多为维新以后藩阀方面的人士，从这一点上来看，就很难断言他们不会以有利于胜利者一方的方法来书写历史。现实是，维新前后殉难者的待遇这类事情就相当有失公允。

戊辰革命战争[②]中的败北者最终结果是投降，他们对当时以及后来一直为胜利者的态度从没有任何抱怨。其后曾有数次大赦特赦，除却贼名，德川庆喜公[③]甚至后来被列为公爵，但维新时期为反对萨摩长州而战死，或负战败之责被赐死者并未荣浴赠位恩典。此当然是不足为取的顺逆论，但同样的做法，与先于其三四年即元治元年（1864 年）京都发生的事变比较，很清楚两者是极其矛盾的。

① 即井上馨（1835—1915），幕末—大正时期政治家。名闻多，号世外。明治维新时期参与新政府，后历任农商务相、内相、藏相。受封侯爵。

② 从 1868 年（戊辰年）1 月鸟羽伏见之战至翌年 5 月五稜之战，这一期间讨幕派与旧幕府、佐幕派之间进行的战争。战争以讨幕派的胜利而告结束。这场战争的结果加速了幕藩体制的解体，并对天皇制统一国家的创建产生决定性影响。

③ 德川庆喜（1837—1913），江户幕府第十五即最后一代将军，1866—1867 年在位。

元治元年的事变是长州及其他藩阀的士兵炮击皇宫，后其被会津萨摩的军队所破，或战死，或自尽，其统率者长州三家老[①]翌年面临幕府的讨伐服罪自杀。从当时的顺逆来讲，很显然他们理应担当的是贼名，而且尽管他们服罪的方式与维新之际东北诸藩的家老相同，但那些人都荣浴赠位的恩典。现在已经没有必要对维新之际胜利者所采取的权宜之策加以指责，但当时的骚乱仅为意见相左，无论胜利一方还是失败一方，皆无对朝廷企图发动叛乱之意，这既然在维新时已五十年后的今天已经真相大白，那么就应该不问其为萨长派或反萨长派而给以同一待遇。

这不是对历史事实的纠正，作为历史事实，迄今为止还没有一部官撰维新史，政府以何种态度看待维新史尚不清楚，然而实际上行世的历史大多皆为萨长派而书，是根据所谓尊攘派的观点而做的。不过，在这中间，已故山川浩氏[②]所著《京都守护职始末》是以截然不同的立场写的。这部书是于明治四十四年出版的，听说书在此之前早已写成，费了不少周折才得以问世。这部书是撰述有关会津藩受任京都守护职，得到孝明天皇[③]特别倚重一事的始末。在这部书问世之前，同是会津人，一个名叫北原雅长的人写过一本《守护者小史》，但这本书没有丝毫记载一点关于孝明天皇如何依赖会津藩士这一类机密材料。直到山川浩的这一著述问世，真相

---

① 家老系江户时代诸藩的重臣，其秉承大名之意统管藩政。

② 山川浩（1845—1898），幕末、明治时期会津藩士、陆军军人。通称与七郎，号屠龙子。明治十年（1877 年）西南战争时期任参谋，后历任高师校长、贵族院议员、陆军少将。著有《京都守护职始末》、歌集《樱花山集》等。

③ 孝明天皇（1831—1866），1846—1866 年在位。

才得以显露。

德川庆喜公晚年被赐授公爵时，长州藩阀的思想也趋于变得宽容，但这是涩泽男[①]等人在伊藤[②]、山县[③]等人中间斡旋，在某种程度上达到的妥协，庆喜公才得以再度在社会露面。近年来出现的有关庆喜公的报道也多少出自于这种妥协之意，但不能与《京都守护职始末》等同看待，那是将维新的胜利者完全转至对立一面，决意为其藩申冤、澄清事实而写的一部书。迄今为止，社会上出现的有影响的反萨长派著述不过这么一两部而已。倘若历来对待维新的顺逆论的态度能够更为宽容的话，那么应该还会出现许多类似的著述。

不过，像会津藩那样，对深蒙孝明天皇知遇之恩又以悲怆结局告终有深刻感受的地方并非很多，所以很难出现类似《京都守护职始末》那样的名著。即便如此，事关维新，能够充分反映反萨长一方观点、主张的著述肯定会出现的，其并非一定就是很成熟的著述。现在还是有收集到这一类材料的机会。

维新史料编纂局对这些情况是否已作了充分的准备，予以了充分的关注？维新史料编纂局设立以来，既没有公开过其业绩，也

---

① 即涩泽荣一（1840—1931），明治、大正时期实业家。

② 即伊藤博文（1841—1909），明治时期政治家。旧姓林，幼名利助，俊辅，号春亩。明治十八年（1885年）创设内阁制度并担任首相。后历次组阁。明治四十二年（1909年）在哈尔滨被朝鲜义士安重根暗杀。受封公爵。

③ 即山县有朋（1838—1922），幕末—大正时期萩藩士、陆军军人、政治家。幼名辰之助、小辅、狂介，号素狂等。历任军队要职，并在伊藤内阁任内相。后任枢密院议长。中日甲午战争期间任第一军司令官、大本营监军兼陆相。曾先后两次组阁。受封公爵。

没有让社会了解其究竟做了哪些事情。作为一个政府机构，其态度实在是懈怠之至，而舆论对此丝毫不闻不问也实在令人匪夷所思。迄今为止，从相关委员等组织情况来看，其收集资料的态度也足以令人质疑。若非如此，就应该不定期地经常公布其资料收集方式以及收集到的资料，以示其公正。

本人把这类事情作为理当之事并非出自想象，而是握有一些确实证据，试举其一二。一件是关于久迩宫家的事。已做久迩宫朝彦亲王[①]维新前名称中川宫，其深受孝明天皇信赖，《京都守护职始末》中也谈到，孝明天皇曾多次赐翰，尊其为“真实连枝”，事无巨细皆与其商计，当时有反对派，每每对其中伤，而天皇完全不加以理睬。孝明天皇驾崩后不久，这位亲王被一阴谋所陷害，以谋反嫌疑被流放广岛。

这件事实际上完全出于阴谋毒计，当时受萨长派政府指派，有使者带上亲王谋反的文书前往调查。据说此使者就是已故男爵中岛锡胤[②]，其当着亲王面打开文书，亲王说自己全然不知此事，因文书上捺有掌印，亲王将自己的手合在其掌印之上，其掌印比亲王的手要大，两者完全不吻合。使者中岛一言不发，原路而归。但尽管如此，亲王谋反的嫌疑并没有消除，毫无理由地被流放去了广岛。

① 即朝彦亲王(1824—1892)，伏见宫邦家亲王之子。名尊应，后改尊融。亦称青莲院宫、狮子王院宫、中川宫、久迩宫。

② 中岛锡胤(1829—1905)，明治时期贵族院议员，男爵。幼名与市、永吉、直人等。德岛藩士，早年曾游学昌平黉。明治维新以后历任刑法判事、各县知事、大审院判事等。

后来声称赦免，亲王获准从广岛回到东京，此时其已非常穷困，据说从山内容堂侯[①]借了五百两金子才回到京都。这些事都是笔者后来从调查久迩宫家传记的已故内藤耻叟翁[②]处亲耳所闻。据说久迩家将其传记秘而不宣，不公之于世。时至今日，为维护胜利者的形象，这些事还一直掩盖其真相是极其不妥当的，应该把所有原始材料公之于世。

本人曾拜读过近卫公爵家[③]所藏140余通孝明天皇亲笔信函，信函中的语气完全不像是峻然有别的君臣关系，而是宛如对待亲朋中的长者，蔼然可亲。其中还有天皇欲求购所喜爱的刀剑，但窘于财力，求助于人的记载。信函所书完全是天皇心迹的袒露。这些信函曾被明治天皇借阅，据说其中十多通被留了下来，返还的是其抄件。在笔者所拜读的信函中，最重大的事件仍同山川浩氏《京都守护职始末》中所写的一样，是废止七卿朝见事件。当时朝廷上的激烈争辩扰乱圣心，废止朝见可使圣心宁静，此举亦为圣上认可。笔者在此之前阅读过《京都守护职始末》，发现会津藩所有的信函与这些新资料完全一致，由此可知当时情况的真相。

类似这样有价值的原始资料或许在其他公卿华族处也有收

① 即山内丰信(1827—1872)，幕末维新时期大名。幼名辉卫、兵库助，号容堂、九十九洋外史等。1848年(嘉永元年)任高知藩主，后实施藩政改革，参与幕政，致力于殖产兴业，富国强兵。1867年(庆应三年)向将军德川庆喜建言大政奉还，并促其实现。

② 内藤耻叟(1826—1903)，幕末、明治时期儒学家，历史学家。名正直，号碧海。历任弘道馆教授，中学校长，帝国大学教授。著有《安政纪事》《德川十五代史》等。

③ 即近卫笃麿(1863—1904)，明治时期政治家。京都人。早年留学欧洲。1898年(明治三十一年)组织东亚同文会，1900年(明治三十三年)创建南京同文书院。曾任贵族院议长，学习院院长、枢密顾问官等职。公爵。著有《近卫笃麿日记》。

藏。不过维新以后，当时胜利者的气焰不可一世，这些原始资料想必尘封日久，多已破损。今天看来，当时无论是站在幕府一方者，还是帮助长州以及浪人一方者，都是为朝廷为国家，所以应该没有任何顾忌把资料提供出来。尤其是维新史料编纂局，如果一直还没有对这些资料进行过调查，那么现在应该以公正的态度也致力于反萨长派的资料收集。至于历史学家根据这些资料如何判断，可以有各自的观点，犹如历来就有拥护萨长联合、发动革命一方的人，也有赞成公武一体进行温和改革一方的人。关键的是，在对待资料的方式上，现在必须摆脱以井上侯爵为中心的时代。

（1922 年 8 月谈话笔记）

关于飞鸟时代[①]中国文化的传入

我曾经说过，作为研究天平文化的方法，首先应该了解天平时代[②]的人们读哪些中国的书籍，这是一个重要条件。这个方法若能用于飞鸟时代，那么就会给研究带来很大的方便，但是同天平时代相比，这个方法用于飞鸟时代更为困难。在天平时代，当时传入日本的书籍目录现在还有一部分存在，而且将内典、外典传入的人也很清楚，但在飞鸟时代，这些资料都极其缺乏。《论语》《千字文》是在应神时期[③]传入日本，这在《古事记》里有记载，所以已广为人知。钦明时期和药使主将内外典药书、明堂图等一百六十四卷带到日本，其子善那使主在孝德时期将本方书一百三十卷、明堂图一卷传入日本。这些在《新撰姓氏录》上都有记载，毫无疑问，每个朝代都有书籍传入日本，但没有一部系统的目录。

---

① 飞鸟时代广义上包括以推古天皇（554—628）为中心的时期前后和以藤原京（今奈良县橿原市）为中心的时期，由于这一时期的都城多在飞鸟地区，故有此名。最早其为美术史上的时代称呼，现亦作为一般时代名称。狭义上指推古王朝时期，相当于考古学上的古坟时代后期。

② 文化史、美术史上划分的时代，以圣武天皇在位期间的天平年间（710—794）文化为中心的时期（710—794）。

③ 即应神天皇时期。根据《古事记》《日本书纪》记载，应神天皇当为5世纪前后的天皇。

飞鸟时代的情况在《日本书纪》中都有记载，《日本书纪》中的材料并非因为是飞鸟时代就完全根据那个时代所写的材料。有一点很清楚，与人名、地名等相对应的汉字读音即使同在《日本书纪》中也不尽相同。整部《日本书纪》所使用的汉字读音，即使上至神代、神武天皇以后，多用《日本书纪》编纂时流行的汉字读音，其中也有用飞鸟时代的汉字读音，后者与《法王帝说》中所记载的圣德太子时代的汉字读音相同。据说苏我虾夷家烧毁时，圣德太子时代的国史大部分付之一炬，《日本书纪》中飞鸟时代的汉字读音或许就是当时残本所使用的汉字读音。在那以后编纂的材料中，汉字读音与当时已有所不同，如果进行详细研究，就可以分辨出《日本书纪》中哪些是或者不是完全根据飞鸟时代的材料写成的。首先，要从目前非常容易理解的地方着手，如圣德太子的十七条宪法，其作为飞鸟时代的材料无可置疑，在制定十七条宪法时运用了多少中国书籍中的知识，对这一问题进行研究就是一种方法。关于这个问题，历来的学者也作过研究。例如谷川士清[①]的《日本书纪通证》、河川秀根的《书纪集解》等都对十七条宪法的文字典故出处作了很好的研究。两部书中，《书纪集解》是后出的，也很准确，根据这部书可以知道为制定这部宪法所参考的书，经书有《书经》《诗经》《周礼》《礼记》《左传》《论语》《韩诗外传》等，史书有《史记》《汉书》《后汉书》等，诸子类有《老子》《管子》《韩非子》《孙子》《荀子》《淮南子》等，其他还有《文选》、佛教书籍等。从圣德太子制定的冠位名来看，他好像还读过《墨子》。当然佛教方面，还有六朝之

① 谷川士清(1709—1776)，江户时代中期国学家。名升，字公介，号淡斋，医名养顺。早年曾学医。与本居宣长交往密切。著有《日本书纪通证》《和训栞》。

前的书，圣德太子在撰《三经疏》时，参考了前人种种著述。在制定宪法时，一个句子也广搜博采种种古书之意，由此可以推想圣德太子对这些书已是烂熟于心，运用自如。总之，当时中国重要的书不仅都已传入日本，而且被人们所熟读。尤其是有关佛教的著作传入相当多，现存的法隆寺金堂《释迦佛造像记》(1)几乎就如同六朝人的文章。又如伊豫道后温泉碑铭(2)，现存文章因误字不忍卒读，但可推知其六朝文风，文字比十七条宪法更为妍丽，由此可知当时的人汉文书写能力。

最令人惊叹的是，当时利用汉字初创了书写日本风格的文章。最为显著的例子就是法隆寺金堂的《药师佛造像记》(3)，其他还有高屋大夫的《观世音造像记》(4)，法隆寺金堂的《四天王造像记》(5)，同寺旧藏的《观音菩萨造像记》(6)等，这些日本风格的文章不止于当时的都城大和附近，还流行于远离京城的东部地区，上野国①绿野郡山名村的碑(7)就是一例。这些日本风格的文字，在同样使用汉字的新罗等地，同一时期很难找出与其相似的例子，过去对马②八幡宫的天宝四载钟铭(8)，现保存在京城博物馆的天宝十七年葛项寺刻石(9)等都是后世之物，距天平时代间隔相当长的一段时期。通过这些文字可以发现日本人重视其国语的精神。圣德太子在制定冠位十二阶③时，在各阶使用汉字的同时，还注以国语的读法，

① 上野国，日本古代的地方行政区，今群马县一带。

② 位于九州北部玄界滩的岛屿，隔对马海峡同韩国相望，属长崎县。

③ 日本最早的以冠帽种类划分官阶的制度，由圣德太子于603年(推古二年)制定。其以德为首，把德、仁、礼、信、义、智分大小作十二阶，冠帽的颜色分紫、青、赤、黄、白、黑，大小区别则以颜色浓淡表示。冠位十二阶的划分以德为尊、以紫为上，这种做法反映了来自道教的影响。

这件事在历史上一直不为人所知。直到近年据太宰府西高辻男爵家所藏《翰苑》得知十二阶的第一阶大德读作麻卑兜吉寐(マヒトギミ),才发现当时很重视国语,在这些冠位上都注有国语读音。由此可以推测,当时已经认识到要在完全采纳中国文化的同时,推进我国的固有文化,使之发展到与中国文化同等的水平,与其并用。

圣德太子在向隋派遣使节时,以对等的姿态起草了国书,而隋给日本的国书起初显然带有诏敕的意味。作为使者的小野妹子在途中把那份分明不对等的国书遗失了,于是带回一份可能篡改为看似对等的国书,从这件事情上也可以看出日本很看重作为独立国家的体面,这种精神或许当时在文化的所有方面都表现出来了。在艺术上,这种精神是否被认可,研究这个问题极其困难,但如果仔细观察的话,在佛像以及其他方面仍然可以发现这一点的。例如前面所说的法隆寺金堂的二天王像或者五重塔内的塑像,尽管大体上都与六朝造像相似,但还是可以辨别出其属于日本自古相传的冥器那一种模式。在工艺品方面也许更为显著,飞鸟时代以前就已存在的铜铎变为东周以后钟的式样,出现了流水纹、袈裟襷纹等新的花纹。古镜早在古坟时代就发生变化,改变了汉以后至六朝之前中国的花纹,创造出一种迥然不同的花纹。其他如神社的建筑也在样式上表现出变化。近年还发现,有关狩猎的图案已不是如法隆寺收藏的狩猎狮子图案,或是正仓院银壶上所见到的中国的狩猎图案,而完全是日本风格的狩猎图案。

关于飞鸟时代之前到飞鸟时代这一期间的日本精神,如果说因为当时的文化还不完全具备采纳中国文化的能力,所以才留下

了带有日本风格之物，事实也未必如此。从古坟出土的甲胄马具等金属器具来看，当时足以能够原封不动地运用中国的工艺技术。正因如此，如同《日本书纪》中所看到的事例，圣德太子在制定宪法时表达了对佛教的尊重，几乎与此同时，又让推古天皇下了尊崇神祇的诏敕，这正是圣德太子日本文化与外国文化两者并存的方针，同时也表现了古代日本人的精神。飞鸟时代的文化实际上就是这种精神的显著表现。

附注

(1) 法隆寺金堂《释迦佛造像记》

法兴元卅一年。岁次辛巳十二月。鬼前太后崩。明年正月廿二日。上官法王枕病。弗念干食。王后仍以劳疾。并着于床。时王后王子等及与诸臣。深怀愁毒。共相发愿。仰依三宝。当造释像尺寸王身。蒙此愿力。转病延寿。安住世间。若是定业已背世者。往登净土。早升妙果。二月廿一日癸酉王后即世。翌日法皇登遐。癸未年三月中。如愿敬造释迦尊像并侠侍及庄严具竟。乘斯微福。信道知识。现在安稳。出生入死。随奉三主。绍隆三宝。遂共彼岸。普遍六道。法界含识。得脱苦缘。同趣菩提。使司马鞍首止利佛师造。

作者注：此文具《六朝造像记》之风，不仅笔调极为畅达，文中所用弗念一语原出自《古文尚书》，著床一语乃古代医书用语，足以可见其引用典故之丰富。

(2) 伊豫道后温泉碑铭

法兴六年十月。岁在丙辰。我法王大王与惠总法师及葛城臣。逍遥夷兴村。正观神井。叹世妙验。欲叙意。聊作碑文一首。惟夫日月照于上而不私。神井出于下无不给。万机所以妙应。百姓所以潜扇。若乃照给无偏私。何异于寿国。随华台而开合。沐神井而瘳疹。讵升于落花池而花溺。窥望山岳之岩崿。反冀子平之能往。椿树相廕而穹窿。宝想五百之张盖。临朝啼鸟而戏哢。何晓乱音之聒耳。丹花卷叶而映照。玉果弥葩以垂井。

经过其下。可优游。岂悟洪灌霄庭。意与才拙。实惭七步。后定君子。幸无嗤笑也。

(《释日本纪》所载《古金石逸文》,山田孝雄、香取秀真订正)

(3) 法隆寺金堂《药师佛造像记》

池边大宫治天下天皇大御身劳赐时岁次丙午年召于大王天皇与太子而誓愿赐我大御病大平欲坐故将造寺药师像作仕奉诏然当时崩赐造不堪者小治田大宫治天下大王天皇及东宫圣王大命受赐而岁次丁卯年仕奉

(4)《观世音造像记》

岁次丙寅年正月生十八日记高屋大夫为分韩妇夫人名阿麻古愿南无顶礼作奏也

(5)《四天王造像记》

山口大口费上而次木闲二人作也

药师德保上而铁师手古二人作也

(6) 法隆寺旧藏《观音菩萨造像记》

辛亥年七月十日记笠评君名大古臣辛丑日崩去辰时故儿在布奈太利古臣又伯在建古臣二人志愿

(《古金石逸文》,山田、香取二氏编)

(7) 上野国山名村碑

辛巳岁集月三日记

佐野三家定赐健守命孙黑卖刀自此新川臣儿斯多弥足边孙大儿臣娶三儿长利僧母为记定文也

(8) 对马八幡宫所藏新罗无尽寺钟铭

天宝四载乙酉思仁大角干

为赐夫只山村无尽寺钟成

教受内成记时愿助在众师

僧村宅方一切檀越并成在

愿旨者一切众生苦难乐得

教受成在节雀乃秋长幢主

作者注:此钟今已不存,其拓本乃松崎慊堂复刻本,极少流传。藤贞幹的《好古目录》上也载有该文,但与松崎本稍有一二处不同。

(9) 葛项寺石塔记

二塔天宝十七年戊戌中立在之

娚姉妹三人业以成在之

娚者零妙寺言寂法师在弥

姉者照父皇太后君妳在弥

妹者敬信太王妳在也

作者注:天宝为唐玄宗年号,十五年后年号改至德,新罗国乃边土,当不知其改元。

(1929年6月《佛教美术》第13册)

关于古抄本《日本书纪》

大阪《每日新闻》重印的《日本书纪》古抄本作为我国的史籍和古典，其珍贵价值黑板博士①已在《解题》中作了论述，毋庸我等门外汉赘言。此文所谈的是，从另一个角度视之，在意外之处，该书亦有堪可珍贵的资料，其中之一就是训读之精确。余早先通读此书，其例证不胜枚举。现仅就曾稍作研究的圣德太子《十七条宪法》②举其一二。《十七条宪法》第一条，

或不顺君夫。乍违与隣里。

此两句中“乍”字，岩崎本、河村秀根③《集解》本皆施以“又”“マタ”“アルヰハ”三种训。图书寮本、宽文刻本、饭田武乡④《通

---

① 即黑板胜美(1874—1946)，历史学家。号虚心。曾任东京大学教授。主持田口卯吉编辑出版的《国史大系》的校订。著有《日本古文书样式论》《国史的研究》《义经传》等，主编过《大日本古文书》《(新订增补)国史大系》。

② 日本最早的成文法律，据说是由圣德太子制定的。参阅本书“圣德太子”一文。

③ 河村秀根(1723—1792)，江户时代中期国学家、名古屋藩士。字君律，通称金之助，復(又)太郎，号葎庵。曾习神道，致力于《日本书纪》研究，在其子殷根、益根协助下完成《日本纪集解》，该著被誉为书纪注释史上不朽之作。此外，有《姓氏录》《延喜式》等诸书的集解。

④ 饭田武乡(1827—1900)，幕末、明治时期国学家，信浓高岛藩士。号蓬室。曾从海野幸典学和歌。活跃于尊王运动，明治维新后历任大教院讲师、东京大学副教授等职，后在庆应义塾大学、国学院任教。耗费四十八年著《日本书纪通释》。

译》本均训为“マタ”，皆保留了古训。在谷川士清[①]《通证》中，其傍训用“マタ”“アルヰハ”两种训法亦可，但注“增韵猝也”则为误。“乍”训读作“タチマチ”，《增韵》作“忽也、猝也、甫然也”为当，然不可作“マタ”“アルヰハ”之义。玄应《一切经音义》[②]卷 11（摄大乘论第 5 卷）、卷 25（阿达磨顺正理论第 30 卷）中“乍”作仕嫁切。《苍颉篇》[③]中有“乍，两辞也”，此说可称正相对应于训读“マタ”“アルヰハ”（《慧琳音义》[④]卷 32、《未曾有因缘经》上卷同引《苍颉篇》。然阮元[⑤]《经籍籑诂》引玄应《音义》作卷 17 当为舛误）。不过，将

① 谷川士清（1709—1776），江户时代中期国学家。参见前注。

② 《一切经音义》有两种，一为《一切经音义》（玄应），亦称《玄应一切经音义》或《大唐众经音义》，一为《一切经音义》（慧琳）。均为解释佛经音字义的书。前者为唐代大恩寺翻经沙门释玄应撰，凡 25 卷。此书仿陆德明《经典释文》例，从经中择字为注，形音义三者兼顾。梵语名号也一律注明音读，解说所释文字当否。注中所引古书，除经传注释外，以古字书训诂书为多，对研究古代训诂极具价值，但其中大多早已亡佚。后者为唐代翻经沙门释慧琳撰。这部书所著的是贞观以后新翻译的经论和玄应没有注过的一些书，凡 100 卷，始于《大般若经》，终于《护命法》，总 1300 部，5700 余卷。其把玄应音和慧菀华严音义也收纳在内，可说是佛经音义集大成者。慧琳此书成于中唐时期，所见古书极多，审辨声音，诠解字义，原原本本，较玄应书更为精详。

③ 字书。秦始皇灭六国后，采纳李斯建议，“罢其不与秦合者”，为统一和简化文字，李斯作《苍颉篇》，并与另外两种字书即胡毋敬《博学篇》、赵高《爰历篇》同行于世，为当时儿童识字读本，三篇皆用小篆书写，作为统一的字体。汉初，闾里书师合《苍颉》《博学》《爰历》三篇，断 600 字为一章，凡 55 章，统称《苍颉篇》，与汉时扬雄《训纂篇》、贾鲂《滂熹篇》合而称《苍颉篇》，亦称《三苍》。《苍颉篇》流行至东汉，唐以后完全亡佚。历年有很多种辑本，20 世纪各地考古发现许多汉简，时有《苍颉篇》，其中最早的离秦代不过五十年，字体是隶书而不是篆。清孙星衍、任大椿、黄奭、马国翰、陈其荣及近人王国维等均有辑本，而以王国维《重辑苍颉篇》最为详备。

④ 参见本页注②。

⑤ 阮元（1764—1849），清学者、文学家。字伯元，号芸台，雷塘庵主。江苏仪征人。乾隆进士，曾任湖南、浙江、江西巡抚，云贵总督，体仁阁大学士。曾在杭州创立诂经精舍，在广州创立学海堂，提倡朴学。曾主编《经籍籑诂》，校刻《十三经注疏》、汇刻《皇清经解》等。经籍训诂之外，精于金石乃至天文、历算、地理。著有《畴人传》《积古斋钟鼎彝器款识》《揅经室集》等。

“乍”施训作“猝”，古已有之。《广雅》释语中有“乍，暂也”，王念孙[1]引《左传》“定公八年。桓子咋谓林楚”之杜预[2]注中“乍，暂也”，又引《公羊传》“僖公三十三年，诈战不日”之何休《解诂》[3]中“诈，卒也”一语作为典据，将“咋”“诈”皆等同于“乍”。再者，《左传》载“僖公三十三年，妇人暂而免诸国”，杜预注曰：“暂犹卒也”，故“定(公)八年”一句中“暂”亦当为“卒”之义，均应施训为“タチマチ”。《十七条宪法》既相对于上句“或”字而用，古训“マタ”“アルヰハ”则当为正确，此乃古人训读不苟之例证一(久米邦武博士[4]《上宫太子实录》中“乍”字后附以假名“チ”，恐仍未虑及古训而作“タチマチ”)。再者，第五条有

绝餮弃欲

将其施训为：“アチハヒノムサボリヲタチ、タカラノホシミヲステ”，用心良苦。“餮”字出自《左传》文公十八年传，有关“饕

① 王念孙(1744—1832)，清代考据学家，徽派朴学家代表性人物。字怀祖，自号石臞。江苏高邮人。进士出身，曾从学戴震。平时笃守经训，个性正直，好古精审，剖析入微，时与钱大昕、卢文弨、邵晋涵、刘台拱并称“五君子”。著有《广雅疏正》《河源纪略》等。

② 杜预(224—284)，西晋将领，学者。字元凯。京兆杜陵(今陕西西安东南)人。任镇南大将军，都督荆州诸军事。以灭吴功封当阳县侯。多谋略，时称“杜武库”。博学多通，参加制定《晋律》。撰《春秋左传经集解》《春秋释例》《春秋长历》等。其中《集解》是《左传》注解流传至今的最早的一种，收入《十三经注疏》。

③ 即《春秋公羊解诂》。作者何休(129—182)，东汉任城樊(今山东兖州)人，字邵公。曾官任司徒、议郎、谏议大夫等职。精研六经，亦善历算。精于今文诸经，发挥《公羊春秋》之“微言大义”，提出“公羊三世”《太平世、升平世、衰乱世》之说，后成为今文经学家议政的重要论据。其《春秋公羊解诂》经唐徐彦疏收入《十三经注疏》。另著《公羊墨守》《穀梁废疾》《左氏膏肓》等，已佚。清王谟《汉魏遗书钞》有辑本。

④ 久米邦武(1839—1931)，明治时期历史学家，参见后注。

餮”，杜注中有“贪财为饕、贪食为餮”，故“餮”施训为“アチハヒノムサボリ”极合其意。“欲”字在《孟子》赵注中，有《尽心》章中“寡欲之欲为利欲”，《周易集解》损卦引虞翻注“坤阴吝啬为欲”，故“欲”施训为“タカラノホシミ”并非不可。然谷川士清在《曲礼》之疏中引“心所贪爱为欲”难为切当。同条中亦有

聴讞

“讞”字在岩崎本中施训为“コトワリマウス”（诉白），此恐以《礼记》文王世子郑注中“讞之言白也”、《汉书·景帝纪（五年）》颜师古[①]注“讞、平议也”、《说文》[②]“议辠也”、《切韵》或《唐韵》中“汉狱、正狱”为据，同本中一条兼良[③]施训为“讞を聴く”（聴讞）实为不当，宽文本施训作“讞を聴(ユル)す”（恕讞），更不知何由。饭田氏认为抄本施训为“ウタエヲユルクス”不妥，言之有理，但训为“讞を聴く”（聴讞）恐亦有疑问。谷川士清之训注与岩崎本相同，此亦可，其注有《正韵》“讞议、罪也”，《康熙字典》列举《广韵》《集韵》《韵会》《正韵》，而谷川士清只举最后之《正韵》，甚而不知遗漏余者。其后河村《集解》、饭田《通释》均承袭此注，实为可笑。此外，第三条中有

① 即颜师古（581—645），唐初儒家学者、经学家、语言文字学家，历史学家。名籀，字师古。生于京兆万年，祖籍琅琊临沂（今山东临沂）。名儒颜之推之孙，颜思鲁之子。幼承庭训，博览群书，学问通博，擅文字训诂、声韵、校勘之学，亦精经学，尤专《汉书》。著有《谈书序》《急就章注》《匡谬正俗》等。

② 即《说文解字》，东汉许慎著。参考前注。

③ 一条兼良（1402—1481），室町时代公卿、学者。参见前注。

地欲覆天

岩崎本训之“ツチ、アメヲアホハントホツスルトキハ”(地,欲之覆天之时)当为正确。后诸本均训为“天ヲ覆サント欲スルトキハ”(欲覆天之时),图书寮本中“覆”字无训,久米氏亦无明释,此皆显而易见之误。第八条中有

公事靡盬

训为“公ノ事イトナシ”(公事无暇)其据何在?“靡盬”本出自《毛诗》

“唐风(鸨羽)”“小雅(四牡)”,后世清原氏等明经家[1]训点通常多作“王事靡盬”,不同于此训,其由不得而知。再者,第十条

绝忿棄瞋

将“绝忿棄瞋”读作“忿ヲ绝チ、瞋ヲ棄テ”(绝心中之忿,弃神情之怒),或将“瞋”施训作“オモミイカリ”(重怒)(图书寮本亦训作“オモテノイカリ”(表面之怒)),当有何典据?在今所能见中国小学书中,作此训之原由并不明了。即便如此,此类“靡盬”“忿瞋”字的古训现存小学书中虽无典据,然不可一概视之为非。“乍”字训作“マタ”“アルヰハ”,若《一切经音义》所引《苍颉篇》未能留存,亦并非不可能当作误训。第七条中有

① 根据日本律令时代的学制,主修中国经学的课程为明经道,其教科书有《周易》《尚书》《三礼》《毛诗》《左传》《孝经》《论语》等。学生完成修业后参加国家考试,根据考试成绩录用。担任教官的为博士,亦称为明经博士。平安时代中期以后,明经道教官地位上升,此教职基本被清原、中原两氏占据。

国家永久

其中“永久”古训作“トクメツラ”（永远昌盛），饭田氏以为非，实难从之。此宪法中，“善”训作“ホマレ”（荣誉），“忠”训作“イサヲシキ”（勇敢），此可为窥知我国古代思想之线索，不可率尔视之。

其二措辞有典据。关于此点，谷川氏《通证》、河村氏《集解》着力举示，十之七八已得之，无须赘述。

第七条中有

贤哲任官。颂音即起。姦者有官。祸乱则繁。

久米博士断定，“‘任官’或为‘在官’，‘有官’亦可作‘在官’，当时行文‘有’‘在’通用，原本‘在’‘有’或为互用”，“任官”承其上文，“人各有任。掌宜不滥。”（久米氏袭宽正本之误读，断句为：“人各有任掌”），如《通证》所云，其出典于《尚书》“咸有一德”之“任官惟贤材”，故“任”不可改为“在”。“有官”二字《尚书·周官》中出现两次[①]，“有”作“在”通用，此说未免过于轻率。有古时训法，如“贤哲官ニ任（ヨザ）ス”“姦者官ヲ有（タモ）ツ”（贤哲任官，姦者保官），当从之。由此亦可知，读古书不可未经充分查证，妄从近世学者臆说。

第十五条有

五百年之乃今遇賢。千載以难待一聖。

据岩崎本之训，当读“イホトキニテイマシイマサカシキヒト

① 《尚书·周官》：“王曰。呜呼。凡我有官君子。钦乃攸司。慎乃出令。令出惟行。弗惟反。”“王曰。呜呼。三事暨大夫。敬而有官。乱而又政。以佑乃群。永康兆民。万邦惟无斁。”

ニアフ、チトセニチモヒトリノヒシリヲマツコトカタシ”，五百对千载，如此即成文，然岩崎本之一条兼良校字中亦示有异本，其“五百”之下加一“后”字，“今”作“令”字。法隆寺所传木板乃弘八年所刻，与岩崎本原文同。图书寮本、宽文本“今”亦作“令”，“五百”一如古本，而据《通证》《集解》以及《圣德太子传历》《拾芥抄》，皆改作“五百岁之后”，饭田氏亦从之。到久米氏，更将“乃”字删去，“今”作“令”字。如此一来便打破原文对偶，无视太子之丽藻，岂非无意之为乎。至于其出典，《通证》云，“取孟子之意”，此亦足也。而久米氏云《孟子》有“五百岁而有王者兴”，却不知“五百岁遇贤，千载待圣”之出所。《孟子·公孙丑》章句下有“五百年必有王者兴”，《尽心》末章赵注有“五百岁圣人一出。天道之常也”。太子将其与《庄子·齐物论》“万世之后。而遇知其解者。是旦暮遇之也”合在一起加以联想，遂熔铸出美辞丽藻。不照搬出典成语亦可视作太子文才出众之佐证。仅就《十七条宪法》而言，古本之佳处就如此之多，由此可知全书有裨益于学问者不胜枚举，在此聊举一端，以资读者参考。

（1927年4月大阪每日新闻社发行《影印古抄本〈日本书纪〉》跋）

唐代文化与天平文化

唐代文化与天平文化是一个很大的题目。其不单单是日本的问题，从中国的角度来说的话，日本文化这一问题也是很大的。从东亚整体考虑，存在中国这样一个巨大的文化中心，其文化向四周传播，催生了周围各国的文化，形成新的文化。这恰巧与西洋的希腊文化向欧洲各国传播的形式相同。尤其是过去——古代自不待言，在整个近代，中国文化向四周扩散并形成周围各国的文化中，可以说日本的天平时代文化是最为重要的。因此要研究中国文化的传播，就非常有必要先研究天平文化。从日本人的立场来看，日本文化是如何在中国文化的影响下萌芽的，这是一个相当有意义的问题，也是一个不能不考虑的问题。尤其是中国文化不光影响到日本，也影响到中国周围的国家，那些国家的各自状态是如何形成的，哪一个国家最智慧地应用了中国文化，并创造了本国的文化，这些也都是非常有意义的问题。

文化的中心即使只存在于中国内部，其也会逐渐产生变化，一种文化不可能永远在一个地方保持兴盛。在中国，文化最早是在北方的渤海湾沿岸地区发展起来的，后来渐渐南移，现在南方成为了文化的中心。这种文化中心的逐渐移动同国界没有关系，既然在中国内地文化中心可以逐渐移动，那么其也会越过国界，移向他国并在那里兴盛起来。从这一点来看，日本文化经过何种途径，最终成为东亚文化的中心，而且现在正在成为这一文化中心，这是一个非常重要的问题。

关于文化，还有一个问题。由于受到中国学问的影响，在所有的文化、道德方面，古代日本是非常优秀的，但到后来就渐渐堕落了。近年来，日本受到西方文艺复兴时期以后思想的影响，人们认识到世界在进步，所有的民族都在进步，觉得日本也将会变得好起来，这从任何一方面来看都是正确的。历史学家是按照年代顺序从纵向来观察社会的，如果以停滞不前的方式考虑问题的话，那就毫无意义了。但是现在是否果真如人们所想的那样，社会必然在进步，这仍然是个疑问。在过去，我们一直把中国的历史看成一部进步的历史，认为中国这样一个保守的国家是在进步之中。在中国也有持相同看法的历史学家。可是近年在关野博士[①]于朝鲜进行乐浪[②]发掘以后，当了解到距今两千多年前的汉代文化是非常灿烂的文化之后，我们对这一看法稍稍产生了怀疑。某个时代某种事物发展到顶峰，那么紧随其后的时代就不可能超越它吗？在其之后的时代能够获得发展的事物，其种类会发生变化。而从文化发展水平来说，某个时代能够达到顶峰只能是绝无仅有的一次。今后，在世界的历史被统一之前，人们会对这些问题不断进行思

① 即关野贞（1867—1935），明治、昭和时期建筑史学家，东京大学教授。明治末年以后，曾在朝鲜半岛、中国大陆广泛探访历史遗迹，收集大量学术史料。著有《日本建筑与艺术》《朝鲜建筑与艺术》《中国建筑与艺术》《朝鲜古迹图谱》等。

② 即乐浪郡，公元前108年（元封三年）汉武帝在灭亡卫氏朝鲜之后在朝鲜半岛北部设立的四郡（乐浪、真番、临屯、玄菟）之一，其中心地区相当今平壤一带。由于其特殊的地理位置，在中国大陆文化向朝鲜半岛、日本传播过程中起着重要作用。

考，在世界文化发展到同一水平之前，这些问题是很难说清的。但实际上对某一时期某种达到顶峰的文化进行思考是很有必要的。从这一点上来看，观察天平文化是非常有意义的。不言而喻，日本天平时代至平安时代也创造了非常灿烂的文化。后来日本的文化也没有倒退。到了江户时代，其在不同的类型上又获得了相当的发展。天平时代日本所创造的文化，以近畿地区文化为例，在其后的时代里，同一类型的文化无论多么丰富多彩，也不能与天平时代同日而语，在日本各个时期的文化中，天平文化具有相当高的价值，在谈到天平文化这个问题时，应该首先考虑到这一点。

论述天平文化要涉及各种各样的问题，首先最为主要的就是中国文化问题。中国的周围有很多民族，那些形形色色的民族几乎全都比中国发展滞后，在中国文化的影响下，它们各自创造了属于自己的文化。在这些文化中，如果有与日本相似者，可以通过比较观察从而有利于对日本文化价值的理解。中国周围的国家很多，但能够将文化或多或少传承到今天的国家并不是很多。日本在隋唐以前就开始接受中国的文化，但日本文化的兴盛是自唐代开始的。与其相似的还有朝鲜。朝鲜几乎与日本一样，通过相同的途径接受了中国的文化。即使从其国语来看，朝鲜语与日本语是同一体系的语言，有一段时期完全使用中国的文字，把中国的文章当作自己国家的文章一样使用，这一点也大致与日本相同。因此，将日本文化与朝鲜文化进行比较是很有意义的。在中国周围、接受中国文化的国家中，朝鲜文化维系时间最长，其间还或多或少表现出不同的特色，这也十分便于进行比较研究。

谈到文化的本质，首先要涉及政治。日本的政治是受到中国政治影响的，尤其是在天平时代，受到中国的影响最大。论述中国的政治是一个很大的题目，一般在政治运行中官职是很重要的。关于中国官职的历史相当复杂，到唐代时已经经历过多次变革。中国人在很久以前的周代、汉代时期，除了有形形色色的实际官职之外，还有关于官职的理想，这种理想与根据实际需要发展起来的官职导致了中国官制的发达。一方面从实际需要产生了各种各样的官职，另一方面认为应该从总体理想出发设置各种官职。主张从总体理想考虑设置官职在汉代分为两派，我们作中国学术文化研究的人将其分为古文派与今文派。这两派对关于官职的理想也有各自不同的观点，具体的内容相当繁杂，但显而易见的一点就是对官职计数的方式有明显的不同。今文派的官职计数方式是所有的官职均以三倍数计算。天子之下立三公，三公之下立九卿，大夫二十七、元士八十一、大致均以三的倍数设置官职。如对汉学感兴趣者所知，《礼记·王制》中记载有今文派的理想，而《周礼》中记载了古文派的理想。古文派是以六的倍数考虑官职的。政府组织大致分设六官即天官、地官、春官、夏官、秋官、冬官，各官之下各置六十官即三百六十官，这是按古文派的理想设置的官职。除此之外，还有应实际需要产生的官职。自秦始皇起，经汉代六朝到唐代，这两种理想与根据实际需要产生的官职组合在一起构成了唐代的官制。唐代有关官制的书中——现在还有一部叫《唐六典》[①]的书，

① 亦称《大唐六典》。陆坚、张说、萧嵩、张九龄主编，徐坚、韦述等撰，李林甫修订注释，共三十卷。该书以玄宗所拟治（讳作理）、教、礼、政、刑、事六典为名，记述唐官制。全书近三十万字，凡唐初至开元官制建置沿革、周秦至唐以前诸制渊源，均详于此编，为现存最古国家行政组织法规专著。

当时模仿唐代官制的结果，在日本也把《唐六典》作为一部非常重要的书来研究。而按理想设置的官职与现实中的官职相互组合产生的后果是，两类官职处理相同事务，这样自然产生大量冗员。如果读唐的《六典》就可了解这一情况。

但是，唐代已经有政治家开始对这个问题进行思考了，这位政治家就是杜佑[①]，他也就是前面所提到的抱着社会是在进步的这样一种观点的历史学家。杜佑是唐代中期的政治家，也正好是在弘法大师入唐这一时期的人，较天平时代稍晚一些时候，他撰写过一部名为《通典》的名著，作为历史学家，杜佑当属在写过《史记》的汉代司马迁之后最杰出的史学家。这个人的特点就是，他认为中国是在逐渐进步，这在中国的历史学家中几乎是见不到的。杜佑的那部《通典》通篇反映了他的观点，但时至今日，很多人读《通典》都没有注意到这一点。不久前，在编集友人狩野教授纪念论文集时，我写过一篇相关的论文。杜佑是一位很了不起的历史学家，又是一位有着真知灼见的政治家。《通典》中可以看到杜佑对唐代官制的论述。杜佑明确指出，唐代制度中相互矛盾、重复的官职多如牛毛。举例来说，掌管刑罚，相当于今日司法部的官职就有两个，明明一个即可，偏偏设立两个。按照唐的制度有尚书省、门下省和中书省，这些是最主要的官职。尚书省有六部，此来自《周礼》的六官，即吏部、户部、礼部、兵部、刑部和工部。除此之外，唐制度中有

① 杜佑(735—812)，唐代宰相、史学家。字君卿，京兆万年(今陕西西安)人。生于世宦之家，以门资入仕。其孙杜牧为晚唐著名诗人。杜佑所撰巨著《通典》二百卷为典章制度专史的先河。另著有《理道要诀》，系《通典》要义，被朱熹称为“非古是今”之书，今已亡佚。

九卿，其主要来自王制，九卿之中有大理寺，此即司法官，前面六部中的刑部也是司法官，这样有关司法的官职就两者重复了。工部列在尚书省六部之中，但又设与工相关者将作监，此也是重复。户部是同时掌管内务大藏的官职，在唐代又另有司徒一官，此又是重复。礼部相当于今日文部省，在此礼部之外有礼仪使，还是重复。除这些之外，类似的官职重叠现象形形色色，不一而足。杜佑举出这些事例，指出唐制度官职叠床架屋，机构臃肿，浪费严重，必须整顿。但当时没有像杜佑这样头脑清醒的宰相，其意见也没能被采纳。总之，这番意见是唐代杜佑提出来的，事情发生在唐代，我们在思考天平文化时必须要考虑到这一点。

日本在采纳唐的制度时，虽然是模仿其制度，但并没有将唐的制度囫囵吞枣，全部照搬。日本有太政官，除此之外设立八省，八省大体包括了唐的六部，还包括中书省。太政官职责范围包括尚书与门下两省，大体上日本采纳了唐的制度。唐代分尚书、门下、中书三个主要机关，中书省是天子的秘书官，相当于今天的内阁，其是天子最直接的秘书官，主要负责处理诏敕这一类事务。由于当时没有议会制度，官吏中对天子的命令也就是中书起草的命令认为不合适的，允许可以提出不同意见时，门下省就是负责对其审议的机构。唐代政治的运行实际上就是中书省与门下省双方商议，中书省代表天子的意志，门下省是审议机构，两省商议形成决定后转送至尚书省，尚书省是执行官，工作由尚书省的六部各自分担执行。这就是唐的制度，或许可以说是一种合议政治，贵族合议政治，形似专制政治，但也不是完全按照天子的意志行事的。日本太政官八省引入了这种制度，太政官下有尚书和门下两省。太政官中有辨官，辨官也就是执行官，除此之外有大纳言、中纳言、少纳言，相当于门下省，也就是就天子命令进行商讨、审议的地方。唐的中书省在日本设置为中务，在八省之中。也就是在唐的六部之外，在日本与其并列的还有中书省，成为七省。可是为什么又变为八省呢？因为在日本把唐的户部分为民部与大藏，相当于今天的内务省与大藏省，所以变成了八省。这就是日本的做法，这种做法不是毫无缘由的，而是在日本的历史发展过程中形成的。在日本的历史上，早在引入唐代制度之前，大藏这一机构就特别完整。追溯其起源，日本的财政制度是为了开展同海外的交流发展起来的。在奈良时代之前，大和川的大和、河内国境一带有一位名为船氏的人，他是百济归化人的后裔，其掌管那里的船务，担当的也就是海关的职务。另外，淀河的枚方以上地区也有一个海关官吏，名叫河内首，是归化的中国人。他们就在这两处征收进入大和的杂税。除此以外，秦氏中有担当管理长藏、大藏职务者，汉灵帝的子孙中也有成为内藏、藏人、椋人者。这些人可以说是日本最早的财政官员，在模仿唐代制度以前，日本这种称作大藏这一形式的机构就已非常发达。日本重视这一历史，所以把户部分为民部与大藏两个部分。日本在引进唐代制度，设置八省百官的过程中也是煞费苦心，最终把日本原本就很发达的事物同唐代制度巧妙地融合为一体。太政官中的辨官就是执行官，少纳言是门下省的职务，将其灵活地编入太政官内，使之符合日本的国情。

或许是种偶然，日本避免了杜佑所说的中国制度那种理想与实际产生的重复、矛盾的现象。日本没有出现司法官职各有两套这一类现象，虽然后来因具体情况有所变化，但最初在采纳中国制度时就避免了中国那种重复、互为矛盾的现象。杜佑是相当于奈良时代以后、平安时代初期的人，日本不可能参酌杜佑的看法，日本的政治家在引进中国制度、设计制定日本制度时，为避免重复的弊端是斟酌再三，煞费苦心，远比明治年间引进西方制度时辛苦得多。明治年间引进西方制度时，日本已有在其之前记载先进制度的《大宝令》以及相关的书籍，而且明治初年王政复古时期还存在一种再兴古令的倾向，在参考这一古代制度的基础上采纳西方先进的制度，将两者互为参照带来相当大的便利，所以可以说其比在日本原始制度的基础上采纳中国制度要省力得多。于此也就知道天平时代以前采用中国的官职是相当慎重的。

仅仅看日本的情况，还不能体察到其难能可贵之处，如果将其与朝鲜的制度加以比较，那就非常清楚了。日本天平时代相当于新罗国统一朝鲜时期。尔后新罗统治朝鲜达二百余年，但现在有关这一期间制度的文献很少，专门记载制度方面的书也没有能像日本那样保存下来，只不过在诸如《三国史记》之类的几本朝鲜古代史的书中稍稍提及。原本理应可以了解更多的情况，但由于文献的亡佚已不得而知。但从今天历史上保存的新罗制度来看，很明显其最初引进中国制度时就做得很不高明，无法与日本相比。新罗既没有考虑将中国的六部全部采纳，又没有想到设立如同日本太政官八省那样井然有序的制度。《三国史记》记载的是朝鲜最古老的历史，这部书写于藤原时代后期，从记载来看，当时的制度极其粗陋，完全没有像同一时期的日本那样井井有条，到其后的高丽时代，开始模仿唐代制度，但这种模仿是依样画葫芦，而不像日本那样考虑本国国情和唐代制度的欠缺，从而灵活地进行取舍。

高丽制度几乎就是对唐代制度不加区别，全盘照搬，所以朝鲜对唐代制度的采用方式从一开始就不如日本。也有人认为，新罗时代有样式繁多的佛像，在发掘的文物中不乏具有相当艺术价值的精美物品，很多器物表明其曾有过非常先进的文化。但是实际上，其制度明显不如日本。由此可见，当时日本的政治家是相当高明的。他们究竟是哪一些人呢？从表面上看，是大织冠镰足[①]之子藤原不比等[②]，但除此之外，还有那些曾留学中国的人们。当时中国文化在日本的势力之强盛远远超过今日西方文化在日本的势力，但日本人在研究引进制度之际，并没有为中国文化的灿烂所惑，而是考虑到本国的国情。

除了官制之外，日本还模仿唐代制度制定了种种法令，也就是律、令、格、式。这些是组成唐代制度的全部法令，现在只有唐律完整地保存下来，而唐令、唐格、唐式都几乎不复存在，残存的也都已是支离破碎。所谓律，就是现在日本所说的六法。所幸的是，唐律全部保存下来了，而日本模仿唐律制定的日本的律几乎都已失传，现在留下来的只有四种即名例、卫禁、职制、贼盗，而且这四种也不完整，保存下来的只是其中一部分。名例律是规定法律用语定义的，其他的各是一部分法律。将现在保存下来的日本律与唐律进行比较，可以看出日本律采用了唐律，有的甚至连词句都完全相同，尽管如此，其间也是几经推敲，颇费斟酌。例如重罪在中国称

① 即藤原镰足(614—669)，官人，古代中央豪族藤原氏之祖。参见前注。

② 藤原不比等(659/658—720)，奈良时代公卿。曾与忍璧亲王等共同编撰《大宝律令》。后又编撰《养老律令》。擅汉诗，《怀风藻》收入其诗作。

作十恶，而在日本略去其中两项，称作八虐[①]。从大体上说，日本律课罪方式比中国要轻，对中国有必要而对日本没有必要的皆排除在法律之外。即使在制定法律方面，也是充分考虑了日本的国情。可是，对适合于日本的原封不动加以采纳的情况也相当多，当时在制定法律时的良苦用心是不难想见的。

关于令，所幸的是只有一部分残缺，大部分被保存下来了。但是唐令现在几乎散佚殆尽，或者也可以说全部都已不复存在了。我曾在法国图书馆发现一部分，并亲手将其抄写下来。令中有一种正式令，是规定的文书形式，也就是诏敕令的文书形式，我所抄写下来的就是这样一部分令。其是从中国敦煌发掘出来的，现收藏在法兰西国民图书馆。我曾想用照相将其拍摄下来，但其已经过裱糊，如果纸贴在反面倒是没问题，纸又恰恰贴在令的这一面，没有其他办法，只能费力透过裱糊的纸抄写。幸好这是一纸正式令，回到日本以后将其同《大宝令》的正式令进行了比较。日本是太政官八省，而中国是尚书省六部，来往文书的官署名称不同，但文书来往的方式则完全是模仿中国，正式文书几乎相同。因为裱糊的纸下面的字看不清楚，虽尽力辨认，还是抄错了两三个字，查阅日本令，根据日本令将错字改正过来，日本令与唐令竟一致到如此地步。在这方面，日本也是从国情出发，一切都很简要，来往文书两国没有太大的差别，但唐的辞令书要经过中书、门下、尚书三省，手续非常烦琐，辞令的词句也很长。而日本尚书门下由一个太

① 十恶为谋反、谋大逆、谋叛、恶逆、不道、大不敬、不孝、不睦、不义、内乱。八虐则少了不睦、内乱两项。

政官处理，辞令也非常简洁。这种做法一直保留到现在，辞令皆由内阁处理。日本所保留下的太政官简便的处置方式，省去了唐那种从中书转到门下，再转到尚书的步骤，这就是日本的令的特色。幸好法国保存着仅存的一些断篇残页，我们才得以了解日本的令当时是如何采纳唐令的。

接下来是格，格也是在法国图书馆抄写下来的，是散颁刑部格。在唐代，大致重大法令都属律令，以现代日本来说，除宪法之外《六法全书》上的全属律令，其他琐碎的临时性指令之类的规定即为格，所谓格是在实施中起作用的规程，散颁刑部格是六部中刑部的格，在这一格中有留司格与散颁格两种。留存在负责处理的官署里的格称留司格，由于是一般规则加以公布的格就是散颁格，我所抄写的正是属于刑部的散颁格。日本还有名叫三代格的[①]。这种三代格与唐时的格相比较，最显著的不同之处就是日本的格非常简单，基本上没有烦琐的规定，而唐代的格非常复杂。关于这一点，如果把日本从好的方面来考虑，日本的官吏、民众都不像唐那样狡诈，日本人不会做钻法律空子之类的事，所以没有必要制定那样严密的格。但如果从另一方面考虑，虽然日本模仿了唐的律令那种复杂的制度，但日本社会当时远没有发展到像唐那样必须制定严密规定的程度。总而言之，与唐相比，日本的格是非常简单的。

关于式，日本有《延喜式》，唐式只有《水部式》还保存着，这是

① 亦称三代格式，系嵯峨、清和、醍醐天皇时期制定的格，即弘仁格、贞观格、延喜格。

从敦煌发掘出来、由中国的罗振玉氏[①]出版的，而其他的都已不存在了。在我去法国之前，就知道律令格式中《水部式》已从敦煌出土，但没有其他的律令和格。所幸的是，我在法国调查的结果，不仅发现了令和格，而且还有律的零碎残文。这些东西与今日流传在世的唐律完全相同。以前就知道日本律令格式的制定是模仿唐代的，但日本在模仿中国的制度方面态度如何谨慎，通过这些实物的比较才能够得以明白。

以上是关于政治方面，其他方面先论述文学。关于唐的文学传入日本，首要的条件是书籍的传入。关于从唐传入日本的书籍，有一部《日本国见在书目录》的书，这部书是自天平时期至宇多天皇的宽平年间编撰的，是当时日本所存的中国书籍目录。其所记载的书籍是否大部分在天平时代已传入日本是个疑问，天平时代的日本人究竟读了多少中国的书，如果《日本国见在书目录》之类的书当时已经问世的话，那么这个问题就很容易回答了，但遗憾的是当时没有汇总统一的目录。因此，只能从各种各样的材料中把天平时代之前传入的中国书籍的目录摘录出来，直接了解天平时代的人们读了哪些书。再则就是把这些书籍同后来的《日本国见在书目录》进行对照，间接地推测天平时代的人们所读过的书。这里，首先值得注意的是，在这些书中有天平时代的政治家兼学者吉备真备从中国带回的书。据《续日本纪》[②]记载，天平七年吉备公

① 罗振玉(1866—1940)，清末民初著名学者。在农学、考古学、金石学、敦煌学、版本目录学、校勘学、古文字学等众多领域皆有卓著建树，著作达189种，校刊书籍642种。

② 略称《续纪》。平安初期编撰的正史，共四十卷。由菅原道真等编撰，797年(延历十六年)完成。为自697年(文武天皇元年)至791年(延历十年)桓武天皇共九代天皇的编年体正史，是了解奈良时代至平安时代初期的基本史料。

从唐归来时，呈献《唐礼》一百三十卷、《大衍历经》一卷、《大衍历立成》十二卷、《乐书要录》十卷。《唐礼》一百三十卷记的是唐高宗时期的永徽礼，《大衍历经》是著名的唐僧一行所制定的历术。《乐书要录》也是在这一时期带回日本的，这部书在中国已经绝迹，其残本只在日本传下来了。中国有学者称《乐书要录》是日本人伪造的，这完全是错误的。吉备公还带回《东观汉纪》一百四十三卷，这在《续日本纪》中没有记载，但在《日本国见在书目录》中可以看到。《扶桑略记》记载，吉备公传习三史五经、名、刑、算术、阴阳、历道、天文、漏刻、汉音、书道、秘术、杂占、十三道，此诸道书籍是其亲自由中国带回日本、还是在其之前已由中国传入，可惜的是目录上没有记载。其次应该注意的是圣武天皇[①]的《宸翰杂集》。这部书现珍藏于正仓院[②]，是圣武天皇从御览的中国书中亲自抄写下来的，其中大部分系与佛教有关的诗文。佐佐木信纲博士[③]前几年将这部书出版，从该书可以看到，在提到的六种书中有三种在《日本国见在书目录》中有记载，其余三种没有记载。由此可见，天平时代的人们在读《日本国见在书目录》的时代还没有的书。可以想象，天平时代中国的书籍之丰富绝不亚于平安时代。第三点应该注意的是，众所周知《日本书纪》是奈良时代汉字体的日本历史，书中引

① 圣武天皇(710—756)，724—749 年在位。

② 东大寺内用以收藏 752 年本尊毗卢遮那佛开光时的供养品仓库，其收藏又包括圣武天皇的珍爱之物等共计一万余件，藏品多为奈良时代之物，也有很多中国唐代之物，还有丝绸之路上的中亚古国以及希腊、罗马的器物，种类繁多，极为珍贵，其中很多是传世之作。

③ 佐佐木信纲(1872—1963)，明治—昭和时期歌人、国文学家。号竹柏园。曾在东京大学任教。著有《日本歌学史》《和歌史研究》《校本万叶集》等。

用大量中国的书,其中有的地方明确举出所引的书名。在《神功皇后纪》中引用了一本《晋起居注》的书,现在这本书在中国、日本都已失传,可是在《日本国见在书目录》中有记载,这是天平之前编撰《日本书纪》时期到《日本国见在书目录》时这本书已流传于世的一个证据。《日本书纪》写的是日本历史,但其文章是汉文,文字非常漂亮,有的地方将中国天子诏敕一字不改地作为日本诏敕书写。后世史论认为《日本书纪》这种态度远离事实,借用中国历史之文粉饰。但从文化角度考虑,这又成为了一个佐证,证实为文饰日本历史而使用的各种各样的中国书籍在奈良时代就已传入日本。当时编撰《日本书纪》的人们熟读各种中国的资料,知道在何处有适合诏敕的文句并加以摘录使用。和铜(708—715)养老(717—724)年间,编撰《日本书纪》时中国的书籍就已经相当丰富。如果有人在奈良时代的书以及文章中调查其引用文字,也一定会得到相同的结果。第四点是,在佐佐木博士出版《圣武天皇宸翰杂集》的同时,还有一部《南京遗文》,也是汇集正仓院所藏奈良时代的古代文书,缀成一册出版。其中天平二十年(748 年)六月十日的《更可请章疏》将汉籍的目录与佛典一起列出,其全文可是《大日本古文书》第三卷。其中一半左右的汉籍在《日本国见在书目录》中有记载,没有的话,在中国正史中的书目,也就是《隋书·经籍志》《旧唐书·经籍志》或《新唐书·艺文志》上也有记载。(参见附记)

根据这些情况可以推想,天平时代,当时唐代的主要书籍在我国都有,同《日本国见在书目录》时代没有多大的区别,有的书在《日本国见在书目录》中没有记载,但在天平时代就已经有了。佛教书籍另当别论,在中国周围的国家中,还找不出哪个国家能像日

本这样拥有如此丰富的中国书籍。关于佛教书籍,《续日本纪》记载,与吉备公同时入唐的僧人玄昉[①]曾带回五千余卷佛典。五千余卷几乎相当于当时经书的全部,就从这一点也可以了解当时日本的学者以及僧侣为了获取中国的知识是如何利用中国书籍的。根据这些资料我们不难想象当时的日本人是如何挥洒自如地写作汉文、汉诗的。

《续日本纪》是用类似现在官方文件的材料以日记体编撰,包括以奈良时代、天平时代为中心的各个时期种种文献,其中有历代诏敕,全部用汉文写成。还有的就是名家撰写的文章,那些都是美文,当时成为衡量如何写好汉文的标准。其中有一篇宝龟元年(770年)吉备大臣所作乞骸骨的启[②],用漂亮的四六文体写成,事情发生当在孝谦天皇[③]驾崩、光仁天皇[④]还身为皇太子、尚未即位期间。宝龟三年(772年)一个名为文屋大市[⑤]的人收到一份乞骸骨的表[⑥]。因为文屋大市这个人是天武天皇系的,当时已被赐姓

① 玄昉(?—746),奈良时代僧人。俗姓阿刀。716年(灵龟二年)作为留学僧入唐,后在唐做官,唐玄宗时官至三品并受赐紫衣。735年(天平二年)携佛经五千多卷以及佛像等与吉备真备一同回国。后任僧正,据传大佛的营造,国分寺的创建都与其有关。

② 古代官吏因年老请求退职称乞骸骨。见《晋书·庾亮传》:“亮明日又泥首谢罪,乞骸骨。”东汉班固《汉书·赵充国传》:“充国乞骸骨,赐安车驷马”。启为旧时文体,较简短的书信。

③ 孝谦天皇(718—770),749—758年在位。再次即位称称德天皇,764—770在位。

④ 光仁天皇(709—781),770—781年在位。

⑤ 当为文室大市(704—780),奈良时代公卿。长亲王之子、天武天皇之孙。

⑥ 古时臣子向君主上书言事的一种文体。此外,还有一类专议朝政的文章亦称表。

为人臣，孝谦天皇驾崩后，其为皇嗣候补者之一，与吉备公关系极为深厚，吉备公甚至提出立此人为天子之议。该表也当为吉备公所作，用非常优美的汉文写成。除此之外，由于当时正值安禄山叛乱时期，在正式的奏文中还有事关太宰府防务之议，从中可窥其谋略之才的同时，亦可见其文采。吉备公是当时首屈一指的大学者，迄今为止被发现的吉备公的文章只有两三篇，此篇或可援作实例，其文字优美流畅，由此可知当时的人们可以写出何等水平的汉文。

在这一时期前后的汉文中，最令我们钦服的就是《古事记》。这是一个名叫太安万侣的人编撰的，时间是和铜五年（712 年），远在吉备公之前。《古事记》仍然是用四六文体。里面有很多的日本故事，使用汉文写中国故事相对要轻松得多，但此人运用很多日本神代以来的典故，其手笔实在令人惊叹。从这些事例也可窥见当时人们的汉文水平。在这一点上，同其他国家比较，虽然当时朝鲜能写汉文的人相当多，但从现存的汉文来看，还没有能堪与我国相比者。虽也有如强首、薛聪、金大问等名人所作的汉文，但这些文献今多已亡佚，偶有残存于世者，也是真伪难辨，不足凭信。

汉文之外就是汉诗。在我国当时的汉诗集中有一部名为《怀风藻》的书，其序文也是一篇四六体的名文，这部书中大约收集了奈良时代的人们所写的汉诗约一百二十首，其中多为当时流行的五言古诗，也有七言诗。弘文天皇①、大津皇子自不待言，镰足的子孙史、宇合等人也是其中的作者，这些汉诗与初唐的诗歌几乎是相同的风格。也许是由于文献亡佚的缘故，在汉诗方面朝鲜也几

① 弘文天皇（648—673），有关即位史料不详。《怀风藻》收入有其汉诗两篇。

乎没有堪与日本相比者。距今约500年前朝鲜有一本名为《东文选》的书，里面有古诗文，相当于日本天平之前时代的诗只载有一首，而且作者不明。唐代人的诗也有若干首，但多为平安时代菅公时期的汉诗，早于那一时期的汉诗几乎没有。当然不能因为没有就断定当时人不会作诗，但日本有一百二十首，而朝鲜仅此一首，别无他作，让人感觉到诗人不多。当时日本文化与朝鲜相比，孰优孰劣，据此不难断定。在《怀风藻》的一百二十首汉诗中，还不包括阿倍仲麻吕欲从唐返回日本时所作的那首著名的五言诗[①]。

还有一点或许与中国无法相比，但与其他国家相比，日本了不起之处就是用国语写文作歌。和歌在《日本书纪》和《古事记》等书中也有记载，这些朝鲜几乎都无法与其相比。不过新罗时代朝鲜语类似和歌之类的歌谣并非完全没有，《三国遗事》这本书中就有五六首，但现在要读它都很困难。更没有像我国《万叶集》那样留下二十卷之多的歌集了。此外，日本当时已有国语文章，如《续日本纪》所载宣命[②]之类都是文辞妍丽、气势雄峻之文。朝鲜也并非没有用国语写作的文章，今日京城总督府博物馆所藏庆州地方发掘的天宝十七年葛项寺石塔记碑文就是用朝鲜语写的。又如对马曾有朝鲜钟传入，放置在八幡宫，今该宝物已不知下落，但钟铭文的拓本留传下来，也是用新罗时代朝鲜语写成的。这两篇东西也

---

① 阿倍仲麻吕《衔命还国作》：衔命将辞国，非才忝侍臣。天中恋明主，海外忆慈亲。伏奏违金阙，骓骖去玉津。蓬莱乡路远，若木故园邻。西望怀恩日，东归感义辰。平生一宝剑，留赠结交人。

② 以日本国语写成的传达天皇旨意的文章。奈良时代以后，仿效唐制采用以汉文写的诏敕。

就相当于日本法隆寺金堂药师三尊光背铭文的水平，当时朝鲜远没有达到如同日本那样运用本国语言写文作歌、制作鸿篇巨作的程度。国语的独立是日本国民最伟大的业绩之一。吸收接受中国的文学，与中国人同样作文赋诗，同时又倾心致力于日本本国传统的文章与和歌的制作，两者并举，双管齐下，这足以证明当时的日本人具有优于他国国民的非凡的能力。

这一时期，社会时行阅读汉文使用日本读法，甚至盛传吉备公创制了五十音。总之，用日本国语的法则对汉文进行训读非常盛行，当时已经出现了语尾假名①。有一说认为，读汉文标注的训读符号②、语尾假名是平安时代以后才出现的，但我确信其自奈良时代开始就已经开始出现。近年对尊胜院圣语藏的大量佛经调查结果证实，当时已经存在训读这种方式。以日本的读法阅读中国的文章诗歌在增加日本人对中国文学的理解力上起了非常大的作用，其对当时的文化产生了相当大的影响。当时新罗类似日本假名的文字符号也开始出现，传说吏吐③就是由新罗的薛聪④创制出来的，其训读方法与日本不同，训读时不打乱汉语的语法。而日本

① 语尾假名是指日本人在训读汉文时在汉字右下侧所加的假名。包括活用形语尾、助词、助动词等。

② 即“乎古止点(ヲコト点)”。古时训读汉文时加在汉字的四角或上下的点、线等符号，主要用以表示助词、助动词及活用词的读法。

③ 朝鲜上代文字叫吏道，书写朝鲜语时借用汉字的音训。吏吐则相当于日语的语尾假名。

④ 薛聪，朝鲜新罗时期散文家、学者。生卒年不详，大约生活于7世纪末8世纪初。曾出家，号小性居士。其使用朝鲜语解读九经，并整理了当时比较混乱的吏读文字，使之系统化，对朝鲜古代文化的发展作出了贡献。著作大部已亡佚，有寓言散文《花王戒》收入《三国史记》。

与其恰恰相反，日本尽可能按照日本的理解进行训读，这对于日本文化从中国文化中独立出来是相当重要的。

关于艺术，首先谈一谈雕刻。雕刻在天平时代、整个奈良时代就已经非常发达，可以把天平时代的雕刻与朝鲜当时的雕刻作一个比较。这里不妨把种类相似的雕刻放在一起来看。朝鲜庆州有一处叫石窟庵的地方，那里有很多的雕刻，都是很精美的作品。按照历来评论家的说法，石窟庵的雕刻是在中国雕刻传入朝鲜之后发展起来的，体现了朝鲜的特色。当时正值唐朝时期，如果将石窟庵的雕刻与同一时期、同一题材的日本雕刻，如东大寺三月堂以及戒坛堂的四天王、兴福寺释迦十大弟子相比较，首先一眼望去就会感觉到，日本的雕刻从整体上说富有浓重的写实风格，与实际中的人物相当接近，而且反映了日本固有的传统技艺特色。从三月堂等处的雕刻就可以这样断定，人物面部表情很带有实生风格，而从整个姿态来看，又总让人觉得与日本历代相传的冥器泥俑的形态十分相似。天平时代日本的艺术非常发达，已经掌握了写生的技巧，又多少带有古代的传统以及冥器泥俑一类的影响。当时的雕刻在表现日本地方特色的同时，又汲取了唐代雕刻带有写实精神的特点，反映出其为达到与中国同一水平而作出的努力。而石窟庵的雕刻则旨趣迥异，无论人物姿态还是表情都缺少写实的感觉。就其人物姿态而言，如果要举与其相似者，则可举始于中国六朝时期的雕刻，如龙门雕刻。关野博士发现的天龙山石窟中的石佛，姿态轻盈曼妙呈漂浮状，这也可称为六朝时期的一个特点。石窟庵雕刻与这种姿态是有相同之处的。这一特点也表现在绘画上，例

如顾恺之[1]的《女史箴》中的人物，又如阎立本《帝王图》中的人物姿势也是呈漂浮状的。这幅画曾一度拿到过日本，因没有买家又带回中国去了。由此看来，六朝时期至唐代初期传统相承的绘画雕刻风格在朝鲜一如既往地传承到石窟庵时代，并在其雕刻上表现出来。如果从偏爱日本的角度来说，日本在天平时代就已经在隋唐时期风格的绘画、雕刻中融入了写实的精神，同时还吸纳了泥俑时期以来的传统，表现出日本固有的特色。可是朝鲜的雕刻依然还在照搬六朝时期的形式，并没有发展到日本的水平。

除雕刻之外，从六朝时期到唐代这一期间中国的绘画也发生了种种变化。六朝时期的绘画至阎立本可划为一个时期。其后出现了吴道子这一位著名人物，画风为之一变，白描画风流行。所谓白描也就是一种别具笔意的用墨方法，这又是一种变化。还有就是张萱[2]、周昉[3]两人于开元天宝年间异军突起，开始画富于肉感、写生风格的绘画成为当时的流行。从那以后仕女画就开始画肉感

① 顾恺之(348—409)。东晋画家，绘画理论家，诗人。字长康，晋陵无锡(今江苏无锡)人。工诗赋、书法，尤擅绘画，精于人像、佛像、禽兽、山水等。与曹不兴、陆探微、张僧繇并称六朝四大家。顾恺之作画，意在传神，其“迁想妙得”“以形写神”等论点以及其他理论为中国绘画的发展奠定了基础。顾恺之的绘画真迹没有保存下来，相传其作品摹本有《女史箴图》《洛神赋图》《列女仁智图》等。

② 张萱，唐代画家，生卒年不详。京兆(今陕西西安)人。善画人物、仕女，其人物画线条工细劲健，色彩富丽匀净。其所绘仕女是唐代仕女画的典型风貌，成为后来的仕女画的先导，对唐五代的画风产生很大影响。传世作品有《捣练图》《虢国夫人游春图》等。

③ 周昉，唐代画家，生卒年不详。字仲朗，一字景玄。京兆(今陕西西安)人。工仕女，初学张萱而加以写生变化，多写贵族妇女。所作人物优游闲适，容貌丰腴，衣着华丽，用笔劲简，色彩柔艳，为世所重，称绝一时。亦擅画佛像、鸟兽、花鸟。传世作品有《挥扇仕女图》《簪花仕女图》《调琴啜茗图》等。

丰满的美女。天平时代正好跨越从吴道子到周昉、张萱这一期间，所以能够感受到当时已经受到唐代这种画风变化的影响。在日本，六朝风格的绘画，也就是阎立本风格的绘画，多见于如法隆寺玉虫厨子门扇[①]这一类古物，类似吴道子那样的作品也就是如正仓院画在麻布上的菩萨像之类的了。由于在中国也没有可以确定的作品，所以就很难进行比较。农林大臣山本悌二郎氏收藏有一幅吴道子的《送子天王像卷》，据说是宋朝时期的摹本，与这幅吴道子的绘画相比较，麻布画像的面部描绘方法与其有相当多的共同点，可知吴道子风格的绘画当时已传入日本。至于周昉的绘画，朝日新闻社的上野先生有一幅《美人听琴图》，是明代仇英的摹本，非常传神地表现了周昉画的神韵。张萱的画在波士顿博物馆里有宋徽宗的摹本，据说其临摹的是唐代原本，看这些摹本，可以认为药师寺的《吉祥天图》、正仓院屏风画的树下美人、法华寺来迎佛的屏风都可当为日本受到周昉、张萱等写实流派以及仕女画风格影响的佐证。周昉、张萱生活的时代几近与天平时代同步，其画风影响日本非常迅速，中国刚一流行，马上传入日本，可见当时中日文化关系是如何紧密敏感。或许当时日本都城奈良已经发展到拥有与唐的发达地区如长安、洛阳、扬州几乎相同水平的文化。

关于书法，这里首先提出欧阳通所写的道因法师碑文，把其作为一个标准。欧阳通晚年所写的东西中有高句丽泉男生的墓志

① 法隆寺所传飞鸟时代的橱柜，其为宫殿形状，安放在须弥座上。宫殿的镂空雕刻的金具下饰有一玉虫的羽翅，橱门及须弥座四周用彩漆绘有释迦的佛教世界和讲经图。玉虫厨子用以放置佛像、经卷，其反映了飞鸟时代高超的绘画、工艺水平。参见后注。

铭，泉男生这个人由高句丽降唐，后死于唐，其墓志铭最近在洛阳被发掘出来。欧阳通继承其父欧阳询遗风，是唐初书法大家。不可思议的是，在日本有酷似其字的书作，给中国人看，中国人说是欧阳通的字，不相信是日本人所书。这幅书作就是小川为次郎先生所收藏的《金刚场陀罗尼经》。书作上写有干支丙戌年，正好相当于朱鸟元年(686 年)，还写有“川内国志贵评内知识为七世父母及一切众生”云云，卷末有“教化僧宝林”字样。毫无疑问这幅书作是在日本所书，但欧阳通不可能来过日本，由此可知系日本人所书。让人感觉系同一人书写的还有日本的金石文，这就是长谷寺千体佛下的铭文，其也是朱鸟元年之物。将两者相比，书体几乎相同。总之，在日本只有《金刚场陀罗尼经》与长谷寺千体佛铭文这两件书作，其文字与欧阳通书体没有丝毫两样。书写道因法师碑文早于泉男生墓志铭 16 年，《金刚场陀罗尼经》与长谷寺千体佛晚于泉南生墓志铭 7 年，也就是说，这些书作是几乎与欧阳通同一时代的人所书。当时在日本已经有人能够写出与欧阳通书风完全相同的书作，由此可见那个时代的人们对吸收中国文化是如何地敏感。

完美表现欧阳通父亲欧阳询书风的书作还有已故小川先生收藏的《华严音义》二卷，此作原为东大寺所收藏，曾为净土宗管长、著名高僧养鸬彻定所有，后被西本愿寺收藏，西本愿寺拍卖藏品时被小川先生购得。其书写风格与欧阳询的字相同，由于过于相似，展示给中国人看会使其大吃一惊。但此《音义》中夹杂有日语文字，该件当在日本书写是确凿无疑的。这里所举的两三个例子说明日本人当时是如何认真学习中国著名书家的书风的。除此之外，高野山有《文馆词林》，是卷轴，计十二卷。其中一卷与唐代著名书家褚遂良的字体十分相似，是嵯峨天皇时期所写的，虽然不是奈良时代，但是平安时代最早的时期，接近于奈良时代。这件东西历来不为人所注意，是近年被发现的。弘法大师的《灌顶记》《风信帖》与颜真卿的书法十分相似，是大师认真研习唐代当时新创的书风、精心创作的书作。在这之后，唐又有柳公权，只有此人在日本几乎无人习其书体，但还是在高野山，那里有《金光明最胜王经》二卷，同普通写经相比，更是密行细字，书风几近与柳公权同出一辙。

天平时代以及与其相接的平安时代初期，唐代名家书风传入日本，不仅有人学习，更有人将其很快传播开来，一种书风兴起还不到二三十年，其本人尚健在时，就已有人将其书风研习得精细透彻，当时的日本人学习中国文化的速度远远超过后来德川时代的人们，反映出他们充分地吸收了中国文化。天平时代与现在完全不同，航海相当困难。阿倍仲麻吕要从唐返回日本，后遭遇海难，漂流到安南，最后重归于唐，埋骨于盛唐。鉴真和尚来日本也是历经千辛万苦。尽管当时交通非常不便，但日本对学习中国文化是何等积极，从这里也可得到印证。

或许这些只是日本当时贵族中间的事，但这些当时在日本接受了最高水准的教育、有着良好教养的人们与中国的那些同类人群基本处于同等水平之上，他们具有把中国文化引进日本的实力，当然这对中国文化的输入是有利的。总而言之，天平时代日本的文化虽然几乎就都是输入的中国文化，但当时的人们完成了其他国家难以仿效之业。不止于此，日本人此时开始拥有了日本自己的国语，开创了日本文学，这是非常了不起的。

附记　一

据笔者调查,《大日本古文书》卷三及《南京遗文》所载天平二十六年六月十日"更可清章疏等"记载的外典书中,部分载于《日本国见在书目录》以及《隋书·经籍志》《旧唐书·经籍志》《新唐书·艺文志》等,亦有部分无记载。具体如下所记。简便起见,《日本国见在书目录》简注作见,《隋书·经籍志》简注作隋,《旧唐书·经籍志》简注作旧,《新唐书·艺文志》简注作新。其他皆注具体书名。

《经典释文》廿一卷一帙　见(卅卷)　旧(卅卷)　新(卅卷)

《新修本草》二帙廿卷　见(同)　旧(廿一卷)　新(廿一卷)

《大宗文皇帝集》四十卷　见(卅卷)　旧(卅卷)　新(同)

《群英集》廿一卷

《许敬宗集》十卷　见(廿卷)　旧(六十卷)　新(八十卷)

《天文要集》十卷　见(一卷　另四十三卷)　隋(四十卷、另四卷、另三卷)　新(四十卷)

《职官要录》卅卷　见(同)　隋(同)　旧(同)　新(卅六卷)

《庾信集》廿卷　见(同)　隋(廿一卷)　旧(同)　新(同)

《政论》六卷　见(五卷)　隋(同)　旧(五卷)　新(同)　《群书治要》

《明皇论》一卷

《帝历并史记目录》一卷

《君臣抗要抄》七卷

《瑞表录》一卷

《庆瑞表》一卷

《帝德录》一卷　见(二卷)　《文镜秘府论》

《帝德颂》一卷

《让官表》一卷

《圣贤》六卷

《钧天之乐》一卷

《十二戒》一卷　见、新(亦有《军戒》三卷)

《安国兵法》一卷　见(三卷)

《军论斗中记》一卷　隋(五行家有斗中孤虚图另注引梁录周易斗中八卦绝命图周易斗中八卦推游年图)

《文轨》一卷　见(十卷)

《要览》一卷　见(同)　隋(十卷)　旧(五卷)　新(五卷)

《玉历》二卷　见(五行家有《赤松子玉历》二卷)

《上金海表》一卷　见(兵家有《金海》卅七卷)　隋(兵家《金海》卅卷)　旧(兵家《金海》四十七卷)　新(兵家《金海》四十七卷)　《隋书·艺术传》萧吉著《金海》三十卷

《治痈疽方》一卷　见(七卷)　隋(《痈疽论方》一卷)

《石论》三卷　隋(一卷)

《古今冠冕图》一卷

《冬林》一卷

《黄帝针经》一卷　见(十卷)　隋(九卷)　旧(十卷)　新(十卷)

《药方》三卷　隋(四十卷秦承祖二卷徐文伯撰、五卷徐嗣伯撰、廿一卷徐辨卿撰、五十七卷后齐李思祖撰)　旧(十七卷秦承祖撰)　新(四十卷秦承祖撰)

《天文要集岁星占》一卷

《彗孛占》一卷　见(同)　隋(同)

《天官目录　外官簿》一卷

《黄帝太一天目经》二卷　见(三卷)　隋(《黄帝太一兵历》一卷、《太一兵书》十一卷)、旧、新(《太一兵法》一卷)

《内宫上占》一卷　见(《天文录　石氏中宫占》三卷上中下)

《石氏星官簿赞》一卷　见(《石氏星经簿赞》二卷)　隋(《石氏星经簿赞》一卷、注梁有星《官薄赞》十三卷)旧、新(《石氏星经赞》一卷)

《太一口决》第一卷　见(《太一口决》一卷)

《传赞星经》一卷

《簿赞》一卷　见(二卷或三卷)

《九宫》二卷

《一推九宫法》　隋(《九宫推法》一卷)

《一遁甲要》隋　(《遯甲要》一卷)

另　《南京遗文》中有抄录以下两书处

《文字辨嫌》　隋、旧、新(各一卷)

《通俗文伏虔》　见、隋(服虔一卷)

附记　二

可参见谢邦诺氏龙门及其他图录

No. 291，292，293，294，295，296 及 566，569，589，590，610，613。

附记　三

可参见田中、外村两氏《天龙山石窟》二十、二十一、二十二、二十三

(1928 年 3 月于大阪朝日会馆讲演，同年 10 月 5 日发行的《天平的文化》所载)

续记

阅《东洋文库论丛》第十一期石田茂作君所著“从写经看奈良时代的佛教研究”，对附记《大日本古文书》所到书目应作如下改订补充。

《白虎通》一帙十五卷　见(同)　隋(六卷)　旧(六卷)　新(六卷)

《离骚》三帙(各十六卷)　见(《楚辞》十六卷　《离骚》十卷)　隋(《楚辞》十二卷　另三卷)　旧(《楚辞》十六卷　另十卷)　新(《楚辞》十六卷　另十卷)

《方言》五卷　见(十卷论语)　隋(十三卷论语)　旧(《别国方言》十三卷小学)　新(《别国方言》十三卷小学)

《论语》廿卷　见(十卷)　隋(十卷)　旧(十卷)　新(十卷)

《三礼仪宗》三帙　各十卷目录仪皆作义　见(廿卷)　隋(三十卷)　旧(三十卷)　新(三十卷)

《新仪》一帙十卷　见(卌卷仪注家)　隋(三十卷仪注)　旧(《杂仪》三十卷)　新(三十卷)《隋志》《新唐志》均作鲍泉，《旧志》作鲍泉，书名作《杂仪》，皆误。

《汉书》

《晋书》 此两书系常见书，无须加注

《文选音义》七卷 另三卷 见（十卷李善撰另十卷释道淹撰） 旧（十卷释道淹撰） 新（十卷 僧道淹撰）新志

《文选》上帙九卷下帙五卷 无须加注

《孝经》一卷 此书载东大寺

《列女传》 见（十五卷曹大家注） 隋（十五卷曹大家注 另七卷赵母注） 新（十五卷曹大家注）

《典言》四卷 见（同后魏人李魏叔撰《杂家》） 隋（同后魏人李穆叔撰另四卷后齐中书郎荀士逊等撰《杂家》） 旧（同李若等撰《儒家》） 新（同李穆叔《儒家》）

《书法》一卷 隋（《古今八体六文书法》一卷）

《神符经》一卷 见（《三甲神符经》一卷） 新（《老子神符易》一卷）

《阴阳书》 见（《大唐阴阳书》五十一卷 《新撰阴阳书》五十卷吕才撰） 旧（《阴阳书》五十卷吕才撰 《新撰阴阳书》三十卷王粲撰） 新（王璨《新撰阴阳书》三十卷 吕才《阴阳书》五十三卷）

（1930 年 9 月 26 日记）

关于香料的原产地

我国关于香料著述的历史相当久远，《香字抄》和《香药抄》这两本书在《续群书类从》中都有记载。不过这些书都有种种异本，笔者所见到的《香字抄》当为平家时代的古抄本（猪熊信男氏所藏），《香药抄》则是笔者所藏，是后记有落款为元和的抄本和《续群书类从》本，后者有醍醐寺著名僧正胜贤、成贤所作的后记，胜贤的后记中记有"写于永万元年"，可见其成书在此之前，书中引用了中国宋初开宝年间重订的本草以及大中祥符元年的《重修广韵》，所以大概不会早于院政时代[①]。《续群书类从》本一般认为是惟宗俊通所撰，俊通是白河天皇[②]承历年间为派其去高丽而引起争议的名医，总之这部书是有关香料的很好的资料。当时对于香料的认识源自于佛事或以香薰衣的需要，其种类也不限于沉香、白檀，还包括兰、其他香草以及麝香等动物类原料。当时还没有出现闻香即香道这一类的现象——闻香之法兴起之后，也只限于南洋的香料，逐渐开始对其进行研究，赏玩——《香字抄》《香药抄》时代有关

---

① 天皇让位后，作为上皇或法皇在院厅治政的政治形态称院政，1086 年（应德三年）由白河上皇创立。政治史上，从白河上皇始，经鸟羽、后白河、后鸟羽上皇共四代约 130 年（1086—1221），日本史称院政时代。

② 白河天皇（1053—1129），1072—1086 年在位。

香的知识相当广泛，甚至涉及汉籍佛典，但是还没有直接关注香料的产地，也没有根据产地对香的种类进行鉴别。

闻香的流行始于何时？德川时代中期大枝流芳[①]有许多关于香的著述，根据他的记述，南北朝时代的佐佐木道誉[②]当为元祖，其后东山将军义政亦嗜好香道。据传香道志野流派之祖宗信[③]是足利将军义澄[④]时代的人，香道似乎从宗信那个时代开始形成。根据志野宗信的笔记记载，在其之前，香道已由前往中国的僧侣传入，但是关于香的产地当时是否已有正确的认识不得而知。在其之后的信长时代，有一个名叫建部隆胜的人，在其写于天正初年的笔记中，明确记载了有关香的产地情况。香的产地有伽罗、新伽罗、罗国、真那贺，这些地方都是著名香料产地。到德川时代初期，又有一个名叫米川常伯[⑤]的人，从他那时开始出现六国之香的说法，在上述的伽罗、罗国、真那班、真那贺之外，加上佐尊罗、寸门多罗，一共六国。这时人们已经开始逐渐关注香料的产地，尤其是这六国各自出产的特殊香料。可是有关这一点，似乎有些争论，按照大枝流芳所说，米川氏之前没有六国之香一说。而且前面所举四

① 大枝流芳，生卒年不详。号修然翁、青湾、钓隐等。享保时期（1716—1736）活跃在大阪一带，有荣道、香道、花道方面的著作多种，如《雅游漫录》7卷、《抛入岸之波》《具尽浦之锦》《香道瀑之丝》等，尤以茶道书《青湾茶话》著名。

② 即京极高氏（1296—1373），号道誉。镰仓时代后期、南北朝时代武将，历任检非违使、佐渡守、近江、出云等地守护。擅和歌、连歌，尤精香道。

③ 志野宗信（1441—1522），战国时代茶人、香道家，志野流派之祖。号松隐轩、花香舍，通称三郎右卫门尉。文龟二年（1502年）在自宅举办香会“名香具合”尤为著名。

④ 足利义澄（1480—1511），室町幕府第十一代将军。1494—1508年在职。

⑤ 米川常伯（？—1676），江户时代香道家。号东庵。曾从相国寺僧松轩学香道，擅书法。

国之外还有赤栴檀，六国之说相当不确，所谓佐尊罗与寸门多罗乃香名，六国之香若各为不同香者，称六国亦可，然而六国之内亦有出产同一香料者，根据六国之名实难分辨。

大枝氏甚至考虑到此六国地名是否果真确有其地的问题，在他的著作《香道千代秋》中这样写道：

“唐土书中有罗国、满剌加、苏门答剌、伽罗四国，而未见佐尊罗、真那班二国。纵便万国图中仙劳冷祖可作佐尊罗，马拿莫大巴梵语可通真那班，但尚未确见于书，当作细考”云云。

此书写于享保十七年(1732 年)，在其享保十九年(1734 年)的著述《香道奥栞》中还有这样一段话：

“新伽罗当为后传入者，实为伽罗。云另有新伽罗者一说乃大谬。伽罗、罗斛、满剌加、真蛮皆为南方海外国名也。后世增苏门答剌、差咀罗二香，名以六国，另又有一香名太泥。前六国名目之事载《千代秋》，唐土书中考证载增补《香志》。如《千代秋》所载，将仙劳冷祖作佐尊罗者乃误。长崎西川氏[①]书(《华夷通商考》)中苏门答剌国作仙劳冷祖岛，与苏门答剌同一国也。南蛮中迦摩缕波国南方，有室利差咀罗国，此当为差咀罗。太泥亦为国名，当流并无六国之名目，其当为香料产地。区别香料产地事乃香道专要也”云云。

这位大枝先生对于香料的产地作了种种研究，其所论述多少

---

① 即西川如见(1648—1724)，江户时代前、中期天文学家，曾在长崎任译官。名忠英，号求林斋，人称次郎右卫门。著有《华夷通商考》《四十二国人物图》《天文义论》《两仪集说》《天文精要》等。

有误。首先是将伽罗当作国名，此为谬误，伽罗完全就是香料之名。大枝氏将《香志》作为其著述附录出版，此书似请具汉学造诣者编撰，署有编者岩信之名。《香志》乃享保时期的著述，多涉猎中国诸书，观其引用书目，仅限于香者即有，明倪朱谟《本草汇言》、田艺蘅《留青日记》、陈继儒《偃曝谈余》、费信《星槎览胜》、马欢《瀛涯胜览》、屠龙《考槃余事》、陈懋仁《泉南杂志》、黄衷《海语》、方以智《通雅》及《物理小识》、张爕《东西洋考》、李时珍《本草纲目》、黄一正《事物绀珠》，再往前追溯，还有唐冯贽《南部烟花记》、宋代洪刍《香谱》等。对明代正确记载在南洋地方实际所见所闻的书，如《星槎胜览》《瀛涯胜览》《海语》等尤加关注，在这一点上，与中国有关香的著述中最为著名的明代周嘉胄《香乘》、清代王䜣《青烟录》等相比更胜一筹。尽管如此，大枝氏有关香料的知识中仍有对《香志》内容有欠加细细吟味之处。《香志》中伽罗即棋楠香、加蓝香、奇楠香，皆为同一物，香木名称用汉字标注毕竟有异，将其当作国名则大谬也。再者，其从西川求林斋之说，将苏门答剌作仙老冷祖、又将佐尊罗当作室利差呾罗国、真那班当作马拿莫大巴，此皆为谬误。

香木产地的地名中大体可以明确的有罗斛、满剌加两个。罗斛是今日暹罗国[①]的一部分，中国元代成书的《岛夷志略》中记载有罗斛，其中写道："此地产罗斛香，香味极清远，亚于沉香"。根据藤田剑峰博士的《岛夷志略校注》，葛里尼氏以及希尔特民、洛兹克希尔氏等认为此地系今日湄南河流域的洛弗里地区，其于公元

① 即泰国。

1349 年与暹国合并为暹罗国。满剌加就是现在马六甲的港口所在地，关于这一点无须赘言。苏门答剌也就是现今的苏门答腊岛。伽罗的产地主要是安南的占城，这在《香志》中也有记载。再者就是大枝氏所说的太泥，其不在六国之中，但根据葛里尼氏所说，可以明确该地指的就是位于北苏门答腊巴塔尼河的入海口地区。大枝氏也不明了、至今尚存疑的只有差咀罗、真那班两地。关于差咀罗一般认为其就是仙劳冷祖，但根据利玛窦(Matteo Ricci)[①]的《坤舆万国全图》，仙劳冷祖即为今日的马达加斯加岛，在艾儒略(Giulios Alèni)[②]的《职方外纪》中记作圣老楞佐。不言而喻，所说的佐尊罗看来当为别处，西川求林斋将苏门答腊称作仙劳冷祖亦为错误。大枝氏称差咀罗当为迦摩缕波国的南部室利差咀罗，此地名在玄奘三藏的《西域记》中有记载，根据康仁加姆氏的说法，其当为恒河流域地区的国家，真名是室利差呾罗(Sri—kshatra or Srikshetra)，而不是室利差咀罗。

① 利玛窦(Matteo Ricci，1552—1610)，意大利耶稣会传教士、学者。字泰西。1578 年，利玛窦前往远东传教，最初到达印度，后来到中国，在澳门、广东、南昌、南京、北京等地传教。在传教的同时，利玛窦用汉语著述，介绍西方自然科学成果和思维方式，他和徐光启一起翻译的《几何原本》引进了西方自古希腊而来的逻辑思维和用“公理”“定律”确切证明命题的数学方式。尤其是利玛窦带来的《万国坤舆全图》彻底颠覆了中国人心目中以中国为世界中心的传统观念。此外，利玛窦在音乐、美术等艺术领域也作出了不凡的贡献。利玛窦是“西学东渐”第一人，他对明末中西科技文化交融所作出的重要贡献也对日本、朝鲜半岛的国家认识西方文明产生了重要影响。除《坤舆万国全图》外，著有《西字奇迹》《二十五万言》《同文称指》等。

② 艾儒略(Giulios Alèni，1582—1649)，意大利耶稣会士，学者。号思及。生于意大利布雷西亚，1610 年到中国传教。所著《职方外纪》是继利玛窦《坤舆万国全图》之后详细介绍世界地理的中文文献。1649 年艾儒略在福州病逝。另著有《耶稣传》八卷、《西学凡》等。

笔者也曾思考过这些问题，印度的德干州浦那地区有个称作萨斯沃(Sasvar)或萨斯沃德(Sasvad)、萨斯撒(Sassav)、萨斯索尔(Sassoor)的地方，是在皮马河盆地，其可见于毕比安·德·桑马尔丹的《世界新地名辞书》。该地似乎位于邻近孟买的印度西部，或许就是那里。但从另一方面来看，南洋地区最著名的香木产地栴檀岛，即被称作桑达尔维德、爱兰德的地方在香料产地中没有提到，令人不可思议。由于长期乱砍滥伐香木的结果，今日栴檀岛的海岸已经几乎没有树木，名不副实。这个地名可见于同一地名辞典上。三四百年前，那里曾是盛产香木之地。与佐尊罗相似的地名，只有该岛西北部突出的岬角部分被称作萨撒(Sassa)，其他再也寻不出相似的地名，所以很难作出断定。总之，这两个地方可以当作佐尊罗考虑。

还有一个没有解决的地名就是真那班，可以认作这个地名的地方也有两处，一处是印度的马拉巴尔，根据布瓦列的《历史地理辞书》，马拉巴尔在土语中也叫马拉雅巴，葡萄牙人瓦斯考·达·伽马[①](Vasco da Gama)在作环球航海时最初征服印度的就是该地，其名最早源自马来语，意为盛产胡椒的国度。公元6世纪前后，希腊人的著述中就已经出现该地名。另有一说，认为中世纪在专事东西方交往的阿拉伯人的语言中产生了马拉巴尔这一词，在阿拉伯人伊文·巴兹塔的地理书中也用莫雷巴尔(Monleibar)一名记载了该地。在马可·波罗的游记中其记作梅利巴尔，这个地

① 瓦斯考·达·伽马(1460？—1524)，葡萄牙航海家。1497年奉葡萄牙国王之命率船队由里斯本起航，经非洲南端好望角，开辟了通往印度的航路。

方应该就是真那班。可是从另一方面来看，苏门答腊岛中有个人称旧港的地方，基本名是帕雷姆班（Palembang），在《岛夷志略》《瀛涯胜览》（此书中记作浡淋邦，即《诸蕃志》中的巴林冯）以及其他古老的地志中都有记载，或许也可以认为其就是真那班。大枝氏举马拿莫大巴为真那班一说极为不确，根据前述利玛窦的《万国图》以及《职方外纪》，马拿莫大巴是非洲南部的一个地方，也没听说那里出产香料。

关于这些地方出产香料的情况，除前述罗斛之外，在《星槎胜览》中占城的条目中写道：

“棋楠香在一山所产。酋长差人禁民不得采取。犯者断其手。”

在《岛夷志略》中也记载占城物产中有茄蓝木，《瀛涯胜览》中称为伽南香。《星槎胜揽》中关于暹罗的条目原封不动引用了《岛夷志略》中有关罗斛香的条文。关于满剌加，《瀛涯胜览》中记载道：

“厥产黄连香、乌木、打麼香。此香乃树脂堕地成，遇火即燃。国人以当灯及涂舟，水不能入”云云。

《星槎胜揽》中满剌加的条目中没有关于香的记载，但记载了与其毗邻的九洲山产沉香、黄熟香，还记载：

明“永乐七年正使大监郑和等差官兵入山采香。得径有八九尺，长八九丈者六株。香味清远，黑花细纹。山人张目吐舌，言我天朝之兵威如神。”

满剌加如果是入海口，那应该会输出其邻近地区的物产。关于马拉巴尔,《星槎胜览》中还记载有古里国的情况。藤田博士在《岛夷志略》中关于下里即明代古里的条目注中提到,伊文·巴兹塔的书亦云马拉巴尔要口为加里屈。《星槎胜览》中记道:“其有珊瑚、珍珠、乳香、木香、金箔之类,皆由别国而来。”由此可见,该地作为贸易港当也输出香料。再者,关于帕雷姆班即旧港或三佛齐,《岛夷志略》中记道:“地产黄熟香、金颜香”。藤田博士引《诸蕃志》:“金颜香正出真腊[①]。大食[②]次之。所谓三佛齐有此香者。特自大食贩运至三佛齐。而商人又自三佛齐转道贩入中国耳。《瀛涯胜览》作金银香。”又称,金颜、金银皆为苏门答腊、勃尔奈地方特产卡玛央或卡玛南的对音。《瀛涯胜览》还记载,“亦产黄连、降真、沉水香”,《星槎胜览》中则称,“除此之外,产黄熟香、速香”。苏门答剌在《岛夷志略》中写作须文答剌,云其地产降真香。

西川求林斋的《华夷通商考》中举交趾、占城特产有奇楠、沉香等,在对奇楠所作的注中记有:“深山枯木自朽,随洪水流于溪谷边,山民拾取者,此为上佳。其余则伐生木,埋于土中,经数年,取之,剔其朽腐处而用其心。叶似日本所谓女贞者。”关于沉香,其注曰:“与奇楠同木也。”暹罗的特产举白檀,苏门答腊(苏门答剌或斯马答腊、萨马达腊)的特产举沉香,母罗伽(亦称满剌加、麻六甲)马尔巴尔举有国名,但其特产中未记载香料。不过西川氏的书乃宝永年间所著,此时在长崎,有关海外地名物产的知识已较以往更为

① 真腊即今柬埔寨,印度支那半岛古国,中国史籍亦称吉蔑。

② 大食为波斯语 Tazi 或 Taziks 的音译。波斯人以此语泛指阿拉伯人。中国史籍中常以大食称阿拉伯半岛上的国家。

精确,或许以往用四国或六国概括的南洋知识已很难与其相吻合了。

如上所述,关于香料的产地现在大体上可以这样推断出来,但开创香道的人们究竟何时开始知晓这些产地的名字,现在对我们来说这仍是一个令人感兴趣的问题。大枝氏认为,六国之说是在米川氏之后的事。倘若如此,即使苏门答剌、佐尊罗是在南蛮船[①]频繁来往的织丰时代[②]至德川时代初期才为人所知的地名,在此之前罗斛、真那贺、真那班等地名也已见于建部隆胜天正元年的笔记,所以可以肯定,早于其几十年前,这些地名已为人所知。香道人士对这三地所产的香料以及伽罗的四种已经有了足够的认识,并且以此为基础可以分辨出以各种不同名称出现的香的原料,此绝非一朝一夕之功。尤其有意思的是,自古传下来的香的名目今日看来令人费解,例如说是法隆寺传下的就名之为太子,著名的东大寺的黄熟香取名为蘭奢待,文字中藏有東大寺三字。再有大内氏[③]从九州法华寺探得者,故名法华,如不究其来历,几乎无法辨别其为何种香料。逍遥院三条西实隆[④]所传下来的御家香有六十

① 南蛮原指日本南部的九州奄美岛。室町时代,暹罗、吕宋、爪哇等南洋诸国被称为南蛮。由于葡萄牙人和西班牙人最早是经由南洋诸国到达日本的,所以南蛮这一称呼又被用作指称葡萄牙、西班牙等欧洲国家。南蛮船即为江户时代锁国期间从事贸易的葡萄牙、西班牙船只。

② 即织田信长、丰臣秀吉时期。

③ 室町时代武将大内家族。大内氏当时凭借在中国地区一带的势力从事同朝鲜、明的贸易并获取巨大利益。参见前注。

④ 三条西实隆(1455—1537),战国时代公卿、学者。法名尧空,号逍遥院。擅和歌、连歌,致力于和汉典籍的校订。著有《多多良问答》《咏歌大概抄》《源氏物语细流抄》《装束抄》、和歌集《雪玉集》等。

余种，佐佐木道誉所收藏的香有一百七十余种，种类极其繁杂，但皆能将其区分开来。如前所述，分成伽罗、罗国、真那贺、真那班四个种类，关于这点，在建部氏的笔记中有详细记载。不言而喻，建部氏那个时期正是南蛮人频繁来航日本时期，根据产地对在其之前两百年传入的香进行分类，这种分类不可能是仅仅以当时新传入的香作为依据的。足利时代与海外的直接交往，即便是足利将军以及大内、天龙寺①的船以及倭寇走私贸易带来的，那些航海者间接地得知南洋一带香料的产地名并加以传播，这或许正成为了香道人士获取正确知识的来源。中国元明交替时期相当于我国南北朝时代，也正是佐佐木道誉那一时期，那时战国或许已经可以间接地获得中国《岛夷志略》等著述中有关香道的知识。

由此可见，在我国最早有关南洋知识的传入同香道有关。古往今来，无论东方西方，通过物产了解一个遥远的国度并非鲜见。古代希腊人很早就知道中国是由于中国是丝绸的产地。印度也在很早的时候就同中国的蜀地开展贸易，汉武帝派遣张骞去中亚地区时，在当地就发现蜀地物产已流行于印度。何况像我国这种很早就通过海路同海外交往的国家，即使是间接地，通过香料这类贸易品了解那些遥远的国家完全是可能的，当然这也可以说是最令人感兴趣之处。如前所述，《香字抄》中出现的香料现已知道就是正仓院的黄熟香、全浅香以及其他的南洋物产，这些都是通过与佛

---

① 天龙寺在京都嵯峨，是足利尊氏为祈愿后醍醐天皇冥福而建造的。足利尊氏为筹得该寺营造经费通过天龙寺的船与元开展贸易。后四代将军足利义持一度同明断交，六代将军足利义政重开对明贸易时，天龙寺是对明贸易的实际参与者。

教相关的交往而传入的，所以也没有进行过产地的区分。而到了第二个阶段，也就是闻香盛行的时期，其已不带有宗教色彩，而是从文化生活的角度通过香料了解海外的地名，由此反映出时代的变化和我国国民对文化生活物质的追求，这是非常有意义的。

附记

余起草此小稿之际，适逢大阪商船会社高桥悌之助君来访，余旅欧途中于新加坡求购沉香，高桥君曾予以帮助。谈及此篇小稿，高桥君极感兴趣，数日之后惠寄以下手简，兹作附记以供参考。

拜复　近来连日低气压，郁闷不已。关于上次提及佐尊罗一事，未能及时奉复，现述愚见如下，若能聊供参考，不胜幸甚。以小生之见，サリラ当为塞舌尔群岛（Seycheiles islands）之转讹。当然能否断定サリラ为塞舌尔之转讹，此当由新村博士等人研究。以小生职业知识思之，窃以为15、16、17世纪之中国人以阿拉伯人航海者为海上向导经由南洋到过仰光、科伦坡，并由索马里沿岸马加多科索（Maggdoxo）一带南下到达过桑给巴尔（Zangibar）、蒙巴萨（Mombasa）、莫桑比克等东非沿海岸，此令人惊叹之事实乃日前所赐教。今日居住在东非一带的商人中，除白种人以外，亦有阿拉伯系的回教徒和孟买回教徒的后裔（如桑给巴尔的萨尔旦），他们在经济方面自不待言，政治方面也具有相当势力，他们的祖先阿拉伯人曾横越红海到达索马里沿岸，又南下抵达肯尼亚、乌干达，在那一带殖民，而孟买的商人当由马尔代夫群岛出发，经由米尼尤、索科特拉以及塞舌尔到达东非海岸。自古以来，印度东非之间有一

条经由塞舌尔群岛的航路，现英印轮船公司的邮船也航行于孟买、东非之间，定期停靠塞舌尔。在前几年大阪商船东非定期航线开辟之前，销往东非的日本棉布、杂货都是先运往孟买，经当地商人之手，利用英印轮船公司的邮船转运至东非。如此看来，可以想见帆船航海时代塞舌尔岛就已有船舶进港停泊，甚至从科伦坡到东非的航路都已有明文记载，如果认为当时的中国人乃至阿拉伯的航海家们不知塞舌尔的存在，反倒令人觉得不可思议。日本人中部分有识之士以为佐尊罗乃塞舌尔之讹实非谬也，小生作此推断亦基于此理由。

至于查寻有关塞舌尔的文献（回复延滞实为此故），所得资料并非令小生满意，仅得 1928 年塞舌尔政厅所发行《塞舌尔手册》一册，其也仅记载有关白人交往、开拓、殖民、占领等事项，关于印度人、阿拉伯人等航海情况如后所记，粗陋之极，几近于无，令人失望之至。

根据该书，塞舌尔岛于 1505 年，即瓦斯考·达·伽马绕过好望角之前七年，被葡萄牙航海家佩德罗·德·马斯卡伦那思(pedro de mascarengnas)发现，为纪念维斯康特·赫罗特·德·塞舌尔子爵(Viscomte Herault de Seychelles)命名为塞舌尔岛，但从未听说塞舌尔子爵与此群岛存在任何与统治相关之事。抑或该岛自古以来就已有塞舌尔或与此发音相近的名称，而欧人好事者穿凿附会称塞舌尔子爵云云，此仍须作一考证也。再者，据该手册记载，在欧洲人定居之前，该岛乃印度洋海盗的根据地，他们的后代现仍居住岛上。然此所谓海盗者云云，当指印度、阿拉伯航海者与贸易业者乎？诚如所知，昔时航海者与海盗实仅为一步之遥，或过海盗与良民双重生活者极众，见诸历史即可明了。关于出产，除特举磷肥（Phosphate Guano）之外，皆为热带地区常见的特产可可、肉桂以及其他香味料。

根据前述有限的资料加以考证，塞舌尔岛在欧洲人来航之前即已有与其近似的名称。当时的航海者，贸易业者将其作为印度东非通商的中转港，从东非把香料、调味料（尤其桑给巴尔是丁香的主要产地，驰名遐迩，其供给量占世界产量的 97%）经由塞舌尔岛或将其作为集散地，向印度乃至中国一带输出，致使在我国一部分人士中将其误传成佐尊罗。（下略）

1929 年 9 月 29 日

（1929 年 11 月《德云》创刊号）

续记

关于香的品名，据称是北畠玄慧法印所作《游学往来》（《续群书类从》）中记载：

> 世所传之名香，不时可见。伽罗木、妬茄蓝、忠春容、宇治、乌羽、山阴、奥山、初时雨、叶山、深山、松风、富士峰、忉利、罗汉木、桔花、梯掷花、伊势海、疎竹、寒草、老梅、梅花、梯薰远、水蓼、蓼花、山蓼、系薄、野菊、山菊、朝霞、薄霞、薄云、武藏野、异波、荼菀、合青、龙涎、白檀、薰陆、八煎、紫云等，虽乏少之至，不惮其少而献之。又新渡名香者，未闻其名，一俟相寻故实，即据以详禀。

在据称同为北畠玄慧法印所作或虎关禅师[①]所作《异制庭训往来》(《群书类从》)中也记载有：

“本朝天平年中，从百济国始贡献之，自厥已降，代代御门翫之，家家豪奢赏之，其名虽多，伽蓝木、奼伽罗、宇治、鸟羽、山阴、以之为甲科也。此外，叶山、深山、奥山、富士峰、武藏野、梅花、菊花、桔花、野菊、水蓼、偷春格、薄云、薄雾、薄霞、薄露、女郎花及胃皮、茶烟、龙涎、白檀、薰陆、八精等，各争其美，驰其誉”云云。

此二书大体为同一时代之作，其中所书香名也大致相同。伽罗木(即伽蓝木)、奼茄蓝(即奼伽罗)、宇治、鸟羽、山阴、奥山、叶山、深山、富士峰、桔花(或为花桔?)、梅花、水蓼、薄蓼、薄云、武藏野、龙涎、白檀、薰陆等完全一样。《游学往来》中的忠春容(客?)当为《异制庭训》中的偷春格，《游学》中的异波当为《异制庭训》中的胃皮，《游学》中的茶菀当为《异制庭训》中的茶烟，《游学》中的八煎当为《异制庭训》中的八精。这里值得注意的是，伽罗木、奼茄蓝(此即宋洪刍《香谱》中所引《释氏会要》中的多伽罗香，现所谓根香)、龙涎、白檀、薰陆等皆为香原料名，与我国所取的雅名不同，其中龙涎之后的三种自《香字抄》《香药抄》以来均已有记载，异波或胃皮当为《香字抄》《香药抄》中的裹衣香，俗称衣比。特别值得注意的是，在《游学往来》《异制庭训》这一时期，传统的香料之外，伽罗类已经开始出现。在一条禅阁兼良所撰的《尺素往来》(《群书类

① 即虎关师錬(1278—1346)，镰仓时代后期、南北朝时代临济宗僧人。京都人。学识广博，著有《楞伽经》注释书《佛语心论》、僧传兼佛教史《元亨释书》、日本最早的韵书《聚分韵略》以及《和汉编年干支合图》《禅仪外文集》《十禅支录》《济北集》等，是五山文学的代表性人物。

从》)中,关于香有这样一段文字:

> 名香之诸品者,宇治、药殿、山阴、沼水、无名、名越、林钟、初秋、神乐、逍遥、手枕、中白、端黑、早梅、疎柳、岸桃、江桂、茢萱、菖蒲、艾、忍、富士根、香粉、风兰、麝袋、伽罗木等,纵兜楼、婆毕、力伽,及海岸之六铢、淮仙之百和,不可胜于此。御所持之分,不论新旧,可颁赐之。合香者,起从佛在世,而三国一同用之,殊好色之家,号之熏物,深秘其方欤。沉香、丁子、贝香、薰陆、白檀、麝香,以上六种者,每方捣簁和合,加詹唐而名梅花,加郁金而名花桔,加甘松而名荷叶,加藿香而名菊花,加零陵而名侍从,加乳香而名黑方,皆是发栴檀、沉水之气,吐麝脐、龙涎之熏者也。

而在《新札往来》(《续群书类从》)中有这样一段文字:

> 新渡名香拜领,庭梅、岸松、香粉风、初秋、神乐、新无名、蓬、菖蒲、林钟、鸭鸣、夏箕川、河淀,凡此种种。亦非珍稀。近项闻赏翫三吉野、逍遥、沼水等。乞请赐予中比、山阴、疎柳、六月、名越、清水、一二三、祢文字、五文字、兰奢特、伽罗木、药殿、御枕、端黑、思(忍?)、手枕、江桂、红阿之船等,宇治、方香者,当世之嫌物欤。

两段文字中香名大致一致,其中皆有宇治、药殿、山阴、沼水、无名(《新札》中乃新无名)、名越、林钟、初秋、神乐、逍遥、手枕、端黑、疎柳、江桂、菖蒲、忍、艾(蓬)、香粉风,兰奢待、伽罗木等,将其与《游学往来》、《异制庭训往来》对比,仅有宇治、山阴、富士峰、花桔、伽罗木五种一致。合香中,沉香、丁香、薰陆、白檀、麝香、詹唐、

郁金、甘松、藿香、零陵、乳香是《香字抄》《香药抄》以后的名称，所谓贝香恐为《香字抄》《香药抄》中的甲香（书中注有，甲香即流螺或蠡，螺属）。此处值得注意的是，在伽罗木之外，作为香的原料，又出现了兰奢特。这是东山义政得皇室钦准截正仓院的黄熟香，其名才得以播扬于世。

根据以上的资料可以得出的结论是，《香字抄》《香药抄》时代已为人所知的沉香、丁香、薰陆、白檀、麝香、詹糖、郁金、甘松、藿香、零陵、乳香等从后醍醐时代到室町时代中期以后仍然在被使用，而新的占据重要位置的是伽罗木，后醍醐时代即北畠玄慧、虎关禅师时期相当于中国元代中期，《岛夷志略》初次出现茄兰木的记载恰恰正在这一时期。明代周嘉胄也在《香乘》中说：

奇兰香上古未闻。进入中国。

如其所述，奇兰香行世于中国始于元代中期，其时在我国早已赏玩。关于京极道誉，大枝流芳这样写道：

道誉，姓佐佐木，名高氏，号京极，佐渡判官，应安年中卒。生于乱世，好风雅，嗜香，后专事佛道。昔时木用以薰物，而其以木沉水奇南赏翫，命以种种名者由此人始，当谓香道之开祖。

关于香道起源，从《香字抄》《香药抄》时代以薰物合香作带应用性的赏玩到由道誉开创的闻香时代，此时香的本质已演变为赏玩，实际上这是由于新发现的最佳香料伽罗木的出现。无论中国还是日本，伽罗木的出现同时给香的赏玩带来变化，这是一个很有意思的相同现象，而且可以想象，与此同时，日本人有关香料的知识已经不再需要通过中国间接了解，而是直接从原产地获取，这从在中国从未使用过伽罗木这一词上即可明了。一条禅阁时代即东山义政醉心于香道时期，黄熟香以其珍奇与香之极品伽罗木并称于世，《新札往来》的后记写有天文十五年（1546 年），所以可以说这部书是一个香道的记录，代表了卒于天文六年（1537 年）的逍遥院三条西实隆和志野宗信的那个时代。此时香道自其滥觞已时经二百余年，该书回顾了香品的盛衰历程。香道的确立也正是在这一时期，前者《游学往来》、后者《新札往来》，都已记载有新输入的名香，由此可见，当时在一定程度上对原产地已有所了解。

大枝氏将上述四书中出现的香名同据称逍遥院三条西实隆所传古籍《雪月花集》中的香名加以对照，在称为御家香的六十六种以及《名香目录》（此亦为御家所藏）的一百三十种内，出现在《游学往来》《异制庭训往来》中者仅山阴、薄云、水蓼、松风四种，山阴在后来的《尺素往来》中也出现过，而在《尺素往来》《新札往来》中出现者达十六种，其为神乐、山阴、早梅、疎柳、林钟、刈萱、名越、端黑、兰奢特、逍遥、三吉野、花桔、荷叶、庭梅、初秋、手枕。作为从兼良到实隆这一时期内的香名记录，其反映出往来体读本中出现的香名与香道家所传香名大体一致，由此可以看出玄慧、虎关时代的香名逐渐趋于消失。不过，《雪月集》中标以京极道誉所持者一百七十七种内，出现在《游学往来》、《异制庭训往来》中者不过寒草、老梅、深山、鸟羽、松风、女郎花、伽兰木、宇治八种而已，而出现在《尺素往来》《新札往来》两往来体读本中者有名越、忍、无名、河淀、六月、早梅、夏箕川、岸松、伽兰木、三吉野、兰奢特、一文字，竟达十二种之多,这是令人费解的。想来这个所谓道誉所持香的品目多为后人窜加,而非道誉原本的品目,其中甚至还有东山义政于宽正六年(1465年)得到之前世上不可能见到的兰奢特,从这一点上也可佐证。

关于四种往来体读本中出现的香料,其原产地建部隆胜是如何划分的,查检结果如下:

属伽罗者

老梅(《游学》) 薄云(《异制庭训》) 山阴(《游学》)(《异制庭训》) 东大寺(兰奢特) (《尺素》、《新札》) 逍遥(《尺素》《新札》) 三吉野(《新札》)

属新伽罗者

富士(《异制庭训》) 武藏野(《异制庭训》)

属罗国者

菖蒲(《尺素》)

属真那班者

松风(《游学》) 早梅(《尺素》)

属真那贺者

庐桔(《异制庭训》)(《尺素》)

相对距离较近的占城出产的伽罗比其他香木输入的种类要多,所以可以认为,从后醍醐时代到天文年间与南洋地区交往之前,日本对香料原产地已经有了一定的认识。

日本国民的文化素质

早在几年前我就在想，大凡要探讨国民的素质即一个国家国民是否具备应有的文化素质这样的问题，首先必须认真考虑的是问题的思考方法。当今世界上有很多的国家，各自都拥有相应的文化，有的国民是在自己的国家创造了自己的文化，有的则不是。日本有时就会被当作后者，被误解成没有文化的国民。现在日本有很多中国的留学生，中国留学生纷纷来到日本进行研究，最终又往往带着蔑视日本的想法。他们很多人认为，日本现在自认为已成为一个非常先进的国家，但日本这个国家原本直到明治维新之前还在吸收他们国家即中国的文化，明治维新以后又大量吸收欧洲的文化，尤其最近大量吸收德国的文化，日本的国民是丝毫没有自己文化的国民，一点也不值得尊重。日本国势即使非常强盛，但一旦消亡，不会留下任何痕迹。而他们自己的国家很了不起，有着自己的文化，他们的文化与今日的发达国家、古代以来的发达国家相比也绝不逊色，在这一点上他们自己是远比日本优秀的国民。这种看法是有一定道理的，不了解日本真正的历史即真正文化的根本来看待日本，确实也会产生这样的想法。可我并不这样认为，但不这样认为必须要有可以佐证的确凿事实。

如果一定要证明这一点，光是说我国已有两千几百年、悠久的可以引以为豪的历史，是很难被持那种观点的中国人认可的。因

此，我觉得首先必须考虑世界上所谓拥有自己文化的国民究竟应该具备什么条件。从这一点来看，邻近的国家中首先应该考虑的就是中国。我所熟悉的国家并不是很多，在我所了解的国家中，中国是个国民拥有自己文化的国家。其次就是印度，印度仍然是一个易被误解的国家。时至今日，还有人认为印度人尚未开化，而实际上其有着优秀的文化。再就是今天由多种国民构成的欧洲的文化。构成今日传统的是希腊时期以后的文化，首先是希腊人所有的文化，再就是阿拉伯文化，波斯文化，但我对这些国家的情况没有作过充分的研究。我首先考虑的是在自己所熟悉的范围内的国民，而且有必要对这些国家所具备的文化条件加以比较。然而不可思议的是，这些国家的国民都具有着相同之处。这也许并非偶然，所谓拥有文化的国民必定具备哪些特征是有其必然性的。具体地讲，譬如在中国，从现在算起正好是一千九百年前，有一部著作记载了当时所存书籍的目录。其中记载的书大部分今天已经失传，但中国文化的传统却延续至今。在中国的西汉后期，已经出现了非常优秀的目录学家。所谓目录，有人认为就是把自古以来的书名记录在册，但是中国当时所谓的目录学是一门学问，其根据书的内容进行分类并加以评论。当时在中国有作这门学问的人，其根据目录作所有学问门类的总论，我对于他们的学问非常钦佩，其就是刘向[①]、刘

① 刘向（约公元前77—前6年），西汉经学家、目录学家、文学家。原名更生，字子政。沛县（今属江苏）人。其所撰《别录》为中国最早的图书目录学著作。著多已亡佚，今存《新序》《说苑》《列女传》等。

歆[①]父子。他们两人查阅了当时所有的书籍，并加以归纳、评论。《前汉书》的《艺文志》中刘向、刘歆父子的学问大体保存了下来，此时的目录中书籍分为六种，即六艺、诸子、诗赋、兵书、数术、方技。所谓六艺，就是经书，其余分为五种，五种中又各自分为若干细部，根据其分类一一加以评论。在距今将近两千年前，中国人就已有了这种成果。这也就是中国人在两千年前就拥有优秀文化的一个明证。

至于印度人，最早在佛教兴起之前，他们就有了称为《四吠陀》[②]的书，现在《四吠陀》还在，该书多与宗教相关。中国刘向、刘歆父子所处的时代是不带宗教色彩的。但印度的《四吠陀》整个体系完全是宗教性的，四个部分中一半是与宗教相关的，还有一个与兵事有关，同中国所说的兵书相似，余下的一个则带有与六艺相似的性质。实际上，《四吠陀》更为古老，远早于中国的西汉时期，当时的记录也还不十分完备。到后来，各种学问都逐渐兴起，也开始出现相关的书籍，情况就与刘向、刘歆的时代大致相同。印度使用书本要比中国晚得多，在此之前，学问是口口相传的，如同中国秦汉以前的那种状态。佛教兴起时期，学问领域也出现了相似的五种分类，在印度称为五明，即声明、因明、医方明、内明、工巧明这五类。这种分类方法与中国的不完全吻合，但大体上对应。中国的

① 刘歆（约公元前 53—公元 23 年），西汉经学家、目录学家、文学家。字子骏，后改名秀，字颖。刘向之子。沛县（今属江苏）人。在其父刘向所著《别录》的基础上撰著的《七略》是我国历史上第一部图书分类目录。

② 梵文 Veda 的音译，意为知识、启示。吠陀是婆罗门教和印度教最根本的经典，也是印度最古老的文献资料，其主要的文体是赞美诗、祈祷文和咒语，用古梵文写成。通常所说的《四吠陀》是《梨俱吠陀》《沙摩吠陀》《夜柔吠陀》和《阿达婆吠陀》。

方技相当于其医方明。工巧明相当于数术。内明类似于哲学，大致相当于诸子、六艺。声明是相关声的学问，在印度声是被看作非常神圣的东西，所以才有这一分类，其还包含有音乐的要素、语法之类的内容。在其之后，出现了因明，也就是逻辑。除去兵书部分，印度的学问、中国的学问，大体上都分为五类，分类之间，或多或少存在差异，但从整体来看，其包含的内容大致相同。中国的兵书部分在印度属古老的吠陀。这些都应该看作是印度的文化因素。

有关西方的情况我不熟悉，从过去某一个时代开始，亚里士多德的思想一直延续到近代，在文艺复兴之前，他的思想支撑着整个学问体系。基督教最初传到日本的时候，正是中国明代末期，一个名叫利玛窦的人从西方来传布天主教。也就在那个时期，来自西方的一个名叫艾儒略的传教士写了一本介绍西方学问的册子《西学凡》给中国人看。那本书在日本德川时代成为禁书。当时东方人都是通过这本《西学凡》了解到西方学问的。这本书是十七世纪初期在中国完成的。所谓西方学问，即在亚里士多德时期对古代文化的归纳，后又与基督教文明混合而构成的一个学问体系。最早让东方了解西学大要的就是这本《西学凡》。根据该书，学问分为六科，凭据六科可观学问整体。科目名皆用汉字表示，一为文科（勒铎理加），然后是理科（斐录所费亚）、医科（默弟济纳）、法科（勒义斯）、教科（加诺搦斯）、道科（陡禄日亚）。首先从文科、理科入道，这是第一步基础学问，修完之后可学医科、法科、教科、道科，四科中选一进行专修，此乃《西学凡》之大概。其中理科大体是论述亚里士多德的学问，文科也是源自于亚里士多德。具体地来说，文

科中有古贤名训、各国历史、各种诗文，再就是作文、论说，即语法学、修辞学一类。理科大体源自亚里士多德时代的学问，最初学逻辑学（落日加）、然后学物理学（费西加）、形而上学（默达费西加）、数学（马得马第加）、伦理学（厄第加），这是亚里士多德学说的大致内容。这些只是预备学科。在这之后进入专业。专业中有医科、法科、教科、道科。教科是基督教时代的学问，是罗马教皇所定的教规，在今天的日本大学里，已经不可能有这种学科了。道科今天在日本称为神学，教科与道科是基督教传入欧洲之后产生的学问。从细微之处来看，虽然不尽相同，但理科中包括的逻辑学、物理学、形而上学、数学、伦理学皆作为必修科目，其大体上与中国、印度的学问分类是不谋而合的。由此可见，任何拥有自己文化的国民，其学问体系大体上是相同的。

那么如何来探讨日本是否有这种文化所必需的学问呢？对于日本这样始终接受外国文化的国民，要进行这种探讨是相当困难的。日本在圣德太子以后，直至平安时代全盘接受中国的文化，这一时期的学问也完全是唐代的学问。那个时代所具备的是将中国文化照搬照抄的条件，只能说日本国民承传、理解了中国文化，很难断言其本来就具备创造那种文化的素质。在那以后，直至最近的德川时代，中国文化的输入又持续了将近三百年，其间即使日本人学问做得也很出色，但归根结底还几乎全是中国学问的翻版，即使不是日本国民，只要是有能力模仿的国民，这是都可以做得到的，所以不能以此来证明其是能够创造自己文化的国民，因此对全盘照收外国学问的时代是很难进行考量的。由于这个缘故，我认为应该对日本在奈良时代、平安时代从中国人那里接受的文化几近丧失而德川时代不再输入中国文化的时期，也就是日本处于兵燹战乱、最为黑暗的时期即足利时代，尤其是应仁、文明以后作一考察。毋庸赘言，那个黑暗时期丧失了许多好不容易从中国输入的东西，当时的贵族中的学者，如一条禅阁兼良，他们都为因战乱而失去自古相传的文化而痛心不已。失去自古相传的文化是令人悲叹的，但这又是一个脱去外借衣装，洗尽铅华，得以窥见真容的最佳时机。这是一个最适合对日本是否具有文化素质进行观察、细加吟味的时期。

但是，用通常的方法对这一问题进行考量是困难的，必须要利用各种方法。我仍然如同思考中国事物一样从目录学方面入手。当时日本有一部书名为《本朝书籍目录》的目录，其又名《仁和寺书籍目录》。因其抄录的皆是仁和寺所藏书名，故有此名。据传这部书的作者是清原业忠[①]，他是足利将军义教[②]时期的人，足利时代就是从足利义教时期开始动荡起来的。足利义教后来被家臣赤松满祐[③]所杀，随后社会开始大乱。《本朝书籍目录》是遵照足利义教之命编撰的目录，这部书并没有把当时全部书目抄录下来，从该书的目录分类来看，其抄录的大体是当时所需要的书籍。这个目录分类为神事、帝纪、公事、政要、民族、地理、类聚、字类、诗家、杂

① 清原业忠（1409—1467），室町时代儒学家，公卿。初名良宣。历任大外记、少纳言，曾侍读后花园天皇。1458年（长禄二年）出家，法名常忠。

② 足利义教（1394—1441），室町幕府第六代将军。1429—1441在职。

③ 赤松满祐（1370—1441），室町时代武将。1427年（应永三十四年）任赤松氏惣领，播磨、备前、美作三地守护。1441年（嘉吉元年）因暗杀将军足利义教被讨伐，后自尽。

抄、和歌、和汉、管弦、医书、阴阳、传记、官位、杂抄。其中神事、帝纪、氏族、地理、和歌是日本固有的，公事、杂抄、管弦、杂杂中也有若干是固有的。当时正值应仁之乱前夕，日本正在脱去来自中国的文化衣装，但尚未脱尽，所以未能看到只有日本人在赤身裸体之后才能窥见的文化要素。在这部目录中，种类繁多，有外来的中国文化，也有传自日本古代的，如宗教上的仪式等，但凭靠这部目录无法找到证据可以佐证在脱去衣装之后即可看到拥有自己文化的国民应有的素质。但是我们可以知道，即使是在足利乱世，日本人对自古以来薪火相传的文化是何等的珍视。在这部目录之后新出现的事物中，如果有文化要素的话，那就是在日本人脱去衣装之后才可以发现的真正的文化。这种文化现在看来确实是存在的，但是还很微弱。不过正是它的存在，才使我们充满信心。

众所周知，应仁、文明之后的乱世，皇室衰微。几年前整理东山文库时，本人忝居调查员之列。文库的后奈良天皇①宸翰中，有天文十四年八月二十八日的敕文，敕文对不能在伊势大神宫举行即位廿年大尝会②表示歉意。天皇陛下还是皇太子时曾见过这一敕文。在那样极其困窘的状况下，无论如何也不丢弃传入的中国文化。其也就好比借来的衣物，如果脱去就会冻死，所以不能丢弃，这样其也同自己制作的东西具有同样的价值。另外，还有一种

① 后奈良天皇(1496—1557)，1526—1557 年在位。

② 即大尝祭，一代天皇只举行一次的祭祀仪式。通常是在天皇即位后的第一个秋季举行。后奈良天皇即位时因缺乏资金没有举行任何仪式。十年后，1536 年(天文五年)在北条、大内、今川等贵族、豪族的资助下才举行了即位仪式，而大尝祭迟迟没有举行。

为抵御严寒而自己动手制作的衣物,那是真正属于自己的衣物。这些东西就是日本人在黑暗时期也从未丢弃、而且还不断创造出来的文化。

在当时这样一种状况下,皇室成为了文化的中心。在皇室中,有什么事物让他们紧紧抓住,毫不松手的呢?一个是歌道的传授,如《古今集》《伊势物语》的传授,还有同样必不可少的是书道的传授、音乐的传授,音乐中有日本的音乐如神乐,也有从中国传入的音乐。即使在皇室非常困窘之时,这些东西也是代代父子相授,绝不使之失传。歌道的传授因应仁、文明战乱,几近断绝,后土御门天皇[①]将受秘说之传的关东武士东常缘[②]召至京都,重振了歌道。书道的传授、音乐的传授皆源于皇室的证据在御文库中保存了很多。世上即使有擅歌道、书道者,无论其技艺如何高明,其道之传授若非源自皇室,便无权威,该道传授的至尊之处乃是传授的中心在皇室。举一例子,德川时代有一名叫近卫家熙[③]的人是书道名人,其甚至向东山[④]、中御门[⑤]两代天子献过字帖,即使如此名人,其道之传授仍受之于皇室。当时皇室政治上的权力已不复存在,但文化上的权威依然如故。无论权势如何衰颓,只有在这方面他

① 后土御门天皇(1442—1500),1464—1500 年在位。

② 东常缘(1401—1494),战国时期武将、歌人。别称东野州。曾从学歌学名家清岩正彻、尧孝,后将《古今集》秘说传授给弟子宗祇以及公卿近卫政家、第九代将军足利义尚。著有《东野州闻书》《东野州消息》《东野州歌集》等。

③ 近卫家熙(1667—1736),江户时代中期公卿。历任内大臣、右大臣、左大臣、关白、太政大臣。1725 年(享保十年)出家,号予乐院真觉虚舟、吾乐轩、昭昭堂主人。博学多才,擅茶道、花道、书道。著有日记《家熙公记》、言行录《槐记》等。

④ 即东山天皇(1675—1709),1687—1709 年在位。

⑤ 即中御门天皇(1701—1737),1709—1735 年在位。

们仍然是父子相传，然后再传至门迹、公卿等，正因如此，他们得以在社会上树立起权威。皇室始终享有文化上的权威，但有些学科也放权于公家，当然这些都是置于皇室之下各家世代相传的家业。例如安倍家、加茂家的历法、阴阳，这两家将历法、阴阳代代相传，如果不得之于这两家的传授，其学问就不能被认作是正宗。

问题又回到脱去衣装的日本文化上，要提升日本的文化，最有力的仍然还是神道的传授。用后来本居、平田那一时期人们的眼光来看，此时的神道只能说是一种世俗神道，但有必要从文化角度对神道作出合理的诠释。前面谈到的耶稣教也是一样，教会法是罗马教皇为统管人的灵魂而制定的，拒绝接受此法律者，无论当时的国王还是其他人，都要被逐出教门。这种做法实在荒谬，所以后来西洋又出现了新教。但在当时，如果不服从耶稣教的教会法，就不能说是有正确的信仰。在日本也与这种情况相同，是两部神道①，还是唯一神道②，孰是孰非，不得而知。但倘若不是得自该家传授，就算不得是正宗，这倒却是事实。所以德川时代末期研究神道的人们认为，当时是从佛教的意义上诠释神道，其观点是非常错误的。在这个问题上，可以有很多的诠释方式，但当时佛教是日本最高的哲学，所以就依据最高的哲学来诠释神道。德川时代初期

① 亦称习合神道、真言神道。是以真言密教的神佛习合说为基础形成的神道。其把胎藏界曼荼罗、由金刚界曼荼罗构成的两界曼荼罗（两部曼荼罗）以及神道结合在一起。两部神道的名称最早见于吉田兼俱的《唯一神道名法要集》。

② 亦称吉田神道、卜部神道、元本宗源神道、唯一宗源神道。其为室町时代末期京都吉田神社的神官吉田兼俱倡导的一个神道流派。针对两部神道，吉田兼俱主张唯一之神，该神先于天地，超越阴阳，世间森罗万象皆为该神所为。唯一神道融合了儒教、佛教、道教以及阴阳道等，给后世以很大影响。

开始就有人用儒教诠释神道，后来又有人用国学进行诠释。足利时代依据佛教进行诠释是因为佛教是思想上最高的权威。黑暗时期的所谓神道在经过这么一个历程之后几近完整地形成。掌控神道的是吉田家，其向日本全国的神主传授，如果没有得此传授，其神道就没有权威性。这样，在当时就产生了一个新的学科。一般认为，日本的《古事记》《日本纪》是奈良时代以后我们祖先编写的历史，直到平安时代前后，其神代纪事没有被赋予哲学上的意义。但是从镰仓时代末期至足利时代这一时期形成的神道、尤其是《日本纪》的神代卷被用佛教加以解释，于是神道被赋予了哲学上的意义。这样日本才开始拥有了以自己国家的历史作为出发点的哲学。

关于和歌，和歌首先是建立在国语基础之上的文学。任何一个国家，最为重要的就是其国语具有权威性，这是一个文化的要素。国民把自己国家的语言法则视为神圣之物，这是国民拥有文化的首要因素。在日本，关于国语的语法，在后来的国学家贺茂真渊[①]、本居宣长看来肯定都是错误的。但日本毕竟有了国语的语法，而且也有了用语的限制。从镰仓时代开始，违反这种限制，和歌就不能成其为和歌，在经历过黑暗时期之后，其在文化上已具有一种权威性。如果不是得自二条家、冷泉家的传授，和歌是不可吟咏的。

---

① 贺茂真渊（1697—1769），江户时代中期国学家，歌人。远江浜松（今静冈县浜松）人。本姓冈部，初名春栖、政躬、政藤，通称参四、三之、卫士等。早年曾给幕府第八代将军德川吉宗二男田安宗武讲授国学。后在江户开讲国学，其弟子遍及日本全国。本居宣长亦出自其门下。一生著述宏富，有《万叶新采百首解》《伊势物语古意》《万叶考》《歌意考》《国意考》等。和歌集有《贺茂翁家集》。

这一时期最受推崇的书中有《源氏物语》《伊势物语》。《源氏物语》是一部露骨地描写男女关系的书，今天看来，讲读这部书都会让人感到惶悚。但当时竟然得到那样地推崇，令人匪夷所思。其原因就在于里面有一种既非中国的道德、又非印度的道德，可以满足日本人某种需求的东西。再看《伊势物语》，其主题思想更是背离中国的道德，描写了轻浮、放荡的男女关系。但日本人推崇的是，在这种描写中表现出了日本人率真的情感。据说歌学史上著名的细川幽斋与其门人宫本孝庸有一段对话。宫本孝庸问："世间要书，何为第一？"细川幽斋答："《源氏物语》。"宫本孝庸又问："歌学宏富者，何为第一？"细川幽斋答："还是《源氏物语》。"这是因为，在这部表面描写淫乱的男女关系的小说中，日本人发现了其中蕴涵着深邃的意义，把其视作一种日本文化。今天看来，这部小说有的地方还可以有多种的解读方式，但在那时已经发现了既非中国、亦非印度，而是日本人率真的品性、真诚的品性。后来贺茂真渊、本居宣长反对中国的学问，鼓吹一种自己国家特有的品性、日本人真正可贵的品性，其只是承袭了历史的余绪。然而，世事有变迁，今天在有些方面也不可能原封不动地完全照搬当时的思想，但不管怎样，在由来已久的中国文化之外，日本已经表现出其特有的文化要素。而正在此前，南北朝时期北畠亲房在《神皇正统记》中说，日本是神之国，与中国、印度相比，日本有万世一系的皇室，至为尊贵。两者问题是不同的，但在一点上相同，就是在日本的国情中有了特别的发现。这些都是在日本脱去中国文化的衣装、赤身裸体之后所得到的，日本人是以崇尚真诚、崇尚天然本色为其特色的。这是在黑暗时期同其他国家关系大都断绝的时期内形成的。这是

日本人的一种品性，也是一种文化的特质，是日本人自身培育出来的文化素质。

发现日本的国语语法、发现日本人品性的特别之处、发现国体的特别之处，这些都是发生在从镰仓时代到足利时代的那段黑暗时期。说到底，这也是任何一个有文化的国民所应该具备的一个条件。除此之外，中国传入的文化中不可丢失的东西，也由皇室、公家作为文化的权威，将其传承下来，虽然历经磨难，但终于使其薪火相传，世代相承。应仁战乱，一条兼良意识到自己家宅会迟早被毁，其将大量书籍藏到库房后外出避难，后其宅第果为兵火所烧毁，库房得以幸免，不料后来兵士以为库房藏有金帛之类，然库中皆为书本，于是砸箱毁柜，付之一炬，兼良闻之，失声痛哭。丰原统秋乃当时乐家，传笙之秘曲，其所作《体源抄》中记载，战乱期间与父避难叡山，得其父传授，若日后失传，乃不孝之至，于是撰述此书。在当时朝不虑夕的危难之际，文化阶层的人们出于绝不让这些文化成果薪尽火灭的信念，即使在黑暗时期，皇室、公家、各种不同职业的人们不畏艰辛、竭尽全力保护这些文化成果。正因如此，纵然兵燹战乱，这些文化成果也没有损毁散佚。这些保存下来的文化即使当初来自中国，但中国人并没有像日本人那样竭尽全力加以保护，而日本人是不惜生命将其保存下来的，因此将其视作自己的文化未尝不可。犹如身穿从中国借来的衣服，当中国人赤身裸体时，日本人身上的衣服虽然只有一件，但还没有脱下，把那件衣服当作日本人的也是说得过去的。

随着对日本人保存下来的或新创造的文化成果的研究，可以知道诸如神道、歌道、物语以及书道等包含着我国的哲学和文学，

其具有与文科理科、即西洋亚里士多德时期以后传入日本的学问相同的性质。再有历法、阴阳，其属于中国人所传的数术或存在于印度的《吠陀》之中，同样也是日本人在黑暗时期保存下来的。不过，前面所述的京都文化是在皇室非常衰微的时期留传下来的，所以没有与兵科相关的东西。据说历史上有名的八幡太郎义家[①]不懂兵法，曾随大江匡房[②]修习兵法，当时兵法也是公家最具权威。足利时代的乱世，从中国传入的兵法多已失传，但地方武家礼聘学者讲习兵书，所以多少还有些保存下来了。再到后来，日本从天文、永禄到元龟、天正时期，武家各自开创自家兵法，武田家称武田流、北条家称北条流。实际上武田信玄[③]在世期间并没有武田流，北条氏康[④]时也没有北条流，而多在其家道中衰之后，世上开始有自称某某流者，出现一种靠兵法学家的招牌赖以生存的人。当时在中国传入的兵法基础上，日本人研究出一种特别的兵法，特别是日本人所说的兵法是带有武术的含义加以使用的，日本人擅长于这种兵法，所以非常流行。不可思议的是，这种兵法并没有向外输出，但日本的武术因为倭寇的关系传入中国，在中国人当时的著述（如《武备志》）中记载了日本武术的类型并加以解说。这是因为倭寇闯入中国时，其剑术令中国人刮目相看，中国人才开始关注起日

① 即源义家（1039—1106），平安时代后期武将。号八幡太郎。曾随父源赖义出征，武功卓著，先后任出羽守以及下野、相模、武藏、陆奥、伊予、河内、信浓等国守，被称为天下第一武勇之士。

② 大江匡房（1041—1111），平安时代后期贵族，学者。著有《本朝神仙传》《续本朝往生传》《江家次第》等。

③ 武田信玄（1521—1573），名晴信，号信玄。战国时期大名。

④ 北条氏康（1515—1571），战国时期武将。

本的武术。长期以来，日本一直是输入中国的文化，而这是向中国输出日本文化之始。除此之外，还有枪炮。据说枪炮是葡萄牙人约在天文十一年（1542 年）带到种子岛的。日本本来有一种特别的狙击法，这种狙击法曾在朝鲜之役[①]时令中国人大为头痛。不过石火箭和火炮中国要比日本先进得多。用短枪狙击是日本人所特有的，在朝鲜长达七八年的战争期间，朝鲜人从日本人那里学到了这种方法，后来这种方法也为中国人所看重。清朝康熙年间，距现在两百多年前，俄国有名的彼得大帝时期，在西伯利亚一个名叫涅尔琴斯库·阿尔巴津的地方俄国人与中国军队发生冲突。当时据说朝鲜人枪法好，于是从朝鲜人那里叫来枪手参战，这就是日本人改良的枪炮传入朝鲜，又成为同西洋人交战的不可思议的因缘。这种原本传自西方的枪炮技艺，日本人却以自己的方法将其改成了带有日本特色的短枪法。在京都掌控的文化中，虽然没有与兵科相关的东西，但其在日本却广为流传。

总而言之，在日本的黑暗时期，日本人在脱去了从外国输入的文化衣装之后，创造或保存了印度、中国、西方列入文化要素的那些条件，不言而喻，由此日本人也就具备了可以拥有文化要素的条件，当然这也就成了可以说日本国民是拥有自己文化的国民的证据。

（《日本与日本人》第 183 号、184 号，
1929 年 8 月 15 日、9 月 1 日发行）

① 即文禄庆长之役，文禄元年（1592 年）与庆长二年（1597 年）丰臣秀吉先后两次对朝鲜发动的侵略战争。

日本文化的独立与普通教育

文化在本国产生的国家与依靠输入文化发展起来的国家在教育历史上有着显著的差别。尤其在国语教育上，作为普通教育，国语要采纳许多必需的内容，在这一类问题上，国语教育会因自发文化或外来文化而呈现出迥然不同的状态，依靠外来文化发展起来的国家在其教育实现独立之前经历几多变化。

教育的四个时期

我国是主要依靠中国文化的输入而发展起来的国家。自中国的文字传入开始至德川时代末期，在这一期间，教育的状态历经种种变化，粗分的话，大致可以分为两期。前期教育是以中国文化为主，这一时期又可分为两个阶段。先是教育完全以中国文学为主，国语只是被用来翻译中国文学的时期，后是以国语教育为主，中国文字教育为辅。后期也可分为两个阶段，在第一个阶段国语教科书已经离开中国文字的书本开始独立，但仍受传统的中国文学样式的束缚，而在后一个阶段就完全摆脱了中国文学样式。教科书的内容由国语与必要的知识构成。在这四个时期中，还可以作一个划分，前期是以公家教育为主的时期，后期之初是中等阶层教育时期，后来则是大众教育时期。这里采用最简明的方法来反映这种教育上发生的变化，就是借助当时通常使用的字典、教科书的实例来加以说明。

《新撰字镜》公家教育（上）

日本最初的学问起始于中国文学的输入，奈良时代、平安时代，教育完全只限于当时的贵族即主要是那些公家、或归化人中世代以文学为业者。这些阶层的教育，其教科书全是使用中国输入的书籍。当时学问的种类，经学有明经道，史学文章有纪传道，法律是明法道，其他还有天文、阴阳、医学、算术等，这些教科书全部都是从中国输入的书。在那个时代，应该如何用国语翻译、解释那些从中国输入的书是第一要务。国语教育上，只要有一部可以解释中国教科书中汉字的字典进行翻译就足够了。当时最具有代表性的字典就是至今尚保存于世的《新撰字镜》。当然，在此之前对应该习读的中国书籍以及其他佛学典籍直接施以译语即训读者已经有很多，但经国人之手将其类聚而成字典者则是《新撰字镜》。此书乃僧人昌住①所编，完成于宇多天皇宽平年间，行世于醍醐天皇昌泰年间。这部大约于公元九世纪末问世的著作以当时行世的中国字典如《玉篇》等的体例为基础，以文字的偏旁部类为主，间或

① 昌住，平安时代前、中期僧人，生卒年不详。宽平四年（892 年）完成《新撰字镜》初稿，昌泰年中（898—901）修订完成全稿，共 12 卷。《新撰字镜》收入汉字两万一千字，是日本最早的保存完整的汉字字书。

夹杂一些实用相关部类，例如，日部月部之前置天部为首，父部之后加亲族部，草木部之后添小学篇字与本草异名，特别是在其最后加数字、杂字、重点[1]、连字、临时杂要字，且皆以部门为主，临时杂要字中举以下十章：

舍宅章	农业器具章	男女装束
及资具章	织机器具及织缝染事	马鞍器具章
木工器具章	锻冶	器具章
农田耕作章	诸食物调馔章	海河菜章

全书十二卷，分一百七十部，当时由于适应社会需求相当流行。近代以后，此书很长时间销声匿迹。一百多年前，文字只附注日本读音的抄本才又现身，而全书印行、流布于世是在大正五年（1916年）。通过此书可以了解到附以日本读音的字典产生的时代及其体例，这种字典与从中国输入的各种教科书是一样的。《新撰字镜》是在奈良时代、平安时代之后的醍醐天皇时期，也就是在国语国文即将获得发展之际出现的。在此之前，各门类的教科书也仅为各门的专业者所知，其他人也无了解的必要，学问缺乏普遍性。直到这一时期，在国文的产生即文学的独立的同时，各种门类的学问才在一般教养阶层中表现出其所形成的普遍性。

《倭名类聚抄》公家教育（中）

公元 931 年，即朱雀天皇[2]承平年间，一部名为《倭名类聚抄》

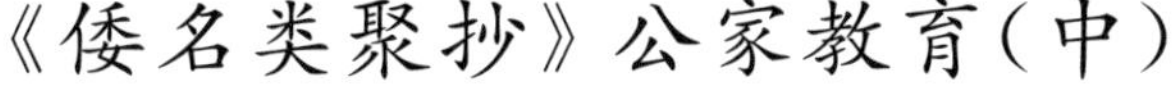

① 即使用相同文字重叠构成词汇或这一类词汇，如瀼瀼、濡濡（《新撰字镜》重点部第 158）。

② 朱雀天皇（923—952），930—946 年在位。

的书问世。这部书是源顺①编撰的。源顺通晓中国文学，作为和歌的选家和作者当时很有名。源顺是应醍醐天皇四女勤子内亲王之求编撰此书的。现在所传下的本子有十卷本与二十卷本两种，十卷本分二十四类一百二十八门，德川时代的学者狩谷掖斋②认为其是原本，二十卷本在此之外增加了许多新的部类。大体如下。

十卷本、廿四部（一百廿八类细目从略）

天地	人伦	形体	疾病
术艺	居处	舟车	珍宝
布帛	装束	饮食	器皿
灯火	器具	羽族	毛群
牛马	龙鱼	龟贝	虫豸
稻谷	菜蔬	果瓜	草木

廿卷本分为三十二部，有时令、乐曲、汤药、官职、国郡、殿舍等部多种。此书书中顺序也是以在其之前的《辨色立成》《扬氏汉语抄》《倭名本草》《日本纪私记》等书为基础，目的主要是从有典据的倭汉典籍中抽出与国语对应的中国文字并将其融为一体。从实用的角度来说，忘记汉字时依靠这部书可随时查出。与《新撰字镜》不同，其旨在用汉字翻译国语表述的知识，因此原封不动地收入那些仍保留汉语原有字音、但已成国语的词汇，如磁石、矾石、沉香、浅

① 源顺（911—983），平安时代中期官人、学者、歌人。著述除《倭名类聚抄》外，有《作文大体》《顺集》等。作为当时一流文人，其诗文多收入《本朝文粹》。源顺为“三十六歌仙”之一。

② 狩谷掖斋（1775—1835），江户时代后期考证学家。名望之，字卿云，通称三右卫门，别号六汉老人，求古楼。著有《本朝度量权衡考》《笺注倭名类聚抄》《说文新付字考》等。

香、香炉、锡杖等。由此也可以得知，当时上流贵族的学问发展趋势已经出现了一种变化，醍醐天皇时代的《古今集》、纪贯之等的国语文章都是在这种变化中产生的著述。不过，此时主要作为国语的译语所使用的汉字也多取自于有典据的中国书籍，即使日本编撰的书，在同中国文字对译时也多选用有正确典据者。

《伊吕波字类抄》[①]《类聚名义抄》[②]公家教育（下）

在接下来的一个时期，编集用汉字表现国语的语汇，出现了一种字典，其仅仅出于方便借用汉字而并非一定限于出之有典的汉语。这类字典有《色叶字类抄》《类聚名义抄》等。《色叶字类抄》大约是在天养（公元 1144 年）至长宽（1163—1164 年）的二十余年间编纂的，其后有所增补修改，这一时期正值日本所谓的院政时代末期。其编纂体例分以下二十部：

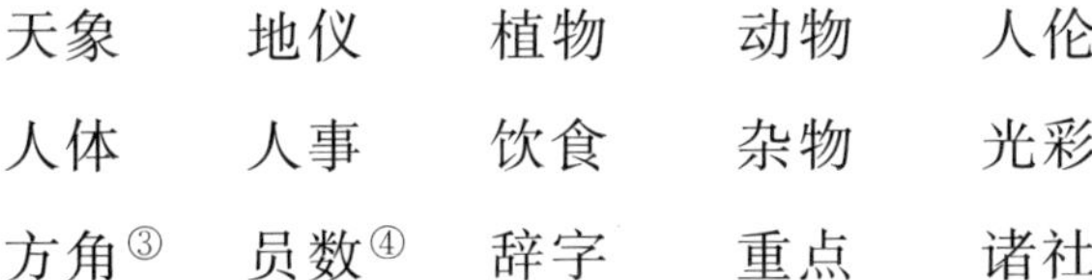

天象	地仪	植物	动物	人伦
人体	人事	饮食	杂物	光彩
方角[③]	员数[④]	辞字	重点	诸社

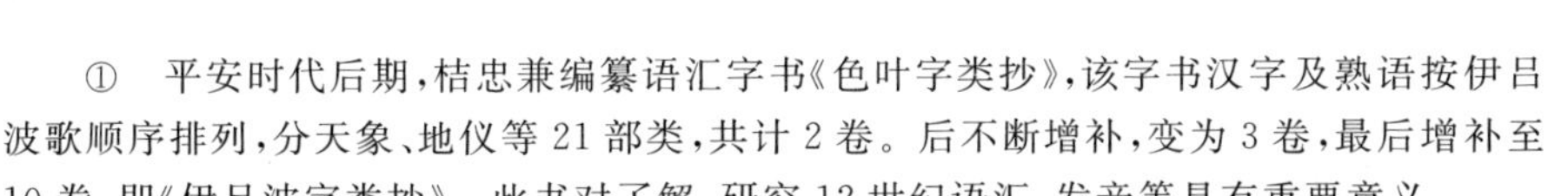

① 平安时代后期，桔忠兼编纂语汇字书《色叶字类抄》，该字书汉字及熟语按伊吕波歌顺序排列，分天象、地仪等 21 部类，共计 2 卷。后不断增补，变为 3 卷，最后增补至 10 卷，即《伊吕波字类抄》。此书对了解、研究 12 世纪语汇、发音等具有重要意义。

② 和汉字典，最初由 11 世纪后期法相宗学僧编纂，到 13 世纪初期又由真言宗学僧改编，通过这部字典可以了解平安时代公家、僧侣使用的训读语汇，是研究日本国语史的重要资料。

③ 即方位。

④ 即人员数量，尤指官府等处定员。

诸寺　　国郡　　官职　　姓氏　　名字

伊吕波歌四十七字，各字分别收入二十部门，然后组合起来。这种编纂法直到后来的《节用集》[①]还在使用，是日语字典通用的最为简便的方法。《类聚名义抄》据说是菅原是善[②]编纂的。现存的这部书似乎主要为适合佛家的需求，全书分佛法僧三个部分，其内容却同佛法僧没有任何关系，其部类划分仍然是根据《玉篇》等的偏旁划分方法，只是尽量给每个字施以日语训读读音。现在传下来的都是镰仓时代仁治时期写本以后的版本，平安时代初期版本的面影已经无从可窥了。这种编纂方法可以使《新撰字镜》的日语训读读音更为丰富，但从表现时代精神这一点来看，其远不如《色叶字类抄》显著。通过这部书就可以知道，在那个时代已经需要愈加丰富的日语训读读音。今天我们思考这个问题，引起我们兴趣的是，日本近代的字典主要是由这两种类型构成的。一种是《色叶字类抄》类型，其一直延续到《节用集》。另一种就是《类聚名义抄》这一类型，其在德川时代逐渐演变成如今社会通用的以部首查找的字典。这两部字典从院政时代以及武家时代初期开始行世，直至近代，与历史的发展同步，这一点是很有意义的。

---

① 室町时代至江户时代期间具有代表性的国语辞书的总称。其辞语按照伊吕波歌的顺序排列，又根据语义分类，各有独自的书名，辞语数也各不相同。由于这种辞书简便实用，非常流行，当时冠以《节用集》名称的国语辞书达到近200种。

② 菅原是善（812—880），平安时代前期贵族、学者，菅原道真之父。著有《东宫切韵》等。

《庭训往来》[1] 武家教育

在教育以贵族为主的时代，传播知识的教科书都是自中国输入的书籍，如何应用这些书籍与已加注训读读音的对译，应用方法反映了由汉字本位演变为国语本位的这一过程。前面所举的只是字典类，其不可当作教科书，只能起辅助的教育作用，此外另有教科书。这一时期大体上是教育史的前期，以镰仓时代末期为界，其后就发生了一大变化，代表这一变化的就是《庭训往来》的出现。

本来往来物这一类东西的历史就相当久远，中国六朝时期至唐代就盛行过称之为书仪[2]一类的东西，日本在那一时期的代表之物是正仓院所藏光明皇后[3]御书《杜家立成》，除此之外，类似的东西也流行过。《日本国见在书目录》中也可举出数部类似的书。

① 往来物的一种。往来物是指平安时代后期至江户时代后期广泛流行的平民使用的初级教科书。所谓往来，原为书简之意，最初的教科书始于以实际的书简作为教学的读本，其中也有练习题及词汇，后来并不拘于书简，也使用其他形式。平安时代后期往来物有《明衡往来》《东山往来》等七种，中世有《十二月往来》《庭训往来》《尺素往来》等数十种，到江户时代往来物则达到数千种。往来物最早的编写者是贵族，到中世时以僧人为主，江户时代则多为文学家、私塾先生。《庭训往来》出现于南北朝时期，作者不详(一说为玄慧)。其为当时书简的范本，由每月往复书简两通共二十四通(亦有二十五通者)构成，列有与每月主题相关的大量词汇，内容广泛，涉民间风俗、衣食住行、风土物产、地方行政等众多领域，现已成为了解室町时代初期政治、经济、社会、文化的重要史料。《庭训往来》版本众多，在中世已超过四十种。从江户时代一直到明治时代初期，《庭训往来》作为普通平民家庭和私塾(寺小屋)的读本、习字教材被广泛使用。江户时代后期还流行过插图本。

② 旧时士大夫私家关于书札体式、典礼仪轨的著作，通称书仪。

③ 光明皇后(701—760)，圣武天皇的皇后。

到院政时期，从明衡[①]的《云州往来》这部书开始书仪的体例发生变化，在此之前都是纯汉文体，而从这一时期开始逐渐变为使用汉字的和式文体，也就是新的往来体。但是，明衡的书是作为公家贵族之间文书往来的范本而编撰的。而《庭训往来》则主要是考虑社会底层、武士的需要，作为包括六位官职以下的人们交往的书简规范，这是一个显著的变化。从学问的角度来说，当时的学者北畠玄慧法印在其著述中开始提倡宋学，一改自古以来的公家学问即汉唐经学，此人后为后醍醐天皇以及围绕天皇问题具有革命思想的公家所敬重，成为新学的倡导者。往来物在体例上发生的一大变化在教育上产生了重大影响，这个变化不仅是在体例上从公家的需求转向社会底层、武士，在内容上也出现了极大的变化。历来的往来物只仅仅是文书往来的规范，内容中没有当时所需要的各种知识，应该传授的知识都在中国输入的教科书里，而到《庭训往来》时期，这本书几乎包括有社会平民、武士所需要的所有知识，即使没有教科书，凭靠往来体读本也可以获取当时所需要的普通知识。这本书是公元 1324 年前后编撰的，书中有关一般知识的种类大体如下：

和歌　诗联句　领地子民　农作物

馆堂建造　树木　市町节庆、漕运用船　殖民(锻冶、铸造、工匠、五金匠、染匠、绫织、养蚕、相马、放牧、烧炭、樵夫、寿器制作、井具制作、漆工、漉纸、唐纸制作、制笠、雨具　船工、渔夫、

① 即藤原明衡(989？—1066)，平安时代中期官人，汉诗人。参见前注。

> 烧制朱砂白粉、制梳、礼帽制作、商人、沽酒、酿造、弓箭制作、陶器制作、修理工匠、泥瓦匠、猎人、田乐、狮舞木偶艺人、琵琶师、巫婆、艺伎、舞女、游女、娼妓、医师、阴阳师、画师、佛师、裁缝、武艺、相扑、僧侣、修行人、儒者、明法明经道学士、诗歌宗匠、管弦乐师、佛教乐师、官衙判官)、货物买卖、动物、腌物、武具、马、马具、织物、装束、乐器、政事、武家、仪式、佛寺、佛法(禅、密、圣道)、法事、日用器具、饮食、点心、疾病

内容多为武家所需,此书实际上是作为守护、地头的教科书兼字典而编纂的。有意思的是,书中详尽记述了武家新建城邑的要素,列举了各种必要的行当、职业,几乎涵括了一个小城市的全部要素,其中甚至列举了巫婆、艺伎、舞女、游女、娼妓等,由此足以了解古代的殖民政策的情况。

几乎与这本《庭训往来》同时还出现了一本《异制庭训往来》,据说这是玄慧[①]的兄弟、著名高僧虎关禅师之作。这本书中包括以下门类的知识:

> 戏论(围棋、双六[②]、蹴鞠、相扑)、酒肴、茶、香、织物、珍宝、药物、五谷、星占、兵法、武具、马、马具、内外典、书法、作文、诗赋、和歌、管弦、佛寺、画、器具、点心、法会

---

① 玄慧(?—1350),镰仓时代后期、南北朝时代僧人、儒学家。亦作玄惠,号独清轩、健叟。曾在比叡山学天台宗,后为后醍醐天皇侍读程朱之学。倒幕之后,受足利尊氏、足利直义重用,参与《建武式目》的制定。据说《庭训往来》系玄慧所作,但学界尚无定论。

② 亦称升官图,黑白子各十五个,凭骰子的点数抢先把全部棋子移入对方阵地的游戏。

这一时期,还有一本《游学往来》,主要是作为僧侣的教科书,据说也是玄慧所作。与《庭训往来》相比,《异制庭训》与《游学往来》稍稍更多一些高雅知识趣味,但《游学往来》并非是为满足当时硕学名僧精修细研学问的需要,而是作为大寺院如叡山、三井寺、兴福寺这些地方的僧众的教科书而编撰的。《异制庭训》也是适应中流阶层公家人们的需求而编撰的。这些往来体读本在同一时期流行于世,由此可以看出,日本的教育逐渐广泛地转向中流阶层,这一阶层的人们并不像专业人员那样需要通过中国输入的教科书获取非常高深的知识。由于通常作为常识的教学内容大量增加,通过一般的教科书即可以获得这些知识,中流阶层的公家、大寺的僧众、武家都是通过这种新的教科书获取他们所需要的知识。这种教科书是与字典合为一体的,其编撰方式有的常常是非常奇特的。例如《异制庭训往来》传授的是织物与珍宝等知识,书中称,搜集此类物品依赖偷盗手段最为便捷,"熟思身否运、立脱贫贱之禄、坐叠富贵之茵者、偷盗之事也",在罗列织物珍宝之名后,又曰:"不绩之、不纺之、不织之,而贮之如山,非玉工而积之如冢,非医师而药品使之如泉、非农人而五谷之仓列如星座,如武家富豪常持兵器者唯有偷盗",大加礼赞。当然在回复的文简中对礼赞偷盗加以了反驳。其反映了当时京都这样的城市里,山野武士这一类盗贼大肆掠夺财富的世相,但这种表述几可谓奇想天外。总之,这本新的教科书的出现标志着这一时期日本教育摆脱了中国书籍实现了独立,这也是其一直到德川时代末期普遍流行的原因所在。在德川时代,《庭训往来》已普遍用于大众教育,书中有些词句、知识对于大众而言稍嫌过于艰深,但以国语为基础,在知识面上表现出日本

的独立，这一点是最值得称道的。

《尺素往来》（公家教育的武家化）

这一时期，这种往来体例中含有所需知识的教科书主要是出自新兴的阶层即武士、中流以下的贵族、僧侣的需求，后来武家逐渐得势，足利时期以后，公家愈趋衰微，足利中期即应仁文明之乱时期，这种教科书的体例也渐为公家所采用。当然，在此之前，公家已逐渐意识到用自中国输入的深奥费解的知识开展教育是很困难的，南北朝时期有一部据称是洞院公贤[1]编撰的《拾芥抄》，洞院公贤是在北朝延文（1356年）年间去世的，这是一部按照部类分成九十九部的简明百科辞书，其把当时公家所需的一般知识全部收入书中。洞院公贤官至太政大臣，不言而喻，这部书是为公家而编撰的，由此可以得知上流公家也需要这样一部简明的类书。之后又经过一百余年，最终公家也使用往来体例的教科书进行教育了。其代表作就是一条禅阁兼良的《尺素往来》。如果经过仔细考证，可以弄清这部书的成书时间。书中有"四月二日、日蚀皆既"，"十月十四日夜，有月蚀"等记载，由此可以进行推算，这部《尺素往来》完全沿袭在其之前的《庭训往来》体例，其中主要包括公家所需要的知识。由于当时是武家全盛时期，公家也有必要了解武家，所以

① 洞院公贤（1291—1360），镰仓时代后期、南北朝时代公卿。历任春宫大夫、右近大将、内大臣、左大臣、太政大臣。1348年（正平三年、贞和四年）出家，法名空元。著有《皇代历》《历代最要钞》。

也收入了那些武家的知识，可以说这是一部适应那一时代需求的教科书。其项目大体如下：

朝仪	武家仪式	狩鹰
茗品	香品	食味（四足、两足[①]、名酒）
围棋	将棋[②]	双六
祭礼	名马	弓箭
甲胄	刀剑	勅
撰歌集	物语	墨迹
梵字	经史诗文集	律令格式
蹴鞠	犬追物[③]	笠悬[④]
田乐猿乐[⑤]	声明　舞乐	神乐　催马乐[⑥]
医药	药物调制	天文　祈祷
本领[⑦]	诉讼	武家官职　法师官职

① 四足即牲畜，两足即禽类。

② 日本象棋，类似中国象棋，棋盘划有八十一格，双方各二十个棋子，吃下的棋子还可再用。

③ 一种骑射的练习方式。在固定的场地，练习者骑马追赶放出的犬，练习射箭，箭头用木制，故不伤及犬。这种骑射练习方式盛行于中世武士中间。

④ 平安时代末期盛行的骑射练习方式。箭垛上挂着射手的斗笠，从远距离进行射箭练习。

⑤ 田乐是一种日本的民间歌舞，起始于古代插秧时的仪式，后逐渐演变成寺院神社举行的歌舞活动。猿乐是流行于平安时代的一种演艺，后到镰仓时代演变成带歌舞、乐曲的滑稽戏。

⑥ 平安时代用于仪式上的歌谣，其通常是用唐乐的曲谱配上日本传统的民间歌谣。

⑦ 世代相袭的领地。

廿二社[①]	四大寺[②]	八宗[③]
五山[④]	七堂[⑤]	庭院
山水立石	器物	禅录
眠藏杂具[⑥]	和汉绘画	屏风障子[⑦]
绘具	请僧	粥汁　点心
主馐[⑧]	糕点	布施物
葬礼	忌日	

总之，由于公家的衰落，像前代那样依靠中国输入的优秀教科书进行教育的力量和条件已不复存在，其也不得不通过武士的往来体读本来获取所需要的知识。在公家来说，这完全是其这一阶层的衰落，而从教科书、也就是从普通教育史的角度来看，教科书从上流社会到中流社会完全实现了知识以日本为本、以国语为主，可以说教育上的独立几近实现。

① 在日本全国神社中排在首列，国家发生重大事件时可设置奉币使的神社。1039年(长历三年)由后朱雀天皇设定，具体为：伊势、石清水、贺茂、松尾、平野、稻荷、春日、大原野、大神、石上、大和、广濑、龙田、住吉、日吉、梅宫、吉田、广田、祇园、北野、丹生和贵船。

② 四大寺在各个历史时期有所不同，这一时期当指东大寺、兴福寺、延历寺和园城寺。

③ 日本佛教的八个流派：俱舍、成实、律、法相、三论、华严、天台、真言。

④ 南禅寺位于五山之上，在其之下，京都天龙寺、相国寺、建仁寺、东福寺、万寿寺，镰仓建长寺、圆觉寺、寿福寺、净智寺、净妙寺分别列为五山。

⑤ 寺院里的七个建筑物，通常指金堂(本堂)、讲堂、塔、经藏、钟楼、僧坊、食堂。禅宗则指山门、佛殿、法堂、库里(住所、厨房)、僧堂、浴室和东司(厕所)。

⑥ 眠藏为僧人居处及储藏物品处。

⑦ 障子为和式房间的拉门。

⑧ 天子的饮食用餐或负责天子饮食用餐的职务。

纵观《庭训往来》到《尺素往来》以及与《尺素往来》同时出现或稍后一些时候出现的《新札往来》，在这一时期几乎包括了文化方面所有的重要变化。例如，从《异制庭训往来》《游学往来》中我们可以得知当时闻香的流行，而到《尺素往来》时期，不仅仅是香，又出现了成药，从文化的角度来看，成药的出现是一种世相，阅读中国专门的方书或本草书，把医术当作学问来作满足不了普遍的社会需求，于是中国盛行的调制药物成为一种大众需求就出现了。在学问方面，除公家一向研究的汉唐学问之外，又传入了宋学。汉唐以来的诸道学问因战乱多已丧失，但尚可看到残存的一些书的目录。日本文化失去了中国传入的极其丰富的知识，仅仅保存下当时日本真正需要的那一部分，其作为日本国民所需要的文化保存下来的情况在这一时期的往来体读本中也反映了出来。

有证据表明，这些往来体读本当时普遍流行，有些时期甚至还传至其他国家。例如，文安元年(1444 年)编撰的《下学集》[①]是部仅有两卷的类书，其序文中就提到《庭训》《杂笔》等往来体读本在当时流行的情况。《下学集》中可以看到，与《庭训》《杂笔》同时行世的还有《实语教》[②]《童子教》[③]以及白乐天的《长恨歌》《琵琶行》

① 室町时代的国语辞书，共两卷，著者不详。辞语按语义分类排列，在天地、时节之下分成十八类，收入辞语数达三千，有些辞语并付以注。

② 往来体读本的一种，出现于平安时代后期，用于道德教育。作者不详。书中以五字为一句，共由九十六句构成。《实语教》在整个江户时代被广泛使用。

③ 镰仓时代以后被广泛使用的教科书，作者及成书年代不详。《童子教》主要用于道德教育，书中内容主要是关于佛教信仰、日常生活中的礼仪规范以及格言，全书由五字一句、共三百三十句构成。

等。据此可以认为，中世以后占据大众教育基础地位的私塾[1]在这一时期已经出现，而且还可以想见，早先如白乐天诗歌这一类只被上流社会阅读的东西已经开始被平民百姓所阅读。明成化五年（1469 年）编撰的朝鲜一部有关制度的书《经国大典》[2]中也记载，当时的译员把这些《庭训》《杂笔》是当作倭学的教科书来学习的，据此可以得知当时这些往来体读本已广为流布。

《商卖往来》大众教育、普通教育的实现

足利时代以前的教育已经与大众有一定关联，但教育的目的仍以武家为主，而到其后的德川时代，完全以大众为目的的教育兴起，相应的教科书也开始出现，其中最为重要的就是《商卖往来》。此时，《商卖往来》作为往来体读本的体例已有明显变化，到《尺素往来》时，往来体读本的体例大体具文书特点，当为来往文书的规范。《商卖往来》虽名为“往来”，但并非往来文书，其从头到尾是一篇文章。不过打破往来体例的并非始于《商卖往来》，从足利时代的《新札往来》开始就已出现这种倾向，《新札往来》开头是以贺年书简的体例写的，而最后以普通书信的形式收尾，类似于《尺素往来》。《商卖往来》则将这一体例完全改变，开头结尾都不是书信体

---

① 日语称“寺子屋”。因这类私塾多设在寺院内，故名。私塾最早是为满足农村一些官吏的子女读书习字的需要而设置的。后来随着商品经济在农村的发展，普通农民、町人接受教育的需求不断增长，类似寺子屋的私塾在都市、农村普遍开设。担当私塾教学的通常为武士、神官、僧侣、医生等。

② 李氏朝鲜的法典。该法典于 1471 年颁布，包括吏、户、礼、兵、刑、工六卷，是李氏朝鲜各种法典的基础。

例。据说《商卖往来》编撰于德川时代中期即宝永至享保期间（公元18世纪初），书中内容收入经商者所必需的知识，首先就是货币及其真伪的辨别，然后是谷物及其运价、水运、租税、饮食、文具、绢布、外国货币、服装、器具、染色、图案花纹、武具、马具、手工艺品、唐物、和物、珠玉、陶瓷、漆器、杂具、厨房用具、药种、香具、山海鱼鸟等，凡商人经办商品，悉数列出，并提出商人教育当从幼少开始，先以习字算术为主，时至此时，作为教科书的往来体读本才开始出现算术这一科目。总之，教育内容都包含在以上的项目中。作为培养兴趣爱好的项目，有以下这些：

和歌、连歌①、俳谐②、插花、蹴鞠、茶道、谣曲、舞、手鼓、大鼓、笛、琵琶、琴

又列出防止兴趣爱好流于恣慢的项目：

围棋、将棋、双六、小曲、三弦

书中说，奢费于服饰、家宅，沉湎于泉水假山、树木花草之乐，更是无益之极，或可成导致衰微败落之因。书中最后举出商业道德之项目，认为：贪婪逐利、欺世诈人者必蒙遭天罚，而绝少有与其交往者。畏天道者最终显富贵繁昌、子孙荣华之瑞相，获利成倍。短短千字之文，将商人应该具备的知识、兴趣、道德悉数融入一体，简明扼要，堪称古今教科书之名作。书中对汉字的限制问题只字未提，而实际上本身对汉字已作了限定。最让人匪夷所思的是，如

---

① 日本诗歌的一种体裁，流行于中世纪，由两人或多数人交互吟咏和歌的上句和下句，一直连下去，一般以百句为限。

② 带诙谐、滑稽趣味的和歌。亦指俳句。

此一部名作，其作者是谁居然不得而知。该书作者看来应当是一位非常博学的人。在当今从事初等教育的人们中，能够对这本教科书所含的条目作出圆满解释者，不知千人中是否能有一人。其编撰与时代相适应的教科书的才能不能不令人惊叹。《商卖往来》的编撰完全出自于大众教育的目的，到这一时期，日本的教育已从上流社会转向社会地位最低的普通大众，德川时代商人在四民[①]中是最低的阶层，教育已经扩展到最底层，反映了普通教育的完全独立和全面普及。在此之后，又出现了仿效《商卖往来》而作的种种读本，如《诸职往来》《农人往来》《百姓往来》等，由于这些读本都是以《商卖往来》为其范本，作为德川时代大众教育最具代表性的教科书当首推《商卖往来》。除此以外，出自地方教育的需要，延宝二年(1674 年)出现《京都往来》，在其之后，又相继出现了《江户往来》、《大阪往来》等，传播公家、武家都市以及商业都市的必要知识。但在所有的这些书中，最出类拔萃的普通知识教科书还是《商卖往来》。

综上所述，通过国语而得以实现的日本普通教育的独立可以说始于《庭训往来》，完成于《商卖往来》。日本从接受中国文化、发展本国文化开始到实现教育的独立几近一千三四百年，这是一段相当漫长的岁月，其间在每一个历史时期都留下了徐缓而又坚实向前的足迹，由此我们可以了解到日本国民性形成的历史，这是很有意义的，这种历史的回顾对我们来说，也是极其重要的。

(1930 年 3 月 9 日于木津公会堂为京都府教育会相乐郡部会讲演)

① 即士农工商，此系江户时代按封建社会等级观念由上而下排列的。

日本风景观

大约是在明治二十七年，前辈志贺矧川先生[①]发表了《日本风景论》，认为日本风景的特征之一就是众所周知的樱花，除此之外还有一个就是松树，主张应该将其看作日本风景的特征之一。记得当时自己还没有什么风景的观念，也从没有认真思考过这个问题，我向先生提出，除此之外，还有一点也应当作为日本风景的特征，那就是火山脚下的原野[②]。总之，无论先生的观点还是自己的观点，有一点是相同的，那就是日本的风景是有着其自身特点的。

即使在今天论述日本的风景时，还是要首先考虑到这一点。但是今天在日本的地理特征之外，还有一个必须加以考虑的更为重要的问题，就是风景观也会发生历史性的变化。有关风景的观念在某种程度上的变化是要有一个相当长的历史过程的，通过这一历史过程，我们可以了解一个国家的国民对风景关注的程度，而

---

① 即志贺重昂(1863—1927)，明治、大正时期地理学家。号矧川。曾与三宅雪岭等发起创建政教社，创刊杂志《日本人》，鼓吹日本精神，1894年(明治二十七年)发表《日本风景论》，对现代日本登山运动产生很大影响。1902年(明治三十五年)当选众议院议员。曾多次到世界各地旅行，出版了《世界山水图说》。著有《志贺重昂全集》。

② 日语中写作“裾野”，意为山脚下的原野，尤指火山脚下缓缓倾斜的原野。

且从中还可以了解一个国家的国民文化水准。因此，对一个国家的风景观，应该将地理的特征同其历史发展中的变化综合起来加以考虑，这里笔者将从历史发展的角度对风景观作一论述。因为对有关中国的知识多少有一些自信，事关风景观，从这一角度展开论述对于笔者来说也是最合适的。

中国人对风景即山水产生兴趣已经相当久远，通过诗或绘画就可以清楚了解这一观念的发展变化。大凡人类对风景的认识产生之前，对自然界事物的认识带有相当的神秘色彩。在中国，三代姑且不论，即使到汉代，把山岳完全视作神秘之物的风气依然盛行。例如说到泰山，认为山中有长生不老的仙人，有司掌生命的神之类的看法非常普遍，由此促进了道教的发展。在中国，道教选择风景最为幽邃之处以数字命之为三十六洞天、七十二福地，这种做法与我们所说的百景、八景是很相似的，其都带有宗教的神秘色彩，这种认识上的宗教神秘感转变为一种情趣性大约是在公元5世纪即六朝时期中叶。由于佛教的影响，由来已久的对风景的神秘感即一种迷信开始淡薄，而随之萌生出的是对风景带有一种情趣的新观念。

中国的风景画

梁刘勰在《文心雕龙》中说："老庄告退，而山水方滋[①]"，横跨

① 《文心雕龙》历代版本皆为"庄老告退，而山水方滋"，此处当为误植。

晋宋两代的著名诗人谢灵运[①]徜徉于山水之间，因其穿高屐而行，被人称作山贼。从这一时期开始，此前盛行的玄理诗风一变而为山水诗风，谢灵运当为其元祖。在这一时期前后，绘画方面出现了山水画。宗炳[②]著有关于山水的《画论》。遗憾的是，当时的山水绘画没有一幅保存下来。可以想象那些绘画都受到道教的影响，当为描绘幽深僻静的山水之作。总之，从这些情况可以得知，中国人崇尚艺术，将艺术与风景联系在一起的历史是很久远的。

不过，早期的风景画，如顾恺之《女史箴》卷的局部、同为其作的后世摹本《洛神赋》卷的局部、我国法隆寺金堂天盖的图案，都还相当幼稚，后来风景画得到进一步发展是在盛唐时期。相传有吴道子粗宕淋漓的墨画、大小李将军[③]敷色精巧的密画、王维在水墨画中开创的“渲染”技法等等。吴道子的绘画没有流传下来，但王维以及李将军即李思训的画保存至今。从保存下来的画来看，他们并非都有描绘奇山异水的意图，而倒是令人觉得他们喜爱的是

① 谢灵运（385—433），东晋末年刘宋初年文学家、诗人，中国文学史上山水诗派的开创者。浙江会稽人（今浙江绍兴），东晋名将谢玄之孙。原名谢公义，字灵运。曾任永嘉太守、临川内史等职。

② 宗炳（375—443），南朝及宋代画家、美术理论家。字少文，南阳人。其著《画山水序》是中国最早的山水画理论著述，阐述了“以小观大”“神托于形”等观点。宗炳是著名的“神形分殊”论者。

③ 即李思训与李昭道父子。李思训（651—716，一作653—718），唐代书画家。字建睍，一作建景，出身唐宗室。陇西成纪（今甘肃天水）人。因唐玄宗时官至右武卫大将军，画史称其为大李将军。其子李昭道，也是著名画家，世称小李将军。李思训善画山水、楼阁、花木、鸟兽，尤以青绿山水著称，对后来的山水画发展产生深远的影响，中国绘画理论上的所谓南北宗论将其列为北宗之祖。传世作品有《九成避暑图》。李昭道（675—758）。官至太中舍人。秉承家学，擅长青绿山水，兼善鸟兽、楼台、人物及海景。画风巧赡精致，虽豆人寸马，也画得须眉毕现。

具有亲近感的、似乎可以与自己融为一体的景色。王维有一幅描绘自己山庄的《辋川图》，李思训留存在世的是《九成宫图》。王维专事山水，李思训则致力于画亭台楼阁。这一时期的中国画尚未发展到笔法墨法兼而有之的程度，有长于笔法的吴道子这一类画家，也有项容[①]这一类擅于墨法的画家。而笔法墨法兼而有之，集水墨画之大成者是唐代末期至五代即公元10世纪的荆浩[②]，在其之后又有关同[③]，直至宋初，这一期间，李成[④]异军突起，成为北画之祖，董源[⑤]则成为南画之祖。南北两宗直至后世始终影响着中国的画家。这两位南北两派之祖的人物有一个共同的山水观，那就是以雄浑奇拔的景色作为绘画的主题。当然，他们所描绘的风景源自于写生，而并非出自空想。虽然说是写生，无论关同还是董

① 项容，生卒年不详，唐代画家。浙江天台人，称天台处士。善水墨山水画，是中国绘画史上第一位见于记载的大胆用墨的画家。

② 荆浩(850—?)，五代后梁画家。字浩然。擅画山水，兼得吴道子用笔及项容用墨之长，创造了水晕墨章的表现技法。亦工佛像。是中国山水画发展过程中具有重要影响的画家之一。著有《笔法记》，存世作品有《匡庐图》。

③ 关同(约907—960间)，五代画家。一作关仝、关穜。长安(今陕西西安)人。曾师法荆浩山水，后自成一家。与李成、范宽并称宋时“三家山水”，为时人所重。存世作品有《关山行旅图》《山溪待渡图》。

④ 李成(919—967)，五代及北宋画家。字咸熙。长安(今陕西西安)人。擅山水，师承荆浩、关同，并加以发展。喜画郊野平远旷阔之景。画法简练，笔势锋利。好用淡墨，有“惜墨如金”之称。画山石好像卷动的云，后人称这种表现法为“卷云皴”。李成对北宋的山水画发展具有极大影响，其与范宽、关同并称为“百代标程”的大师。存世作品有《读碑窠石图》《寒林平野图》《茂林远岫图》等。

⑤ 董源，中国五代南唐画家，生卒年不详。江西钟陵(今江西南昌)人。一作董元，字叔达，自称江南人。曾事南唐李璟，任北苑副使，故又称董北苑。南唐亡后入宋，被认作南派山水画的开山大师，与范宽、李成并称北宋初年三大家。代表作有《夏景山口待渡图》《潇湘图》等。

源、李成，这是他们采用的能够象征自己精神的方法，绝非单纯的写生。这一点可以说是中国风景画获得显著发展的一个原因，从他们的画作中同时可以了解到当时的艺术家对风景的态度。

巨然①出自董源的门下，其笔墨之法完全得自于董源，将自己的精神完全寄托于山水，这一点也与其师相似。尤其应当注意的一个变化是，巨然描绘的山水多温润可人，其表现的风景往往会令人起欲置身其中之念。关同、董源、李成都很少画气势雄奇、摄人心魄的风景，后世所谓的文人画即缘自于此。到后来的米芾父子②、赵大年③，他们更加喜爱温和的风景，据说赵大年由于从不跋涉深山幽谷，只画当时帝都汴京一带的风景，对幽邃山水尤感兴趣的米芾父子也鲜有雄浑奇拔风格的画作，他们似乎更偏爱易于亲近的风景。

① 巨然，中国五代南唐、北宋画家、僧人。生卒年不详。江西钟陵（今江西南昌）人，一说江宁（今江苏南京）人。早年在江宁开元寺出家，南唐降宋后随后主李煜来到开封，居开宝寺，擅山水，师法董源，专画江南山水。与董源并称董巨，对元、明、清以至近代山水画发展产生极大影响。代表作品有《秋山问道》《万壑松风图》等。

② 即米芾与米友仁。米芾（1051—1107）。中国北宋书法家、画家、书画理论家。字元章，号襄阳居士、海岳山人等。山西太原人，后迁居湖北襄阳。长期居润州（今江苏镇江）。曾任校书郎、书画博士、礼部员外郎等。善诗，工书法，与苏轼、黄庭坚、蔡襄并称宋代四大书法家。其绘画善枯木竹石，尤工水墨山水，擅用大笔触水墨表现江南山水，人称米氏云山。传世书法墨迹有《向太后挽辞》《蜀素帖》等。米友仁（1074—1153），南宋书法家、画家。一名尹仁，字元晖，晚号懒拙老人。米芾长子，世称小米。书法绘画皆承家学，世称大小米。其书法虽不逮其父，但自有一种风格。山水画亦自成一家，世称米家山水，对后世文人画有较大影响。传世作品有《潇湘奇观图》卷、《云山墨戏图》卷等。

③ 即赵令穰，北宋画家，生卒年不详。字大年，宋太祖赵匡胤五世孙。汴京（今河南开封）人。擅画设色平远小景，写陂湖林樾烟云凫雁之趣，荒远闲暇，风格清丽，名重于时。兼善墨竹、禽鸟。传世作品有《湖庄清夏图》《江村秋晓图》等。

这一时期，中国的文人画已日臻大成，后到元代，赵子昂[①]学习唐画精神，仍主要画王维那种令人可感到置身其中的山水。元末四大家[②]继承其衣钵，其中黄大痴[③]皆以自己所居住的虞山景色为主，其画笔意舒缓柔和，别有韵味，所画景致亦非奇拔峻峭。倪云林[④]也喜爱平远山水，主题仍为江南地方的三泖五湖，充满野趣，不过四大家中也有王蒙[⑤]屡屡画幽深僻远的风景，但也并非追求雄拔压人之势，仍然是以可亲近之景为主题。

① 即赵孟頫(1254—1322)，元代著名画家、书法家，是楷书四大家(欧阳询、颜真卿、柳公权、赵孟頫)之一。字子昂，号松雪、松雪道人，又号水晶宫道人、鸥波，中年曾署孟俯。湖州(今浙江吴兴)人。赵孟頫博学多才，能诗善文，尤精书法绘画。其绘画开创元一代新风，被誉为元人冠冕。书法擅篆、隶、真、行、草，尤以楷、行书著称于世。传世书迹代表作有《千字文》《洛神赋》《归去来兮辞》等。绘画代表作有《秋郊饮马图》《人骑图》《鹊华秋色图》等。

② 元末四大家即黄公望、吴镇、倪瓒、王蒙。

③ 即黄公望(1269—1354)，元代画家，书法家，元末四大家之一。字子久，号一峰，后入主张儒、释、道三教合一的全真教，又称大痴道人。江苏常熟人。工书法，善诗词散曲。中年以后始画山水，师法赵孟頫，董源、巨然、荆浩、关仝、李成等，集诸家之长，晚年大变其法，自成一家。笔墨简远逸迈，风格苍劲高旷，气势雄秀。代表作品有《富春山居图》《九峰雪霁图》《天池石壁图》等。

④ 即倪瓒(1306—1374，一作 1301—1374)，元代画家。初名珽，字元稹，又字玄瑛。号云林、云林子、云林散人，别号荆蛮民等。江苏无锡人。擅水墨山水、竹石。宗董源，参以荆、关之法，用笔方折遒劲，创“折带皴”画山石法，其画风对明清文人画影响极大，与黄公望、吴镇、王蒙并称“元末四大家”。传世作品有《雨后空林图》《紫芝山房图》《修竹图》等。

⑤ 王蒙(1301—1385)，元代画家。字叔明，号黄鹤山樵、香山居士，湖州(今浙江吴兴)人。其外祖父赵孟頫、外祖母管道升都是元代著名画家。王蒙能诗文，工书法，尤擅山水。其得外祖父赵孟頫法，以董源、巨然为宗而自成面目，写景绸密，布局多重山复水，善用解索皴法和渴墨苔点，表现林峦郁茂苍茫的气氛。山水之外，兼能人物。王蒙为“元末四大家”之一，其对明清及近代山水画有很大影响。

后来的画家作画过于雄拔被鄙之为犷气，南画中若有类其者，如明清时代浙派、江西派皆被称为霸悍。中国的风景画至此已经完全成熟，尽管后人在细微之处有过种种变化，但在风景画总的风格上没有大的变化。

由此可以看出，中国人对于风景的认识由最初受道教的影响喜爱幽僻的山水发展到偏爱周围的景致。在此之前，绘画就如绘卷一样直露地描绘风景，到唐末五代时期逐渐喜爱雄奇的景色用以寄托某种精神。再到后来又回归到描绘身边周围的景色，强调表现个人的感受，逐渐地从画趣中寻求一种情趣。

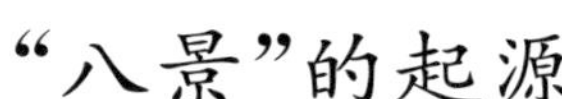

“八景”的起源

在这一章节要谈的是“八景”的问题，现在日本的八景评选也是一个有争议的话题。在中国，“八景”最早源自于潇湘八景，据说把潇湘八景作为画题的是中国绘画史上著名的画鸟名家蜀人黄筌[1]，在其之后是北宋的宋复古[2]，到南宋时就越来越多，现传入我

① 黄筌（约903—965），五代画家。字要叔。成都人。早年以工画得名，擅花鸟，兼工人物、山水。其所画禽鸟造型准确，骨肉兼备，勾勒精细，敷色浓丽，与江南徐熙并称黄徐，为五代、宋初花鸟画两大流派。黄筌曾为宫廷画师，其多画宫中异卉珍禽，徐熙则多画汀花水鸟，故世有“黄家富贵，徐熙野逸”之说。黄筌的画风对后世花鸟画影响极大，传世作品有《写生珍禽图》《雪竹文禽图》册页等。

② 即宋迪，北宋画家，生卒年不详。字复古，河南洛阳人。嗜古，好作山水，尤工平远，师李成，运思高妙，笔墨清润，所作《潇湘八景图》从题材方面大大丰富了山水画的主题，苏东坡赞其“秀润清雅，冠绝一时”。除《潇湘八景图》外，传世作还有《巩洛山景图》等。

国的画中有据说是牧溪[1]的画，其是否是牧溪的真迹不得而知，但从时间来看，应该是那一时期的画作，这一点是没有疑义的。

黄筌、宋复古的《潇湘八景》没有传下来，南宋的画院画家承传李成以后北画的笔法，特别在北宋至南宋期间，被称之为大家的李唐[2]尤擅画雄奇景色，其主导着画院的画风。但是到南宋末期，即使北宗派如夏珪[3]等人也表现出倾向于文人情趣。又如马远[4]擅长于画“残山剩水”，被称为“马一角”。到这时，表现雄奇景色的潮流已经消退。所谓的“潇湘八景图”也正在这一时期盛行起来，将其作为画题，首先就已经感受不到山水的雄奇，不过仅仅只是从洞庭湖畔寻常可见的景色中发现一些有画趣的景致而已。

概据自古以来中国画家对风景的认识，他们并非仅仅追求雄

① 牧溪，南宋画家，生卒年不详。俗姓李，佛名法常，号牧溪。牧溪的绘画“皆随笔点墨而成，意思简当，不费装缀”（日本《松斋梅谱》），画风别具一格。牧溪绘画真迹多流于日本，其《远浦归帆图》真迹现藏于京都国立博物馆。牧溪的绘画中很多画作不乏禅意，如名作《松猿图》就对日本的禅画产生很大影响，牧溪甚至被誉为日本画道的恩人。代表作有《潇湘八景图》等。

② 李唐（1066—1150），宋代画家。字晞古。河阳三城（今河南孟县）人。徽宗赵佶时期（1100—1125）入画院，擅山水，变荆浩、范宽之法，用峭劲的笔墨写出山川雄峻的气势。晚年一改画风，去繁就简，创“大斧劈”皴，所画山石质地坚硬，立体感强。李唐的山水画当时在南宋画院产生极大影响，是南宋山水新画风的标志。传世作品有《万壑松风》《清溪渔隐》《采薇》等。

③ 夏珪，南宋画家，生卒年不详。又名圭，字禹玉。临安钱塘（今浙江杭州）人。早年工人物画，后以山水画著称，是北派山水代表人物之一。他与李唐、刘松年、马远并称南宋四大家。传世作品有《长江万里图》《山水十二景》《西湖柳艇图》《溪山清远图》等。

④ 马远（1140—1225），南宋画家。字遥父，号钦山。祖籍河中（今山西永济），移居钱塘（今浙江杭州）。曾任职画院。擅山水、花鸟、人物，风格独特，在当时极有影响，有独步画院之誉。与李唐、刘松年、夏珪并称南宋四大家。与夏珪又并称马夏。传世作品有《踏歌图》《梅石溪凫图》《华灯侍宴图》等。

奇的景色，倒更是要在平淡无奇的景色中去发现、捕捉富有画意的东西，而且后来这种风气愈加盛行。有关对风景认识的变化是与时代的发展紧密相连的。纵观山水画发展的漫长历史，可以断言一点的就是，人们对于风景的认识心理上越来越多地从追求雄奇景观转向追求可以亲近、并能感受到似可与其融为一体的风景。

日本的八景画

以上所论述的是中国人的风景观。在日本，首先从古老的绘卷、大和绘[①]中看到的风景大致都受到唐代画风的影响。在记载一些寺院神社缘起的书中，我们常常可以看到神社佛阁多在幽僻之地，如同深山里的大树更接近自然。幽僻之中感受自然，令人宛如身临其境的风景是受到广泛喜爱的。但是从镰仓时代后期开始，由于接触到中国的画院风景画，从绘卷或者绘卷中出现的隔扇画可以看到对中国画的摹写，这些画风格雄浑，带有宋代之风。

在此之后，北宋画大量传入，室町时代画风为之大变，以学习马远、夏珪的画为主，其间也屡屡有汲自李唐流派、描绘雄奇风景者。但到狩野派时，北画柔媚渐增，从而失去雄浑之风。及至德川时代中期，南画传入，画家风格又为之一变。

---

① 亦称倭绘，指日本风格的绘画，是相对中国风格的绘画即唐绘而言的称呼。九世纪末，日本绘画吸收消化了从中国传入的绘画技巧和表现手法，逐渐形成了日本独特的风格。大和绘以日本的风景和风俗为主题、很多题材与和歌、物语相关，用于装饰贵族邸宅的屏风、隔扇或物语本的插图，最具代表性的就是绘卷。著名的画家有飞鸟部常则、巨势广贵等。大和绘是平安时代贵族文化的产物，经镰仓时代到室町时代时日见式微，但其技法和风格被狩野派、土佐派等日本各画派所继承，成为现代日本画的基础。

日本人的画中也有八景之作，最初是原封不动地照搬潇湘八景，后来借用于日本景色，选出了近江八景。近江八景据传是近卫龙山公[①]选定的。如果稍加留心的话，可以发现潇湘八景与近江八景之间存在的相当不同之处。潇湘八景是江天暮雪、潇湘夜雨、山市晴岚、远浦归帆、烟寺晚钟、平沙落雁、渔村夕照、洞庭秋月。而近江八景是比良暮雪、唐崎夜雨、粟津青岚、矢桥归帆、三井晚钟、坚田落雁、濑田夕照、石山秋月。潇湘八景中只有潇湘夜雨、洞庭秋月两景冠以固定地名，而且这两处也是很广的区域，并非限定一个处所，至于其他六景可以适用于任何地方的景色，不拘固定场所皆可套用。然而近江八景的八景皆只限于其所指之地，尤其是潇湘八景中的江天暮雪描绘的是日暮黄昏江天白雪飘舞的阴惨景象，而比良暮雪却是山峰积雪的一派明丽景色，两者的差异是很大的。潇湘八景是从洞庭一带寻常可见的景色中去发现景趣，而近江八景则是要在有限的空间去表现特别的景致。把原本极富通融性、流动性的思考方式转换成受到制约的思考方式。当中国人的情趣变为日本人的情趣时，我们随处都可以发现这种变化，从艺术自由的角度考虑，这种变化是很难令人满意的。

但是在日本，随着画家趣味的改变，如近江八景这种受到制约的思考方式逐渐世俗化，德川时代后期发挥自由想象的文人画风气开始变得浓厚起来。这种所谓的文人画风气同中国一样，其并

① 即近卫前久（1536—1612），织丰时代公卿，曾先后任内大臣、右大臣、关白、左大臣等职。1575年（天正三年）应信长之请劝降萨摩岛津氏。信长殁后出家，法号龙山。擅和歌、连歌，有歌作传世。

不刻意追求某一特定地方的奇异景色，而是专注于在寻常可见的景致中发现情趣。从这一点上可以看出，对于风景的认识，追求雄浑奇特、新颖别致可以盛行一时，但在漫长的历史过程中，最终必然要回归到在平淡无奇的景色中去发现极富情趣的景致，这是毫无疑义的。

外行人的自然观

以上主要论述的是艺术家的风景观，而其他非艺术家——这样称呼有些欠妥——总之那些既非诗人又非画家的人们也有他们的风景观。在遥远的古代，艺术家与非艺术家的风景观就有难以区别之处。在周代有所谓的“九能”，九能皆具备者即为大夫，九能中有“山川能说”“登高能赋”两项，论说山川形势，登高赋其景胜被视作士大夫的“能”，这些人并非一定就是诗人。战国时代游说之士常去各国鼓吹其国之长处。汉代至晋代期间，这种游说形成了一种称作“赋”的文体，出现了《两都赋》《三都赋》《两京赋》等，这些赋文多为论述都会的世态民情，也涉山川景色，最显著的一点就是宣扬各地引以为豪之处。

这些赋的文辞描写形形色色，不胜枚举，但并非如诗人或画家那样表现出艺术家的观点，其主要目的就是宣扬自己的地区，当然是从非艺术家的角度。赋盛行的时期，尚未出现艺术性的风景诗和风景画。当诗画吟咏描绘风景以后，以往相传下来的非艺术家者的风景观开始在方志里反映出来。郦道元的《水经注》被认为是一部描写风景的优秀之作，但其并非全是郦道元本人所作，而是抄录各地方志加以编辑而成的。那些方志作者是带着几分炫耀来记述其本地的地理或历史的。

这一时期的风景描述多为固定的模式，例如三峡名胜，形容其两岸绝壁则说不至“亭午时分”不见“曦月”云云，这是一种陈规套式，而不是将所见的景色栩栩如生地描绘下来。后来到唐代柳宗元的游记时，精巧描写目所寓及的景色，表现出时间以及风、水运动所带来的变化，这是风景描写的一大进步，带有散文风格的风景描写体现出来的精神已经融入艺术的领域。不过这类游记非妙笔生花的高手是很难写出来的，这一类人远远要比画家少得多。

别具特色的胜景画与旅行家

外行人的风景观逐渐变为带有艺术性，其观点后来也在艺术家身上反映出来。到明清时期，山水画从作为画院的专业绘画形式变为了普通人的兴趣爱好。与此同时，出现了不少带有地方特色的胜景画，在这些画中，普通人的风景观融入了山水。这些带有地方特色的山水画真迹数量很多，甚至如清代江西的《黄山图》、长江地区的《太平三山图》这一类版画都明显地表现出这一倾向。当然还出现了一种完全与艺术风景观无关、专事山岳登攀游历的人。明末的徐霞客是其中最为著名的一个，他几乎踏破走遍中国的名山胜地，从文章角度来看，徐霞客所著的游记并没有特别值得称道之处，但他如实地描述了自己亲眼所看到的景色。

不过现在这样的旅行家也未必会像徐霞客那样喜爱跋涉于幽深僻远的名山之中，而是将旅途中随处可见的风景作为材料，创作出如清代麟庆[1]《鸿雪因缘图记》那样的作品。总之,外行人的风景观最初并非源自于艺术上的考虑,而是由一种对本地的夸耀逐渐变为对随处可见的风景产生兴趣,从而促进了富有变化的风景观的形成。这是外行人风景观的一个特点,其后来对专业艺术家也产生了影响,促使他们从随处可见、平淡无奇的风景中去发现、捕捉其间的变化,这同以雄奇风景为主的时期是完全不同的。至此,艺术家的风景观与非艺术家的风景观相辅相成,从而最终形成了现代风景观。

浮世绘[2]的风景观

在中国,无论艺术家还是非艺术家,具有风景观者原先只限于读书人阶层,读书人阶层以外的艺术观点或艺术作品是不存在的。在这一点上,相比中国,在日本,一种更为民众化的艺术完全独立于古典艺术,到近代更是开创了一个新的境界,这就是江户时代发

---

① 即完颜麟庆(1791—1846),字伯余,别字振祥,号见亭。满族镶黄旗人,金世宗完颜二十四孙。有《黄运河口古今图说》等著作多种,其中《鸿雪因缘图记》最为著名,其以图文形式记述自己身世和经历。全书共三集,每集分上、下两集,一事一图,一图一记,凡 240 图,记 240 篇。

② 浮世绘是日本江户时代民间通俗画的一种,主要以版画形式流行于世。17 世纪后期菱川师宣首创单色木印版画,此为浮世绘之肇始。在其之后,有怀月堂派以及鸟居清元、清倍、清满、奥村政信等创作了大量有特色的版画,为浮世绘的发展奠定了基础。1765 年(明和二年)铃木春信开创了多色套版的技法,其后,浮世绘迎来了鼎盛时期。浮世绘的题材多为艺妓、仕女、戏子、相扑力士等人物以及风景。著名的浮士绘画家还有喜多川歌麿、葛饰北斋、东洲斋写乐、歌川丰春、丰国、国贞、丰广、广重等。浮士绘在 19 世纪曾对欧洲的美术产生一定的影响。

展起来的浮世绘，北斋[①]、广重[②]这些浮世绘派风景画家有着一种读书人阶层完全没有的风景观。

作为地域性风景的特征，可以举中国画的几个例子。在画院派画家中郭熙[③]等描绘的是河南地区的平原，李唐、马远等描绘的是江南地方的土地断层，近代黄鼎[④]画的是《武夷九曲》的风光，表现的都是中国特有的地貌特征。从这些例子中可以知道，这些画家即使没有地貌学方面的知识，他们也能够在自然中发现中国特有的地貌产生的风景。在日本，广重等画家常常在市街旅舍驿站发现可成为风景之处，他们不囿于历来专业画家模仿中国画的惯习，而是致力于刻画出日本风景的特征，这就表现出其风景观的敏锐性。尤其是他们在画中描绘了山脚下的原野，这是火山之国日本特有的风景，也是他们最为喜爱的风景。《富士三十六景》中所看到的《甲州大月原图》就属于这一类风景。

① 即葛饰北斋(1760—1849)，江户时代后期浮世绘画家。幼名时太郎、铁藏。早年从学胜川春章，号胜川春朗。后号为北斋辰政。代表作有《富士三十六景》等。

② 即歌川广重(1797—1858)，江户时代后期浮世绘画家，歌川画派第五代传人。俗称重右卫门、德兵卫。号一游斋、一立斋。代表作有《东海道五十三次》《名所江户百景》《樱花与小禽》等。

③ 郭熙(1023—约1085)，北宋画家。字淳夫，河南温县人。工山水寒林，画法师宗李成，笔力遒劲，水墨明洁，风格独特，为北宋后期山水画大师，与李成并称李郭，传世作品有《窠石平远图》《幽谷图》《溪山访友图》等。

④ 黄鼎(1650—1730)，清代画家。字尊古，号旷亭，别号闲浦、独往客、净垢老人等。江南常熟人。王原祁弟子。擅山水，画法宗王蒙，笔墨苍劲秀逸，尤其临古之作，逼真传神，最为精妙。传世作品有《山水图》《夕照疏林图》《溪山无尽图》等。

现代化倾向　个性化观点

中国以及日本的风景观现代化倾向中，最值得注意的一点是其风景观的个性化特点。谈论风景的地方性特征就会或多或少地带入已经产生变化的普遍性的艺术观，尽管如此，地方性特征还是反映了对一个地域所特有的自然景观的看法，这种自然景观已被所有人接受。至于带有个性化的风景观，即使同样的景色，因观者不同而会发现特别的景趣，所以也就更具价值，前面所提到的北斋、广重在这方面是最具才华的天才。在北斋他们所置身的时代，他们的观点是奇僻怪异的。从艺术角度来说，有些东西也难以入画，但就是那种非同一般的见识，使他们从平淡无奇，寻常可见的风景中开创出一片新天地，仅此一点，不能不说他们是很了不起的。

不过在中国那种历史上艺术世代相传的国家，即使一种前人具有个性化、独特的观点，如果后人一脉相袭，陈陈相因，最终就会变为一种法度，而遗忘了其独特之处。山水的法则有“六远”，其中有“高远”“幽远”，这是观察景色的方法。最初提出这些方法的人一定是有过人之处的。身置高处，遥望远方高山峡谷溪流，山体肌理褶皱，蜿蜒于峰峦树石之间的溪水时隐时现。最初其当为一种最新的手法，后不断地被模仿相袭，终于变成了“高远”“幽远”这样的法则。如果追根溯源，这是一种极其新颖的方法，将其与西洋画比较，就可以知道在很早的年代中国艺术家对于山水的认识是多么地富有个性。广重这些艺术家别具一格的方法今日的画家就连承袭的技能都没有具备，因而没能被程式化，所以时至今日还给人以新颖之感。

外来风景观的堕落

最近我国开始吸收西洋文化，西洋画法也随之传入。学习西洋画之初，最令人感兴趣的就是透视法的运用，不仅是我国，中国在康熙、乾隆时期同样受到了西洋画的影响。我国的司马江汉①等人醉心于西洋画也就在这一点上。实际上西洋的风景画与中国画相比，是极为幼稚的，即使是十六七世纪时期风行的荷兰画派的风景画，也不过是中国十一世纪至十三世纪期间董源、郭熙等画平淡清远的风景时所常用的技法而已。象征自身精神的风景画的兴起是最近七八十年的事，在此之前的风景画大部分只是图解式的，多相当于日本《名胜图会》中插图的水平。不过一部分写生很有特色，诸如岩石、波浪、烟雾、光线等处理得特别出色。但是中国风格的画法不运用这些特别的技法，所以西洋风景画的输入对我国的风景观没有产生太大的影响。最近登山活动成为一种流行，由此盛行将日本的风景冠以"日本阿尔卑斯山""日本莱茵河"一类的名称，似乎与西洋有某种关联，其中很多并非具有艺术眼光，缺乏诗情或画意。由于那些对地理学、地貌学的科学知识一知半解的登

① 司马江汉(1747前后—1818)，江户时代西洋画家，日本西洋画的先驱，同时还是著名的市民思想家。作品有《七里浜图》《两国桥图》等。著有《西洋画谈》《天地理谈》《西游日记》。

山家对风景的渲染，兴起了一阵评说风景的风潮，其观点毕竟只是出自外行人的兴趣，并没有艺术的情调。一部分画家受这种新流行的俗趣所惑，不是认真思考如何在自己的画中表现风景，而只是将登山家倾心的景色依样画葫芦般地画下来，毫无意义可言，这样往往最终归于失败，这实在可以说是风景观自古以来未曾有过的堕落。

这些情况的产生即使是出自对西洋的喜爱，但也绝非是对西洋艺术家观点的理解，其不过仅仅是在西洋的名义下，在我国找出一些类似在照片里看到的山岳、溪谷之类的风景而美其名曰世界性的景色。所谓世界性，只是在日本发现近似于西洋非艺术家的卑俗趣味而已，并不是从艺术或非艺术角度去发现在别的国家看不到而只为日本特有的景色。他们不像广重那样在读书人阶层的兴趣之外去发现对风景的新的认识，或如同芜村①那样，运用中国的艺术手法去描绘凭靠自己个性在日本某个地方发现的风景，而只仅仅是沉醉于某个时期成为热点的景色。作为对风景的认识，这些都是最应该排斥的低俗趣味。

① 即与谢芜村(1716—1783)，江户时代中期俳人、画家。姓谷口，后改与谢。别号宰鸟、落日庵、紫狐庵、夜半亭(二世)。画号朝沧、四明、子汉、长庚、春星、谢寅等。著有《芜村句集》《芜村遗稿》《芜村七部集》《芜村翁文集》等。其新体和诗《春风马堤曲》被誉为乡愁诗的杰作。在绘画领域，与池大雅并称日本南画集大成者。作品有《峨嵋露顶图卷》《夜色楼台图》《十便十宜图》(与池大雅共作)。

展示各地的特色
（八景、廿五名胜、百景的选定[①]）

以上是笔者对这次新八景的投票及其审查，以及八景之外廿五名胜与百景的选定所作的思考，这些工作都是很有意义的。首先是八景的选定，谈到八景，大概仍然令人会想到潇湘八景、近江八景，但同潇湘八景、近江八景相比，这次选定的标准相当不同。关于八景的选定，前面已经论述过中国与日本在认识上的不同。在近江八景中，其选定具有时间的意识，如夕照、晴岚、暮雪，更有甚者，眼睛几乎看不到的如夜雨，目未能及的如三井晚钟，这些都收入八景之中。而新八景完全没有时间意识，即便也有各种各样的用语，但都没有能够表现出季节感、时间感，可以说这是现代人在艺术观上同古代人的不同之处。

日本特有的风景，有的在其他国家也会存在，但因某种特殊的情况存在于日本的风景，如前面所提到的山脚下的原野，并非仅仅是指横卧火山脚下的原野，那种原野多因难以开垦而得以永远地保留着一片天然的野色，如广重所描绘的那样，秋草萋萋，野花盛

① 1927 年（昭和二年）由大阪《每日新闻》社与东京《日日新闻》社主办、铁道省协办的评选日本八景活动。评选风景胜地门类分为山岳、溪谷、瀑布、温泉、湖沼、河川、海岸、平原等八类，每一门类候选地 10 个，由读者投票、专家审定后选定。当时选定的日本八景是：室户岬（海岸・高知县）、十和田（湖沼・青森县、秋田县）、温泉岳（山岳・长崎县）、木曾川（河川・爱知县）、上高地溪谷（溪谷・长野县）、华严瀑布（瀑布・枥木县）、别府温泉（温泉・大分）、狩野峠（平原・北海道）。后主办者又从八景之外的候选名单中遴选出日本二十五名胜和日本百景。在此之后，类似的活动又举办过多次。

开，漫无涯际，极目远望，一座美丽的圆锥形火山静卧在天穹之下，这是一道最为独特的风景，这道独特的风景令发现它的画家歌川广重感动不已。

还有就是天然林的美丽景色，在中国或欧洲那些森林早已毁坏殆尽的国家不去遥远偏僻之地是无法看到的。但是在日本，由于古老的神社寺庙的关系，天然林作为神圣的区域长久以来一直得到保护，你未必一定要去十和田湖[①]附近，或去日向[②]椎叶一带的深山里去寻找，在高阶隆兼[③]精心之作《春日权现验记绘》中描绘的奈良春日森林、京都下鸭神社辖区的纠之森林都保留着这种景致。但是最近，因为种种原因，这种景致在以极快的速度趋向消失，这是非常令人惋惜的。作为日本独特的风景应该引起足够的关注，然而这却完全不在人们的考虑之中，这也许就代表着现代人所谓的科学思维方式。

从投票情况来看，很明显充满着各地对自己地区的夸耀，但投票数之多引人注目。不仅如此，通过这种方式向外界宣传介绍一般不为人所熟悉的地方名胜，不论其观点如何，总是一件好事。而且这样一来，即使是百景，也可非常容易地选定。百景之外，还有很多新的胜景，唤起世人对这些胜景的关注也是一件值得称道的事。

---

① 十和田湖位于青森县与秋田县交界处，八甲田火山群南麓。

② 位于宫崎县东北部地区。

③ 高阶隆兼，镰仓时代后期画家。生卒年不详。称春日、土佐，后改高阶。1039年（延庆二年）至1330年（元德二年）期间任宫廷画师。擅佛画、世俗画，存世画作很多，《春日权现验记绘》（20卷）、《春日明神影向御车图》尤为著名。

对于数量众多的胜景，要发现其地方特色，要创造一种机会，让人们从寻常可见的风景、而不是登山家所认为的充满刺激的风景中去寻找和发现诗情画意。在这种基础上，如果能够引导艺术家获得富有个性的认识方法，那么也许从历史的角度来看，就可以发现富有时代感的认识方法，从地理的角度来看，大者可以发现日本的特征，小者可以发现各个不同地区的特征，不是把风景框在某种固定的模式中去认识，而是逐渐发展成富于各种变化的观点去认识风景。

最初的数目只是八景，非常有限，为妥当地解决这一问题，又设定了廿五名胜，虽仍有遗珠之憾，但可以说相当程度上弥补了原定计划的不足。在此之上又加上百景，多种多样的风景引起了笔者对风景观的思考，这对促进艺术观点的发展也是很有意义的。从这一点上说，是应该对《大阪每日新闻》《东京日日新闻》以及审查员诸君表示感谢的。

（1927 年 7 月 13—19 日《大阪每日新闻》）

朝鲜攻守的形势

我今天讲演的题目是“朝鲜攻守的形势”。众所周知，朝鲜这个国家位于中国的东北角，是个半岛上的国家，其东南部隔海就是日本，所以从很早开始朝鲜就受到这两个国家的攻击，成为这两个国家的争夺之地，说到朝鲜同外国的关系，几乎就只是同这两个国家的关系。有意思的是，过去历史上朝鲜同日本以及中国之间发生的事与最近的情况比较的话，其缘由几乎是同出一辙。常说历史是会重演的，从地理上看，这是因为受到了自然的制约，所以才会出现这样的情况，现在我想就这一点谈一谈看法。

不言而喻，说到朝鲜的历史，首先是朝鲜自身形成的历史，这在相当久远的古代就已存在了，但同日本相关的历史则还是岁月尚新。日本在很古的时期，距今一千二百年前就有了一部名为《日本书纪》的书，而在朝鲜，最早将其历史归纳成书的也只有八百年前后，所以要提到其极其远古时期的情况，根据其本国的记载是无法搞清的，于是自然就必须根据中国的记载了。中国与朝鲜往来可以说是在朝鲜完全还没有可称历史的时期就已开始了。在朝鲜常会谈到殷在灭亡时，殷的一族、一个称作箕子[①]的人逃到了朝

① 箕子，生卒年不详。名胥余，因封国于箕（今山西太谷县东北），爵为子，故称箕子。据说箕子是殷商纣王的叔父，性耿直，有才能，在纣朝内任太师辅朝政，因劝谏纣王，被囚禁。周灭殷后，武王将其释放。其不愿仕周，逃亡至朝鲜，周武王就将朝鲜封与其。司马迁在其《史记》中记载，箕子在周武王伐纣后，带着商代的礼仪和制度到了朝鲜半岛北部，被当地的土著居民推举为国君，并得到周朝的承认，史称“箕子朝鲜”。

鲜,其受封于周武王,由此就出现了朝鲜国,也就是今天的平壤。关于这一点,后来人们渐渐有很多议论,有人认为其不是今天的平壤,现在平壤有箕子的墓,也有很多观点认为那是假的。关于箕子这个人来到平壤,其所到的地方相比平壤是更接近于中国,还是更远离中国?迄今为止,很多学者确信那个地方更近于中国,认为应该是今天的辽西地区。实际上,箕子所建立起来的国家即所谓的朝鲜这个地方并不明了,而箕子的子孙所在的地区,其在中国的汉代,也就是距今的两千年前同汉人这一人种产生关联时期所在的地区已经临近平壤,关于这一点也有各种说法,其中就有说是当时已经在平壤了。关于在平壤以南的说法在历史上属于最新的说法,这一学说现在尚未完全发表出来。根据我们所做的研究,当时其所占据的地区应该还是在京城一带。在定为京城这个结论之前,在学术上还有一段相当困难的研究路程,今天暂且只谈谈这一结论。

占据京城的箕子的子孙在从汉逃往辽东时,有一个名叫卫满[①]的人,因为他的关系才被放逐逃亡,在一个叫作益山的地方,这是箕子在朝鲜的故地,卫满建立起国家,称作朝鲜国。当汉在强盛之时,其使汉武帝起征讨朝鲜之念,这是中国大陆同朝鲜之间的战争之始。时间是在汉武帝元封二年,公元前 109 年,距今恰好两

① 卫满,西汉初燕人。汉高祖十二年(公元前 195 年)燕王卢绾叛入匈奴后,其聚党千余人亡命出塞,渡浿水(今朝鲜境内清川江,一说今大同江或鸭绿江),杀朝鲜王箕准,役属真番、朝鲜及故燕、齐亡人。称王,都王险(今平壤),是为卫士朝鲜(或卫满朝鲜)。高后时,与辽东太守约,为汉外臣,保塞外诸族。倚汉威势降服周围小邑,真番、临屯皆来服属,拓地千里。

千年前，当时是中国第一次企图大规模征讨朝鲜。这次征讨是很有意思的，当时是以何种战略征讨朝鲜的？汉的一路军队当时是从辽东陆路进攻，从辽东进攻的军队先是渡过鸭绿江即过去的马訾山，再渡泿水到达朝鲜。另一支军队是通过海路，根据记载是从齐渡海而去的，齐也就是山东地区，究竟是何处，后世不得而知。总之是从山东渡海，直接到达一个叫列口的地方，在列水的入口处。海陆两军就是这样征讨朝鲜的，从海路征讨的军队速度要快，走海路的楼船将军杨仆[①]率先抵达，之后攻打朝鲜首府，然而由于没有足够的兵力，其没等到从陆地来的军队到达就开战，所以就失败了。杨仆在大败之后逃往山中，把溃逃的残余军队聚集起来，但已经没有进攻之力了。此时陆路军队到了，水陆两方军队汇合，这样才把首府包围起来，这支陆路军队将领是左将军荀彘[②]。水路的将领同陆路的将领之间似乎有种种不和，总之进攻花费了很长的时间，最后水陆两军还是合力攻下了朝鲜，朝鲜国灭亡了。这样，汉武帝此时就从今天的鸭绿江边开始将整个朝鲜划分开来，定为四郡。汉代时期的郡同日本的郡不同，是非常大的。秦始皇当时把中国的本土分为三十六郡，所以郡是很大的。把朝鲜分为四

① 杨仆，生卒年不详，西汉将军，河南宜阳人。汉武帝时为御史，后为主爵都尉。公元前112年为楼船将军，率水军与路博德的陆军一起平定南越国，封将梁侯。公元前111年，与王温舒、韩说一起平定东越国。前109年出征卫氏朝鲜，与左将军荀彘配合不利，贻误战机，被荀彘扣留。灭朝鲜后，汉武帝知乃二将争功，诛杀荀彘，杨仆当诛，赎为仆人，后病死。

② 荀彘（？—前108），西汉将军，山西太原广武人。以校尉从卫青多次出征，抗击匈奴，为左将军。公元前109年，出征卫氏朝鲜，与楼船将军杨仆为将军，因配合不利，围城数月未克，因故扣押杨仆，并其军。次年，朝鲜灭，因争功相嫉，擅捕杨仆，征还后被汉武帝诛杀。

郡,将其作为汉的领土,这就是朝鲜第一次遭受中国征讨的情况。

在此之后,到朝鲜第二次遭遇中国的征伐过了很长时间,是在隋代。隋炀帝大业八年,这也正好是圣德太子开始同中国交往的时期。大业八年相当于公元 612 年,也就是 1300 年前,不言而喻,当时朝鲜历经了种种变迁,如《日本书纪》记载的,分成了新罗、百济和高句丽。高句丽当时是一个占据辽东地区、辽河以东地区的大国,其遭受了隋的攻击,此时进攻的军队也是采用了同汉代相同的战略。但是隋起初动用了一支相当大的军队,陆路军队据说就有一百十三万人之多,据称总共有两百多万人。当然并不是这些军队都进入朝鲜,这个数字应该是从各地征发的军队数字。其中渡过了辽河向东进发的军队人数达三十万五千,也就是说百余万人的军队中有许多还只是在半路途中,并没有到达高句丽国。总之,三十万人的军队渡过辽河进入高句丽的领土,这支陆路的军队首领是个叫宇文述[①]的人。除此之外,同以前一样,还有一支从海路过去的军队。当时高句丽的都城是平壤,海路那支水军从今天的江苏地区出发,绕过山东的海岸,以登州、莱州之间作为根据地,

① 宇文述(? —616),隋朝将军。代郡武川(今内蒙古武川西)人,鲜卑族,字伯通,本姓破野头。骁锐善骑射。仕北周,起家开府,累迁英果中大夫,从韦孝宽中尉迟迥,擢上柱国,入隋,为右卫大将军。及攻陈,为行军总管。率军三万自六合出兵,又平复东吴之地,以功拜安州总管。与杨素等合谋助晋王广(炀帝)夺太子位。炀帝即位,拜右卫大将军,改封许国公。从北巡榆林,西巡张掖,多次击败吐谷浑军。大业八年(612年),炀帝攻高丽,旋以杨玄感起兵攻东部,奉诏还师讨之,斩玄感。时北方告急,随炀帝南下江都,病卒。其广收贿赂,金宝盈积,有家僮千余人,因善奉迎聚敛,得炀帝信任,贵宠一时莫比。

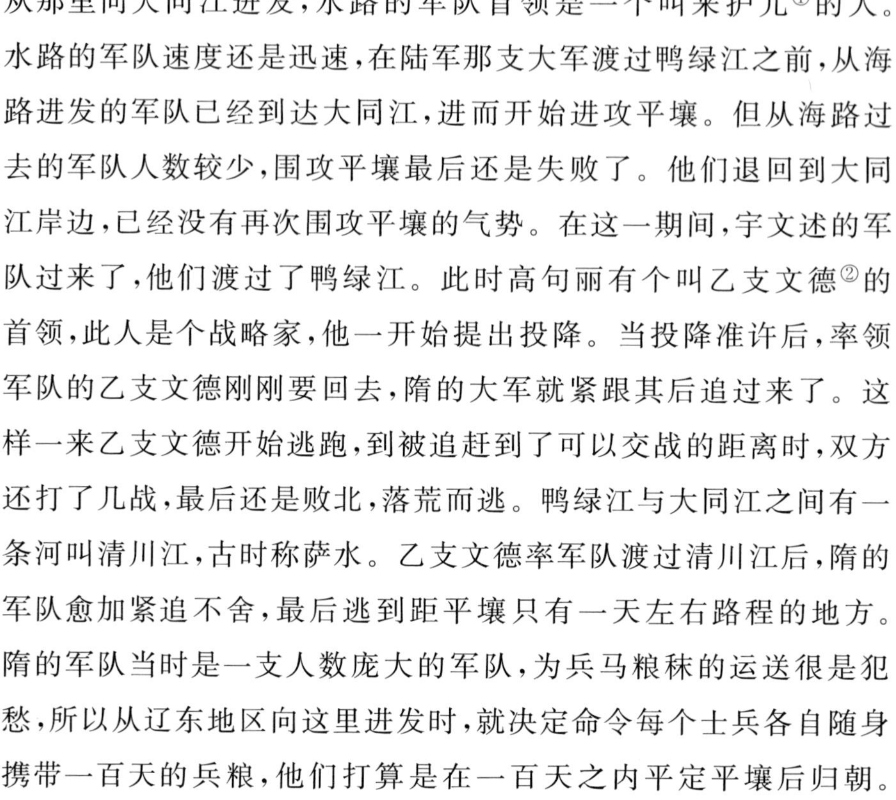

从那里向大同江进发，水路的军队首领是一个叫来护儿[①]的人。水路的军队速度还是迅速，在陆军那支大军渡过鸭绿江之前，从海路进发的军队已经到达大同江，进而开始进攻平壤。但从海路过去的军队人数较少，围攻平壤最后还是失败了。他们退回到大同江岸边，已经没有再次围攻平壤的气势。在这一期间，宇文述的军队过来了，他们渡过了鸭绿江。此时高句丽有个叫乙支文德[②]的首领，此人是个战略家，他一开始提出投降。当投降准许后，率领军队的乙支文德刚刚要回去，隋的大军就紧跟其后追过来了。这样一来乙支文德开始逃跑，到被追赶到了可以交战的距离时，双方还打了几战，最后还是败北，落荒而逃。鸭绿江与大同江之间有一条河叫清川江，古时称萨水。乙支文德率军队渡过清川江后，隋的军队愈加紧追不舍，最后逃到距平壤只有一天左右路程的地方。隋的军队当时是一支人数庞大的军队，为兵马粮秣的运送很是犯愁，所以从辽东地区向这里进发时，就决定命令每个士兵各自随身携带一百天的兵粮，他们打算是在一百天之内平定平壤后归朝。

---

① 来护儿（？—618），隋朝名将东汉中郎将来歙之后。江都（今江苏扬州）人，字崇善。自幼卓荦不俗，有豪壮志向。开皇元年（581 年）因功授大都督。平定陈朝后，以功进位上开府。开皇十年（590 年）从杨素讨高智慧，有战功。历镇泉、建、瀛三州，以善政闻。炀帝时，官右骁卫大将军。大业末，三度征战高丽，官至左翊卫大将军。杨玄感起兵，从宇文述击破之。隋炀帝被弑，来护儿亦被宇文化及所杀。

② 乙支文德，生卒年不详，公元 7 世纪（隋）高句丽将领，政治家。612 年隋炀帝发百万大军征高句丽，将军乙支文德率军抵抗，其以高超的战术以少胜多，最后击败了隋军，赢得了战争的胜利。时至今日，乙支文德仍被朝鲜半岛视为抵御外来侵略的民族英雄。乙支文德曾任高句丽宰相。擅诗文，颇具文采，其在击败隋入侵时给隋将宇仲文所写的《遣隋将宇仲文》“神策究天文，妙算究地理。战胜功既高，知足愿云止”是朝鲜半岛现存最早的诗词之一。

然而携带百日军粮是件麻烦事，士兵们一路上自己把自己的军粮减少下来，到宿营时就在营地挖洞，偷偷把军粮埋下减负而行。这样到渡鸭绿江时就感到军粮不够了，有的人就说“高句丽的军队可以不要再追了”，因为高句丽的军队是支溃逃的军队，隋军的追逃已是漫不经心，但最后还是一直追到平壤附近。平壤是高句丽的根据地，并非是座用上一个月或半个月就可攻下的城池，考虑到其难以攻陷，宇文述此时开始要把军队撤回，但为时已晚。据书上记载，隋军撤退时煞费苦心，也是步步为营。但就在此时，高句丽的军队突然大举反攻，从八方向撤退的隋军包围攻击，这同拿破仑从俄国的莫斯科撤退时遭到俄国人攻击的情形相似。只是此时隋军兵马粮秣异常缺乏，在四面围堵的情况下隋军渡清川江，当约一半军队渡过清川江时，高句丽的军队就追上来了。隋军大败，溃不成军，他们还不来及喘息就从清川江逃至鸭绿江，渡过鸭绿江败北而归的军队七零八落，可能也少算了些，书上说只剩下了两千七百人，总之是一场惨败。这样，隋对高句丽的征伐是以失败而告终的。隋攻打高句丽的战略是从海路与陆路两方围攻，采用的是同汉代相同的途径。

在此之后不久，有个著名的君主唐太宗也开始了对高句丽的征伐，这次征伐同前几乎如出一辙。时间是唐太宗的贞观十九年，相当于公元 645 年，也就是隋代征伐高句丽过后仅三十三年。当时隋代参加征伐的将军都尚在世，有记载说，唐太宗把这些人叫来，要他们在制定战略时提出参考意见。当时讨伐高句丽仍然是从海陆两面进入。陆路方面的军队由唐太宗亲自出马，依然是渡过辽河后向高句丽进发。此时高句丽为固守辽东竭尽全力，动用了大量的军队。唐太宗是中国的天子，古今英雄，其为了击破高句丽的军队也是煞费苦心，著名的李世勣[①]就是当时的一位名将。高句丽方面有个叫泉盖苏文的人，这个人被称为恶人，其在《日本书纪》里叫作伊梨盖须弥。据传泉盖苏文是一个杀了自己主子的恶人，但其非常擅长于战略，不屈服于唐军，在辽东长时期耗尽心力进行防御，后来固如金汤的城池还是被攻下了，但最终唐太宗的征伐仍是以失败告终。当时派出的军队也是从海路走的。海路的军队由一个叫张亮[②]的人担任平壤道的统帅，书上记载说其船只是从莱州出发的，也就是循着辽东沿岸向大同江进发进入朝鲜的。从这一点上来看，即使在唐代，取道水路的军队也不是直接渡海，而是沿着辽东的沿岸，所以可以想象，在此之前从海路征伐朝鲜的军队大都是走辽东沿岸的。唐太宗的军队在平定辽东尚未结束时，进入大同江进行围攻，终因大部队尚未到达而惨遭失败。总之，唐太宗因看到无征伐成功的可能，所以开始撤退。唐太宗是一

① 李世勣(594—669)，原名徐世勣，字懋功，亦作茂功。唐高祖李渊赐其姓李，后避李世民讳改名李勣。曹州离狐(今山东菏泽东明县东南)人。唐初名将。大业七年(611年)，时年17岁参加瓦岗军，因军功被封东海郡公，驻守黎阳。后隋李密归降唐，守黎阳，被唐高祖诏授黎阳总管。后随秦王李世民征战南北。入唐后前后参与平定东突厥、薛延陀的战役。贞观十八年(644年)随太宗亲征高句丽。历事唐高祖、唐太宗、唐高宗三朝，深得朝廷信任和重用，被朝廷倚为长城。

② 张亮(？—646)，唐郑州荥阳(今河南)人。贫苦农家出身。隋末参加瓦岗军，隶徐世勣部。随徐世勣投唐，任郑州刺史。房玄龄等荐于秦王李世民，遣往经营洛阳，统千余人以应变。为齐王李元吉告发下狱，寻得释。贞观年中，历任御史大夫，豳、夏、鄜三州都督，相州长史。抑豪强，恤贫弱，颇有政声。封郧国公，名列凌烟阁。贞观十七年(643年)，由太子詹事出为洛阳都督，密告侯召集约同反叛，以功授刑部尚书，参与朝政。十九年(645年)，率舟师从太宗攻高丽。后被告交通术士，养假子五百，以谋反罪诛。

位以长于战略著称的天子，所以他并不像隋炀帝时那样落得一败涂地，丢尽了颜面，在辽东地区的战役大致还是以唐太宗的胜利而告终的。平定高句丽的目的虽然没有达到，但战争大体上还是取得了胜利的。当时派出的军队人数是合适的，并不像隋炀帝那样毫无算计。据称唐太宗派出的军队有十万人，战争中使用的马匹达一万匹。书上记载，撤回时十万人中病死、战死者不过千余人，但马遭受到巨大折损，一万匹马十分之八倒毙。从水路进攻的军队书上说是十万人，这个数字似乎过多了。这支军队打到了平壤，但并未获成功就撤出了，也就是说，这次征伐高句丽没有取得成功，其所采用的做法仍然是与此前相同，一路从水路，一路从陆路攻打平壤。

在这之后，有个天子叫高宗，是唐太宗的儿子，其在显庆五年出兵朝鲜，这样就同三个国家产生了种种关联。当时这三个国家是分建在朝鲜半岛上的，其中百济主要是借用日本的力量立国的，其占有京城以南的土地，正中央是群山，是个土地相当广袤的国家。新罗开国最迟，是个山中之国，其逐渐发展起来，但同百济与高句丽的关系不和，在相互的战争中新罗逐渐扩展了自己的势力，其把新罗同百济之间的地区都揽入手中。但总的来说，新罗还是为高句丽与百济所苦。日本同新罗的关系很不好，尤其是如今的尚庆道西南部分，即洛东江流域地区，那里有一个叫任那的国家，是日本的领地，其西部一半的土地被新罗侵略占有了，后来恢复成为了百济的领土。因为这个缘故，新罗同百济始终在打仗。不料后来新罗改换想法，向唐请求援兵，而这就成了战争的导火索。唐显庆五年，也就是公元 660 年，唐太宗征伐朝鲜仅仅过了十五年，唐将高句丽搁置一旁，开始征伐百济。此时无法从陆路进发，所以就直接动用了水军袭击百济。当时取哪一条途径过去是一个值得研究的很有意思的问题。想来应该是从山东的成山角直接可以过去的，或者也可以考虑从辽东沿着朝鲜海岸转过去。后来，到了唐代中期，有一个著名的宰相叫贾耽①，此人对地理这门学问非常精通，他写过一部书叫《道里记》，这部书现在已经逸佚，但其中一部分还残存在《唐书》中。这部书关于去海外各国所走的路线写得非常详尽。那些国家在唐来说就是夷狄之国，其中就写到去朝鲜的路线。从那条路线来看，从登州出发，朝东北方向走，经过大谢岛、龟歆岛、游岛、乌湖岛，行大约三百里到达今天的庙岛列岛。然后穿过北乌湖岛，这段路约两百里，即走旅顺水道可到达一个叫都里镇的地方，从那里沿着岸边到乌骨江，这是鸭绿江的入口，书上说到这里是海路八百里，然后再往南行，从鸭绿江口向南，有一个乌牧岛，这个岛应该就是今天朝鲜鸭绿江的身弥岛。再经由贝江口，

① 贾耽(730—805)，唐政治家，地理学家。唐沧州南皮(今属河北)人。字敦诗。天宝中举明经，历任临清尉、汾州刺史、鸿胪寺卿、工部尚书兼御史大夫、山南东道节度使等。贞元九年(793年)以右仆射同平章事，居相位凡十三年。终生笃好地理，主对外事务，接待四方使节来往。留心中外、边疆山川风土，收集资料，绘制关中、陇右及山南、九州等图，或称《国要图》。后又绘成《海内华夷图》。绘制《海内华夷图》的目的是力图把唐代统一强大的面貌表现出来，因而图幅很大，且有统一的比例，图中地名古今并注。为了绘制此图，贾耽前后花费三十多年时间查阅文献和调查采访，认真选取资料，贞元十七年(801年)图成，献给朝廷。魏晋地图学家裴秀首创“制图六体”理论在其之后六百年间一直未被人重视和启用，在即将濒临失传之际，被贾耽记录了下来。由于《海内华夷图》的问世，“制图六体”从此振衰起微，对后世的地图制作产生了深远的影响。《海内华夷图》标志着唐代制图水平达到了新的高峰，是中国地图史上的瑰宝，贾耽也成为了继裴秀之后我国地图史上又一位划时代的人物。除《海内华夷图》外，另著有《古今郡国道县四夷述》四十卷、《皇华四达记》十卷等，皆佚。

也就是大同江的入口，经椒岛（今亦同名）到达新罗国西北的长口镇。所谓长口镇，想来应该是汉江、临津江汇合之处，两江汇合后形成长长的水路。书上写道，之后经由各个不同的岛屿最终到达德积岛。明治二十七年日清海军最初发生冲突的丰岛西北面有一个德积岛，自丰岛起有一连串的岛屿，这些岛屿边上最大的一个岛就是德积岛。书上说从乌骨江到德积岛之间有一千里。在朝鲜沿岸弯弯曲曲地行走，以中国的里数计算也许差不多有一千里。这里有一个记载的错误，书上写道，到达鸭绿江口一个叫唐恩浦的地方，其所说的鸭绿江是一个误记，此处所说的唐恩浦应该是今日的唐津地区，说从那里到新罗的都庆州有七百里，这是粗略的计算，同今日的地理情况大致是吻合的。

书上记载，高宗的征伐百济是从成山出发渡海而往的，我认为其当为效仿前朝之例沿着海岸过去的，因为渡海的唐军仍然是到达了得物岛。由于唐军已到了得物岛，面对这一情况，新罗方面派出了援兵，在今天的京城南面有一个叫广州的地方，援兵就派发到那里，再从汉江口坐船与唐军会合后进入熊津江口，然后到群山之中的锦江，从锦江进入攻打百济。关于这件事，日本的记载与朝鲜的记载有很多不同之处，但仔细想来，大体上就是如此。

当时百济的首都就是今天的扶余县[①]，唐军同新罗援兵会合之后首先攻打的就是这个地方，百济无法守住后就逃到了今天的

① 亦称泗沘。百济第三次也是最后一次所定的都城（今韩国忠清南道扶余邑）。公元538年圣王希冀再兴百济，从熊津迁都于此，国号改为南扶余，将王城设在面对锦江的扶苏山，四周群山环抱，构成王城的防卫线。660年百济灭亡。663年倭军与百济军队在白村江同新罗及唐军开战，大败之后，唐在该地设置了熊津都督府。

公州这个地方，但最终百济还是被唐所灭，当然这是同新罗的军队从陆路向扶余夹击的结果，唐军从水路进入，新罗的军队从陆路向扶余进攻，这样灭掉了百济。唐把百济国分离成五个都督府，设置了官吏，开始管辖百济原有的领土。其中最为重要的地方就是旧时的都城，唐在这里安置了留守官员，一个名叫刘仁愿[①]的人受命留守那里，之后唐大军撤离。刚一撤离，百济的残军就又举兵叛唐，举兵起义当然必须要借用日本的力量，当时百济的国王已成为唐的俘虏，所以他们从日本接回已充当人质的王子，又从日本借用众多的兵力起兵。在朝鲜，百济是强悍的人种，当时起兵的鬼室福信[②]、余自信等首领都是名将，而且都势力强盛，到后来他们的势力在扶余把留守的刘仁愿团团包围。其时作为根据地的地方是公州或洪州附近，关于这一点有很多说法，有一说是原百济的西北部分当时已被起义兵士占据，那样的话，就应该是以洪州为中心的。

① 刘仁愿，生卒年不详。唐初武将，字士元。初为弘文馆学生，后被选为右亲卫。曾随唐太宗出巡，“手格猛兽”，受到太宗赏识。贞观十九年（645 年）征伐高句丽因功受奖，“超拜上柱国，封黎阳县开国公，擢受右武卫凤鸣府左果毅都尉”。贞观二十一年（647 年）任行军子总管，随英国公李勣经略薛延陀。贞观二十二年（648 年）经略辽东，同年，授右武卫神通府左果毅都尉。唐高宗永徽五年（653 年）任葱山道行军子总管。显庆元年（656 年），授左骁卫郎将，此期间，任唐朝廷全权代表，数次前往回纥铁勒抚慰，奔赴吐谷浑、吐蕃宣敕。显庆五年（660 年）参与征伐百济，灭百济后驻留百济，后任熊津都督。后遭鬼室福信率百济遗民攻击，固守熊津。乾封二年（667 年）参战白村江之役，破日本、百济军后回国。667 年李勣征伐高句丽，因贻误战机问罪，流放姚州（今云南姚安县北）。有刘仁愿纪功碑，今尚存韩国忠清南道扶余。

② 鬼室福信（？—663），即扶余福信，朝鲜半岛三国时代晚期百济将军。百济武王扶余璋从子，义慈王从弟。官至佐平（一品官）。660 年，唐、新罗联军征伐百济，俘义慈王。鬼室福信组织百济旧臣联合抵御，欲夺回百济故地，请求倭出兵援助。662 年 5 月，百济王族扶余丰从倭归国，福信拥立其为国王，但旋即陷入内讧之中，福信被扶余丰所诛，百济国不久灭亡。

唐为了征伐该地区，特地派出了军队，而且还向新罗请求援军，新罗的援军首先攻打今天的古阜，但终告失败。失败的新罗援军逃了回来，尔后百济的残军愈发强大了。唐见此状，觉得这样不行，又增派援军。此时百济这方起了内讧，从日本返回的王子同鬼室福信不和，鬼室福信被杀，这是导致失败的原因。唐的留守军队为了等待援军，在这里一直坚守到最后。唐的援军从锦江的入口投入兵力，征伐占据百济西北地区的百济残余，这样日本的援兵必须施援百济，而日本的援兵同百济的将领们在战略上意见不一。当时最为坚固的根据地是在洪州的南面，按朝鲜的里数有三十多里，而从日本来说仅仅是三、四里的地方，叫作周留城，或者州柔城、疏留城。该地是山地，对于守城来说是最好不过的了，但当地不能生产足够的粮食，在这一点上就产生了争论。百济方面将领的意思是应该以避城，即今天的全堤郡一带为根据地为宜，该地西北有湖、东南临河，是个盛产谷物之地，易于守卫，当以此地作为根据地。日本方面的将领是秦田来津，其提出异论，主张退守到山区。最终还是采用了百济的意见，以当地作为根据地。然而新罗的军队和唐的军队打过来之后，这块地方最后还是没能守住，逃到了山里。唐军在势力大增之后，开始考虑再攻打百济哪个地方。有意见提出夺取今天的林川这个地方，但攻打林川需要相当的兵力。也有意见认为，与其攻打林川，倒不如攻打根据地。因为溯锦江而上更为合适，唐军采用了从水路攻打。此时日本的援军正好抵达，因为这个根据地已在危急之中，日本的军队也是从锦江口进入，那里有个白村江，应该是今日的白马渡附近，在锦江江中唐军同日本军发生冲突，连打了四场仗，最终日本战败。日本军晚到，所以唐

军是占据了有利地形而战。初战告负,若再作充分准备,尚可东山再起,然日本军以为只要更猛烈攻击,唐军必然溃逃,于是又匆忙作战,结果仍是大败。日本派出的援军没有起到任何作用,最后周留城被攻陷,百济完全灭亡,日本的援军带着百济残余的将领仓皇逃回日本。当时从日本返回的王子在失败后立即逃往高句丽。来到日本的是余自信等将军,他们是同日本军一同逃到日本的。日本的援军在战败后,由于锦江口被唐军占据,无法从今日群山一带的海路出逃,于是他们从西北沿海地方逃跑,回到了日本。这是日本同中国第一次在朝鲜的冲突,最终是以日本的失败而告终。

有意思的是,这次冲突的地方就是近年日清战争[①]时发生冲突的丰岛附近。这不是偶然的,不论什么时候,对方来的路线大体上是固定的,到达的地点也是固定的。日清战争时,也是首先在丰岛发生冲突,然后在牙山,这是日清战争的序幕,而在一千二百年前也是在这相同的地方发生冲突。过去的失败是没有办法的事,而今天却获得了成功。也就是说,自古以来在有些地方必定会发生冲突,这似乎已成为一种常数,百济就因此被唐所灭了。接下来唐开始要着手征伐高句丽,此时百济已成为唐的领土,新罗成了唐的伙伴,新罗的军队从南部的背面进攻高句丽,唐的军队从西面攻打高句丽,高句丽彻底被唐所灭。这是古代日本与中国冲突中的重大事件,也是中国在对朝鲜的征服中最为成功的一段历史。在这之后朝鲜开始向中国朝贡,同中国再也没发生过什么战争。不过在辽兴起时,高句丽遭受过侵略,金元时期也受到过侵略,再就

① 即中日甲午海战,参考前注。

是清在满洲时朝鲜也遭到过侵略，这些侵略都是从陆路进行的。当然，这些都不是从中国本土发动的侵略，主要是从辽东地区发起的侵略，是从陆路遭受到侵略的。总的来看，这些从陆路发动的侵略一时是成功的，但从没有最终使朝鲜灭亡，灭亡朝鲜要从海陆两面攻打。有意思的是，到了日本的近代，丰太阁发动对朝鲜的征伐[①]时，这实际上也还是在朝鲜日本同中国的冲突，冲突仍然是在陆路。日本军在平壤战败后撤退，丢弃京城退守南面，同朝鲜得以实现和睦。但后来日本又打破和睦，发动了第二次对朝鲜的征伐，其固守全罗道、庆尚道、忠清道三道，第二次最终还是没有能够打到京城，这是日本军最不成功的一次征伐，海军完全不中用。同唐打仗时，尽管最终是失败了，可还是从朝鲜的沿岸到达了朝鲜最中心地区的要地。战争虽然失败了，但战略上绝没有犯错。然而丰太阁对朝鲜征伐时，总是没有能够向釜山附近的根据地前进一步。曾经有过已到达庆尚道边上，但被朝鲜的名将李舜臣[②]所阻，最终还是退了回来。总之，日本海军的根据地根本就没有到达过顺天湾以西，这正是文禄之役失败的最大原因。

以上所谈的是一个大略的情况，总之日本同中国在朝鲜冲突

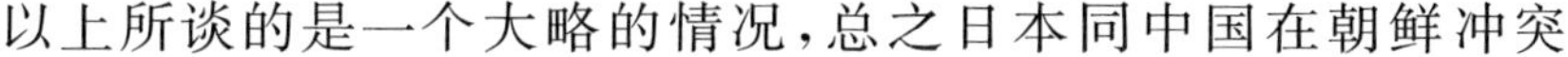

① 即文禄·庆长之役。1592年（文禄元年）丰臣秀吉发动以征明为目的的战争，战争以朝鲜为战场，自1592年至1598年（庆长三年），其中包括媾和谈判，长达七年之久，日本史称文禄·庆长之役。中国史称万历朝鲜之役，朝鲜称壬辰·丁酉倭乱。

② 李舜臣（1545—1598），李氏朝鲜名将。字汝谐，谥号忠武。德水人。1576年武科及第，1591年任全罗左道水军节度使。日本入侵朝鲜时期，多次成功阻击入侵日军，鸣梁大捷和闲山岛大捷是其最负盛名的两场海战，其所制作的龟甲船名驰遐迩，在海战中发挥了重要作用。1598年，在露梁海战中阵亡。李舜臣被朝鲜人视为民族英雄，在釜山、首尔等地有其铜像。著有《忠武公全书》。

的历史就是如此，将来也会如此，但形势已经有所变化。从中国向朝鲜输送军队不是沿着海岸，而是可以从任何一个地方直接送往目的地。从唐末前后开始就以成山作为根据地来看，中国一定发现了直接过去是最近的，但是他们当时还是从辽东沿岸而去，而日本则是从朝鲜南面沿岸，绕西南角笔直北上，这样就必定会在朝鲜的中心地点得物岛发生冲突。当时船舰还很小，只能沿着岸边航行，所以就会出现这样的情况。今天形势发生了很大的变化。日清战争时，中国的海岸根据地就在旅顺口与威海卫，当时是那样一种形势，今日的军舰就没有任何必要沿岸航行，在朝鲜岛屿众多的海域航行危险，所以应在大海上航行。今天旅顺在日本手里，威海卫在英国手里，倘若旅顺或威海卫有根据地的话，中国的海军就可以直接到达朝鲜西海岸的任何一地，不必绕道辽东过去。以往无论去大同江，还是去牙山附近唐津地区或群山，都是走一条路，今天就没有这个必要了，可以笔直向前进行攻击。那么日本怎么办呢？日本就不能这么做。今天日本没有必要先去釜山，然后从釜山沿岸航行前行。以日本的地势来看，从佐世保一带出发，就不能像中国那样把航路扩大到四面八方，可以去任何地方，日本还是只能从朝鲜的西南角走一条路，顺朝鲜的沿岸前行，别无他法。我是外行人，从今天的形势来考虑，如果在朝鲜沿岸爆发战争的话，对中国有利，还是对日本有利？应该说是对中国有利的，日本无论怎么也只有一条路可走。同中国的情况放在一起，两者相比，确实是对日本不利的，从以往的历史来看，这一点也是显而易见的。过去双方都是一条路，强者则胜，当时日本的海军似乎不如中国，所以战败了。近年朝鲜沿岸纳入日本的势力范围，日本获得了这一带

的领海权，可以对中国，即对旅顺口、威海卫发动攻击，所以如果中国的海军能够足以同日本海军对抗，随时可以向朝鲜进攻的话，那么日本要进行防御就得颇费周章了。当然，以日本的海军实力不可能采取在朝鲜沿岸进行防御之类的消极举措，如果军力在佐世保的话，那就从佐世保直接向中国发起进攻是最合适的。现在似乎是采取舍弃朝鲜沿岸，直接进攻旅顺口的做法。总之，从历史上来看，无论日本或中国，还是其他国家，对其在中国大陆是否有根据地进行比较的话，就可知在朝鲜的利益占优势者则是在大陆有根据地者，而在日本有根据地者利益则是很少的了。从日本将来的国防考虑的话，这些都是应该认真加以研究的问题。从朝鲜以往攻守的历史来看，这些问题是相当值得考虑的。一千二百年前在朝鲜日本同中国冲突时是在群山附近，一千二百年后日本同中国发生冲突也是在丰岛附近，这样就证实了历史是古今皆取同一途径，这是历史绝不可掉以轻心之处，即便仅从朝鲜的形势来看也很清楚，这段历史从国防的角度也必须认真加以考虑的。不言而喻，研究今日战术的人们必然会把这些情况纳入视野中加以研究，像我们这些对战术、战略的事一窍不通的门外汉即使从历史的角度思考，我相信其所得到的结果是相同的。

（1912 年 8 月 9 日在吴市的讲演）

唐朝文化与天平文化

唐朝时期地处中国周围、接受其文化的国家中，我们今日能够知道的在一定程度上移植了中国文化或以中国文化为基础形成了本国文化的国家寥寥无几，屈指可数。其中主要的有日本、新罗、渤海等。满洲、朝鲜地区的国家，如高句丽、百济在唐初之前作为国家就已经存在，其开始接受来自中国的文化并非在唐朝时期，而是在此之前即晋以后六朝时期，有关这方面的文献现在极其缺乏。关于高句丽，有著名的好太王碑，这是相当古老的，是东晋后期之物。除此之外，关于高句丽的记载，即使是朝鲜最古老的史书《三国史记》，其所采用的史料几乎全是中国的文献，根据本国文献的史料几乎没有。有关百济的文献，与《三国史记》相比，《日本书纪》中倒是留下了很多确凿的资料。总之，可以肯定的是，这两个国家的文化给予日本以及新罗以相当大的影响，但这种文化都是以中国文化作为中介的，当时它们尚未发展到形成自己本国文化的程度。中国历史上这两个国家的上书是否是出自其本国人的手笔是很值得怀疑的，如同中国史书上所载日本倭国王的上书很难说不是归化日本的中国译员信手所作。好太王碑以及《日本书纪》中"百济本纪""百济新撰"等文章极其质朴，这些上书则与其不同，从这一点上也不难作出推断。与这两个国家相比，日本以及新罗在

文化方面尤其是文学起步要晚，但他们充分地利用了唐的文化成果，并在这一基础上创造了自己的文化，日本更是开创了使用自己语言文字的文学。

此外，渤海也有相当的文化成果。有关渤海人的文学在中国无任何资料可寻，在渤海所地处的满洲北部地区，没有发现过金石文字，仅仅有一些砖瓦，上面有可以认作为那个时期的文字，但没有成文的东西。在日本，《续日本纪》以后各个时代的国史，此外还有《本朝文粹》等书中，都保留有同这个国家交往的文章，其中甚至还有来自渤海的文章。渤海人大体上是高句丽的遗民，人种完全就是今天的满洲人。满洲人不可说没有文学的素质，这一点从后来的金人或清朝的旗人身上也可以看出，但渤海时代当地的土著中是否出现过擅长中国诗文者，尚没有确凿的证据。作为使者来到日本、同菅公有过诗文酬答的裴氏一家是归化日本的中国人，还是冒用了中国姓氏的当地土著，这些都不是十分清楚。但是，那些诗文由于日本的记录才得以保存下来，对满洲地区民族来说不能不说是一种意外的幸运。

不过到唐朝末年，在敦煌地区割据的民族从血统上来说其未必都是中国人，他们创造出一种保存唐文化的城市形式，这在今天敦煌发掘的大量文书中可以看到，此时日本已进入平安时代。总之，这也是在唐代接受其文化的一个种族，应该予以关注。

还有吐蕃，即西藏，其接受的也是唐的文化，而且其固有的语言是单缀语，起源应该与中国相同的[①]。尽管如此，其表现国语的

① 西藏是中国的一部分。在本书中作者对西藏的表述受其历史认识的局限。——译者

文字采用的却是印度系的，由于这个缘故，中国的文学几乎没有兴起过。可以肯定的是，在中国文学的刺激之下，这个民族开始了自己固有文学的创作，而且因为宗教的关系，还接受了很多印度的思想。

安南当时只是作为中国的附属领地而存在，甚至不能够作为一个民族而独立，所以完全不可能有新文化的兴起。

关于突厥、回鹘，从今天鄂尔浑一带留下的碑文来看，他们已有了用固有文字写成的文章，也有使用中国文章的痕迹，当然中国的文章不可能是出自当地土著人之手。

当时中国四周的国家中，最具有力量吸收唐文化、并加以咀嚼、利用的仍然还是日本和新罗。根据其文化的吸收方式，可以对日本民族与新罗的能力加以比较，因此对那些遗留下来的文物进行研究是很有意义的。

根据《三国史记》等记载，新罗开国是在西汉时期，在所谓的三国中是最早的。如果按近时历史学家所考定的，日本的纪元与西洋纪元是同一时期的话，那么新罗更早于这一时期，其文化也理应更为古老。而实际上《三国史记》中有关新罗的记载值得质疑之处甚多，倒是如《翰苑》所记载的，新罗开国在晋宋之间，这或为更接近事实。笔者认为，新罗是留在半岛上的那些日本人举起反叛日本的旗帜而兴起的国家。在文化方面，除了文学，新罗多滞后于日本。在最近庆州地区的发掘中，即使说有非常精美的文物，这些东西在当时的日本也同样存在，实际上从汉代到六朝时期之间的历史文物，在日本发掘出土的是很丰富的，而新罗地区是极其贫乏的。不过由于毗邻高句丽的缘故，他们接受中国的文学很早，但在金石文方面我们所看到的比日本不过早二三十年而已。尽管如此，从近年发现的古镜等推断，日本实际上是否真的晚于新罗尚存疑问。总之，在相差年数不大的历史时期内，两个国家都同样地致力于中国文化的输入，而从结果来看，日本制定出非常完善的制度，制作出精美的器物，而且规模巨大，新罗则相形见绌，绝非可以同日而语。但是在金石文方面，新罗保存下来的有很长的钟铭文，按照日本的纪年，这大约是在进入平安时代以后，在奈良时代以前，可以说新罗的金石文还是乏善可言。

在所谓文化方面逐一进行比较的话，首先就是制度。唐的制度非常复杂，也极其灿烂。日本在采用其制度时，将其变得非常简洁。如果仅从外表来看，似乎只是把唐的制度改换成非常简单的模式。实际上并非如此。唐代名相、历史学家兼经纶家杜佑曾论述过，唐的制度从根本上存在不合理之处，重复官职过多，秦汉以来出自客观需要产生的部分与王莽当作理想的周礼的合理制度，两者并存，有必要对这种重复进行清理，加以精简。日本采用唐的制度远在杜佑之前，当时就已经注意到将其精简，虽然与唐的制度本旨多少有些不同，但改换得非常高明，使其符合日本的国情。律令格式完备，井然有序，除唐之外，没有国家可以与其相比。关于新罗的制度，由于文献的亡佚，我们仅能根据《三国史记》等书中记载略知一二。大体上来看，与日本相比，其相当原始性的东西很多，作为考察新罗种族的资料，其中很多是相当有意义的。但是很明显，新罗没有像日本那样充分地吸收唐的制度，也没有对其加以修正的力量，这同当时的政治家中没有类似日本的优秀人物有一定关系，但可以知道其民族的发展水平当时滞后于日本。日本不

是仅仅照搬中国的律令格式，而是具有将其充分利用、消化的能力。通过《令的集解》，我们也可以了解日本固有的风俗是如何同中国的制度相融合的。如果把笔者在巴黎抄写的敦煌本的唐格与日本的三代格加以比较的话，就可以发现唐的制度是如何逐渐日本化并被利用的。

在文学方面，新罗文学中相当日本奈良时代的资料极其缺乏，这不能不考虑到新罗或许未能如日本那样把当时的东西保存下来，这是很令人遗憾的原因。关于佛教方面的东西，即使新罗没有保存下来，但在中国还保存着，因为这一有利条件，可以认为新罗人的著述还是相当丰富的。尽管如此，新罗完全没有像日本的《怀风藻》那样的作品，其原因之一仍然还是文化发展的滞后。新罗时代中国文学的大家无疑就是崔致远[①]，崔致远大约相当于日本菅公在世时期的人。日本当时是嵯峨淳和时期，已经过了平安时代初期中国文学最兴盛的阶段，开始渐渐趋向衰微，而就在这一时期出现了崔致远这样的人物。日本的阿倍仲麻吕在唐的鼎盛时期堪与中国第一流的大家比肩，如果将崔致远与其相比，时间上要比阿倍仲麻吕晚一百多年。所幸的是，崔致远留下了文集，而仲麻吕没有文集存世，这是很遗憾的，因此也无法对两者进行很好的比较。但至少可以肯定的是，日本的中国文学兴盛时期要比新罗早得多。

在美术方面，可以进行比较的主要是雕刻。从日本现存的资

① 崔致远(857—?)，朝鲜新罗时代学者，诗人。字孤云、海云。12岁留学中国，唐僖宗时曾任官职。归国后任侍读兼翰林学士，晚年因对朝政不满隐居伽倻山。著有《桂苑笔耕》(20卷)等，对新罗时代的学术和文学发展很有影响。中国《全唐诗》收有其作品，被认为是朝鲜汉文学的奠基人。

料中可以看到在奈良时代之前、飞鸟、白凤、天平等各个时期的种种变化和发展，而新罗资料就不是那么丰富了。尤其是日本奈良时代之前的器物在新罗极其缺乏。应当承认新罗的佛家也在相应地进步，但是否像日本那样兴盛则值得怀疑。

由此看来，两个国家都在吸收中国文化并将其化为自己的东西，两者之中，不能不承认日本民族在这方面更表现出卓越的才能。日本更为了不起的是，在中国文化的刺激下开创了日本语文学。作为当时的文章，留下了若干汉文体敕书，虽然数量不是很多，但其文学的格调之高，有的堪与中国三代文学媲美。最为丰富的还有《万叶集》的和歌，其或许受到六朝以后中国文学的影响，如同六朝的诗歌一样，灵活自如地运用骈丽的语言，创造出一种遒劲而又绚烂妍美的文学。《万叶集》的作者中，有曾经出使过中国的使者山上忆良[①]等人，这些人很可能都擅长和汉两种文学，这一点是令新罗人望尘莫及的。新罗也有一种风雅的民俗，花郎[②]会使人想到日本万叶时代淳美的风俗，但是当时完全没有歌这一类的东西。这或许同文献的亡佚也有关系，当时没有意识到应该像日本那样对自己国家固有的文学进行编纂，这是文化尚未发展到那种水平的一个佐证。《三国遗事》保存了一些新罗国语的歌，但今天我们要完全读懂它都很困难，据现在所能了解的，可以想象得出

① 山上忆良（660—733 年前后），奈良时代歌人。《万叶集》中收其歌作 70 余首。代表作有《贫穷问答歌》等。

② 公元 6 世纪朝鲜新罗真兴王时期新罗封建贵族建立的青少年社会团体。通过组织青少年进行各种集体活动，灌输封建道义和宣扬爱国主义精神。花郎习武技、歌舞，注重个人修养，平时和战时都非常活跃，被认为是新罗武士道的精华。

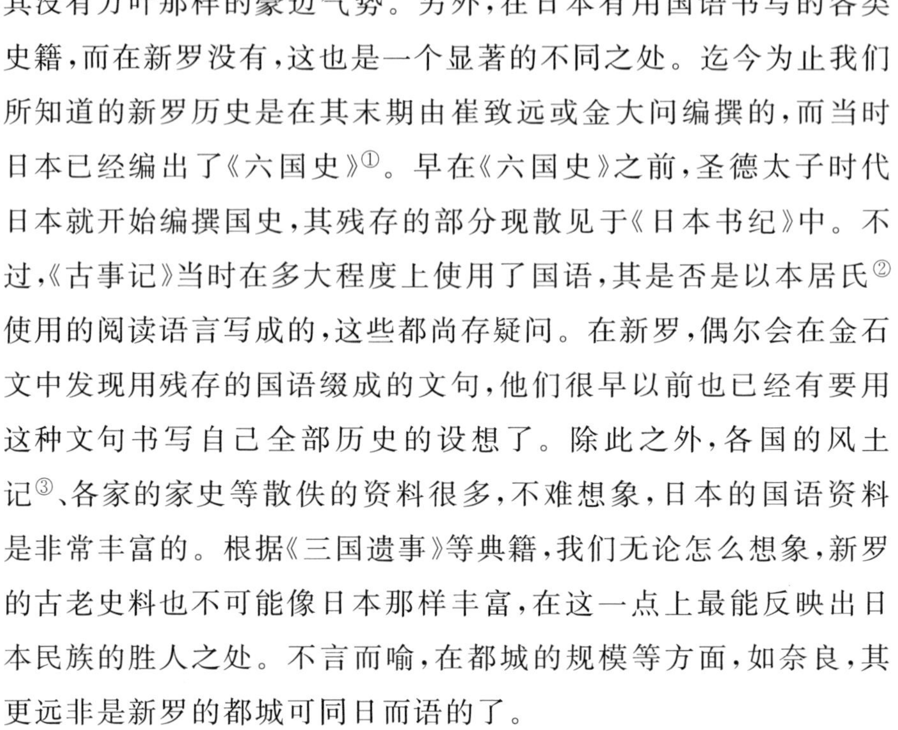

其没有万叶那样的豪迈气势。另外,在日本有用国语书写的各类史籍,而在新罗没有,这也是一个显著的不同之处。迄今为止我们所知道的新罗历史是在其末期由崔致远或金大问编撰的,而当时日本已经编出了《六国史》[1]。早在《六国史》之前,圣德太子时代日本就开始编撰国史,其残存的部分现散见于《日本书纪》中。不过,《古事记》当时在多大程度上使用了国语,其是否是以本居氏[2]使用的阅读语言写成的,这些都尚存疑问。在新罗,偶尔会在金石文中发现用残存的国语缀成的文句,他们很早以前也已经有要用这种文句书写自己全部历史的设想了。除此之外,各国的风土记[3]、各家的家史等散佚的资料很多,不难想象,日本的国语资料是非常丰富的。根据《三国遗事》等典籍,我们无论怎么想象,新罗的古老史料也不可能像日本那样丰富,在这一点上最能反映出日本民族的胜人之处。不言而喻,在都城的规模等方面,如奈良,其更远非是新罗的都城可同日而语的了。

话题再稍扯远一点,日本当时大量吸收中国的文化成果,尤其是书籍,这从许多地方都可以反映出来。《日本国见在书目录》的编撰远远晚于奈良时代,其中属于初唐、盛唐两期之前的著述在奈良时代已经几乎全部输入日本。正仓院收藏的圣武天皇《杂集》中所引用的各种诗文集、近年佐佐木信纲氏汇编《南京遗文》中天平

---

① 《六国史》是奈良、平安时代编撰的六部正史的总称。这六部正史为《日本书纪》《续日本纪》《日本后纪》《续日本后纪》《日本文德天皇实录》《日本三代实录》。《六国史》是汉文史书,其效仿中国史书,采用编年体,是研究日本古代史的重要史料。

② 即本居宣长,参见后注。

③ 国为江户时代以前划分的行政区名。风土记记载的是一个地区的风土、物产、文化等情况。

廿年六月十日“更可清章疏”目录所载书籍大体上都与《日本国见在书目录》一致，《日本书纪》所使用的文辞摘自中国的古书及吉备公、鉴真和尚等当时带到日本的书籍，通过这些事例可以知道大量的中国书籍当时已经传入日本。《高僧传》中记载，平安时代初期，传教大师渡唐，其学问文章为中国人所重，向其授教的中国高僧道邃[①]把向大师授教视为荣耀，由此可见奈良时代日本人所具备的学问素养之深，可以想象，如果与唐末敦煌地区的文化相比，其要远远高出许多。唐末敦煌地区流行的书籍，除现在发掘的实物以外，可以根据同样出自敦煌的《杂抄》(又名《珠玉抄》)的一书知道，其远非是可以同《日本国见在书目录》相提并论的。日本的都城奈良当时大量吸收唐的文化，远远超过除长安、洛阳之外的其他城市，其所收藏的真正的文化成果，尤其是书籍极为丰富，其士大夫的学问要远胜过唐的农村乡人。今春奈良博物馆展出的正仓院所藏传入织物是圣武天皇周年忌使用的物品。因为是周年忌，所有一切物品都要在驾崩之后一年之内准备妥当。从时间上来看，不可能来得及从中国输入，所以这些织物都应该是日本制作的。其制作技术之精妙令人惊叹，将其与当时唐朝中国相比，结果如何不得而知，但作为保存至今的器物，毫无疑问是最优秀的。即使单从移植唐的文化这一点来看，日本的都城已经达到了相当高的水准，仅次于中国的东西两都。

不过，同中国相比，还是有所不同的，中国时兴的事物到在日

① 道邃，唐代僧人。生卒年不详。唐大历年间从天台国清寺荆溪受法，时号止观和尚。

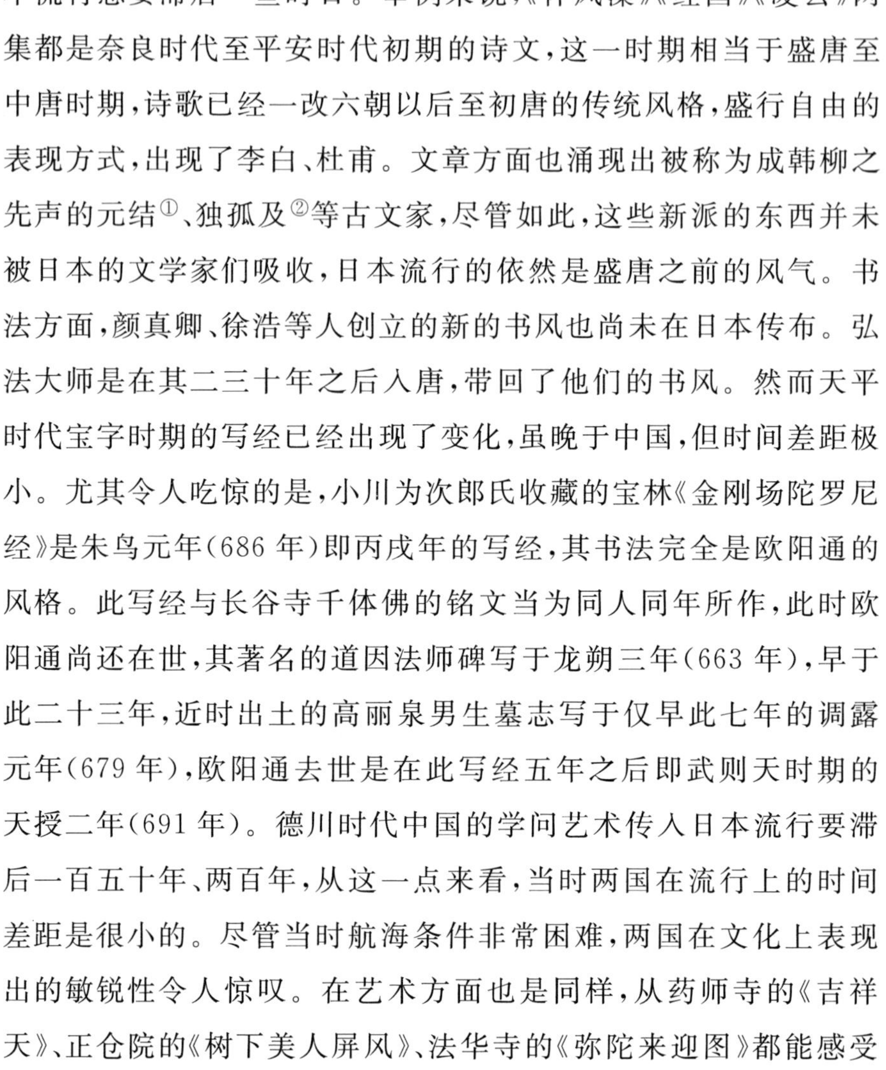

本流行总要滞后一些时日。举例来说,《怀风藻》《经国》《凌云》两集都是奈良时代至平安时代初期的诗文,这一时期相当于盛唐至中唐时期,诗歌已经一改六朝以后至初唐的传统风格,盛行自由的表现方式,出现了李白、杜甫。文章方面也涌现出被称为成韩柳之先声的元结[①]、独孤及[②]等古文家,尽管如此,这些新派的东西并未被日本的文学家们吸收,日本流行的依然是盛唐之前的风气。书法方面,颜真卿、徐浩等人创立的新的书风也尚未在日本传布。弘法大师是在其二三十年之后入唐,带回了他们的书风。然而天平时代宝字时期的写经已经出现了变化,虽晚于中国,但时间差距极小。尤其令人吃惊的是,小川为次郎氏收藏的宝林《金刚场陀罗尼经》是朱鸟元年(686 年)即丙戌年的写经,其书法完全是欧阳通的风格。此写经与长谷寺千体佛的铭文当为同人同年所作,此时欧阳通尚还在世,其著名的道因法师碑写于龙朔三年(663 年),早于此二十三年,近时出土的高丽泉男生墓志写于仅早此七年的调露元年(679 年),欧阳通去世是在此写经五年之后即武则天时期的天授二年(691 年)。德川时代中国的学问艺术传入日本流行要滞后一百五十年、两百年,从这一点来看,当时两国在流行上的时间差距是很小的。尽管当时航海条件非常困难,两国在文化上表现出的敏锐性令人惊叹。在艺术方面也是同样,从药师寺的《吉祥天》、正仓院的《树下美人屏风》、法华寺的《弥陀来迎图》都能感受

① 元结(719—772),唐代文学家。字次山,号漫郎、聱叟、猗玗子。河南洛阳人。著有《元次山集》《箧中集》等。

② 独孤及(727—777),唐代文学家。字至之,河南洛阳人。著有《仙掌铭》《古函谷关铭》等。

到盛唐兴起的周昉、张萱的画风。从创作时期来看，两者也是非常接近的。同中国那些远离两都的城市相比，日本反而流行得更早。至于吴道子开创的白描画风传入日本的问题，中国当时的白描画与始于唐末五代的水墨画风也并非相同，正仓院的麻布菩萨像若从面部来看，可以说确实是吴道子的风格。因此可以认为在一定程度上也吸收了墨画的特点。不过，是否存在完全作为欣赏对象所作的画，如吴道子所作的山水画或韩幹所作①的动物画，尚存疑问。在现存的画中还没有看到过这一类画作，但不能因此就断言日本人尚未达到欣赏这一类画作的水平。

日本民族在奈良时代受到了中国文化的影响，这是毫无疑义的。但接受的程度与其他民族或中国国内偏远地区相比，处在何种状态？其吸纳中国文化的方式又表现出什么特色？本文只是管中窥豹，略述一斑，但已证明我民族具备足以能够创造自己文化的素质。

（《佛教美术》第五册，1925 年 12 月发行）

① 韩幹，唐代画家。京兆蓝田（今陕西西安）人，一作大梁（今河南开封）人。传世作品有《牧马图》《照夜白图》《神骏图》等。

正仓院的书道

正仓院的御物中，除文书一类之外，完全可以当作书法看待的有以下几种：

《圣武天皇宸翰杂集》

光明皇后御书《乐毅论》

光明皇后御书《杜家立成杂书要略》

《王勃集诗序》

其中圣武天皇的宸翰、光明皇后的御书在东大寺贡物记录中有记载，《王勃集诗序》在该贡物记录中没有记载。除此之外，根据天宝八年六月二十一日贡物记录，曾有王羲之书法二十卷，于“弘仁十一年十月三日出藏沽却”，看来当时已经不在宫藏。但是，其中宫内省尊藏的《丧乱帖》曾一时传至京都的妙法院，明治初年进呈，重入宫内省。现前田侯爵家所收藏的《孔侍中帖》明治初年以后曾被已故冈田正之博士家所藏，博士殁后又重归前田家。这两件收藏当都为贡物记录中所说的书法二十卷中之物。此外，贡物记录中有“真草千字文二百三行”，仍未列入书法二十卷中之物，其当为今日小川医学博士所收藏的《智永千字文》。其最初被江马天江氏收藏，后归于谷铁臣氏名下，大正初年为小川博士先人简斋翁所得。

这些收藏都是正仓院御物中具有代表性的书法之作。此外，

《东瀛珠光》第四卷第二百十一有一篇题为《临书》的作品，其所临书的就是王羲之的书法。

由此看来，正仓院所收藏或曾经收藏的书法类的大部分都属于王羲之流派，现存的《丧乱帖》《孔侍中帖》都是所谓的拓本。此外，根据天平宝字二年（758年）六月一日的贡物记录，有称之“大小王真迹一卷”者，系光明皇后将其作为圣武天皇赏玩之物特别呈献的，此件不是拓本，当为真迹，不知何故，该件于弘仁十一年（820年）十月三日被变卖，至今下落不明。

以上藏品中，最为至尊者是圣武天皇宸翰、光明皇后御书，光明皇后有临书王羲之《乐毅论》之作，很显然其学的是王羲之的书法，光明皇后御书《杜家立成》也是带有《乐毅论》风格之作。从中国集帖类中所传《乐毅论》来看，皇后的《乐毅论》极有骨力，完全称得上昔人评王羲之书法所说的雄强，不难想象其以羲之为帖用力之深。今日习书临帖，若要学王羲之笔法，相比中国集帖，光明皇后的此件御书更为有用。关于圣武天皇宸翰，其习何种书风不得而知，出自奈良时代写经生笔下的《贤愚经》被称作大圣武，由此推测，天皇宸翰当与其相似，然而御物《杂集》的书风却迥然不同，天皇御书风格的由来也因此更加令人费解，细细品味《杂集》，与光明皇后一样，天皇临帖习书的似乎也是王羲之的《乐毅论》。笔者在写《杂集》解说时曾这样写道：“拜见之处笔致纤细，缔审则秀劲绝伦，与光明皇后《乐毅论》同为正仓院尊藏，其行笔奔放，历来为拜观者所惊叹，得右军其真意者，当天皇此卷为最。”卷末御记，“天平三年九月八日写了”，当为天皇三十一岁时所书。其楷书行间，时夹带隶书笔意，有六朝时代遗风，堪为精妙之作，令人不禁遐思王

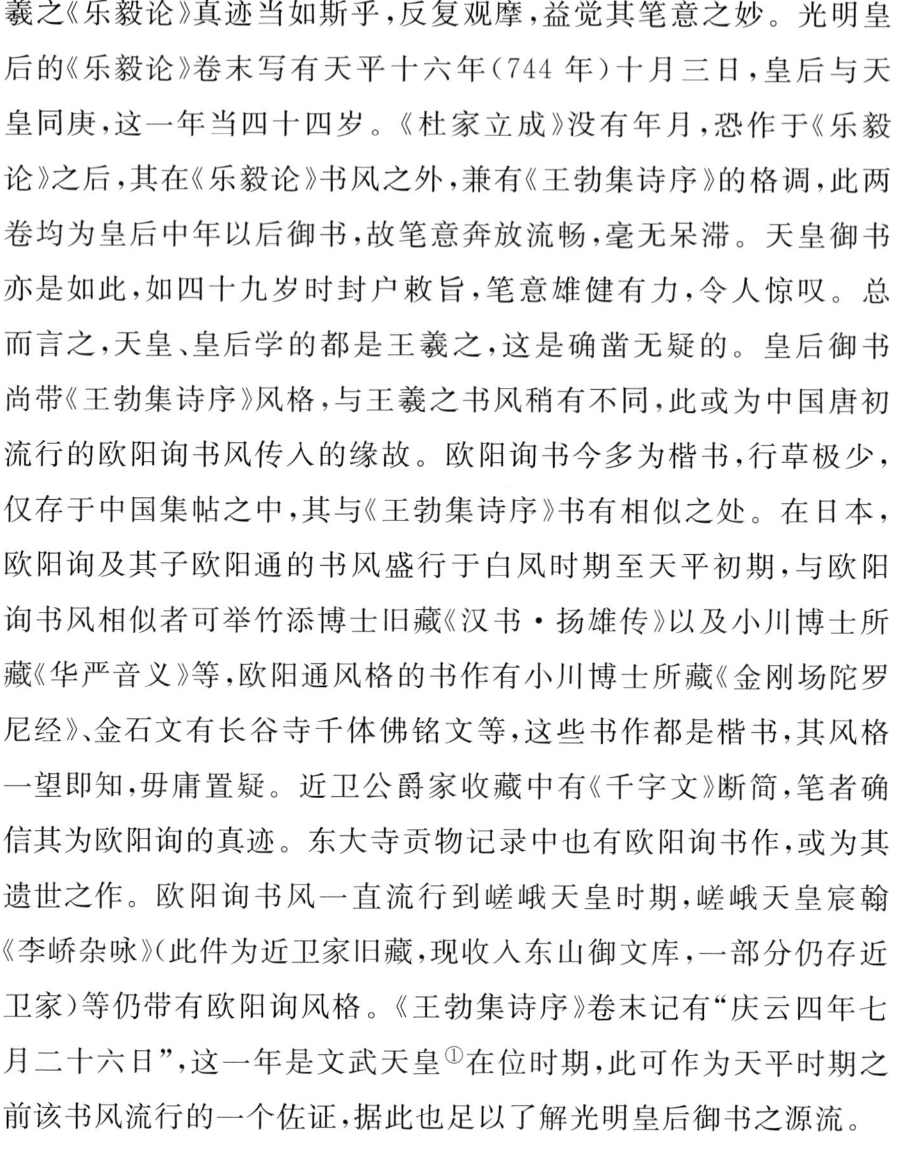

羲之《乐毅论》真迹当如斯乎，反复观摩，益觉其笔意之妙。光明皇后的《乐毅论》卷末写有天平十六年（744年）十月三日，皇后与天皇同庚，这一年当四十四岁。《杜家立成》没有年月，恐作于《乐毅论》之后，其在《乐毅论》书风之外，兼有《王勃集诗序》的格调，此两卷均为皇后中年以后御书，故笔意奔放流畅，毫无呆滞。天皇御书亦是如此，如四十九岁时封户敕旨，笔意雄健有力，令人惊叹。总而言之，天皇、皇后学的都是王羲之，这是确凿无疑的。皇后御书尚带《王勃集诗序》风格，与王羲之书风稍有不同，此或为中国唐初流行的欧阳询书风传入的缘故。欧阳询书今多为楷书，行草极少，仅存于中国集帖之中，其与《王勃集诗序》书有相似之处。在日本，欧阳询及其子欧阳通的书风盛行于白凤时期至天平初期，与欧阳询书风相似者可举竹添博士旧藏《汉书·扬雄传》以及小川博士所藏《华严音义》等，欧阳通风格的书作有小川博士所藏《金刚场陀罗尼经》、金石文有长谷寺千体佛铭文等，这些书作都是楷书，其风格一望即知，毋庸置疑。近卫公爵家收藏中有《千字文》断简，笔者确信其为欧阳询的真迹。东大寺贡物记录中也有欧阳询书作，或为其遗世之作。欧阳询书风一直流行到嵯峨天皇时期，嵯峨天皇宸翰《李峤杂咏》（此件为近卫家旧藏，现收入东山御文库，一部分仍存近卫家）等仍带有欧阳询风格。《王勃集诗序》卷末记有“庆云四年七月二十六日”，这一年是文武天皇[①]在位时期，此可作为天平时期之前该书风流行的一个佐证，据此也足以了解光明皇后御书之源流。

当时日本的书风多受同一时期中国书法的影响相当明显。唐

① 文武天皇（683—707），697—707在位。

太宗喜爱王羲之书法，并习其书法，太宗收集大量王羲之真迹以及拓本，著名的《兰亭序》似为其真迹，《乐毅论》则是著名的梁武帝时期拓本。当时著名的书法家褚遂良曾将这些大量的王羲之真迹和拓本编成目录，该目录载入唐张彦远的《法书要录》。前田家所藏《孔侍中帖》载于褚遂良所编目录第十四。据中国罗振玉氏考证，此《孔侍中帖》拓本恐为六朝时期拓本，是在唐太宗收集到之前已制成的拓本之一。内府的《丧乱帖》在褚遂良的目录中没有记载，帖中“二谢”的“谢”字、“日出”的“出”字取自《圣教序》的痕迹很明显，《圣教序》是唐释怀仁集字而成的。而且《丧乱帖》的拓本与《孔侍中帖》纸质墨色几近相同，所以仍是六朝时期摹本，在编入褚遂良目录之前已流于民间，由此传入日本（《孔侍中帖》中的“信书”的书字亦取自于怀仁《圣教序》）。怀仁的《圣教序》唐高宗初年问世之后，王羲之书法在中国非常流行，以至到玄宗时期，一种模仿《圣教序》、称作院体的书风盛行，其影响甚至波及日本。《圣教序》流行以前，在不同时期也出现过当时的大家诸如欧阳询、虞世南、褚遂良的书法，《圣教序》刻石之后，无人可出乎其右的王羲之书法任何人都可以品赏临池，于是其书法风靡一时。即使在当时还有颜真卿等大家，但其风行世却是在玄宗之孙代宗时期以后。日本平安时代初期的书法名家传教大师，在日本学习王羲之书风，入唐后即使没有去唐都长安，其临池依然是《圣教序》体。去唐都者弘法大师则在代宗之后的德宗宪宗时期开始学习颜真卿的书风。日本天平时代即中国的玄宗时期前后，是中国王羲之书风盛行时期，其书风自然给我国书风以很大的影响，光明皇后御书就体现了王羲之书风与在其之前流行的欧阳询书风兼而有之的特点。

智永[1]《千字文》的书法在当时也产生了影响，并留下了明显的印记。《千字文》中的“文”字、“被”字的草体最后一笔在书写中突然停顿，然后再细细拖出，这种笔法在《平田寺敕书》等当时的书作中可以看到，如该书作中的“本”字就有将这种笔法应用于楷书的痕迹，由此我们可以知道《千字文》的书风也流行于当时。不过到天平时代以后，像圣武天皇、光明皇后那样表现王羲之《乐毅论》那种雄健笔法的书风几近绝迹，曾经风靡一时的弘法大师的书风也在延喜以后日见式微。从正仓院流出、散落民间的王羲之的拓本流转相传，流布愈见其广，相传延喜以后道风行成[2]书法大家皆相习王羲之法帖，最终形成日本风格。但总而言之，正仓院的书风是日本古来书风之源，因而王羲之书风才能在日本经久而不息，也正因如此，宋初左大臣道长在给去中国的圆通大师[3]的信中写道：“有羲之之风”，中国人对此发出由衷的感叹。

对于日本的书法而言，弘法大师的书风是无与伦比的，这是自不待言的。而构成实际书风基础的恰恰正是源自正仓院的王羲之书风。

《东洋美术特辑正仓院研究》1929 年 11 月发行

① 智永，陈、隋时期僧人，会稽（今浙江绍兴）人。王羲之七世孙，名法极，号永禅师。善书，尤工草书，传世书作有《真草千字文》。

② 即小野道风（894—966）、藤原行成（972—1027），参见前注。

③ 即寂照（？—1034），平安时代中期天台宗僧人。俗名定基，号三河入道。曾任三河守。988 年（永延二年）随庆滋保胤（寂心）出家。1003 年（长保五年）怀赴五台山巡礼之志携源信《天山宗疑问二十七条》入宋，在中国滞留二十余年，殁于杭州，被赐号圆通大师。诗歌俱佳，其作品收入《本朝文粹》《后拾遗集》等。

空海的书法

弘法大师在宗教、学术上使当时的日本进入了一个新时代，不仅如此，他还开创了日本书法的新纪元。大师之前的日本书法是六朝及初唐之风，多未脱离写经生风格之域。从正书来看，或取欧阳询之法，如《华严音义》（小川氏藏），或类欧阳通之风，如《金刚场陀罗尼经》（小川氏藏），以及类似房山石经、世称《景云经》一类，种类繁多。在中国，唐玄宗开元、天宝时期文物典章的变革对书法也产生了影响，出现了颜真卿、徐浩这一类人物，后逐渐发展，到唐代中期，又出现了柳公权。大师的书风就吸收了当时唐流行的书风。在用笔上，传统上多用雀头笔，而大师则用长锋。就其书风而言，大师受颜真卿感化最多，故能使当时我国书风为之一变。在其小字楷书方面，亦可看出开了柳公权书风之先。在后来的一百年间，世间书风多据大师之风而变，但尚未皆从大师之风。有从大师书风者，亦有从六朝初唐书风者。不言而喻，大师的书法在当时已为世间所重，但大师被称为笔道之祖还稍稍往后一些，大约始自延喜时期。延喜时期，大师所书的《三十帖策子》曾被制成箱盒，当时非常珍贵，从那一时期一直到道风以后[①]，对大师的书法已当作一种

① 即小野道风（894—966），平安时代著名书法家。参见前注。

信仰尊崇而不仅止于书法。大师的书法真正成了日本书道的元祖，所有的人都学大师的书法。可是如此受到尊崇的大师书法后来却演变成一种奇异的风格，即常见于匾额的字体，源自六朝至唐代的石碑、墓志的字体逐渐地变了形。以至到后世，谈到大师书法则只限于这一类东西，甚至有时很好的真迹却反而不被认为是大师之作。现在这一切都清楚了，而且人们也了解了什么是大师真正的特色。这里就大师书法的源流以及现在存世的真迹试作一简述。

据民间所传，大师的笔法是授自于唐的一个名叫韩方明的人。社会上有称大师书法者，其执笔法或使笔法由于经过世代传写，多次印刻，已经变异，但其文当仍是大师之作，这一点是没有问题的。关于书法，韩方明有一本书《授笔要说》，是写笔法的，其中谈到双苞，即使用食指和中指执笔。但大师的执笔法没有取其双苞，而是用单苞，即只用食指执笔的方法。如果查看使笔法使用的术语，就可知大师从学韩方明一说仍有可信之处。韩方明的笔法术语有四字，即钩、掀、讦、送。在其之后，南唐李后主使用与韩方明相同的术语，李后主是著名的拨镫法的倡导者，其法使用七字，其中使用“揭”字取代“讦”字，在中国使用此“讦”字别无二人，而只有弘法大师使用此“讦”字。所谓“讦”，乃弩机发射之状，以弩张发射之势一笔钩起。除此之外，大师还使用韩方明所用的钩、掀、送三字，其从韩方明学习笔法是可信的。

关于大师的真迹，历来世上流传的有很多，形形色色，这里仅就自己亲眼所见、自信无疑的真迹谈一点看法。谈到大师的书风(亦有笔者尚未见到过的，故本文谈及的书作之外，并非皆为伪作。

但世间也有相当有名但明显是伪作者)，其年少之作高野山的《聋瞽指归》因在其未自成一家之前，姑且不论，在入唐期间所写的《三十帖策子》是最为著名者。其中当然有大师的真迹，但也有他笔之作，历来传说有桔逸势[①]之作，这点笔者难以苟同。《三十帖策子》中第二十帖的大部分、第二十二帖、第二十六帖、第二十七帖几乎全都出自大师之笔，尤其是第二十帖中的《金刚顶瑜伽经十八会指归一卷》是大师的楷书，大师的楷书是极其罕见的。除此之外，也只有东寺《七祖像赞》梵字旁所注的数字而已。还有第十四帖、第十五帖末，第十七帖中有二十余行是大师的真迹。另外，每卷的目录、校正文字、悉昙梵字[②]皆为大师真迹。大师自入唐期间至三十二三岁前后，其字已自成一家，入通达圆熟、精妙无比之境，堪称书法天才，当时虽身在彼邦，也到了能以书扬名的程度。大师的楷书是稍晚于颜真卿时期的风格，自中唐时期开始，又转向柳公权的风格。这同当时日本历来流行的书风浑然不同，令人刮目相看。虽然天平时代后期东大寺的日记中记载，已有人具有中唐时期的风韵，但其毕竟不是大师那样的名家，未能开创一代书风。

从年代上来看，值得一提的是弘仁三年(812 年)的《高雄山灌顶记》。这是仓促之间书就的一部草稿，古人不解该书之精妙，甚至还有人说是其门人弟子所书。事实绝非如此，该作乃大师自笔是毫无疑问的。不过开头四行稍有些可疑，最后部分也夹杂

① 桔逸势(? —843)，平安时代前期官人、书法家。804 年(延历二十三年)曾随遣唐使入唐。擅书，尤精隶书。与嵯峨天皇、空海并称三笔。

② 悉昙是梵语音声的总称。亦指梵字。

一些他人之笔，但大部分是颜真卿风格，尤其是其笔意淋漓尽致地表现了郭家庙碑或《东方朔画赞》那种雄浑、磅礴的气势，当时在日本，除大师之外，没有人能表现出如此书风的。另有东寺收藏的《风信帖》行草相交，草书含王羲之的气韵，挥洒自如，信笔一气呵成。

除此之外就是东寺的《七祖像赞》，其大字运用飞白[①]书就。飞白在唐代非常盛行，但传至今日的极少，存世的真迹一件也没有，所以大师的飞白是极其珍贵的名作，字写得极大，原封不动地保存至今日。当然，大师的飞白间或含自梵字参悟之得，与唐人通常的飞白也许多少有些不同。但其精妙绝伦之处，纵然唐代石碑所遗飞白也不可寻见。至于赞文的小字，波撇之间，笔意含有一种飘动飞扬的韵致，这可以说是后世之所以称其为大师的一个标志。当然，镌刻唐代高宗、则天武后、睿宗等御书的金石都有这种笔法。大师当然学习过这些笔法，其笔意挥洒自如，不难想见，大师偏好这种笔法，时常在随意之中信笔而书。后世模仿大师者动辄就使用这种笔法，实际上很难说这就是大师的全部特色，大师的绝妙之处并非完全就在于此。以上谈及的是笔者所知的确凿无疑的大师真迹。除此之外，还有一些零散的真迹，如近卫公爵家以及滩[②]嘉

① 飞白亦称草篆，是一种书写方法特殊的字体。笔画呈枯丝平行，转折处笔路毕显。相传东汉灵帝时修饰鸿都门，工匠用刷白粉的帚子刷字，蔡邕(133—192)从中得到启发而作飞白书。唐代张怀瓘《书断》载：飞白“本是宫殿题署、势既寻丈，字宜轻微不满，名曰飞白。”北宋黄伯思称：“取其若丝发处谓之白。其势飞举谓之飞”。唐代武则天所书《升仙太子之碑》碑额、南宋文天祥所书“芗城名山”石匾(1999 年江西吉安出土)都是典型的飞白书。

② 神户市东部地区。

纳治兵卫氏收藏的书简片断，类似的东西其他地方也有一些。但还有一些相当有名、却绝不可能是真迹的东西，这里就不一一列举了。

（1931 年 7 月《书道全集》第十一卷）

同智证大师[①]相关的文牍及其书法

日本大的古寺如延历寺、东寺、仁和寺、园城寺等都很好地保存有传下的祖师遗物，不用说，今天很多都已成为学者研究的资料。在这些古寺中，园城寺保存的遗物最为完好。园城寺同叡山的关系恶化后屡遭叡山众徒的打砸抢烧，但祖师的遗物竟几乎全都保存了下来，可说是不可思议。叡山应该保存有传教[②]、慈觉[③]两位大师的遗物，而且同园城寺相比理应更为丰富，但现在连传教大师的遗物都很少，慈觉大师的物品更可以说是几乎没有。而园城寺所保存的智证大师遗物当在百件以上，其中可资作其宗旨教

---

① 即圆珍(814—891)，平安时代前期天台宗僧人。母亲是空海(弘法大师)的侄女。853年(仁寿三年)搭乘唐商船来中国，先后在天台山国清寺、越州开元寺、长安青龙寺、大兴善寺等处学习密教。858年(天安二年)携佛教经典一千卷回日本，居比叡山山王院，其弟子众多，为延历寺的发展发挥了极其重要的作用。著有《法华论记》《传教大师行业记》《行历抄》等。谥号智证大师。

② 即最澄(767—822)，平安时代前期僧人，日本天台宗开创者。谥号传教大师。参见前注。

③ 即圆仁(794—864)，平安时代前期天台宗僧人。俗姓壬生。曾先后为广智、最澄的弟子。816年(弘仁七年)在东大寺受戒，翌年接受最澄佛法灌顶。838年(承和五年)作为天台请益僧随遣唐使来中国。在巡礼五台山之后到长安，在长安居住长达六年(840—845)，其间以密教为中心倾心学习唐文化。后逢会昌灭佛，逃出长安，847年(承和十四年)回到日本。圆仁为日本天台宗的发展打下了基础，并开创了日本的天台密教。著有《入唐求法巡礼行记》《显扬大戒论》。谥号慈觉大师。

义及历史重要资料者非常之多，这些都绝非是我等外行人所能容易理解的，只能留待内行人研究了。近年该寺前长吏直林敬圆师对俗人接触这些具有至尊法义的祖师遗物极为反感，即使古社寺保存会前来调查也几乎一概拒绝，由于这些寺宝秘不示人，除今筑波侯爵当时还为山阶宫时[①]，作为毕业论文资料见过该寺遗物外，几乎没有学者接触过这些遗物。及至今春法会，结缘灌顶，得以礼拜秘佛，展观寺宝，立时引起学界关注。我自己很早就向直林师提出过，一直希望能拜见寺宝，此次得机会要举行结缘灌顶，这一愿望愈加强烈，最近终于得以展观智证大师遗物四十余件。不过其一件遗物中有数通文书，实际所见当有五六十件。当然即便如此，其也并非该寺什宝全部，除此之外值得一看者还有很多，兹从所见遗物中谈一二与本人研究相关者，前面已说过，涉关教义，绝非我等外行人所能理解，作为史料，当补国史、实录之遗缺者更是不在少数，这些研究并非一朝一夕即可告成，在此论述的仅为短暂时间内目所寓者而已。

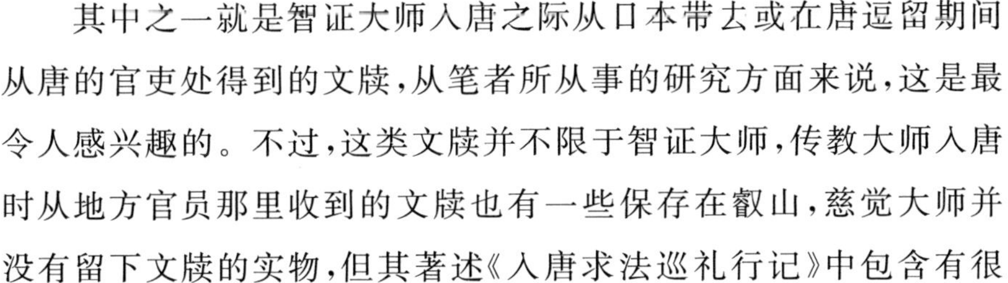

其中之一就是智证大师入唐之际从日本带去或在唐逗留期间从唐的官吏处得到的文牍，从笔者所从事的研究方面来说，这是最令人感兴趣的。不过，这类文牍并不限于智证大师，传教大师入唐时从地方官员那里收到的文牍也有一些保存在叡山，慈觉大师并没有留下文牍的实物，但其著述《入唐求法巡礼行记》中包含有很

① 山阶宫为伏见宫邦家亲王次子晃亲王创立的宫家。1864年(元治元年)根据敕命其被授予山阶宫称号，成为晃亲王。后第二代山阶宫菊麿王被降至臣籍，1920年其子降为侯爵。

多文牍，今天在中国，唐代的文牍尤其是地方上地位很低的官吏的文牍几乎没有实物，所以这些文牍作为资料都是很有价值的。在智证大师的遗物中，为数最多的就是文牍。智证大师入唐，从一开始就准备得周到细致，其从前例传教大师的经历中吸取经验教训，带上传教大师从彼地官吏处得到的文牍抄件以备遭遇同样事件时使用。为了便于旅行，智证大师所到之处都向唐的地方官吏提出希望得到相应的文牍，在临回国时，其效仿传教大师，向出航港口的地方官员要求给以携佛典而归的证明，从这些事例足以了解智证大师是如何认真对待其赴唐之旅的。

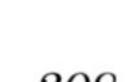

这些文牍作为唐代文牍的实例都具有不可或缺的价值，其中还有一种珍贵的文牍，是其他旅行者不可能见到过的，这就是过所。在中国，早在唐以前，通过关卡必须要有过所。刘成国[①]的《释名》中载，汉代称传，亦称过所。到唐代，只称过所，《唐六典》或《太平御览》中都有过所的记载，但完全没有过所的实物。而智证大师于唐大中九年从越州（即今浙江绍兴）去长安旅行时，是持越州都督府发放的过所前往的，过所是三月十九日发放的，后面有五月十五日在通过潼关时关卡官员在入关查验时签署的批文。这一年十一月十五日，智证大师离开长安，欲重返浙江再踏上归国之途。当时他从尚书省的司门那里拿到过所，在这份过所的后面有十二月四日蒲关的官员在出关查验时所写的文字。根据这两份过

① 即刘熙，东汉经学家，训诂学家。字成国，北海（今山东高密）一带人，生卒年不详。著《释名》27篇，就音以说明事物得以如此称名的缘由，对后世训诂学因声求义的影响很大。

所可以了解唐代过所的形式，作为史料，这是很有意义的。

这两份过所现在已经很难读懂，《智证大师全集》或《唐房行履录》所载的或不完整，或读法有误，兹将其文如下列出（关于此文，可参考《桑原博士六十诞辰纪念·东洋史论丛》所载拙文）：

越州都督府

日本国内供奉　敕赐紫衣僧圆珍年肆拾参　行者丁满年五拾　驴两头并随身经书衣钵等

上都已来路次。捡案内。人贰。驴两头。并经书衣钵等。得状称。仁寿三年七月十六日离本国。大中七年九月十四日到唐国福州。至八年九月廿日。到越州开元寺住听习。今欲略往两京及五台山等。巡礼求法。却来此听读。恐所在州县镇铺关津堰寺不练行由。伏乞给往还过所。勘得开元寺三纲僧长泰等状。同事。须给过所者。准给者。此已给讫。幸依勘过。

大中玖年叁月拾玖日给

功曹参军　□押字未详　　　　府叶新史

潼关五月十日　勘入

丞□押字未详

尚书省司门

福寿寺僧圆珍年肆拾叁行者丁满年五拾并随身衣道具功德等韶广两浙已来关防主者。上件人贰。今月日得万年县申称。今欲归车贯觐省。并往诸道州府。巡礼名山祖塔。恐所在关津守捉不练行由。请给过所者。准状勘责。状同。此已准给。符到奉行。

主事　袁参

都官员外郎判　　令史　戴敬悰

书令史

大中玖年拾壹月拾伍日下

蒲关十二月四日　勘出

丞郢

除此之外，在许多有关官员查验的部分，其文牍形式也是令人感兴趣之处。传教大师的情况也是同样，将这些情况汇总加以论述不免繁杂，此处姑且省略。

第二点是，与智证大师相关的文牍中有很多平安时代贞观年间前后人们的笔迹，这些笔迹非常有助于研究平安时代书法的流派。

奈良时代写经生多受唐初写经生的书风影响，但当时上流社会的人们主要尊崇王羲之的书风，圣武天皇、光明皇后习羲之《乐毅论》的印迹保存至今。除此之外，也时行过唐初名家欧阳询、欧阳通等人的书风，其影响一直波及平安时代初期，嵯峨天皇在欧阳询的笔意之外，还兼有唐代帝王高宗、中宗的笔法。当时，即延历至弘仁这一时期，还流行过虞世南、褚遂良等人的书风，传教、弘法二师入唐归来之后，日本的书风发生了显著的变化。

毋庸赘言，传教大师的书风也源自王羲之，其所学的是怀仁的《集王圣教序》，奈良时代习王羲之者皆为六朝或唐初拓摹本，即尚传至今日的《丧乱帖》或《孔侍中帖》这一类帖，人们或通过智永的

《千字文》来探寻王羲之的书风，传教大师入唐时期正值怀仁的《圣教序》在彼地盛行之时，或许传教大师在入唐之前已经学习了《圣教序》，总之，很明显其书风与《圣教序》极其相似，这一点是确凿无疑的。

弘法大师与其不同，其受到了唐新起的颜真卿书风的影响，当然颜真卿的书风在此之前已经影响到奈良时代的书风，从天平胜宝以后的写经跋文或当时写经所的记录可以看到与颜法相近者，而到弘法大师的《灌顶记》则最为明显地表现出其风格。但后来从弘仁时期开始，草书中出现孙过庭等人的风格，谠岐地藏院的急就章、东寺的《五祖像赞》等文字都是带孙过庭书风兼飞白笔法，这种书法风格到后世作为大师风格极为流行。这一时期，桔逸势是与嵯峨天皇、弘法大师并称的名家，其今留存于世、可确信无疑的笔迹只有伊都内亲王愿文，其与李北海[①]相似但自成一家，与弘法大师书风迥然不同，即使在当时恐也是标新立异、令人刮目的。嵯峨淳和两朝期间，这些人以其崭新的书风别开生面，从这时起日本的书风逐渐脱离中国影响而表现出独特的风格，不难想象其影响是非常大的，但我们很难寻找到相应的证据，现在看到智证大师的遗物，这就是当时逸势以及弘法大师书风盛行的证据。

① 即李邕(678—747)，唐代书法家。字泰和，江都(今江苏扬州)人，著名学者李善之子。因曾任北海太守，人称李北海。工书，初学王羲之，而后摆脱形迹，自成风格，时称“书中仙手”。用笔沉雄浑厚，朴质遒劲，结字宽博，纵横得体，其书融行草笔法写北魏书体，楷行夹杂，舒放自然，笔致动人，气势轩昂，峻拔丰美，可谓前无古人，对后世影响甚大，苏轼、米芾、赵孟頫诸大家无不从中得到教益。董其昌云：“右军如龙，北海如象”。李邕善诗文，与李白、杜甫、高适等交游甚密。著有明人所辑《李北海集》，传世书作有《出师表》等。

承和嘉祥年间智证大师被授以传灯住位、传灯满位、传灯法师位、传灯大师位的文书共有四通，现都收入一卷，前两通完全是学逸势的伊都内亲王愿文，后两通则有学弘法大师的痕迹。观近卫家所藏高枝王的笔迹即可明了，当时已有人学习弘仁以后弘法大师的书风，这与《文德实录》中高枝王学弘法大师书迹的记载是吻合的。

不过是否如后世所认为的那样，弘法大师的书风风靡一代，世人皆习其书。实际上并非如此，当时逸势的书风自不必说，嵯峨天皇的书风也几乎与弘法大师的书风一样盛行。除此以外，唐人的书风，不仅是前面提及的欧阳询、虞世南、褚遂良，其他人的书风也相当时行，高野山保存至今的《金光明最胜王经》就完全是柳公权的笔法，智证大师的遗物中有敕授传灯大师位的位记，系绫本，智证大师称其中务位记，其与治部省的牒即使在当时笔意也是别具一格，似乎受到李北海的风格影响。看来这两件东西是智证大师为要让唐国人士了解自己在本国佛教界的地位在入唐之际特为请人写的。治部省的牒是受任十禅师时的文书，以我邦惯例，受任十禅师时只发放官符，不授治部省的牒，智证大师是特地请当时的右大臣藤原良房书写的，大概是因其书风秀逸的缘故。智证大师在记下的文字中写道，唐的高官们看到这份治部省的牒和中务位记都钦服不已，很多人纷纷摹写。中务的位记日期是嘉祥三年(850年)六月，上有中务卿时康亲王、大辅竝山王、少辅桔岑范的名字，现存园城寺。治部省的牒和智证大师的追记现被北白川宫家收藏，能同时看到这两件藏品并参看智证大师的追记并非轻而易举之事，所以对两份文书的由来以及其在唐土得到珍视的情况很少

有人关注。历来认为中务的位记还是与桔逸势的伊都内亲王愿文相似，山田永年氏等也作过这样的评论，笔者本人也听日下部鸣鹤氏[①]谈到过，认为其会不会是逸势的笔迹。但其日期嘉祥三年是在逸势去世之后，显然不会是出自逸势之笔。不过这两通文书的书写者与逸势一样，是学了李北海的笔法。以笔者私见，治部省的牒中署名的治部少辅藤关雄在《文德实录》中有记载，称其善书，故这两通文书或许都出自此人之笔。值得注意的是，作为日本的文书书写此牒实际上并无必要，而是为了让唐人看才这样做的，所以其署名也写了诸如藤关雄、田秀道、江大舫之类看似唐人的名字。

此外，智证大师的遗物中有两通相同内容的官牒，根据智证大师的手记，该文书先写的一通文字有误，后又重写，两通文书都钤上了官印，本来理应把后写的文书留下，先写的废弃，但先写的那份文书官印清晰，比后写的文书要好，于是请求史官把两份文书都留了下来。智证大师写道，后写的那份文书上有秘书少判官时原春风宿弥书写的文字云，为圆珍作此公验。由此可知文书书写者。山田永年氏也认为后写的那份文书写得非常好，称其有褚遂良《雁塔圣教》的笔法，而笔者以为其倒是与张旭的《郎官石记》的笔法相似，由此可知张旭的书风当时也已在日本流行。再则，通过此文书我们可以知道当时有一位名叫时原春风的著名书家，这也是一个不小的收获。

---

① 日下部鸣鹤(1838—1922)，明治、大正时期书法家。本姓田中、名东作、字子旸。早年曾受著名书家卷菱湖影响，后从赴日杨守敬学习金石，研究六朝书法。明治二十四年(1891 年)来中国游学，同当时书家俞曲园、吴大徵等有过交往，其书风在日本书坛自成一派谓鸣鹤流。代表作有《大久保公神道碑》《美浓部秀轩碑》。

最为重要的人物智证大师的书法也很精湛，值得关注。智证大师的字同传教大师一样，时有怀仁圣教之风，但其在唐期间所书的正楷与开成石经的书风最为相似。开成石经的书写者究为何人并不清楚，但当时书写了如此之多的经书，当为书法的名家高手，其书风影响当时，智证大师也受到了其书风的影响。据此也可知道，当时在日本的著名书家如逸势、弘法大师的书风盛行之时，唐的新的书风也接连不断地传入进来，弘法大师的书风并非如后人所想象的那样独领风骚。

这一时期已经出现了藤原敏行①这样的著名书家，像宇多天皇那样好学的天子又会学习新的书风，东山御文库保存的宇多天皇的《周易抄》就与敏行的神护寺钟铭有相似之处，其学习敏行的书体是毫无疑义的。在其之后，醍醐天皇书作被认为带有唐的怀素之风。醍醐天皇晚年时出现了小野道风，此时书风已发生种种变化，道风则完全超越这些变化带来的影响，重新回到奈良时代，像当时的人们那样临学王羲之的拓摹本，在其之后藤原行成也是临学王羲之拓摹本，日本的书法再次成为王羲之书风一统天下，从这一点上来说，小野道风具有令平安时代书风为之一变的力量。北白川宫家还保存有醍醐天皇赐圆城寺智证大师谥号的敕书，据传敕书为道风所书，其时当值王羲之拓摹本的书风盛行之时。虽

① 藤原敏行（？—901），平安时代前期官人、歌人、书法家。据传因其擅书被任为少内记。三十六歌仙之一，其歌作收入《古今集》等。著有《敏行集》，书作传世者有神护寺钟铭等。

然后来也有人像著名歌人俊赖[①]那样在假名书法中吸收怀素的风格，但行成的书风作为世尊寺流派拥有的影响力一直持续到后世，像贞观时期前后那样，吸收中国的书风的同时，各种各样风格迥异的书风行世的现象逐渐地消失了。

书法的鼎盛时代可以说还是在贞观时期前后，我们可以通过与智证大师相关的遗物即园城寺以及北白川宫家保存的收藏品了解这一期间的大致情况，这在研究上是很有意义的。

以上简述的两点同笔者的研究相关，这是笔者在最近看到园城寺的各种遗物之后所想到的，其余重要问题的相关研究还有待于这一领域的专业人士，笔者亦当作努力，进一步继续研究。

(1931 年 11 月《园城寺研究》)

① 即源俊赖(1055—1129)，平安时代后期歌人。著有《金叶集》《散木奇歌集》《俊赖髓脑》等。

附　　录

关于日本南画[①]的鉴赏

关于日本南画，我几乎没有对其系统地关注过，但这并不意味着日本南画没有关注的价值。谈日本南画必然要涉及历史，我的知识还没有到可以从历史的角度对其加以评说的程度，这里只是就日本南画谈一点自己所能想到的问题。

首先要谈到的就是大雅堂[②]。关于大雅堂，到现在为止已经有了种种研究成果，京都画家人见少华君写过一本题为《池大雅》的书。一个名叫梅泽精一的人也做过研究，其有一部《日本南画史》。据传大雅堂曾跟从祇园南海[③]学过南画，这件事在很多书中

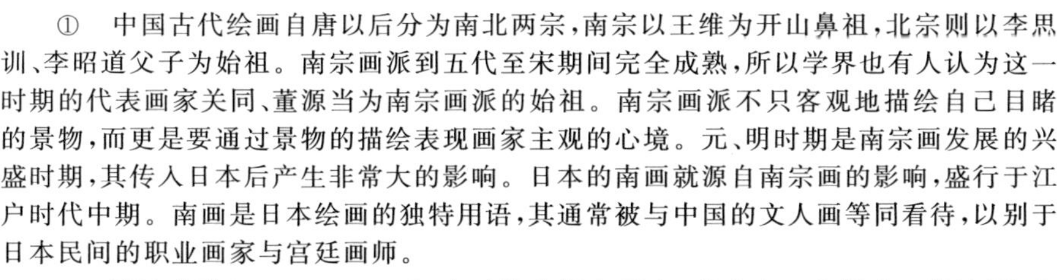

① 中国古代绘画自唐以后分为南北两宗，南宗以王维为开山鼻祖，北宗则以李思训、李昭道父子为始祖。南宗画派到五代至宋期间完全成熟，所以学界也有人认为这一时期的代表画家关同、董源当为南宗画派的始祖。南宗画派不只客观地描绘自己目睹的景物，而更是要通过景物的描绘表现画家主观的心境。元、明时期是南宗画发展的兴盛时期，其传入日本后产生非常大的影响。日本的南画就源自南宗画的影响，盛行于江户时代中期。南画是日本绘画的独特用语，其通常被与中国的文人画等同看待，以别于日本民间的职业画家与宫廷画师。

② 即池大雅（1723—1776），江户时代中期南画家、书法家。京都人。姓池野，名勤、无名，字公敏、子职、贷成，号大雅堂、九霞山樵、三岳道者、霞樵等。早年自学成才，为日本南画发展的奠基人。代表作有《山亭雅会图》《楼阁山水图》《五百罗汉图》等。同与野芜村合作的《十便十宜帖》尤为著名。其妻德山玉澜亦为著名南画家。

③ 祇园南海（1676—1751），江户时代中期儒学家、汉诗人、文人画家。生于江户。名瑜，字伯玉。早年从学木下顺庵，后任和歌山藩儒官。1711 年（正德元年）经新井白石举荐，参加接待朝鲜使节。1713 年（正德三年）创建藩校凑讲馆。著有《南海先生集》《诗学逢源》等。

都提到过。究竟是哪一年学的？又是哪一年遇到南海的？这实际上是谬误百出的。我年轻时曾读过一本用汉文写的书，是一个名叫清宫秀坚的关东人写的，书名是《云烟略传》，书中有大雅堂的年谱，还记载了其与祇园南海见面的年份。很早就听说这件事是很离奇的。近年有人出版了祇园南海的诗文集——南海是位著名的诗人——《南海先生后集》，书的最后记载了有关大雅堂拜访祇园南海的诗文。从诗文中可以明显看出《云烟略传》中年份的错误。《云烟略传》载，大雅堂宝历元年（1751 年）29 岁，宝历三年（1753 年）31 岁时从祇园南海学习绘画。但根据《南海先生后集》，宽延三年（1750 年）大雅堂 28 岁时去纪州拜访祇园南海，南海时年七十四五岁，年纪相差如祖孙之辈，但南海非常高兴……书中还写道，“虽年仅 28 岁，但大雅堂的名字在纪州一带已家喻户晓”云云。

当时最让祇园南海感兴趣的是大雅堂擅长指画。今天展出的最前部分就是大雅堂的指画，他能够用手指灵巧自如地画各种各样的东西。这里说一件趣闻，从前中国有一个名叫智永的著名书法家，是个和尚，他写得很多，所以用坏的笔也很多，智永用这些笔造了一座笔冢，他也就成了笔冢的元祖。因为造了笔冢，中山一族都为之而泣。所谓中山一族就是兔子。在中国兔毛是用来制毛笔的。兔毛的产地叫中山，在今天的安徽省宣城一带。书中还诙谐地写道，智永造笔冢兔子为之而泣，今大雅堂以指代笔作画，兔子一定大喜过望，欢欣起舞。此时大雅堂已探访了大部分名山，即将要去探访三山。大雅堂被称作三岳道者，缘于其攀登过了富士山、白山、立山。

在此之后，大雅堂携《蒲湘夜泊图》去见南海，南海在图后题写的跋文保存至今，该跋写于宽延三年（1750 年）12 月，这是大雅堂第一次见到南海，如果南海传授南画之法，很清楚就应在此时，清宫的《年谱》错为两三年之后。人见君的《池大雅年谱》没有错，其记载为宽延三年初会南海，受传画法。人见君此说源自何处，不得而知。《南海后集》四五年前才问世，在人见君的书出版之后，很显然不会参照此书。在此之外，应该还有关于此事的明确记载，但现在尚不清楚。总之，这部《祇园南海后集》出版后，可以据此举出确凿的证据。人见君的《年谱》中记载，大雅堂在 30 岁前后创作了大量指画，这一点是确实的。但这部《池大雅年谱》中收录有其 27 岁时的画作，其仍是南画风格，人见君言其多取自《八种画谱》，这一点或许也是没有错的。大雅堂从祇园南海学习绘画，肯定观摩过更为精确的笔法或古人名迹，并得到南海的悉心指点。但大雅堂并非从那时开始画南画，从人见君书中收集的资料来看，也印证了这一点。

在日本，南画大体上始于祇园南海、彭城百川[①]。南画中精美的花鸟则始于郡山的柳泽淇园[②]，人称柳里恭，他为南画奠定了基础，南画后来才被社会普遍认可。而使南画发展成为一个绘画流派则从大雅堂开始，大雅堂之前只是有了一个能孕育出大雅堂这

① 彭城百川（1697—1753），江户时代中期南画家，俳人。本姓榊原，名真渊，通称土佐屋平八郎，别号蓬洲等。作为支考门下俳人，号有松角、昇角、百川等。彭城百川是日本南画的先驱者之一，其给予后来者如与谢芜村以很大影响。代表作品有谈山神社慈门院障壁画、《春秋江山图》等。著有《元明画人考》。

② 柳泽淇园（1704—1758），江户时代中期南画家。名贞贵，后改里恭。字公美，号淇园主人、玉桂等。柳泽淇园多才多艺，尤喜好画，是日本南画的先驱者之一。以浓彩精致的花鸟画著称，亦擅指画墨竹。

类人物的基本条件。

大雅堂的一生不是很长，他是在54岁那年去世的。大雅堂大概到29岁或30岁时才开始创作南画，在二十多年的时间，他为南画的发展打下了基础。按照竹田[①]的说法，尽管如此，大雅堂在世的二十年间，他的画并没有被社会特别重视。今天我们说大雅堂很了不起，但当时他所处的时代还是初始时期，南画并不是很有影响力的。大雅堂的书法也很出色，他还作诗，写汉文，具有相当的汉学素养。

在大雅堂之后就是芜村[②]。芜村作为俳句大家广为人所知。他有关中国学问的素养究竟有多深很难判断，但芜村的俳句富有中国诗歌的情调，当然这并非始于芜村，但到芜村时这种现象相当盛行，芜村的俳句常常会令人觉得脱自于诗歌。芜村是大雅堂之后出现的一个大家。

去年秋天，博物馆举办过一个关于芜村的展览，参观过展览的人一定还记忆犹新，当时汇集了大量有关芜村的资料，也让人思考了很多问题。南画大体上是传入日本的中国风格的事物，中国的文化成果传入日本，在任何时期总是按先后顺序传入，如画风、诗风，从在中国流行的时期到在日本流行，其间有数十年乃至数百年

① 即田能村竹田(1777—1835)，江户时代后期南画家。名孝宪，字君彝，别号田舍儿、老画师。曾从学谷文晁，与赖山阳、浦上春琴、小石元瑞、篠崎小竹等文人墨客均有交往。代表画作有《亦复一乐帖》《船窗小戏帖》《稻川舟游图》等。著有《山中人饶舌》《竹田庄师友画录》。田能村竹田擅填词，亦有专著《填词图谱》。

② 即与谢芜村(1716—1783)，江户时代著名俳人、画家。参见前注。

的时间差。举例来说，李、王[1]的古文辞——曾一改日本诗文之风的李、王古文辞盛行中国是在明嘉靖末期，到徂徕时已经过了一百五十余年，从在中国流行到在日本流行就需要这么多的年数。不仅德川时代如此，平安时代也是如此，菅公见白乐天诗风而后行之，白乐天所处的时代相当于日本平安时代初期，距菅公时代有百年之差，日本对中国文化成果的感受和接受无论如何需要上百年的时间，有的甚至长达一百五十年。所以大雅堂、芜村这些人看到中国的南画并吸取其风格仍然是要有一个过程的。据说大雅堂所传的南画是中国萧云从[2]的画法，关于这一点历来也是众说纷纭，莫衷一是，但萧云从的真迹是否传到过日本，不得而知。现在坊间所传大雅堂见到过的是萧云从的《太平三山图》。在今天的南京西面、安徽省有一个地方叫太平府，那里有一座名山叫太平山，萧云从画了这座山，该画被制版后传入日本，因此大雅堂得到了这幅画，确实的情况并不清楚。萧云从生活于中国明末清初期间，康熙时期已不在世。从他那个时代到大雅堂、芜村的时代经过一百余年。中国的画风传入日本一般要间隔百年乃至一百五十年。当然

① 即李攀龙、王世贞。李攀龙(1514—1570)，明代著名文学家。字于鳞，号沧溟，历城(今山东济南)人。其与王世贞等倡导文学复古运动，为当时后七子(即李攀龙、王世贞、谢榛、吴国伦、宗臣、徐中行、梁有誉)的领袖人物。著有《沧溟集》等。王世贞(1526—1590)，明代著名文学家。字元美，号凤洲，又号弇州山人，太仓(今江苏太仓)人。后七子的领袖人物之一，为后七子复古理论集大成者。其著述宏富，诗文集合起来约四百卷，在古代文人著述中极其罕见。后七子中以王世贞声望最显，影响最大。著有《弇州山人四部稿》《续稿》等。

② 萧云从(1596—1673)，明末清初画家。原名萧龙，字尺木，号默思，无闷道人。晚称钟山老人。安徽芜湖人。善画山水，兼工人物，为姑熟画派创始人。作品有《秋山行旅图》《太平山水图》《秋山访友图》《江山览胜图卷》等。

有时也会出现意想不到的现象。这种现象在学问方面也出现过。在学问方面有一个例子可以证实,与中国的汉学相比,日本的汉学毫不逊色。有个纪州的学者山井昆仑[①],他是徂徕的门人,山井昆仑在足利学校[②]搞经书校勘,完成的那部经书就是《七经孟子考文》。为了这部书劳累过度,山井昆仑患上了肺病,在徂徕前后去世。大约是在享保年间,相当于中国康熙中期,这部书完成后传入中国。在中国,校勘学这门学问就是以这部《七经孟子考文》为基础的,在这之后,校勘学才开始盛行起来。所以偶尔也会出现伟人伟业日本在其先,中国在其后的情况,这是很有意思的。至于大雅堂是不是这种情况就不好说了。把大雅堂的画同中国的画进行比较,首先是同谁的画相比,这就是一个见智见仁的问题。中国明末清初有一个著名的画家八大山人[③],据说此人是明朝的皇族,明灭亡以后以作画为生,行为作态怪异,似狂似癫,其画宛如其人。此人生活在明末清初,距大雅堂时代约一百五十年。大雅堂当然没有见过八大山人的画,但其性格、心态与八大山人颇为相似,所以

① 山井昆仑(1690?—1728),江户时代中期儒学家。名(重)鼎,字君彝,通称善六。纪伊(今和歌山县一带)人。曾先后从学伊藤东涯、荻生徂徕。享保七年(1722年)在足利学校调查古籍,校勘《宋本五经正义》《七经孟子古本》《论语皇侃义疏》等。著有《七经孟子考文补遗》。

② 室町时代初期,在下野国足利庄(今栃木县足利市)设立的汉学研修机构,是日本中世纪第一所高等教育机构,被称为阪东大学。足利学校以儒家为中心,周易研究尤为著名。

③ 八大山人(1626—1705),明末清初画家、书法家,清初画坛四僧之一。名朱耷,字刃庵,号雪个、个山、个山驴、驴屋、人屋、道朗等。江西南昌人。明亡后落发为僧,法名传綮。其绘画笔墨淋漓酣畅,恣肆汪洋又不失明朗清秀,画风独特,对后世绘画产生极大影响。代表作有《眠鸭图》《鹭石图》《莲花鱼乐图》等。

所作的画表现出相似的感受。当然八大山人年轻时的画并不带癫狂之气，是极其规矩的，这一点也与大雅堂很相似。总之，中国的文化成果传入日本总有一个循序渐进的过程。

芜村的情况有些不一样。现在展出的芜村的画并没有出人意外的作品。在中国的画家中，芜村与谁最为相似呢？在展出的最后部分有四幅画，我们仔细观察第一幅画可以发现其与中国的石涛①有相似之处。画的中央是一块巨大的石头，四周是树，让人总觉得看到的是石涛年轻时的画作。石涛是个和尚，生于明清之际，由于明被清所亡，他的一生坎坷，画的风格也有些奇特。最近在日本石涛的画非常走俏，从中国传入很多石涛的名画，时而也有伪作夹杂其间，在芜村的画中可以发现其与石涛的画有相似之处。但芜村的画包含有各种各样的要素，并非完全就是固定的一个模式。芜村的画既有中规中矩、不出法度者，又有极其飘逸洒脱、不拘一格者，并不能说芜村所有的画都与石涛相似。在这一点上，石涛与芜村是截然不同的。为什么会这样呢？在中国明朝末期，石涛之前出了一个大家董其昌②，当时中国的绘画可以说是其一统天下，

① 石涛(1630—1724)，明末清初画家，清初画坛四僧之一。本姓朱，名若极，小字阿长。落发为僧后更名元济、超济、原济、道济，自称苦瓜和尚，号枝下叟等。代表作有《莲社图》《巢湖图》《对菊图》等。

② 董其昌(1555—1636)，明代书画家。字玄宰，号思白，又号香先居士。华亭人(今上海闵行马桥镇)。“华亭派”的代表人物。明万历十六年(1588年)进士，官至礼部尚书。董其昌书画俱精，名重当时。尤其书法对后世影响很大。其在书画理论方面也很有建树，董其昌的“南北宗”画论对晚明以后的画坛影响深远。著有《画禅室随笔》《容介集》《画旨》等。

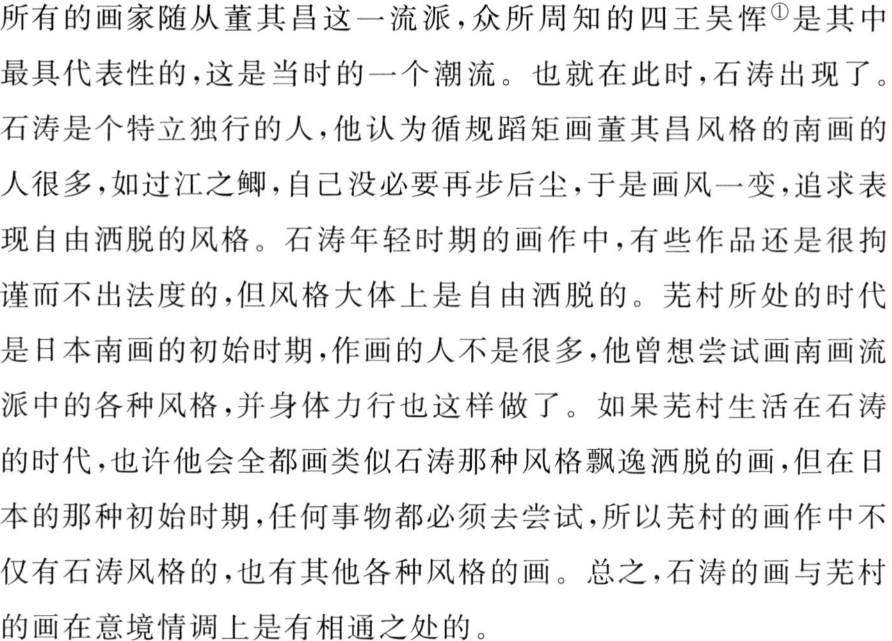

所有的画家随从董其昌这一流派，众所周知的四王吴恽①是其中最具代表性的，这是当时的一个潮流。也就在此时，石涛出现了。石涛是个特立独行的人，他认为循规蹈矩画董其昌风格的南画的人很多，如过江之鲫，自己没必要再步后尘，于是画风一变，追求表现自由洒脱的风格。石涛年轻时期的画作中，有些作品还是很拘谨而不出法度的，但风格大体上是自由洒脱的。芜村所处的时代是日本南画的初始时期，作画的人不是很多，他曾想尝试画南画流派中的各种风格，并身体力行也这样做了。如果芜村生活在石涛的时代，也许他会全都画类似石涛那种风格飘逸洒脱的画，但在日本的那种初始时期，任何事物都必须去尝试，所以芜村的画作中不仅有石涛风格的，也有其他各种风格的画。总之，石涛的画与芜村的画在意境情调上是有相通之处的。

在日本南画的初始时期，南画在关西开始时兴，而在关东还几乎没有南画。我年轻的时候曾出版过一本书，书名是《近世文学史论》。我在《朝日新闻》报社供职时写过一篇《关西文运论》，这本书就是在那篇东西的基础上完成的。书的大意是，日本的文化大体上起始于关西，然后从那里向四方传播。当江户成为大都会、江户文化能与关西抗衡时，江户就变为文化的中心，而实际上日本文化的基础是在关西，源自于关西。这本书写得非常粗糙，现在想来，颇悔少时之作。但当时考虑的文化源自于关西也适用于绘画。大

① 四王是中国清代绘画史上的一个重要画派，其成员为王时敏(1592—1680)、王鉴(1598—1677)、王翚(1632—1717)、王原祁(1642—1715)。四王对清代和近代山水画具有深远影响。吴恽是指清代著名画家吴历(1632—1718)和恽寿平(1633—1690)，合称“四王吴恽”，亦称“清初六大家”。

雅堂、芜村时期关东还没有兴起南画，因为关东人的情趣不适合于南画。根据许多有关画家的书记载，关东人开始理解南画的情趣并盛行南画是缘自于一个叫钏云泉[①]的人。这个钏云泉大概是九州人，出生在今已成为国立公园的云仙岳附近，故名云泉，此人是位行旅画家，在云游四方的同时写生作画，据说他行走到关东，南画便开始在关东兴起。南画的初始时期持续到什么时候？如果除去横跨明治时代的那一段时期，德川时代的南画大致可分为两个时期，以大雅堂、芜村为中心的时期和在其之后的时期。大雅、芜村时期再如何划分就不好说了，但这个时期的最后一个画家、又横跨下一个时期的就是野吕介石。[②]

我们可以通过大雅、芜村、野吕介石来观察当时日本南画的特色。那时很多人是看不到南画真迹的，南画画谱传到日本也只是很少的人能够看到。人们多是依靠画谱进行研究的。当时初版的画谱相当于现在的几千日元。大雅、芜村、野吕介石看到的也就是这些东西，受画谱影响最深的是野吕介石。大雅、芜村当时都看不到真迹，他们也是通过画谱来学习中国画的，山的皴法很明显是画谱的风格。芜村有些不同，他从真迹学到的东西还多一些，大雅堂则多为版画的风格。那是一个极为闭塞的时代，人们只能通过版画了解中国画，大雅堂、芜村对学习新的画法都非常努力。大雅堂

① 钏云泉（1759—1811），江户时代后期南画家。肥前（今佐贺、长崎一带）岛原人。名就，字仲孚。据传少时随父去长崎，从学中国人，通汉语。绘画方面极具天赋，自学成才。擅山水，独具风格。

② 野吕介石（1747—1828），江户时代中后期南画家。和歌山人。名隆，字隆年，别号混斋、矮梅、双井、四碧斋等。绘画最初从学长崎派鹤亭，后从学池大雅，儒学从学伊藤兰嵎。著有《四碧斋画话》。

走遍日本的名山大川，他被称作三岳道者，实际上并非只是富士山、白山、立山，全国各地的山山水水都曾留下他的屐痕。大雅堂一直在寻觅他所看到的版画、偶尔也有真迹中的山水与现实中的日本山水相似之处。竹田的《山中人饶舌》这本书中也谈到这一点。尤其是谈到芜村，竹田认为，芜村是在乡野常人所看不到的极为幽远荒僻之处发现景色，并在自己的画中将其精巧地描绘出来。观赏芜村的画，事实确实也是如此。在他的画中，你所看到的不会是京都近郊一带的景色，而是深山老林、人迹罕至之处的景致。为了要画出与画谱、与中国画真迹一样的画来，芜村也是苦心孤诣，耗尽心血。当然，如果没有天分，那是不可能的。所幸的是，芜村、大雅都具备这样的天分，同时他们又极其勤奋努力，所以取得了很大的成功。尤其是野吕介石，据说他是在纪州帮人看护山林的。纪州多山、帮人看护山林，就有机会观赏到山中的实际景色。在纪州，人们都说野吕介石把纪州的山水都收入到了他的画中，事实上也是如此。大雅、芜村、野吕介石那一时期，能够看到的中国画极其有限，但他们在自己画中描绘日本的山水时，吸收了从中国画中学到的东西，这是他们画的特色所在。在这一点上，他们施展了自己的才能，也获得了很大的成功。这是日本南画的初始阶段，也是日本南画发展史上一个非常重要的时期。

中国的画风传入日本一般要滞后一百年至一百五十年，当然也有例外。去年在芜村的画展上有许多是小品，也许有些人并不在意，其中有一幅《四季山水图》，我看到这幅画作时大吃一惊。芜村生活的时代相当于中国的乾隆时期，这一时期中国的画法如果受到在其之前清初康熙时期石涛的影响，那么其传入日本道理上也是说得过去的。但《四季山水图》与此恰恰相反，如果把其当作中国人的画，那就是嘉庆以后的人采用的新画法，无论敷色还是用笔都极富新意。那幅画在芜村的画作中既非大作，亦非名作，但很有创意，别具一格。在中国，这种清新淡雅、色彩鲜明、笔意流畅的画法是在芜村之后，相当于文化、文政时期才流行，而在日本，竟很早就出现在芜村的画中令人不可思议。中国嘉庆年间，之前经康熙、乾隆时期，流行过各种各样的画法，出现过很多画家，最后才有人另辟蹊径，开创一种新的画法，这种新的画法是经过时间的积淀，凝聚几十、几百人的努力才得以开创出来的。但是在日本，一代天才画家芜村殚精竭虑，苦心求索，一举开创了在其身后的时代中国才出现的画法，这是别具意义的。相比画技的高下巧拙，其意义更在于其思想超越了时代，但很多人并未意识到这一点。

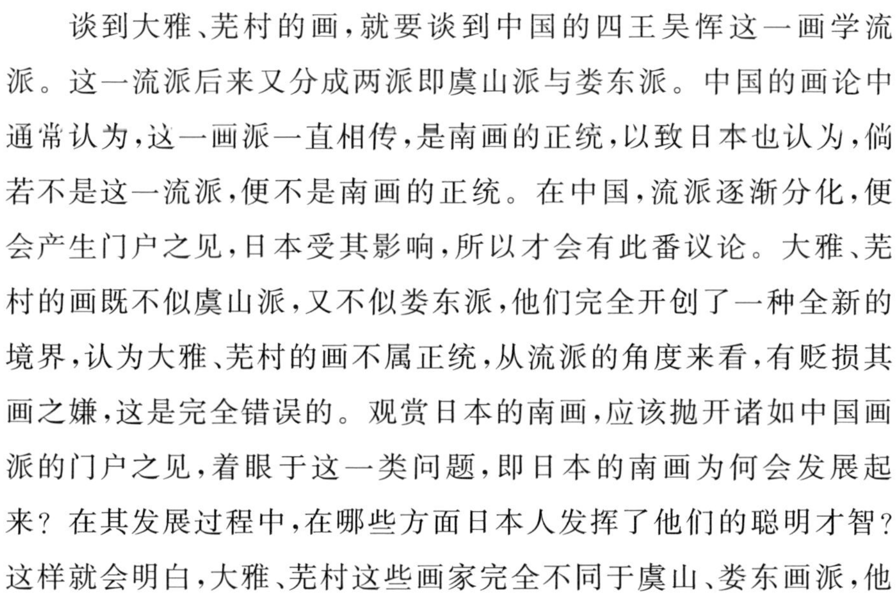

谈到大雅、芜村的画，就要谈到中国的四王吴恽这一画学流派。这一流派后来又分成两派即虞山派与娄东派。中国的画论中通常认为，这一画派一直相传，是南画的正统，以致日本也认为，倘若不是这一流派，便不是南画的正统。在中国，流派逐渐分化，便会产生门户之见，日本受其影响，所以才会有此番议论。大雅、芜村的画既不似虞山派，又不似娄东派，他们完全开创了一种全新的境界，认为大雅、芜村的画不属正统，从流派的角度来看，有贬损其画之嫌，这是完全错误的。观赏日本的南画，应该抛开诸如中国画派的门户之见，着眼于这一类问题，即日本的南画为何会发展起来？在其发展过程中，在哪些方面日本人发挥了他们的聪明才智？这样就会明白，大雅、芜村这些画家完全不同于虞山、娄东画派，他们的特色是开创了一种日本风格的南画，这是他们殊为可贵之处。以上谈的是关于日本南画发展前期的问题。

接下来是日本南画发展的后期即德川时代的情况。还是要谈到竹田的《山中人饶舌》，书中说，近来画家画法讲究精致细密，但画不出大雅、芜村那样的画。此话言简意赅，一句话反映了一个时代。进入这一时期，日本渐渐流行新的南画，这种风习是来长崎的商人传进来的。这一时期各种各样的画大量输入日本，当然其中大部分是赝品。虽说是赝品，大量输入的毕竟都是新的南画，鉴赏的机会随之也增多了。画南画的人渐渐关注起南画的技法，并阅读许多中国人写的诸如画话之类有关绘画技法的书。因为这个缘故，他们对南画的理解可以说是深刻透彻，他们的画也可以说是精致细密。到这一阶段，不仅是天才，即便不是天才，一般凭靠书本或真迹都可以做到理解南画。也就是说，无论天才还是凡才，任何人都有学习南画的相同机会，学画成为一件轻而易举的事。天才是在任何时期都可能出现的，但天才是要受到一定的条件制约的，而不是天才的则不受条件制约，他们得到的是只要有能看到的画就可以画的机会。这样一来就良莠不齐，很难区别，作画的人很多，但要从中发现出类拔萃者是很困难的。从日本南画的数量上看，宽政以后，经文化、文政、天保、弘化到嘉永时期前后，这是日本南画的鼎盛时期，但出类拔萃者凤毛麟角，天才往往被凡才淹没了。这是一个在任何艺术、学术领域都可创建业绩的时代，但如不独具慧眼就无法区别杰出人才与平庸之辈，对于天才来说，这也许是一个不幸的时代。在那一时期，要在芸芸众生中发现天才人物，仍取决于对日本南画的鉴赏眼光。

不言而喻，对日本南画的鉴赏也受到了当时来长崎的中国人的影响。京都博物馆收藏有伊孚九①的画与江稼圃②的画。两人恰好正是前后两期来日本的中国人中的代表性人物。对日本南画前期产生重要影响的代表性人物是伊孚九，后期则是江稼圃，两人的画风也正相当于日本南画前后两期的水平。

伊孚九的学问并不是很深，他是父母亲那一代人渡海来到日本期间出生的。伊孚九本名伊海，字孚九。博物馆展出的伊孚九所绘的扇面相当工整，不逾法度，俨然出自专业画家之手。而实际上此人的画松散随意，不似专业画家之作，有时甚至被人视为不入流之作。但伊孚九的画对日本南画的开创产生非常重大的影响。在此之前我们所看到的全是狩野派之类拘谨呆板的画，看到那种不落俗套、不拘一格的画会令人由衷发出感叹，世上竟还有如此新奇的画。伊孚九的画引起了日本画家的兴趣。如果伊孚九的画稍稍正规一些，接近日本狩野派的北画，那也许就不会引起日本画家如此强烈的兴趣。这就是看似非正统画家的画作之所以能够具有促使日本南画异军突起的力量。此人学问似乎平平，但当时中国人很少，即使日本的大家，去长崎时也要同中国人见上一面，诗文酬答。据我所知，在江州的一个叫雨森村的地方，还保存有当年伊

① 伊孚九，生卒年不详。清代画家，江户时代中期赴日。浙江吴兴人。名海，号莘野、汇川、也堂。享保年间(1720 年以后)常往来于中国大陆与长崎之间，其画风对池大雅等日本南画家产生一定影响。

② 江稼圃，生卒年不详。清代画家，江户时代后期赴日。浙江杭州人。字大来。文化元年(1804 年)以后常往来于中日之间。从学于江稼圃的日本画家有铁翁祖门、木下逸云、菅井梅关等，其画风对幕末时期南画产生一定影响。

乎九赠雨森芳洲[①]的诗。就学问而言，在芳洲这样的大家眼里，伊乎九这类人完全可以不屑一顾的，但在当时，来日本的中国人哪怕是个凡夫俗子也非常被当回事。伊乎九的画非常稀少，所以备受推崇，现在更是成为珍贵之物了。

据说江稼圃同想见山阳[②]一面的江芸阁是亲戚，应该是个相当了不起的人物，但中国的画人传之类的书中关于他没有片字只语的记载。江稼圃的画在日本留下了很多，画作笔力雄健，即使在中国也可堪称大家，但却不为人所知，这有点不可思议。在中国、日本都享有盛名的沈南苹[③]来日较早，沈南苹风格的花鸟画影响了日本，但对南画最主要的画题山水没有产生太大的影响。

后期南画的画法愈加精致细密，南画在关东也开始盛行，最负盛名的画家当首推文晁[④]。对于文晁的画，人们褒贬不一，但在独创性方面，文晁还是画了一些有自己特色的名画。关东的画家多

① 雨森芳洲(1668—1755)，江户时代中期儒学家。名俊良、诚清，字伯阳，通称东五郎、东室号绸斋。曾从学木下顺庵。有语学专长，在日朝外交方面发挥过重要作用。擅诗文，年过八十作和歌万首。著有《桔窗茶话》《多波礼草》《桔窗文集》《全一道人》等。

② 即赖山阳(1780—1832)，江户时代后期汉诗人、儒学家。大阪人。名襄，通称久太郎，别号三十六峰外史。最初随叔父赖杏坪学习。1797年(宽政九年)游学江户，从学尾藤二洲。其代表作《日本外史》在日本学界产生重大影响。赖山阳诗文俱佳，尤其咏史诗别具一格，在当时享有盛誉。著有《日本政记》《山阳诗抄》《日本乐府》《山阳遗稿》等。

③ 沈南苹，生卒年不详。清代画家，江户时代中期赴日。浙江吴兴人。名铨，字衡斋。1731年(享保十六年)12月赴日本长崎，两年后回国。擅花鸟，在日期间入门弟子有熊斐等，其画风在当时画坛产生一定影响，形成所谓南苹派。沈南苹回国后，其弟子高乾、高钧、郑培等亦先后赴日。

④ 即谷文晁(1763—1840)，江户时代后期画家。生于江户。别号写山楼、画学斋等。最初从学狩野派画家加藤文丽，后从学长崎派画家渡边玄对。以其为代表的画派称文晁派。代表画作有《公余探胜图卷》《山水图》等。著有《日本名山图会》《本朝画纂》。

才多艺，他们画各种各样的画，这不是说关东的画家就很高明，与关西画家相比，关东画家倒是有几分稚嫩；关东的那些大家有余裕可以尝试画各种各样的画，而在关西，各类人才济济，专业门类齐全，划分得很细，很难尝试兼画各类画种，画风也就更趋于专一。文晁是一个显著的例子。他画南画，也画北画，有时还画大和绘。他曾为《石山寺缘起》[①]不足之处补过画。文晁有一个很好的支持者，就是当时的白河乐翁[②]，文晁得到其帮助才得以云游整个日本，到处写生作画。就画的学问而言，当时几乎无人可与其相比。文晁年轻时的画作中，有些画画得极其认真，笔触细腻，一丝不苟，是相当不错的。而晚年的画却显得随意松散。凡是看到过文晁的画的人都会心生钦服，自叹弗如。好像文晁对自己的画却一点也不满意，这个人还是有自知之明的。

《石山寺缘起》这一类大和绘则完全是两码事，当另作别论。文晁的画作中一直最令人钦服的就是他在云游四方时所作的写生，那些写生实在是太美了。现在已经出版的是文晁在松岛一带旅行时所画的写生。令人不可思议的是，在他的写生中，画得最好的总是最初的画稿。文晁对于画的学问造诣精深，他在自己的画里倾其蕴蓄，表现自己眼中所看到的事物。文晁离开江户前往长崎，沿东海道到达京都，再从京都走山阴道，从伯耆翻山到备中，从

① 描绘作为观音道场而闻名的近江国（今滋贺县）石山寺草创缘起的绘卷，共七卷。此绘卷的制作始于正中年间（1324—1326），由于种种历史缘故，到1805年（文化二年）绘卷方告完成，其间历时约五百年。其中最后两卷即第六、七两卷由谷文晁所绘。

② 即松平定信（1758—1829），江户时代后期大名、学者、歌人。幼名贤丸，号乐翁，后为陆奥白河藩主松平定邦养子，改名定信。著有《国本论》《花月双纸》《三草集》等。

备中渡海到金比罗，在金比罗坐船到九州，最后抵达长崎。文晁一路写生，那些写生都是精美之作。看到这些精美之作时，我想到的是，作为描绘日本景色的山水画、浮世绘，广重的画受到人们的珍视，广重的画毫无疑问也是精美的，但广重有个癖好，就是有时会过分渲染特色，为了要表现有日本风格的色彩，夸张地描绘景色。在这一点上，文晁是非常高明的，他画出了具有日本特色的景色，画得极其精美。后来他又对局部进行反复修改、重画，当创作出一幅画作而再也不是写生之作时，画也就纹理脉络非常清晰了。但文晁本人当时被眼前实景所打动、在无意识中表现出的情趣韵味已荡然无存。由于这个缘故，我切实地感到，即使文晁这样的大家，他们描绘实景的最初画稿应该是画得最好的。如果要真正领略文晁实景画的美，那就应该去看他最初的画稿。文晁的一些实景画稿现在已经出版，看那些画稿，免不了还是感觉像已泡过两回、三回的茶渣，要看就应该看他最初的画稿。高谷先生收藏有文晁的画稿，其中有纯粹白描的，偶尔也有简单敷色的，其敷色虽然简单，但是画得非常精美。富冈先生的家藏是文晁在京都期间画的，画在笔记本里被保存了下来，都是在观景赏物时画的，真切地表现出当时画家的心境，在文晁的画中也可认为是别具特色的。有关文晁的著述，有一本《日本名山图会》，是木版印刷的。这本东西比重画的画稿更糟，读这部画作如同嚼茶渣，完全失去了文晁画应有的美感。如果文晁真正致力于画日本的风景，广重等人是无法望其项背的。

文晁是关东的大家，其开了关东南画的风气之先。不过，擅画南画但并非广为人知的大家还有很多，其中关西的田能村竹田、京都的中林竹洞[①]、江户的渡边华山[②]都是那一时期的代表人物。

关于中林竹洞，他那个时期是讲究画技的时期。竹洞可以说是那一时期极具代表性的画家，他的画最重画技，守法则。所以也是那一时期最正统的代表。但竹洞的画看上去令人兴味索然，这一点让人匪夷所思。对竹洞的画也有佩服的人，当时像山阳那样的鉴赏家、讽刺家——他是一个极其挑剔的人——就对竹洞佩服得五体投地，甚至他自己的画也与竹洞十分相似。山阳的画学习、模仿竹洞，但越画越差，纵然如此，他还是钦佩竹洞。竹洞能够凭靠技法的力量让人折服，这一点是确确实实的。

除竹洞之外，山阳佩服的还有田能村竹田。山阳这个人一旦佩服谁，就常会走极端，他极其赞赏竹田，听说他甚至还抢过竹田为别人画的画，这是当时文人的作派，也带有虚荣心，总要做出点别出心裁的事情。总之，竹田是当时的一个代表性人物。他也是非常重视画技的，关于竹田的画是否入流，人们有很多议论。最近还有人认为，竹田的画总有些欠缺，美中不足，这又是一个见智见仁的问题，竹田的画大致上带有一种偏好，一种特色。我知道竹田这个名字是在少年时代，十八九岁的时候，不是由于他的画，而是

① 中林竹洞(1776—1853)，江户时代后期南画家。名成昌，字伯明，别号冲澹。尾张人。年轻时曾临摹大量古画，二十岁赴京城，后又临摹明清画作，钻研画技。中林竹洞又是理论家，其著有《画道金刚杵》《竹洞画论》。

② 渡边华山(1793—1841)，江户时代后期著名西洋学(兰学)家、画家。名定静，字子安、伯登，通称登。初号华山，堂号全乐堂、寓绘堂。早年从白川芝山、金子金陵学画，后入谷文晁门下。儒学从学于佐藤一斋。天保年间(1832 年以后)同高野长英、小关三英等组织尚齿会，研究兰学。后著《慎机论》批判幕府外交政策。天保十年(1839年)因蛮社事件(参见后注)逮捕，后自杀。除《慎机论》外，著有《缺舌小记》等。画作有《一扫百态图》《鹰见泉石像》《四洲真景》等。

他的一本书，就是现在国书刊行会出版的《百活矣》。竹田与人一起到朋友家去玩，途中看到来往的人和周围的景色，竹田说道，景色是因人或物的点缀才变得生动起来。类似的例子书中写了一百个。当然并非谈的全是绘画的事，其中有的还是道听途说听来的。不仅仅山水之类的自然景色，人类生活中都存在着这种现象，有此即有彼，彼此相连，世界才变得生动起来。竹田收集了大量的事例，写成百则，此即《百活矣》。竹田就是这样一个感情细腻、极有教养的人。他的学问也相当不错，在藩校的教官中排名二十二位。竹田所在的藩不是大藩，学校也不是很大，排名第二十二位应当是相当有学问的。京都当时最为人敬慕的是村濑栲亭①。竹田年轻时不管对诗文还是对其他事物都抱有浓厚的兴趣。当时他曾为韩偓②的香奁体诗集作序（《韩翰林集》序，此书乃文化六年丰后人野原衡根据《全唐诗》编撰出版——编者）。中国唐代末期的韩偓，相当于天子侍奉，总是侍陪在唐天子左右，此人的诗以女性为中心，题材广泛，有吟咏自己与天子的关系、世间的各种纷争战乱，他在诗中通过女性表现自己的感情，故称香奁诗。后其自成一派诗风，谓香奁体。竹田非常喜爱香奁诗，为其诗集的出版费尽心血，不遗余力，而且还亲自为诗集作序。这篇序文如果以山阳的眼光看的话，恐怕是不得体的，但当时很流行。大雅堂在世的宝历、明和时

① 村濑栲亭（1747—1818），江户时代中后期儒学家。京都人。名之熙，字君绩，通称嘉右卫门。擅诗文书画，画尤以兰竹闻名。著有《学庸集义》《栲亭稿》。

② 韩偓（844—约914），唐代诗人。字致尧（一作致光），小名冬郎，自号玉山樵人。京兆万年（今陕西西安）人。十岁吟诗，即受到姨父李商隐的赏识。曾任翰林学士、中书舍人、兵部侍郎、翰林学士承旨等。其诗多写艳情，辞藻华丽，有香奁体之称。

期日本人流行读中国的小说，这种风气甚至传到乡下。像我祖父那些住在东北乡村的人，他们也希望能读到中国的小说。我的祖父写信给江户的朋友请教各种问题，问应读哪些东西，我现在还保存着他的朋友的回信。德川时代中期以后，日本盛行中国小说，当时出了《水浒传》的训读本，还有诸如《肉蒲团》[①]之类的淫秽小说，这些东西都非常流行。早在竹田之前，大阪有一个名叫葛西因是[②]的人，当时很有名，其不管写什么文章，都爱用中国的小说体，别具特色。竹田好像受到这种风气的影响，他的那篇序既不算语录，又不像真正的汉文，有点不伦不类，但当时时兴的就是这种东西。诗文方面，有一本书《填词图谱》，这本书是竹田出版的，在此之前，日本还没有人考虑过填词的方法。竹田的先生村濑栲亭也填词，竹田在自己的著述中提到过，竹田自己也非常喜爱词。日本人中，能写中国诗文，又具词的素养的人极少，竹田就具备这方面的素养。对于词的美，我们很难领会，至于填词的方法，更是难以理解。山阳批评竹田，即便作诗也像填词。山阳自己不填词，但他很清楚词与诗的区别，山阳主张不可把类似词中的语言带入诗中，这一主张是一语中的，非常在理的。

虽然有这一种主张，但实际上具有词的素养的日本人非常少，平安时代有过，后来就完全绝迹。虽出现过村濑栲亭，其后又有竹

① 清代小说。一名《觉后禅》，全书共 6 卷，著者有多说，不一。此书是明清两代猥亵小说中具有代表性的作品。《肉蒲团》传入日本后有多种翻写刻本，产生一定影响。

② 葛西因是(1764—1823)，江户时代后期儒学家。名质，字休文，通称健藏。曾从学平泽旭山以及林家，并在昌平黉授课。擅文，著有《通俗唐诗解》《老子道德经辑注》《庄子神解》《因是文稿》等。

田，但之后词再也没有时兴过。近来偶有一二填词者，但词作数量不多，远没到可以出集子的程度。词是如何制作的？以日本为例，就相当于按长呗[①]或地呗[②]的调子改换歌词，每一节都是固定的，要写出与其对应的句子。词在中国是发展得最晚的文学，起始于唐末五代时期。一些大学者，如宋代的欧阳修、苏东坡都有词集。竹田当然写诗，除诗之外，也按古风填词，他是以创作同精致的短歌一样的兴趣来填词的。他的词极富新意，独特而又非常圆熟，这一点是其他人望尘莫及的。竹田是一个富有情趣、追求细腻、完美的人，这在他的艺术中完全表现了出来，尤其是绘画，更为突出。

竹田的绘画最大的特点就是带有中国嘉庆时期的画风。中国嘉庆时期的画风没有等上几十年、几百年再传入日本，而在当时很快就在竹田的画作里体现了出来。像芜村那样超前于时代的人是一种天才，像竹田那样将当时中国的画风迅速及时地引入日本、完美地表现在画作中的人也是一种天才，这是一种感受性极其敏锐的人。如果不认识到这一点，是很难理解竹田的绘画的，如果像评论一般绘画那样，仅从是否具有力度、是否深刻等方面来看是不够的，还必须看是否有细腻的情趣。竹田本人也非常在意这一点，这么说当然是有根据的。有个叫贺川丰三郎的大阪人现居东京，他收藏有竹田的很多信，这些信大多是其写给门人草坪的，其中不少就谈到绘画的情趣。信是当年竹田去长崎时写的，他当时在长崎看了许多画，那些画大多是赝品，但即使是赝品，因为是中国人画

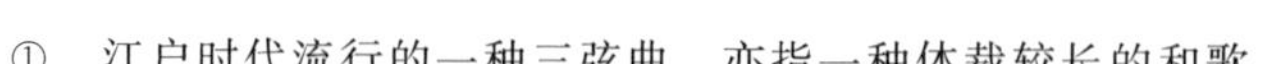

① 江户时代流行的一种三弦曲。亦指一种体裁较长的和歌。

② 江户时代京都一带的歌谣，亦称京呗。

的，还是对自己作画有所帮助。到底是中国人，赝品的画也有一种韵致，有许多日本人所不及的长处。从这些信中可以了解竹田在作画时的想法。我记得铁斋翁[①]说过这么一段话，当时还不像现在这样有大量中国名画传入日本，铁斋翁说，如果看过很多中国画的话，就会知道竹田的画比中国的画要画得好。我认为这是铁斋翁完全理解了竹田作画时的一种心致。总之，要体察中国人作画时的想法，他们是如何运笔的。至于所看的画是否是赝品，这并不重要。关键的是那幅画是要运用自己的画技很好地把它完成，这一点对美术家来说是至关重要的。他还谈到的一点就是作画时要缓急有度，不可一蹴而就。《山中人饶舌》中也谈到，中国人是迟笔，而日本人是快画，迟笔是中国人的特色，这一点必须要区别清楚。竹田是深得其三昧的，他的运笔就完全体现出这一点。竹田认为，看中国人的画，即便是赝品也无妨，关键的是要领会中国人作画时的画意，竹田做到了这一点。当时竹田所能看到的是嘉庆时代的画，这一时期的南画也是极为细腻而富有力度。中国的画在道光以后，又重退回到康熙时期，出现了遒劲有力的画。嘉庆、道光之间是中国绘画最富有细腻情趣的时期，这是一个时代的潮流，所以画家都力求表现那种时代的特色。竹田的画极富情趣逸致，与其他富有力度的画相比，令人总觉得美中不足也就不足为奇了。竹田起初就不以表现力度为主。这也是一种时代的潮流，能够如此完美地表现时代的潮流可以说正是竹田的特色所在。也许山阳看中的也正是这一点，所以他非常欣赏竹田，对其赞赏有加。

① 即富冈铁斋（1836—1924），明治、大正时期画家。参见前注。

并不一定看过很多好画的人其画就会有长进。野吕介石研究过许多画，中国著名的元末四大家之一黄子久的画存世极少，其有一幅《天池石壁之图》，野吕介石见过这幅画，据说从那以后他的画大为进步。大约在二三十年前，我有幸见过野吕介石画的《天池石壁之图》。在这之后，我又见到了这幅画的原本黄子久的《天池石壁之图》，那幅画是完完全全的赝品。不论从哪一点上来说，野吕介石所画的《天池石壁之图》要远胜过所谓黄子久的原本。过去的画家临摹他人不会比被临摹者画得差，即使是赝品，看上去也极似真品，正因如此，看了好的画，也并非就能画出好画来。不可思议的是，京都自古以来有许多寺院收藏了大量古画，但京都圆山四条派[①]之后，画人们即使看寺院收藏的古画和日本的绘卷，也丝毫不被打动，绘画也只是凭自己的感觉，即使到明治维新以后，这种倾向依然如故。出现了美术学校后，东京的画家不断地研究关西的古画，而京都的画家根本就不作这种研究，他们依然一如既往地画过去传统的画。所谓天才，他们即使看那些不如自己的东西，也能画出远胜于其的画作，像竹田那样，即使学画时看的都是赝品，但却能画出那样优秀的画作来，这就是天才的胜人之处，不能不令人折服。现在，即便能看到许多真迹的人，是否能够真切地表现出中国人的细腻纯真的情趣也是一个问题。这个问题就会使我们想到

① 日本画的一个派别，是由圆山应举(1733—1795)开创的圆山派与由松村吴春(1752—1811)开创的四条派的合称。圆山画派在写生的基础上形成了其独特的写实风格，尤其是着重表现对象的立体感。松村吴春最初师从与谢芜村，后又受圆山应举的影响，在南画的基础上融入写人风格，开创了独特的画风。当时松村吴春居京都四条，其身边聚集很多弟子，故称四条派。圆山四条派在江户时代至明治时期在京都一带的画坛上占主导地位。

竹洞，他表现出的是代表关西大家的特色。如果说有像竹洞那样表现画技的画，那么也有像竹田那样诠释中国人细腻情趣的画。

最为不可思议的就是玉堂①。玉堂有许多充分表现其特色的画，他是一个特立独行的人。玉堂画一幅画要喝醉好多遍，他是不醉不画，画时醉，醉时画，一幅画不醉十几遍画不出来。前面谈到芜村的画令人想起石涛，玉堂的画同石涛的画并不那样相似，倒是同康熙时代一个叫石谿②的和尚的画有几分相似。石谿的画怎么看都觉得不合时，不入格，粗杂而无章法，但细细品味，就能渐渐品出其妙韵。石涛的画总有讨巧之处而吸引人，石谿的画则全然不同，甚至还显得几分稚拙，但却比石涛的画更引人入胜。玉堂的画灵巧，少了些稚拙，但在用笔恣肆挥洒、不拘章法这一点上与石谿十分相似，这是很有意思的。在竹田这一时期，玉堂比竹田年纪大得多，当时已是老人了，他是日本南画初始阶段的一个天才画家。当时关西地区还可以举出的天才画家就是著名的木米③。在讲究画技的时代，要谈到能够摆脱画技所羁者，首当其冲就是这两个

① 即浦上玉堂(1745—1820)，江户时代中后期南画家。名孝弼，字君辅，通称兵右卫门。号穆斋、玉堂琴士。少时在江户从多纪元悳学琴，35岁时得明顾元昭所制七弦琴，故改号为玉堂琴士，终生喜好琴。曾从学崎门学派玉田默翁。绘画自学成才，尤擅山水，具独特风格。代表作有《冻云筛雪图》《山红于染图》《烟霞帖》《山雨染衣图》等。

② 石谿(1612—1692)，明末清初画家，清初画坛四僧之一。俗姓刘，武陵(今湖南常德)人。法名髡残，字石谿，号白秃等。善画山水，亦工人物、花卉。与石涛并称二石。存世代表作有《报恩寺图》《云洞流泉图》《层岩叠壑图》(现藏故宫博物院)等。

③ 即青木木米(1767—1833)，江户时代后期制陶名家、南画家。京都人，通称木屋八十八，故号木米。别号青来、百六散人、九九鳞、聋米等。自幼喜爱古器物，受清人朱琰《陶说》一书影响喜爱陶器，从宝山文藏、奥田颖川学制陶，后在粟田口开窑烧陶。曾制作大量具中国风格的茶器，是京都陶器(京烧)后期代表性制陶家。绘画代表作有《兔道朝暾图》《新绿带雨图》。

人。接下来要谈到的是大阪著名的冈田半江[①],在讲究画技的时代,半江的画是有一些别致之处的,用当时画技的权威,其父亲米山人[②]、竹田的话来说,能够不拘一格的人是性情中人,但半江不是玉堂、木米那样的天才,视其为当时的天才是不妥的,但将其看作凡才也不妥当。半江应该说是个能才,他的画是靠功夫画出来的,其有一幅《住吉绘卷》相当别具一格,看那幅画你又会觉得半江不仅仅是个能才,那幅画表现出中国嘉庆时代南画的特点,画是以描绘住吉景色为主,半江似乎对日本画的绘卷情有独钟,可以说其绘卷充分表现了大和绘的情趣,当然大和绘也有很多种类。冈田半江的画中也有类似《华严缘起绘卷[③]》中的意境,但不是像那样的杰作,他的画是将南画与大和绘相结合,从而产生一种极富韵致的画。以上谈的大致是关西的情况。

关于关东地区,文晁以后,高久霭厓[④]现在已经被人遗忘了。

① 冈田半江(1782—1846),江户时代后期南画家。大阪人,画家冈田米山人之子。名肃,字子羽,别号小米、寒山等。自幼从父学画,画风细密稳健。作品有《春霭起鸦图》《住江真景图卷》等。

② 即冈田米山人(1744/46—1820),江户时代后期南画家。名国,字士彦,通称彦兵卫。早年精研古画,自学成才,画风雄健有力。作品有《松令鹤算图》《兰亭曲水图》《幽亭闲居图》等。

③ 亦称《华严宗祖师绘传》,镰仓时代初期绘卷。主要描绘7世纪前后华严宗祖师义湘与元晓将华严宗传入新罗的故事。该绘卷现为国宝,藏高山寺。

④ 高久霭厓(1796—1843),江户时代后期南画家,名徵,字子远,号如樵、疎林外史等。曾从学谷文晁,后受吴镇、沈石田影响自创一派,与渡边华山、椿椿山等过从甚密。

关东的大家首推华山，其后就是椿山[1]。华山的画每逢大典之年京都博物馆都会展出，大部分名画都已展出过，所以这里尽可能谈一些没有展出的画。首先是我所见到过的《富峰骤雨图》和淡墨的《马图》。除此之外还有花卉以及绘有人物的绘卷。华山的画是日本画界关注的一个问题。从整体来看，华山各种画都画。展出的作品中，既有大和绘风格的画，也有南画的山水、花鸟，各种画都有。华山是在49岁时去世的，因为他各种画都能画，所以一般人认为华山的画已臻成熟。但我不这么认为。对一般的画人来说，49岁的年龄正是磨砺技艺的时期，像大雅堂那样早熟的人另当别论。艺术家、志士常有早熟的天才，山阳就非常早熟，他二十五六岁时写的书法现在还保存着，在晚年就写不出来那样的东西，有的人大约在25、26岁到32岁就已经成熟。当然也有不同的情况，也有按阶段逐渐修炼而成的天才。对于艺术家来说，其艺术的最佳时期一生中只有一次，很少有超前或滞后于这个时期的情况，也没有晚年必定是最好的情况。山阳晚年的书法作品很多，商家卖得很贵，但山阳晚年的书法绝非是最好的。其年少时期的书法商家卖不出高价，也就不受到追捧。所以鉴赏艺术必须要认识区别艺术家的艺术顶峰时期，从这一点上来看，可以说华山在其艺术顶峰时期到来之前就去世了。从展出的作品中也可看出，即便是书法，也已经带有一种韵味，但终于未臻

① 即椿椿山(1801—1854)，江户时代后期南画家。江户人。名弼，字笃甫，通称忠太，别号琢华堂、休庵等。绘画最初从学金子金陵，后从渡边华山，继承了华山的风格。擅花鸟、肖像，画风温和高雅。蛮社之狱时，积极参与救援活动。作品有《兰竹图》《久能山图》《高久霭厓像》等。

成熟。

此外，在他的绘画中，花鸟画可以说几近成熟，如《花卉游鱼图》，其设色的灵妙可以说在日本庶无二人，完全表现了一个天才的聪慧。中国有一个画花卉的大家恽南田[①]，与其相比，华山表现出日本人、关东人的特点，在运笔上有一种霸悍之气，霸悍气中又富有韵味，而不是像恽南田那样极其简素，毫无矫饰。华山的画在设色上很有特色，其色调含蓄而深沉，别有韵味，并非只是视觉上的明快绚丽。恽南田之后，即使在中国也难寻如华山那样的画家了。

在这一点上，华山是完全成熟的。华山始终有一种心气，要在学问、思想方面开创一个新的境界，这也使他因西洋学问而罹祸，最终付出了生命的代价[②]。华山的山水画特别地表现出了这一点，他的传统风格的山水尚欠充实，有似乎意犹未尽之感。日本人崇尚的山水景致、房子、树木，这些构成了华山笔下的山水画，如

① 即恽寿平(1633—1690)，清初画家。初名格，字寿平，后改字正叔，号南田、云溪外史等。江苏武进(今常州)人。家贫，不应科举，卖画为生。初工山水，笔墨隽秀。后交王翚，便多作花卉，用没骨法，笔法透逸，水墨淡彩，清润明丽，被目为“恽派”(亦称“常州派”“毗陵派”)。与王时敏、王鉴、王翚、王原祁、吴历合称“清六家”。传世作品有《雪残春光图》《武陵春色图》等。

② 即蛮社事件。这是一起幕府为加强锁国、对外采取强硬立场、打击镇压主张向西方学习的学者而制造的冤狱。以兰学家高野长英、渡边华山为首，包括兰医小关三英在内的许多对兰学感兴趣的知识人士聚集在一起，组织了尚齿会(即蛮社)，他们研究日本当时的国内外形势，讨论政治经济问题，批判幕府政策。尤其是渡边华山写了《慎机论》，主张学习欧洲，高野长英写了《梦物语》，主张废止幕府的驱逐外国船令。尚齿会的活动引起了幕府的注意，1839年(享保十年)幕府以莫须有的罪名将其成员全部逮捕。小关三英自杀，高野长英被判无期徒刑，大部分成员死于狱中。渡边华山后被罚送回原籍，在原籍蛰居期间自杀。

《邯郸一炊图》《月下鸣机图》，这些画也带有了西洋的风格，尤其是《月下鸣机图》可以说明显地融入了西洋情趣。中国康熙时期有个天文台的官员叫焦秉贞[①]——明末以后中国的天文台就由西洋人管辖，许多中国的天文学家同西方的天文学家展开论争，其结果是西方的天文学家获胜，中国的天文台就被西洋人占领了，所以天文台是西风东渐最早进入的地方，这个焦秉贞也是最早习得西洋画技巧的人。当时西洋画技巧的特点就是透视画法，康熙年间就已经有了关于透视画法的著述。焦秉贞画中国画就运用了透视画法，在日本大仓男处收藏有他的真迹，画的是中国的天子巡幸南方时的情景，其中山水就是用透视法画的。这幅画似乎有点类似日本的荷兰风格画，缺少韵致，但画的敷色很有特点。焦秉贞的画当时尚未传入日本，华山不可能看到他的真迹，但有一幅康熙年间的《耕织图》，是木版画帖，图解了农家养蚕织物的过程。画帖有两种，当时在日本引起很大关注。《耕织图》的西洋风格对日本绘画产生非常大的影响。这幅《耕织图》全部采用透视画法清楚明晰地表现了远近。不必讳言，有一点必须承认，即使像华山这种东洋山水画的大家，其对透视法的运用方法还不能说十分圆熟，从《月下鸣机图》可以清楚看出，其是从《耕织图》得到启发的。如果画技再稍稍圆熟一些，他是应该可以做到运用透视画法而不留痕迹的地步。不幸的是华山 49 岁英年早逝，没有能够发展到这一步。这是华山的画未能圆熟的一个原因。在讲究绘画技巧的时代，如果其

① 焦秉贞，清代前期宫廷画家。生卒年不详。擅画人物，其绘画吸收西洋画技巧，重光线明暗，线条勾勒精细。作品有《仕女图》《耕织图》《秋千闲戏图》等。

他关西的画家皆依照中国画法作画的话，也许华山的画也就会更为圆熟了。华山是个学养深厚、富有良知的人，一旦认识到西洋画法的长处，他就会充满热情，想方设法加以应用，将其融入自己的画中。如果天假以年，华山再多活 20 年，至将近 70 岁的话，那么他将会给日本画界带来重大变化，这一点是令人感到惋惜的。

总之，华山提出了一个问题，那就是日本画应该应用西洋画技巧，这是他的不凡之处。今天这里展出了华山的水墨马，其表现的完全就是透视画法。景深、影子都画得非常出色。在画这一类动物方面，日本人比中国人更为擅长。中国也有很多画动物的天才，徽宗皇帝时期的画院、南宋的画院、明的画院里画动物的天才大有人在。到南画时代，以画山水为主，后又花鸟画时行，以花为主，而后中国的动物画就开始日见式微了。来到日本的沈南萍等在动物写生方面也显得功夫稍逊一筹，而日本人则在这方面有他们的特长。华山的绘马可以说是中国人画不出来的名画。在华山的画卷中还画的有鸠，那也是极其精美之作。宋代画院画家用各种细密的敷色方法逼真地表现出毛色，那种毛色并不是真正的本色，而是由于光的反射作用形成的一种色调。中国人很早时候就开始研究画鸟的羽毛、贝壳——说到贝壳，有点不可思议的是他们还画贝壳画，光线可以从不同角度在贝壳上反射出来，他们就画这种贝壳上的光。这种手法在细密画时代是经常运用的，进入粗画时代以后，能够善于运用这种手法的人已经难觅踪影。这种手法也用西洋画家近来在油画上运用的技巧。从这一点来说，华山是日本动物画最具代表性的天才画家。华山的那幅画看似寻常，却有着极其重大的意义。他的画总是带有一种新意，那种新意是具有世界意义

的。那是一个迄今无人进入的境界，很难判断其是否成熟，但能够步入这一境界正是华山的不同凡响之处。说华山的画未臻成熟，或正趋向成熟，丝毫没有贬损华山的画的意思。

华山有个门人叫椿山，浅野梅堂①称其在花鸟画方面达到了日本人前所未有的高度，日本的南画到椿山时才得以完全成熟。浅野梅堂是京都御所建成时的町奉行②，他的画论极具价值。浅野梅堂有一本书《漱芳阁铭心录》，其中引用的有《云烟略传》等，书中对椿山极口赞赏。除此之外，近年出版的浅野梅堂所著《寒檠璅缀》记录的是其日常所见所思所感，并不限于绘画，但大部分内容写的是对椿山的赞赏和钦服。从这本书我们可以得知，浅野梅堂是德川末期的一位鉴赏家，他收藏有大量中国的书画，但他非常钦佩椿山。浅野梅堂与椿山同为幕臣，椿山的地位相当低，而浅野梅堂的俸禄额达三千五百石之多，虽然如此，但他还是称椿山为先生，对其表示出极大的尊重。椿山是华山唯一的大弟子，他的画在关西地区很少，神户的河合先生收藏有椿山的画。据说椿山早先愚钝，有人甚至怀疑其能否学画，但华山认为其是可造之才，让其学画。椿山起初学恽南田，甚至偶尔还仿其文字，后天长日久，又产生了新的兴趣。在中国，除了恽南田这一类讲究章法的正统流

① 即浅野长祚(1816—1880)，幕末幕臣。江户人。通称金之丞，号池香、梅堂。曾先后任和泉守、浦贺奉行、京都町奉行。善书画，尤通书画鉴赏。著有《漱芳阁书画铭心录》《历代庙陵考补遗》等。

② 江户时代的官职。

派之外，还有汲取明徐渭[①]等人的风格，不拘一格、不泥一家者，椿山即属步入这一流派者。毫无疑义，椿山是大家，但与华山的画相比，真正的天才成分还是华山居多，椿山是个能才，所以才画出那样好的画来，但他终究还是缺少华山的天分。

中国宋之前的五代时期开始把画的品位分成四等，称之为神品、妙品、能品、逸品。在唐代之前，最为看重的画是神品，神品是最好的。而所谓逸品者，则是旁类者的画作，被另眼相待的。后来情况逐渐发生变化，从宋代开始逸品的画受到推崇，其远远超过神品之画，这也就意味着对艺术的追求逐渐发生了变化。纵观日本南画前后两个时期，大雅、芜村的画当属逸品，不过并不是他们的画全都是逸品。在其之后就是玉堂、木米的画，他们的画仍属逸品。而华山的画与其说是逸品，倒更应该说是神品。如果以中国四品划分、逸品最佳的观点来看，今天，与竹洞时代讲究绘画技巧时期受到推崇的画相比，被贬为不入流的画即标新立异的画便成为最好的了。当然，这还取决于学养、评论的观点，对此恕不作论述了。

（1933 年 8 月 5 日恩赐京都博物馆讲演）

① 徐渭(1521—1593)，明代画家。初字文清，改字文长，号天池，又号天地渔隐、青藤、青藤道人等。山阴(今浙江绍兴)人。喜诗文，亦工书法。其画不守一家，不拘一格，开创明代中期水墨写意花鸟画新格调。画山水纵横不拘绳墨，笔法奔放简练，干笔、湿笔、破笔兼用，风格清新，恣情汪洋，自成一家，对后世影响很大。传世作品有《牡丹蕉石图》《拟鸢图》《荷蟹图》等。

古代中国贸易与丝织物

我的讲演的题目是"古代中国贸易与丝织物",这个题目同日本相关,其实不仅仅是同日本相关,同整个世界都有关系。中国这个国家自古以来丝织物就很盛行,至于要谈其起源,这是一个相当有难度的问题。在今天存世的古书中,被认为最古的书籍中都已出现了有关丝织物的记载。当然最古老的书籍通常认为就是四书五经中的《书经》,《书经》中有关于丝织物的记载。根据传说,有个著名的人物名叫禹,其通过治水让人们能够在中国的土地上居住生活。禹治水时期,有一本有关中国地理的书,这就是《书经》中名为《禹贡》的书,其中好几处都提到了丝织物。虽然这是传说,其已有四千多年的历史,但具体的年代并不清楚,禹这个人物的年代也不清楚。关于他的传说即便多少有些根据,被当作四千年前的人物,那本名为《禹贡》的书是否就是他那个时代的人写的,这也尚存疑问。根据现在最新的研究,中国的古籍林林总总,数量很多,《禹贡》作为书的出现并不久远,也许一直是口传相承,其以今日所见的面目出现最早也就在两千四五百年前,最晚当在两千年前后。即便如此,这也已经是很古老的了,当时就已出现有关丝织物的记载,由此可知丝织物是古已有之。不可思议的是,在两千年乃至两千五百年前,中国的书中已出现关于丝织物的记载,几乎与其相差

无几的时期，西方就已知晓了丝织物。在西方，古希腊时期的书中就谈到在世界东方有制作这种丝织物的国家。这大约是在公元前四五百年的事，所以也就是约在两千三四百年前，西洋人就已知道了中国的丝织物。他们所知晓的丝织物这种物品的名字与输出这种物品的国家的名字几乎是相同的称呼，其究竟是丝织物的称呼，还是国名，似乎有些难以分辨，西洋人当时姑且就以赛里斯（Seres）或赛拉（Sinae）、赛里加（Serica）[①]之类的名字称呼输出这类丝织物的国家。今天从学术角度上来看，也不能明确可以说就是中国的国名。断定赛里斯、赛里加这一类国家在何处是存在种种疑问的。当然，制作织物的地方是中国的本土，但是关于西洋人获取其织物的问题，获取地是在何处，这个问题时至今日还是众说纷纭，莫衷一是，相关的研究还不能说很充分。现在我们可以知道的是，其大体上是指现在亚细亚中部中国领土以及与中国相连的那片区域。前面所说的赛里加、赛拉这一类地名，无论从今天的地名或是从古代以来的地名来看，几乎都无从考证。但其大致指的就是织物的名称，或许也包括称呼输出织物的国家。那样的话，中国是否存在赛里斯、赛里加这一类名称呢？中国是存在这一类名称的。这并不是我的看法，历来西方的学者都是这样认为的。当时在中国丝织物的总名称叫“缯”。根据中国的古字典，例如汉代编纂的《说文》以及其他字典，所谓的“缯”是一个普遍使用的词。

① 古代罗马人、希腊人把中国人或生活在中亚地区的雅利安人系的居民称为赛里斯(Seres)，此词义为“丝绸生产者”。罗马帝国当时大量输入汉的丝绸，故有此称。雅利安人其时凭借丝绸之路从事丝绸的转手贸易。赛里加(Serica)则作为中国的国名称呼。

今天的《说文》同稍早一些时候的字典相比，有些谬误，具体的并不十分清楚，但根据《说文》中我们可以信赖的词条，其所注写的是，“缯”字是“帛”的总称。这样就可以看出，汉代所有的丝绸都称作“缯”。这个所谓的“缯”这一词语到底何时开始使用的？这仍然还是个相当难解的问题。在今日我们所能见到的书中，可以确定的是，在汉代初期的书中就已经有记载了。至于在其之前的书有很多，哪些书是在其之前写的，还是在汉代初期写的，不得而知，但在其之前的书中肯定也有记载，“帛”这个字或者说词的出现比“缯”要更早一些时候。在最早的时期，把丝绸称之为“帛”，到后来才逐渐地使用了“缯”这个词。“缯”的发音用今天中国的读音读作tseng，这与过去的音如シン（shin）、シルク（shiruku）这一类词的发音相近，后就变成了诸如 sinae、seres、serica 之类的音了。有意思的是，称呼、词语这一类东西即使来自他国，一旦传入一个国家，就会发生类似于该国语言那样的若干变化，所以“缯”的音传入西方，也就变化成西洋式的音调，成了 sinae、seres、serica。这个词流传得相当广，而且一直流传到后世。据说今天英语中称丝绸为 silk 也仍然是这个词的残留。不仅仅是西洋地区，在亚洲各地，东起朝鲜，经满洲、蒙古这些地区，直至亚洲大陆，皆流行与此同源的词语。虽然因国异而多少有所不同，但大体源自于相同的词。蒙古一带称作シルケック（shirukekku），满洲语叫シルゲ（shiruge）。即使是俄语，使用称作セルク（seruku）的一词，仍有几分相近。今天，除日本之外，所有国家的语言大体都使用与 Silk 或 Seres 这一类词相近的词语，其都源自于中国的“缯”这个字，这基本上已成为不可动摇的定说了。

这是首先从语言上所进行的探讨，总之，中国这个国家的存在为西方所知是因为丝绸，后来与西方交往的开始也是因为丝绸，这在相当久远的古代就已经开始了。如同前面所述，西方在两千四五百年前就已经知道了丝织物，毫无疑问，丝织物当时已传入西方，当然这既不是中国人把丝织物直接带至西方即希腊那一带，也不是希腊人直接来到了中国，而是居住在亚洲中部、亚洲西南部的各色人种逐渐传递过去的。出于了解远方异地的目的而派人前往，在中国称为中亚探险，首次派出的是汉武帝时期著名的张骞，这件事距今已有两千余年了。当时是中国人首次去亚洲中部各地，其所至之地是今属俄罗斯领土的撒马尔罕(Samarkand)①，再稍往西去，就是一个当时中国称为大夏②的国家，西方称其为巴克特里亚(Bactria)，一直到巴克特里亚的都城所在的地区——即今日所说的巴尔赫(Balkh)——也许由于这次张骞的西行，中国人得以大致了解西面的各国即处于巴克特里亚与希腊中间的各个国家的情况。在其西面，即至今日波斯国一带，当时有一个叫安息③的国

① 撒马尔罕(Samarkand)是中亚地区的历史名城，乌兹别克斯坦的旧都和第二大城市，也是撒马尔罕州的首府。撒马尔罕意为肥沃的土地。

② 中亚古地名，其名始见于《史记·大宛列传》，系张骞首次西行亲临之大国之一，都为阿姆河南岸之蓝布城(Balkh)，今阿富汗北部巴尔赫附近。时该国已为西迁之月氏人征服。据《汉书》和《后汉书·西域传》，月氏于其地分置五部翕侯。一说大夏即西史所见希腊–巴克特里亚王国；一说该王国在月氏西迁前已亡于吐火罗人，故“大夏”应为“吐火罗”(Tokhara)之异译。后说近是。

③ 伊朗古国名，始见于《史记·大宛列传》，系张骞首次西使所传闻的大国之一。“其属大小数百城，地方数千里”。武帝时，汉使至安息，其王曾将二万骑迎于东界。又派使者随汉使来汉地，献大鸟卵及黎靬善眩人。东汉章帝时，又遣使献狮子等异兽。和帝永元九年，西域都护班超遣甘英使大秦，抵条支(古国名，今叙利亚地区)欲渡海，因安息船人言海道险恶而止。一般认为，安息即西史所见帕提亚(Parthia)王国，“安息”即该王国创始人阿萨克(Arshak)的译音。

家，安息是一个相当大的国家，位于希腊与中亚之间，是个从事转口贸易的国家，在同中国与希腊地区的贸易中获取了相当大的利益。希腊所属的地区或罗马地区的国家——后来皆归于罗马的领属——考虑直接同中国开展丝织物贸易，进行交往。处于其间的国家当时很清楚罗马一旦直接同中国进行交往，自己国家的贸易利益就会减少，所以从中作梗，尽可能阻碍其直接同中国交往。那么张骞从哪一条路走的呢？他走的就是通过中亚地区即今天中国领土的新疆，越过帕米尔高原，穿过中亚的道路。关于这条道路也有种种说法，总之张骞来回走的就是这条道路。当然，去时与回来时走的路并不相同，但都是穿越新疆的道路，从事丝织物贸易的商人进行交易也都是走这条道路的。

除此之外，关于贸易交易地——交易的也并非全是丝绸——这个交易地打开了中亚地区同中国之间的交往之道。即使在今天，这也是一条非常艰险的道路，在这块充满险恶之地，古代就已经开辟出了这么一条道路。张骞在大夏国时，就已经看到了中国蜀地即今日的四川所产的邛竹杖[①]，用一个名为邛的地方所出产的竹子制作的手杖，还有就是蜀所织造的布，想来不会是丝绸，而应该是麻之类的东西。根据记载，张骞曾询问其来自何方，得到的回答是，其虽为中国之物，但并非来自中国，而是来自印度。印度人已经打通了同中国的交往之道，所以这些东西是从中国逐渐传

① 以邛竹制作之杖。邛竹，竹之一种，产自邛崃山（今四川荥经西南），故名。据《史记·大宛列传》载，张骞西使抵大夏（今阿富汗北部一带），见邛竹杖、蜀布，系大夏商贾贩自身毒（西域古国，今属印度），因而推测蜀地可达大夏，武帝以此复事通西南夷。

到该地的。张骞回去之后，将此经过报告汉武帝，于是汉武帝决定开辟出一条道路，汉代打开西南夷地之道的大事业就这样开始了。汉武帝要开辟这条道路是一艰巨之举，这条道路也就是要通过现在暴发革命骚动[①]的云南的道路。从四川到云南，尔后从时至如今也是气候恶劣、充满险阻的腾越地区到缅甸，再从缅甸通往印度。蜀地的物产就是在这一过程中自然而然地传了过去。号称要打开西南夷地的汉武帝一旦付诸行动后，才意识到这完全是一桩充满艰难的事业，云南征伐成了汉武帝这一朝代的征伐中历经千难万险、最为艰难的一次征伐。这已经是非常久远的历史事件了，这次征伐究竟花费了多少财力不得而知，但历史记载了当时运送军粮的情况。据说当时在往云南运送军粮时，运出三十石军粮，运达云南时只剩下一石，其中有途中被运送者吃掉的，有充当运费的，因这些缘故只有三十分之一的军粮送抵目的地。尽管如此，汉武帝还是最早打通了去云南之道。从云南至印度之道汉武帝当时没有能顺利打通，但不管怎么，其还是冒着很大的艰险完成了对云南的征伐。从表面上看，天子为开通交往之道就如此艰难，然而就是在充满如此艰难险阻的地区，在遥远的古代，商人们为了贸易，带着货物就已经不畏艰险、络绎不绝地行走在这条古道上。正因如此，加上中亚地区北部的道路并非那么艰险，在几乎还不知历史的时期，中国的织物就已逐渐传到西方，在中国，当时这是特产，看来在外国也是非常受欢迎的东西，所以其需求量

① 即1915—1916年的护国运动。1915年12月25日蔡锷、唐继尧等反对袁世凯复辟帝制，在昆明宣布云南独立，旋即组织讨袁护国军，史称云南起义。

非常大。

关于张骞去中亚地区的目的，当时汉的北面，今天的蒙古沙漠地区有一个很大的夷狄之国，称为匈奴。匈奴非常强大，年年进犯汉，汉为此非常困扰。至于匈奴为何如此强大，其原因有很多。汉当时的都城在长安，即西安府，就是后来西太后与光绪帝逃到那里的西安府。在西南方，即蜀的后面还有一个氐羌，也是夷族，同匈奴是完全不同的种族，其与北方的匈奴建立了联系，始终视汉为仇敌。这使得汉非常不安，因此必须要截断他们之间的通道。要截断这个通道，针对匈奴，汉还要寻找自己的同盟者，于是张骞当时就争取把在今日撒马尔罕地区的大月氏作为同盟。大月氏[①]本来是被匈奴追逐才来到中国西北的，被追逐来到如此遥远的地方，当然其对匈奴是怨恨的。由于这个缘故，张骞以为大月氏与汉联合截断匈奴的通道这件事会是赞成的，但作了种种尝试，最终并没有达到使大月氏成为同盟者的目的。后来其把一个叫乌孙[②]的国家争取到成为自己的同盟者，并决定截断匈奴与氐羌的交往通道，结

① 汉西域国名，由月氏族建立。月氏族秦至汉初游牧于今甘肃河西走廊一带。西汉文帝初年遭匈奴冒顿单于攻击，被迫西迁，过大宛，西击大夏，使之臣服，并在妫水（今阿姆河北）建立政权，史称大月氏。西汉武帝初，派张骞出使西域，至月氏，建立联系。东汉时仍“岁奉贡献”，其国分休密、双靡、贵霜、顿、都密（一称高附）五部翕侯。后贵霜侯丘就却攻灭其他四翕侯，自立为王，建立贵霜王国。

② 汉西域国名，由乌孙族建立。本与大月氏共居于河西走廊，文帝后元三、四年（公元前161—前160）左右与匈奴联合，驱逐了伊犁河流域的月氏人，在该地立国，建都赤谷城（今吉尔吉斯斯坦伊塞克湖州伊什提克）。元狩四年（公元前119），汉武帝派张骞使乌孙。元封三年（公元前108）和太初初年，先后以宗室女细君公主、解忧公主远嫁乌孙和亲。后与汉联合，大败匈奴，进而附属于汉。汉朝多次遣使至乌孙，册封官吏，颁发印绶。从公元前53年起，乌孙分成大小昆弥两部，分疆而治，都与西汉王朝保持密切关系。东汉、曹魏、北魏时，仍与内地联系较密切，北魏时，遭柔然入侵，南迁葱岭山中。

果最终获得了成功。即使在当时，汉武帝也是用以利相诱的方法，中国出产的物产中好东西非常多，赠送这些物产是最主要的手段，这些物产中最重要的东西就是丝织物。武帝后又不断地派遣人员去中亚地区调查，据说当地出产大量马匹，当时正是因要征伐匈奴需求马匹的时期，输入马匹也是一个目的，于是物品交易中输出丝织物成为首要工作。当时，作为敌对国的匈奴也非常喜爱这种丝织物，这是这些中亚国家珍视丝织物的一个例子。当时是武帝时代，与匈奴关系是时和时战。和睦时期，向匈奴赠送礼品时总是丝织物，这些丝织物到底都是什么呢？现在如果查阅《史记》即可明了，《史记》上明白无误地记载了赠送物品的目录。赠送的既有带有刺绣的袷[①]类的东西，也有锦类、绸类或刺绣之类的东西，但赠送数量最多的还是前面所谈到的缯，这是帛的总称。中国这个国家自古以来就是一个有恶人的国家。那时就已经有既身为中国人，又祸害中国的人。有个叫中行说[②]的人。当时是匈奴二代单于时期，因为要同汉和睦相处，于是就同从汉的皇族中挑选出的女子通婚。中国自古以来同夷狄和亲是其政略之一，这种和亲的做法就起始于此时。汉的皇室女子要前往匈奴和亲，当时命令宦官中行说陪同前往，中行说不愿前往，表示拒绝。他放出狠话，说如果要让自己去的话，就做出对汉不利的事，他以为那样还会让自己

① 即夹衣，夹袄。

② 中行说，西汉燕人，生卒年不详。原为宫廷宦官。公元前 174 年，汉文帝选派皇族公主同匈奴和亲，中行说受命陪同前往而对汉王朝怀恨在心，转而投靠匈奴，成为单于重要谋臣。在其鼓动、策划下，单于背弃与汉的和亲政策，公元前 166 年，单于率 14 万匈奴军队攻打汉，并不断在汉边境骚扰劫掠，制造事端，成为汉代的最大边患。

去吗？但中行说最后还是被迫去了匈奴那里。他到了那里之后，就教唆匈奴一切可以祸害中国的坏招。其时缯已经大量传入匈奴，看来匈奴人非常喜欢缯的。当时匈奴人穿的是什么呢？是毛皮。他们还身着毛皮时，看到中国人穿着缯这种美丽的丝绸织物，当然就非常渴望得到它。中行说到了匈奴之后看到这种情景后说，你们觉得缯非常珍贵，絮（也就是装入棉花的衣物）也很不错，但这些东西都是毫不中用之物。我穿着这些东西，你们看看就会明白了。说完，中行说穿着缯就像匈奴一样策马狂奔起来，越过树丛，穿过树林，因为丝织物本身经不起折腾，不出所料，缯立马就破碎了。中行说开始出坏主意了，他说，你们看到了吧，丝绸这种东西一穿就破，没有什么用处的。你们不知道你们穿的皮毛是多么好的东西。因为要想从汉那里得到丝绸，你们不得不对汉低三下四，如果不想要丝绸，那就没必要低三下四了，所以还是穿用皮毛，悠着点吧。虽然中行说如此挑动，当时匈奴人普遍还是喜欢丝绸，渴望得到丝绸。为此，匈奴人抱的想法是，即使对中国稍稍谦卑一些，也希望能够和睦相处。而中行说这个家伙还是处心积虑，想尽一切办法对汉使坏。当时的汉文帝对匈奴的态度是相当尊重有礼的，即使信中都是这样写道："皇帝恭敬问候匈奴大单于"。而中行说想，既然如此，那我们这边就傲慢些，要傲慢到让中国人感到厌恶。他让人在信的开头就用很大的口气写道："上天所置之处，日月所照之处，匈奴大单于"云云，就是中行说所做的一切都是要让中国人得不到丝毫好处。可是从另一方面来看，正因为出现了这么一个家伙，今天我们才知道，在历史上，中国的邻国夷、狄的那些

人们非常渴望得到中国的丝绸。除此之外，在今天的满洲[①]、朝鲜等国，也都对能够从汉那里得到丝绸而感到高兴。之所以会这样，是因为当时中国人把丝绸当作让夷狄各国顺从的手段了。即便到后来，在很长的一段时间里，中国人也是把丝绸作为国际交流中的礼物来使用的。到了宋代，中国人为了缓和来自辽、金等北方各国的侵犯，作为手段逐渐地开始使用金银，但附带使用的还都是丝绸，这都是后话了。总之，我们了解到了在丝绸中有缯这种东西，当时通常所说的缯是当作丝绸的总的名称来使用的，关于这一点，根据有关匈奴的记载也可以知道的。

接下来我们思考一下日本丝绸的起源。在日本，丝绸称为“キヌ”(kinu)。谈到丝绸的起源，过去日本的学者总是要以自己的国家为豪，声称丝绸在日本是古已有之，还从古书上引证，说古时有一个叫棚机媛[②]之类名字的公主，织造丝绸就是起始于其。这样一来，日本自古就已有丝绸之说就顺理成章了。但是，稍稍思考过日中关系的学者对这类说法是不以置信的。我们所尊敬的著名学者新井白石[③]曾从日本语言研究的角度探讨过キヌ(kinu)这个词的来源。根据日本的织物最早用如祝词[④]之类日本古语书写的记载来看，诸如“和栲(にぎたへ)”“粗栲(あらたへ)”这一类称之为“栲(たへ)”的东西是一种织物。其究竟为何物呢？其实是使用树

---

① 旧指我国东北地区，现已为死语。

② 亦称棚机女或棚机姬，见于《万叶集》。

③ 新井白石(1657—1725)，江户时代儒学家，政治家。名君美，通称勘解由。早年从学木下顺庵，后担任德川幕府第六代将军家宣侍讲，为幕府治政建言献策。著有《藩翰谱》《读史余记》《西洋纪闻》《采览异言》等。

④ 祝词即神道的祈祷文。

皮纤维，在煮软之后织成的，也就是今天阿伊努人们穿着的厚司一类的东西。白石认为，穿着这类东西是很普遍的。后来，丝绸出现了，祭祀神灵时开始使用丝绸织物，即使是丝绸织物，也使用“和栲”这一类词称呼，在古代日本，织制简单、粗糙的织物的名称也被用于新出现的丝绸织物上，因此丝绸就被说成是早已有之的了。这样一来，实际上其实质已发生了变化。丝绸是后来才传入的，古时是没有这类东西的。这种观点应该是持之有据、言之成理的。不能说在一个国家的历史最初时期就已经有了所有一切文明发展的成果，而且坦言没有也并非有失体面。只要国家逐渐发展起来，外来之物也就随之而盛。白石探讨过キヌ这个词的词源。在日本，キヌ这个词几乎是无人理解的。同“绢帛”的“帛”相对，日本是称“绢”(kinu)的，所以在此之外，一定还有一个同“绢”相关的词。白石是从“绢”这个字的发音开始探讨的。“绢”这个字的音在中国古时当为ケヌ(kenu)——当然今天的音已经完全不同了。日本取用中国称之为ケヌ(kenu)的这个词，将其当作了“キヌ”(kinu)。今天我们即便把其同西方或者满洲、蒙古以及其他事物比较来看，还是相当吻合的。——当然，白石身处的那个时代是鲜有可比之物的。所以，在西方从“缯”这个词衍生出来了“セリカ(serica)”①“シルク(silk)”②这些词。而在日本，看来是从ケヌ(kenu)这个音衍生出“キヌ”(kinu)这个词的。这样一来，又要谈到“绢”这个字在中国是何时出现的？细想一下，“绢”这个词传入日本比传入西

① 古代罗马人对中国的称呼，源自 sericumm(拉丁语)一词。参见前注。

② 即丝绸。

方国家要更晚一些时候，当然今天在世界的绢（丝绸）生产国中日本是很了不起的。

刚才所谈到的“绢”这个字在古籍中，在中国西汉之前三代的书中都已经出现了。虽然已经出现，但似乎尚未能确定下来。直到今天，对“绢”这个字的存在也没有细究过，依据从旁观的角度观察的学者的看法，西汉之前已有此“绢”字一说的证据是站不住脚的。有个很有名的人叫墨子，在其所著述的同名著作《墨子》一书中就有“绢”这个字。根据今天以研究《墨子》著称的学者孙诒让①的说法，这个“绢”字是误字。那么是哪个字的误字呢？是“缲”字的误字。这个所说的“缲”字同“绢”字相似，而不管从哪一点，其又同前面所谈到的“缯”字相近，看来过去传到西方的这个词“缯”是古已有之，而“绢”字并非那么古老。“绢”字何时开始被广泛使用的呢？应该是在中国的西汉以后，也就是公元以后，从现在算起，当在一千九百年前开始广泛地使用这个“绢”字了。在那之后，才明确地有了中国的绢（即丝绸）传入我们日本的记载。可能是众所周知的《三国志》那本书，在那本写诸葛孔明那一类事情的《三国志》里有《倭人传》，学者们都说所谓倭人就是九州地区的人，但我并不信此说，我认为通常所说的倭人就是普通的日本人，至于其为何方之人并不重要。《倭人传》中，从中国到日本——当时中国是

---

① 孙诒让（1848—1908），清末学者、教育家。浙江瑞安人，字仲容，号籀膏（庼），同治年间举人，官刑部主事。1896 年在瑞安创办中国最早的数学专科学校学计馆，后主温州师范学院，兼任浙江教育学会会长。幼承家学，研攻《周礼》，作《周礼正义叙》，认为“处今日而论治，宜莫若求其道于此经”。又著《墨学闲诂》《墨子后语》，推崇墨学，认为以墨学为“异端”是“暧昧之学”。此外著有《契文举例》《古籀余论》《尚者骈枝》《籀庼述林》等。对甲骨文、金文研究以及古书校释亦有贡献。

魏的时期，大约是魏的曹操孙辈的那一时期，当时日本同魏的交往已经开通，至于是九州还是畿内，都无关紧要，总之日本同魏在形式上的交往已经打开。这样一来，日本拿什么东西带过去呢？日本带过去的织物叫作斑布。这究竟是一种怎么样的东西我们今天已无从知晓，但按照我的看法，其大约仍然是用树皮为原料织成的呈树皮色的横纹织物。这类织物阿伊努人也有，或是像我们东北地区的乡间百姓也常有这类织物。近时这类东西看不到了，在维新之后不长的一段时期内还是有的。这种所谓的斑布想来就是用树皮制成的东西，当时就是把这一类东西从日本带到中国去的，而对方其时已经有织锦一类的东西了，所以把红地的织锦这类东西送给了我们。不过当时送的最多的是白绸，书上有记载说，送白绸五十匹。我认为，在此之前，日本同中国的交往就已经开始了。当时日本同中国的交往是经由朝鲜沿岸进行的，所以在此之前丝绸就已经传进来了。总之，记载中国的丝绸传入日本是在中国的魏时期。有意思的是，书中明确出现“绢”字的时期与其并非相距很远，前面提到的《墨子》中出现的这个字也并非舛误。东汉时期出了很多字典，其中最有名的就是《说文》这部字典了。在这部字典中就已经有了“绢”这个字。后来又有了《释名》《广雅》，在这些书中也有“绢”这个字。字典收录“绢”这个字是东汉时期，尤其是明确无误记载丝绸的《释名》《广雅》这一类书大体都是日本与中国在形式上已开始交往的三国时期的书，由此可见，丝绸传入日本最晚也应当在东汉时期。当时在中国，缯作为丝绸的概称已经逐渐不流行了，而白底的丝绸、没有花纹也不刺绣的白绸通常被称为绢。也就在这一时期，这种绢开始大量传入日本，于是在日本“绢”这个字

也就成了キヌ(丝绸)的通常名称。从这种丝绸传入西方的时间来看,与其相比,丝绸传入日本怎么也得晚四五百年,日本开始能够织造丝绸就更要晚很长的一段历史时期。历史发展到今天,日本在世界上已成为丝绸的生产国,日本人现在完全可以扬眉吐气,引以为豪。虽然时间晚了点,但这并无大碍,也完全不必感到惭愧。

谈到丝绸,其在当时到底具有何种意义?现在研究这个问题还是相当困难的。有本书说,这个问题还多少带有几分青色,如麦秆的颜色,其意思指的是"绢"这个字产生的问题,这个问题尚有充分探讨的余地。但一旦进入这个问题的探讨,那就会变得相当专业化,今天姑且略去这个问题不谈。话说回来,在世界范围内,丝绸传入日本是很晚的,但那也是相当久远的事了。可以明确地说,在日本历史上,中国的丝绸传入是在应神、仁德天皇时期[①],这个时期恰好同中国所说的丝绸传入日本时期是相吻合的。而近来历史学家把这一时期又稍稍拉长了一些,总之,在应神、仁德时期,有很多人从中国迁徙到日本,这些人擅长丝绸织物的制作,从而成为丝绸织物的专业制造者,这种职业后来变成代代相传,就成为了直至今日尚存的秦氏[②]。织造这种织物的机器称作ハタ(hata)也同秦氏有

① 应神天皇在位期间为公元270—310年。仁德天皇在位期间为公元313—399年。

② 古代日本的外来氏族,这一氏族自称为秦始皇的后裔,其祖为弓月君。据《日本书纪》记载,应神十四年(公元283年)弓月君率人由百济渡日,受阻于新罗,两年后再度渡航,终于到达日本。秦氏以山城国葛野、纪伊郡(今京都西部)为据点,以开垦、种植、养蚕、机织为业,逐渐发展壮大,并以铸造、木工等技术为王权服务。其创建了广隆寺、松尾神社,长岡、平安京的营造亦有秦氏的贡献。秦氏是一个大的族群,由于历史的变迁逐渐分化,后太秦氏为族长。

关。至于为什么这个秦氏的ハタ写作“秦”字，训读作“ハタ”(hata)，这都是非常复杂的历史问题，这个问题今天也暂且回避不谈。虽然在年代上或多或少有些误差，总之在那个时期丝绸织物已大量进入日本，后来从中国迁徙过来的人们在这里织造丝绸织物，他们汇聚于此而最终形成了一种职业，长而久之，日本也能够制作丝绸织物了。

在思考当时的文明发展等问题时，这是一个很有意思的现象。我们最近常常可以看到人们在绘日本古代题材的画时——所谓日本古代，也就是我们所说的奈良时代以前，即绘制大化革新以前的题材——多以菊池容斋[①]的《前贤故实》作为范本绘制，画中人物皆一身素色装束。依我看来，当时丝织物那样大量从中国输入，而且日本人也已能够织造生产，当时的日本人绝非如同我们在今天的画师描绘的画中所看到的像神武天皇那样全都是一身素白。近年屡屡有古墓发掘，发掘过程中时有古镜出土，同时出土的就有包裹古镜的织物碎片，当然今天已经无法知道其是否有色彩的了。但观察织物碎片，我们可以知道那一定就是丝织物。如此普遍使用丝织物，甚至用于古镜的包装，用于衣物就自不待言了。但是普通的百姓并不一样，当时农民还是过着奴隶的生活，或许这些人还是穿着白袴、和袴、粗袴之类粗陋的衣物，而那些豪族、贵族以及有姓氏的人们肯定是已在享用从中国输入的丝织物了。到了后来，

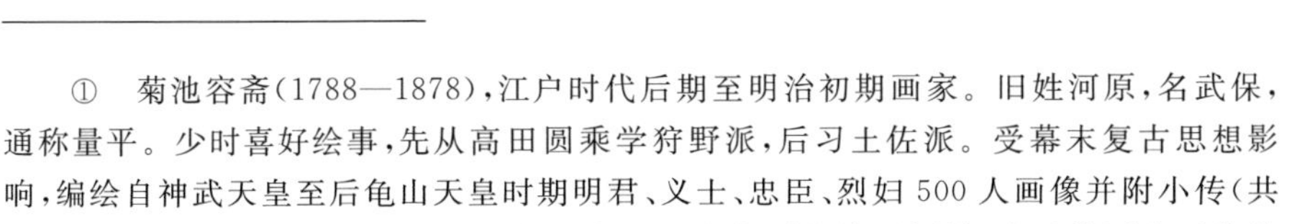

① 菊池容斋(1788—1878)，江户时代后期至明治初期画家。旧姓河原，名武保，通称量平。少时喜好绘事，先从高田圆乘学狩野派，后习土佐派。受幕末复古思想影响，编绘自神武天皇至后龟山天皇时期明君、义士、忠臣、烈妇500人画像并附小传(共10卷20册，1836—1838年刊)，开创了表现历史主题的绘画领域，为近代历史画的前驱。代表作有《堀河夜讨图额》(浅草寺)、《阿房宫图》等。

隋首次派来使者，圣德太子接见时就身着华美的和服。过去有个在京都居住过很长时间的学者，他把当时的日本看得不值一提，这个人日本名字叫藤井贞干[①]，是个著名的考古学家，他认为在小野妹子[②]去隋之前，日本人穿的是褌（チハヤ）[③]一类的东西，那种东西不是和服，有点不伦不类，好似把褌[④]横过来似的。在他的书上写的几乎都是侮辱、贬低自己的国家日本的事情，我认为他写的并非是事实。在那个时期，最初日本人穿的是从中国输入的丝织物，到后来日本也能大量生产丝织物了，在日本生产的丝织物中肯定也会有带颜色的。为了生产带颜色的丝织物，日本特地把织造汉织、吴织这类东西的织工从中国叫来，所以织锦之类的织物都能制作出来了。出乎意料，从这一时期起，日本的工业也开始发展起来了。当然这也是因为自然环境对生产这类东西是非常适合的。尤其是到了奈良时代，丝绸生产非常兴盛。在奈良王朝，诸方各国都把丝绸作为调进贡，当时租税是租、庸、调三类，所谓调，就是手工制造的东西作为贡物，主要就是进贡绸布。奈良时代，在诸方各国中，以丝绸作为调布进呈的国家有三十六个，由此可见，日本当时已经可以生产相当数量的丝绸了。众所周知，当时京都设有织部司，这是因为京都生产丝绸，而且可以肯定这个产业是最发达的。在奈良时代之前，日本的六十六国之中一半以上的国家是丝绸的

① 即藤贞干（1732—1797），江户时代中期史学家，金石学家。参见前注。

② 小野妹子，生卒年不详。公元七世纪遣隋使。参见前注。

③ 亦称贯头衣，在一枚布上只是开一个洞，从头上套下，无衣袖，属衣服的原始形态。

④ 男性的兜裆布，今相扑力士亦着用这种兜裆布。

产地,由此可见丝织业是非常兴盛的。

但是,即使在日本,随着国况变化,丝织物也历经兴盛衰落。根据以往国学家的研究,尤其是黑川博士(今已为故人)的研究,王朝实力日见减弱,国力渐衰,主要是缘于将门之乱[①],各国的丝织物逐渐无力交纳。后天庆之乱[②],丝织物数量锐减,此外将丝织物作为调进贡的国家因交纳不出,纷纷以其他产物代作贡物,天庆之乱成为日本丝织物开始走向衰弱的根源之一。后来世间逐渐成为武家天下,尤其是承久之乱[③],天子被流放,世经骤变,各地丝绸滞

① 将门即平将门(? —940年),恒武平氏,上总(今千叶县中部地区)介平高望之孙,镇守府将军平良将之子。占据下总(今千叶县北部及茨城县部分地区)北部丰田、猿岛一带,935年(承平五年)卷入常陆大掾源护与平真树的争战,同源护女婿平国香、伯父良正、良兼开战。936年10月因源护指控被召回京都,随之入狱。后遇朱雀天皇元服大赦,回乡后遭良兼率军攻打,族间争斗更为激化。939年(天庆二年)春,介入武藏国(今埼玉县、东京都以及神奈川县东部地区)权守兴世王、介源经基与足立郡司判官代武藏武芝的纷争,居间调停失败,被经基诉以谋反。同年10月,率部打砸火烧常陆(今茨城县)国衙,自称新皇,任命关东各国国司,此举成为对国家的反叛。940年(天庆三年)2月,平将门遭藤原秀乡、平国香之子平贞盛讨伐,后被枭首。是为平将门之乱。此事件与同一时期在西海(今九州地区)发生的藤原纯友之乱并称为承平·天庆之乱,亦称天庆之乱。

② 参见前注。

③ 1221年(承久三年)后鸟羽上皇举兵企图推翻镰仓幕府而最后失败的事件。后鸟羽上皇期望通过镰仓幕府第三代将军源赖朝控制幕府,但未能如愿。1219年(承久一年)源实朝在死于非命之后,后鸟羽上皇决定用武力讨伐幕府。1221年5月14日,其召集畿内兵力,翌日发布讨伐宣言。而镰仓幕府一方以掌实权的北条政子为中心,对信浓(今长野县一带)、远江(今静冈县西部)以东15国颁发了动员令,由北条泰时、时房率15万骑进攻,6月15日占领京都,是为承久之乱。此事件之后,幕府决定由后堀河即位,实行高仓法皇院政,将后鸟羽上皇及其子土御门上皇、顺德上皇流放。北条泰时、北条时房驻留京都,成为第一任六波罗探题(官职名,负责乱后的政务处理,维持治安和同公家政权的交涉等),对没收的3000多处领地重新配备地头,迁移大量东国武士到西国,强化了镰仓幕府对西国的控制。

出，而其时京都仍设织部司，由此可知犹在织制丝绸之处尚存。不可思议的是，山口的大内氏[①]效仿京都，开始生产丝织物，此时为南北朝时期。山口的大内氏占据堺[②]作为自己领地之后，堺开始织造丝织物。后又经历足利时代，在京都之外，山口与堺总算在勉勉强强地维系着日本丝织物一息尚存的命脉。其时堺这个地方由于频繁地同中国进行贸易，非常富裕，所以才能够这样做。京都在历经应仁、文明时代[③]之后，织部司已形同虚设，日本的丝织物也处于几近灭绝的命运。而开创今日丝织物兴旺鼎盛局面的大致始于丰太阁[④]时代。在丰太阁时代，从中国大陆请来织造匠人，在堺或京都开始了丝织物生产。最初似乎是在堺，后来渐渐扩展开来，最终恢复到今日的兴盛局面。

非常粗略地谈了日本国内丝织物的盛衰变迁。日本国内丝织物的这种盛衰变迁还是同与中国贸易中的丝织物输入有着密切的关联，这一点是很有意思的。现在我们对古代的布的研究还一直

① 大内氏为日本中世的武家，世代为周防权介（权介为官职），称大内介。南北朝时期，大内弘世获任周防、长门守护（守护为官职），兼石见守护，势力范围急速扩张，其把领地中心从周防吉敷郡大内村迁至山口，构筑了其发展的基础。大内氏世代从事海上贸易，获得了巨额财富，同时奖励学术、工艺文化，对独特的山口文化的发展起到了重要作用。

② 即今堺市，位于大阪府中部，与大阪市南部相邻，大和川流经市内。

③ 即1467年（应仁元年）—1477年（文明九年），时当为室町时代尾期。这一时期，以京都为中心爆发全国规模的内乱，史称应仁文明之乱。参见本书《关于应仁之乱》。

④ 即丰臣秀吉（1537—1598），战国时期武将。官至关白太政大臣，其统一天下，并打下幕藩体制的基础。

没有开展起来，因此当我们看到古代布的实物时，对其为何时之物一无所知。根据以往对古代的布多少作过一点研究的学者的观点，今日日本现存的古代布的年代大体上都约在距今六七百年前，最古老的大致在八百年前后，然后是六百年前后，再往后就是四百年、三百年。总之，大约在八百年前，日本就有了布，这是精于茶道、喜好古布的人们得出的结论。即使非茶道人士、古布爱好者，就从现存神社寺庙中用于装裱的布来看，也可知中国宋代的布当时在日本业已存在了。在中国，宋代是织物的鼎盛时期，当时的织物，其产地与今天有所不同，其时蜀的织物生产最为兴盛。我们所说的蜀江的锦都是蜀生产的。蜀这个地方从很古的时候开始就是盛产织物的地方，到汉代时，织物就已经非常兴盛。说到锦，就只是指陈留的襄邑[①]和蜀的成都这两个地方。自古以来，蜀的成都就是锦的产地。到了宋代，其得到了高度的发展。但后来宋受到了来自辽金的压制，几乎到了被金灭亡的境地，其领土几乎大半被金夺去，只是勉强地维持着南边的半壁河山，其间还签订了契约，年年要从南边向金国进贡丝绸和白银。但这种进贡并不困难，轻而易举，因为丝绸这一物资在蜀非常丰富，宋的财富大体上就是依靠丝绸的生产维持的，其丝绸的产量之大，每年即使大量进贡金国也丝毫没有影响。然而金国丝绸的消耗量非常大，仅仅依靠宋的进贡还不够，所以每年又用宋进贡的白银再购买宋的丝绸，这样一

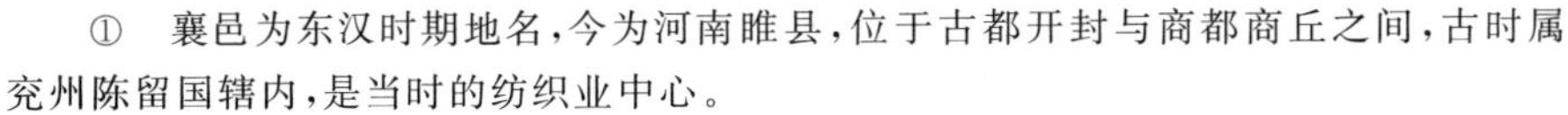
① 襄邑为东汉时期地名，今为河南睢县，位于古都开封与商都商丘之间，古时属兖州陈留国辖内，是当时的纺织业中心。

来，宋拿出去的白银又返回到宋。由于这个缘故，宋代是中国丝绸生产，尤其是蜀地的织锦生产最为兴盛的一个时期。今天在中国古锦称为宋锦，其在装裱饰材中还留存着。在日本，有关明确知晓其历史年份的宋锦，可以举出的例子是奈良法隆寺里的圣德太子御像，现在已成为御物了，其装裱使用的就是宋锦。精于茶道的人士所喜爱的布也多为七八百年前，也就是中国的宋代之物，比宋更早的就很少见了。当然，诸如袈裟的布、仁和寺[①]等寺庙收藏的古书封面装帧使用的布等更为古老，但传到日本、茶道人士使用过并保存至今的多为宋代之物。日本当时刚刚经历过前面所谈到的天庆之乱，后又经历了平家[②]、源氏[③]，到了所谓承久之乱这一时期，这也是地方生产丝绸最为困乏的时期。在此稍前一些时候，平清盛开展对宋的贸易，在其之后不久，船只的往来就中断了。但商船还始终往来于日本与宋之间，京都一带著名的禅宗和尚纷纷搭乘

① 仁和寺位于京都市右京区，为真言宗御室派的总寺。建于公元 888 年(仁和四年)。仁和寺收藏的古籍丰富，多为国宝，如空海在唐期间书写蒐集的经典仪轨《三十帖册子》、日本最古老的医书《医心方》以及中国古医书《黄帝内经》等。

② 平家即平清盛家族。平清盛(1118—1181)，平安时代后期武将，官至太政大臣。1179 年(治承三年)率兵从福原入京，扣留后白河院，发动宫廷政变，建立军事独裁政权。翌年 2 月，其外孙安德天皇即位，获得天皇外祖父的地位。平清盛在掌握政权期间，采取积极鼓励对外贸易的政策，由于打破了渡航海外的禁令，此时日本人开始得以渡航中国。为使宋的大船能够进入濑户内海，平清盛修建大轮田泊(即兵库港)、开挖水路音户之濑户。平清盛积极的开放方针促进了当时日宋之间商贸活动的发展，除了器物(即唐物)之外，宋的新的文化、技术、思想等也传入日本，在日本社会、经济、文化诸方面产生了巨大影响。

③ 源氏是平安时代皇族受赐姓氏的氏族之一。此处当指清和源氏，源赖朝即出自这一氏族，其灭掉了平氏，开创了镰仓幕府。

这些商船往来于其间，建仁寺的荣西禅师[①]也是搭乘这种商船赴宋的。可以推知，在这些商船往来时期，大量的丝绸输入日本。这段时期也正好是日本丝绸生产锐减时期，而在中国，正值宋的丝绸生产鼎盛时期，于是中国的丝绸源源不断进入日本，这种状况一直持续到明代。

后来从足利时代中期以后，日本顺其自然地开始了同西方，也就是所谓的印度地区的交往。在中国之外，从南洋地区也有各种各样的布料大量输入日本，但起初大体上还都是进口中国的丝绸。关于足利时代的贸易，由于缺乏明确的文字记载，尚不清楚。当时日本的财政相当困难，据说足利家的财政也处于困窘状态之中。不过其时日本出口了大量的铜，铜的出口量是非常惊人的。日本出口大量的铜，当时却又进口一种叫永乐钱的货币作为通货在日本使用，这是一件很有悖常理、不合逻辑的事。总之，当时铜的出口非常兴盛，中国的铜大部分来自日本，似乎是靠着日本的铜维持着市场的。年长的人应该都知道宣德的铜器，宣德铜器的制造是朝廷直接管的，现在留在日本的宣德铜器大致上都是赝品。朝廷制造宣德铜器时，使用的材料是生铜，都是产自日本的。关于这一

① 即明庵荣西(1141—1215)，镰仓时代前期僧人，日本临济宗开山之祖。字明庵，亦称叶上房、千光法师。备中(今冈山县西部)人，俗姓贺阳氏。幼年随父习佛典，14岁在比叡山受戒，后习密教。1168年(仁安三年)4月随日宋贸易商船入宋，原计划赴印度参拜佛迹，后计划受挫，再次去天台山，先在万年寺从虚庵怀敞习禅，后随怀敞转去天童山景德寺，50岁悟得禅机，受临济宗黄龙派印可，1191年(建久二年)7月回国。回国后先后创建筑前报恩寺、惠先寺、圣福寺，在日本开始真正的禅宗布教。1198年著《兴禅护国论》，主张禅宗兴隆对国家的意义。荣西将中国的禅宗传入日本，成为日本禅宗的始祖，不仅如此，他还传播了宋代的生活文化，尤其是把中国的茶种带回日本栽培，并撰写了名作《吃茶养生记》，荣西亦被称为日本的茶道之祖。

点，在当时的记录《宣德鼎彝谱》[①]上写得很清楚，从中我们就可以知道中国从日本进口铜。除此之外，在一些实录、中国的记录中也有从日本进口铜的记载，甚至还记载了打算定什么价格。从铜大量出口的情况来看，钱作为铜的交换物也就大量进来了，各种丝织物也随之从中国大量进来了。在作为古布保存至今的物件中，可以定为明代织物的非常多。这也就是说，自宋开始，历经元、明，中国的丝绸大体是持续不断地进入日本，这种状况一直持续到明末。丰臣太閤征伐朝鲜、同明人打仗是在明万历年间，这已是明末了。在此稍前一些时候，日本国势已经开始恢复，天下统一，而且渐渐地生产黄金，加上一些其他原因，日本整个国家迅速富裕起来，织物开始日见兴盛，到天正年间[②]，所有的织物都已非常地兴盛了。在京都传承至今的技艺中，古代日本传承下来的汉、六朝、唐这些时期的技艺极少，其中极其简单的䌷之类可能是古代传下来的，京都织物中最为珍贵的金襕、缎子、繻子、繻珍等，这些珍贵的织物大多都是天正年间最为兴盛的种类。

所幸的是，在此之后日本持续了三百年的太平盛世，国势变得非常强盛，织造这一产业随之渐渐发展起来，日本的织物不仅在京都，而且普及到各地。到德川时代末年，同西方开展交往、进行贸易时，日本作为丝织物的产地或生丝的产地迅速在世界上崭露头

---

① 书名。明吕震等撰。宣德年间，宣宗以郊庙彝鼎不合古式，命工部尚书吴中采《博古图书录》诸书及内府所藏柴、汝、哥、钧、定等各窑之式，会同司礼监太监吴诚司更铸。礼部尚书吕震等撰写前后本末而成此书（8卷）所记皆当时铸器图式、工料，详释鼎彝名称、尺寸制度、供用名目等。宣炉在明时已多伪制，此书辨析极精，可据以鉴别。时至今日，其仍为文物考证之重要参考书。

② 天正年间即1573年（天正元年）至1591年（天正十九年）。

角。我们所说日本丝绸原料丰富,但这并没有能够使天正以后的富裕继续,自德川时代中期开始,日本实际上财富锐减,工业发展得非常迅速,但硬通货大量减少。众所周知,德川时代的贸易是在长崎进行的不平衡贸易,一切都只是日本在买进,很少卖出,这种情况自德川时代初期开始一直贯穿整个德川时代,所以交付给西方和中国的金、银、铜的数量是一个惊人的数字,现在已有调查的数据,说来话长,这里姑且省略不谈,总之那是一个非常大的数字。当然,其中大部分是同荷兰的贸易,来自中国的船好像一年是十三艘,这是有规定的。还有规定允许每艘船每年带回十万斤的铜,不过在此之前没有规定。由于可作货币原料的金、银、铜从日本出口得太多,到元禄年间[①],日本货币的质量变得越来越粗劣,以至发展到新井白石不得不提出要进行货币改造的地步。这是什么原因呢?这完全是长崎贸易带来的后果。由于不平衡贸易,大量出口金、银、铜,所以白石等人非常担忧,于是制订了新的贸易计划。当时日本生产的金、银、铜的产量已经达到了极限,一年要产出几百万斤的铜,而且从白石那时开始一直持续了两百多年,这一期间生产了大量的铜。所幸的是,讲到铜,日本是个取之不竭的产地,即使在今天,日本也还是铜的生产国,开采得再多也不会感到不利的影响。一般这样的话,会给国家的经济带来很大影响,但日本倒不只是因为生产金、银、铜的关系。由于种种原因,德川时代中期以后,大名的经济状况变得非常困窘。因为经济困难,就开始调查研究贸易的问题。但是什么东西从中国进来的最多?最多的仍然是

① 元禄年间即1688(元禄元年)至1704年(元禄十七年)。

生丝，还有就是药材。这两大物类无论如何日本要能够自己生产，于是这成了德川政府的方针。再者，诸侯对只使用从外国输入的织物、各种奢侈品总会感到不自在，有的王侯就开始思考在自己的领地上生产织物，例如米泽的鹰山公[①]等尤其抱有这样的想法。于是就出现了在自己领地上开始生产织物、在日本国内栽培药材，或是到日本的山上采药，开设御药园，今日东京植物园就起源于御药园，还出现了采药的专家，正由于这个缘故，同外来的学问相比，日本的植物学非常发达。至于丝绸，也是同样情况，加之大名逐渐衰落，他们已经无力购买大量的舶来品，所以各国纷纷尽可能制作可以替代之物，其结果就是各国逐渐地都能够生产出丝织物了，尤其是关东一些富庶地区开始生产织物，并向其他地区销售。这就是日本近世生产丝织物以及生丝的缘由。其中很多地区生产丝织物是在宝历以后，经明和、安永、天明，[②]至今已有一百二三十年了，从那以后，日本的生丝以及丝绸的生产蓬勃发展。原本从中国大量输入，进入德川时代后日本逐渐能够仿效制作丝织物，但当时远没有达到能够出口的程度。而到德川时代末期迫不得已同西方开展贸易时，其已经成为日本的重要物产了。从我们考察的这么

① 即上杉治宪(1751—1822)，江户中后期大名，号鹰山。父为日向国高锅藩主秋月种美。宝历十年(1760年)为出羽米泽藩主上杉重定养子。妻为重定长女幸姬。早年从学折中派儒学家细井平洲。1767年(明和六年)入米泽后创设藩校兴让馆培养人才，锐意藩政改革，提倡勤俭节约，制订复兴农村计划，奖励开垦新田，兴修水利，鼓励桑蚕、漆等土特产品生产，其改革政策对振兴当时米泽藩经济收到显著效果，广泛得到好评。

② 宝历年间即1751—1764年，明和年间即1764—1772年，安永年间即1772—1781年，天明年间即1781—1789年。

一个历史过程来看，这是受所谓自然发展的趋势所主导的结果；再则就是，日本这块土地得天独厚，加上人的努力，所以能够生产出同中国一样或胜于其的丝绸。由于日本人的头脑非常适合于这类产业，其逐渐发展，今天的日本作为丝绸的生产国已经超越中国，即使有时还会从中国输入丝绸的制作材料，但日本织造的产品已经传布到世界各地。从以往的历史来看，可以认可日本人具有这些长处，且日本的山河大地得到上天如此的恩惠。但是在今天，世界对丝绸的需求日益旺盛，在需求的同时，世界各文明国家还会提出各种各样的要求，产品如何才能适应人们的要求，这在实际中是一个相当困难的问题。与往昔对出自中国之物感到新奇而接受的时代不同，这是一个需求者提出形形色色要求的时代。从今以后，日本将一定会把这一漫长的丝织物发展历史继续大步推进。日本的丝织物在世界上起步最晚，但今天日本已完全成为一个丝绸生产国，我们必须为巩固这一地位并为将丝织物推广到更为广阔的地域而做出不懈的努力。

（1916年6月讲演，载同年7、8月《西阵》第2卷第7期、第8期）

倭面土国

菅政友氏《汉籍倭人考》引《后汉书·东夷传》中“安帝永初元年、倭国王帅升等、献生口百六十人、愿请见。”

其论曰：

> 《安帝纪》载，永初元年冬十月，倭国遣使奉献。《通典》称，永初元年，倭面土地王师升等献生口。《北史》载，“安帝时又遣朝贡，谓之倭奴国”，其间有倭国王帅升，《通典》作倭面土地王师升等，唐世之前，必采《后汉书》，据该书所载，范晔将倭面土地王简略，改作倭国王，所谓等者，闻之似尚有倭国之外人，甚疑。倭为全国惣[①]之所称，面土地乃帅升所居国之名，此面土地当如何作读，与此地名相合者今尚未有所闻，或字之舛误乎。且帅升师升，孰为正确者，亦难决之。”（此段文摘自国会刊行会本，然该书中帅升师升之书写混乱，据其意而改之）

余仅就此处所云《通典》之倭面土地王略述已见。《通典》一书数版，菅氏所见者不知为何时之版。今清代官版与今《后汉书》同

---

① 此处“惣”当指古代日本的村落自治性管理组织。

作倭国王，难以其为证。然作倭国王者乃明以来事，图书寮所藏明版增入宋儒议论本有“谢肇淛在杭”之印记，其亦同样作倭国王。余尚未见明之前版本有作倭面土地王者。《唐类函·边塞部》倭国条引《通典》作倭面土地王，松下见林《异称日本传》亦引《通典》，二者相同，据此而定为有该版本者并非无可置疑之处。图书寮所藏北宋版《通典》（有“高丽国十四叶辛巳岁藏书大宋建中靖国元年大辽乾统元年”印记，为密行细字本，据岛田氏《古文旧书考》，当为高丽版）作倭面土国王。据此，余以为当从最旧版精本定作倭面土国王为当。

以上仅就《通典》而言，《后汉书》或有古作倭面土国王之证。藤兼良[①]《日本书纪纂疏》所举吾国十三名，云，

> 二云倭面国、此方男女皆黥面文身、故加面字呼之、《东汉书》曰、安帝永初元年、倭面上国王师升等献生口百六十人

（除流布版本外，可参照永正九年卜部兼永古抄本，书后附有著者识语，以及大永七年自少纳言清原朝臣永正八年本转抄之古抄本）

此倭面上国之“上”字当为“土”字转讹。又，《释日本纪》开题云，

> 又问，倭面之号若有所见哉。
>
> 答曰，《后汉书》云，“孝安皇帝永初元年冬十月、倭面国遣使奉献、注曰、倭国去乐浪万二千里、男子皆黥面文身、以其文

① 即一条兼良（1402—1481），室町时代中期公卿。参见前注。

左右大小、别尊卑之差”

（参照流布本与《国史大系》本）

此处为倭面国，并无“土”字。《纂疏》所引者为《后汉书·东夷传》之文，《释纪》所引者为《安帝纪》之文，据此难以知晓最初倭面土与倭面之别。总之，古时传入我邦之本与今《后汉书》不同，其近于《通典》，此点不容置疑。

关于倭面一语，此外尚有一证。《汉书·地理志》“乐浪海中有倭人、分为百余国、目岁时来献见云”一文有注，云，“如淳[①]曰、如墨委面、在带方东南万里、臣瓒曰、倭是国名、不谓用墨故谓之委也、师古曰、如淳云、如墨委面、盖音委字耳、此音非也、倭云一戈反、今犹有倭国、《魏略》云倭在带方东南大海中、依山岛为国、度海千里、复有国、皆倭种”。

如淳云，其义为如墨、委面二国位于带方东南万里，文中对倭人作细解处，臣瓒乃一谬误，其所添加辞语焉不详。墨字解为黥面之义，颜师古纠之，然错上加错。如淳将委面之委字作倭字音注，该注完全晦其字本义，此委面当为《后汉书》《通典》所见倭面国。如淳，冯翊人，魏之陈郡丞，据其所云公孙氏以后地名带方之东南，可知当与《魏略》约同一时期，然地名如墨不见于《魏略》，距离计算亦稍有不同。所云之处异于《魏略》，当为另有所闻见之地。此处所云如墨，或为《魏志》之投马国欤，据此足以推断如淳传闻之地不同于《魏略》之辞。倘若倭面土、倭面、委面皆为同一者，倭面、委面

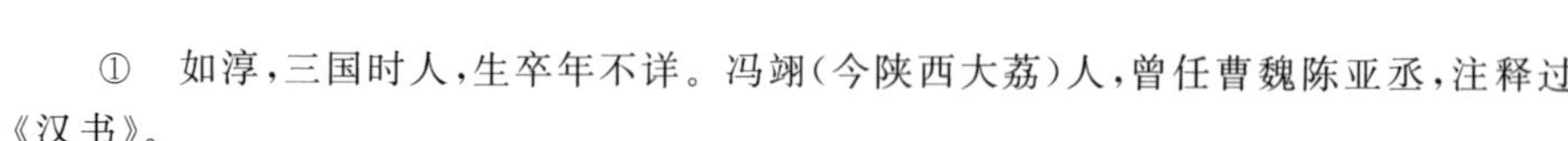

① 如淳，三国时人，生卒年不详。冯翊（今陕西大荔）人，曾任曹魏陈亚丞，注释过《汉书》。

则为略称，倭面土为详称无疑。倭面土究为何国？余以为其乃耶马台之旧称，当读作やまと（yamato）。颜师古认为，“倭”字音作一戈反 wa、今音 wo，不同于“委”（纡诡反（据《篆隶万象名义》，当出自顾野王《玉篇》）、于诡切《广韵》、wei，此乃无视古今之音变。古音同一，如诗之《小雅》有“周道倭迟”，《通雅》称委蛇、逶迤、委移等为“连呼声义一”，邵晋涵[①]《尔雅正义》中有“威夷长脊而泥”，注曰，

> 说文云。委虒虎之有角者也。委威声相近，如周道倭迟。韩诗作周道威夷是也。虒有夷音。是威夷即委虒矣

此可为证。“委”古为 ya 音。《文选》中郭景纯[②]之《江赋》有“随风猗萎”之语，“萎”作於危切，同书宋玉《高唐赋》中有“猗狔豐沛”之语，“猗”作於宜切，“狔”作於危切，则“猗萎”与“猗尼”同音。同书王子渊[③]《洞箫赋》李善注引《汉书音义》，魏张揖云，“猗狔犹

① 邵晋涵（1743—1796），清代著名学者，史学家、经学家。字与桐，又号南江，浙江余姚人。曾入四库全书馆任编修，主持《四库全书》史部的编撰，史部之书多由其最后校定，提要亦多出其手。其经学著作《尔雅正义》开清儒重新注疏儒学经典之先河，在清代经学史上占有重要地位。

② 即郭璞（276—324），东晋著名学者，诗人。曾注释《周易》《山海经》《楚辞》等古籍，现今《辞海》《辞源》上郭璞注释随处可见。尤其是郭璞花 18 年时间研究和注释《尔雅》，以当时通行的方言名称解释古老的动植物名称，并为其注音、作图，使《尔雅》成为历代研究本草的重要参考书，而郭璞开创的动、植物图示分类法也为唐代以后所有大型本草著作所沿用。其擅诗，代表诗作有《游仙诗》十四首和《江赋》，作品多涉玄理，然词采绚丽，意境宏阔，别具一格。

③ 即王褒（公元前 90—前 51），西汉著名辞赋家。字子渊，四川资中（今四川资阳）人。与扬雄（字子云）并称“渊云”，一生留下辞赋 16 篇，尤以《洞箫赋》著名，是我国古代描写音乐的辞赋，对后世产生很大的影响。

阿那也”，据此“阿那”音义，《通雅》用其解说《列子·杨朱篇》中公孙穆之好色，其与“后庭比房数十、皆择稚齿婑媠者以盈之”之“婑媠”同。“婑媠”亦见于《扬子方言》郭注，当与“袆隋”通。《毛诗》中有“退食自公、委蛇委蛇”，其在《韩诗》中作“袆隋”，汉《衡方碑》中有“袆隋在公”之语，此亦可见于顾炎武《唐韵正》，郝懿行[①]关于《尔雅》“委委佗佗”之义疏中亦引用之。“委蛇”字亦与“逶迤”相通可见于郝懿行同章义疏，可与“委维”“延维”相通出自《山海经》之《大荒南经》及《海内经》郭璞注，作“委移”见于《离骚》，“载云旗之委蛇”之“蛇”一作“移”，注中可见“委蛇”又作“逶迤”，刘向[②]《九叹》中有“遵江曲之逶迤兮”之句，其注“一云逶蛇”。亦可通“猗移”，《庄子·应帝王篇》中有“吾与之虚而委蛇。不知其谁何”，《列子》中作“吾与之虚而猗移”，据此即可明了。今摘录如下：

委委（委委佗佗，出自《诗经》及《尔雅》）

猗萎

猗妮（又作旖旎）

阿那（又作猗傩，出自《诗经·桧风》）

婑媠

① 郝懿行（1757—1825），清代著名学者，经学家，训诂学家。字恂九，号兰皋。山东栖霞人。长于名物训诂及考据之学，于《尔雅》研究尤深，所著《尔雅义疏》用力最深、用时最久，曾数易其稿，直至临终完成。其著《春秋说略》亦为名著，其把历代学者有关《春秋》之见详加评述，逐一辨析，是汉学研究之力作，当时著名学者四库全书馆总纂官纪昀称其“划尽千秋藤葛”。其夫人王照圆亦是才女，能著书立说，故有“高邮王父子，栖霞郝夫妇”之称。除《尔雅义疏》《春秋说略》外，著有《山海经笺疏》《诗经拾遗》《易说》等六十余种。

② 刘向（约公元前 77—前 6），西汉经学家、文学家、目录学家。参见前注。

祎隋

委蛇（又作委佗）

委维（又作延维）

委移

逶移

猗移

此为“委”“移”二字同音者之证。“移”字在《日本纪》中读“弥移居（ミヤケ）”，《上宫圣德法王帝说》[①]中读等已弥居加斯支移比弥乃弥已等（トヨミケカシキヤヒミノミコト），由此即可知其当为古音 ya。

面字当为 man 音，蠠没从面，《尔雅》作“勉”之意，而见于《方言》之“侔莫”、《晋书》中栾肇《论语驳》之“文莫”，当可推知皆为同义，“侔”今音作“mau”，文有“man”音，此与佛经译语中文殊师利与曼殊室利同、文陀竭与曼驮多同实为同理。钱大昕[②]曾有古读廛如壇一说，虽为俗字，“骗”字从“扁”得声，与“班”同音，当应与此一并考虑。

基于以上理由，倭面土应读作やまと（yamato）。倭面土之倭人，或委奴，其来历及其不在筑紫等情况已为海外所知，特撰小文

① 即圣德太子的传记。其与一般的传记不同，是由有关太子的各种资料编集而成。该书所收录的圣德太子一族谱系以及《天寿国绣帐》铭等皆为珍贵史料。此书唯一的平安时代中期抄本现收藏在京都知恩院。

② 钱大昕（1728—1804），清代著名学者。字晓征，号辛楣，又号竹汀，晚号潜研老人，江苏嘉定（今上海嘉定）人。早年研究经学、史学，以治经方法治史。治史之外，兼舆地、金石、典制、天文、历算、音韵等，所涉诸学，多有创获。著有《十驾斋养新录》，后世以其与顾炎武《日知录》并称，誉钱为一代儒宗。

以补此前《卑弥考》未能论及之处。

（1913 年 6 月《艺文》第 2 年第 6 期）

附记

此篇小文发表后，稻叶君山君于同年 8 月《考古学杂志》第 1 卷第 12 期发表《汉委奴国王考》一文，其断定委奴、倭奴与倭面土为同一者，惟声之缓急之别。余本拟此小文之外再作一文计划因之而作罢。

御物圣德太子《法华经义疏》最古本题签中有

此是 大委国上宫王私
集非海彼本

此可明证委倭古为同音，颜师古说之误当正之。

参考

稻叶岩吉氏《杨守敬的“委奴国王印考”》（1914 年 2 月《考古学杂志》第 5 卷第 6 期）

喜田贞吉氏《就倭奴国、倭面土国及倭国问稻叶君》（1914 年 7 月《考古学杂志》第 5 卷第 11 期）

稻叶岩吉氏《就倭国名称的起源答喜田博士》（1914 年 9 月《考古学杂志》第 6 卷第 1 期）

关于九州古坟[①]之瞥见

本应同往年一样，从京都大学出发去九州日向国[②]西都原古迹研究所出差，但今年不料中了个下下签，结果去了跨年的古墓发掘地。在仅仅不到二十天的行程中，我们并没有全待在日向国，借机还考察了九州各地，因为主要是探寻我国古代史的遗迹，连具体像样的调查也没有进行，说实话，本来就连日本的古墓都不大见到过，当然就更不用说动手参与发掘了，所以见少识短，只能先谈点一瞥之所见，乞请鉴宥。

在西都原与同行的今西学士参与发掘的是该地第二号古墓大瓢形墓，出土的随葬物在近两三年持续发掘的古墓中最为丰富也最具价值。古墓的构造基本上与大分地区的古墓不同，在后圆型的顶部向下挖掘二十尺[③]处是黏土层，接着就是砂砾，部分呈红色。在该处发现了直径七寸二分的精美汉镜和玲珑剔透、有着琅玕之美的勾玉。不言而喻，无人知晓这是哪一个朝代的古墓，谁又

① 古坟时代是日本考古文化史上的一个时期划分，其大约自公元3世纪后半期至6世纪末或7世纪初，这一名称常见于日本各类历史书中，故本文题中沿用古坟这一称呼。古坟即古墓，文中该词按照我国文化习惯大多作古墓。

② 日向国为古地名。亦称日州、向州，今宫崎县一带。建立初期亦包括鹿儿岛县本土部分地区。

③ 日本一尺约30.3厘米。

是墓的主人？我们所能猜想得到的是，这是一座很古老的墓。看来这一带发掘出来很多东西，我曾见过某氏所收藏的镶包金边的马具，金光灿灿，当属珍品。任何地方都有其当地的迷信，所以古墓发掘并非易事。宫崎县把古墓视作研究该地古代文化的资料，古墓的发掘是当作县的一项事业来作的，甚至这一点都会引起很大的争议。在发掘之前举行了一次无主塚的祭拜，发掘结束、全部恢复原样之后，又搞了一次祭拜，这样一来，逐渐得到世人的认可。现在倘若发掘变得稍宽松、自由的话，今后也许会比现在更为清楚地了解到当时的文明。

宫崎县的主要工作完成之后，我们去了鹿儿岛。本来学术界认为萨摩大隅地区不存在古墓，所以只是从分布上将其作为人种或土俗学[①]研究的一个观察点，恰巧该县县厅邀我们去看了在一个叫山川的地方发现的土器，山川可以说是萨摩[②]的南端。所看的土器确凿无疑就是古坟时代土器。在考察期间，我读到了该地中学某教谕在报纸上发表的文章，称在大隅的南端横濑有古墓，在串木野[③]也有古墓，由此绝不能说鹿儿岛地区没有古墓。本来鹿儿岛地区小丘陵众多，土地开垦几乎无处不及，具体何处有古墓存在很难判断，但古墓的存在是明摆着的事实，今后应予以充分留意。

之后我们进入肥后地区，考察了玉名郡江田村那座有名的古墓。东京博物馆的古谷清君（现供职日光宝物馆）很早就说过，那

---

① 日语中土俗学含有民俗学、民族学之义，为这两门学科分开之前的称呼。

② 旧地名，相当于今鹿儿岛县西部地区。

③ 今鹿儿岛串木野市。

是一个名叫卑弥呼的女王的墓。根据中国史书《魏志》记载，那座墓的建造用工达千人之多，而江田古墓太小，仅二十间[①]加四十间左右的大小。在江田，还有更大的古墓就在其边上，墓中石墩墓室与墓道尚存，规模颇为恢宏。

同江田古墓的出土文物相比，久留米东面六里左右处的月岡古墓的出土文物数量丰富，皆为精美之物。倘若一定要在这一带寻求卑弥呼墓，与其推定江田村古墓为该墓，倒不如以这座月岡古墓来比当更为合适。《魏志》所云女王卑弥呼建都的耶马台国，今学者大抵推定为今筑后山门郡，实际上就实地所见而言，像山门郡那样地势上规模狭小之处绝无可能。有关卑弥呼的记载《魏志》上相当精详，众多学者认为卑弥呼当为其时同中国交往的九州豪族，《魏志》记载的地名国名皆可对应九州地名，然与其相应的九州豪族的情况却不见于国史，这是在研究领域内产生异论的缘由所在。关于卑弥呼女王，我同其他学者持有不同的看法。就此问题所作的精细考证业已在京都大学杂志《艺文》上写了文章，若出现有力的反对意见，当结合此次实地考察再加以论述。

位于前面提及的月岡古墓的对面有座日岡古墓（筑后浮羽郡吉井若宫八幡宫旁侧），墓中有所谓的石橔，在喜田君（文学博士喜田贞吉氏）[②]所说的石墓室壁上画有精美的壁画。东京理科大学

---

① 间为日本榻榻米面积单位的用语。间分京间与田舍间，京间为 6 尺 3 寸，宽为 3 尺 1 寸 5 分，田舍间长为 5 尺 8 寸，宽为 2 尺 9 寸。

② 喜田贞吉（1871—1939），明治、大正时期历史学家。毕业于东京大学，曾创建日本历史地理研究会，在日本古代史研究引入考古学、民俗学的方法。长期从事国定教科书的编集审定，并创办《民族与历史》杂志。在京都大学任教授长达近十年。

的大野云外君的写生图谱已经出版，但画得不很相像。据我所见，其画的有圈纹、锯齿纹、龙以及其他纹饰，着色也不全是红色，同时还施有彩虹色彩。文饰构成和式样完全是汉代风格，在相当程度上受到了汉代的影响，非常珍贵，其展示出比近来在朝鲜地区发现的很多古墓中的壁画更为古老的形式。现在保存汉代文饰的古墓甚至在其起源地中国都没有发现，而竟存在于我国九州，这是在学术上具有参考价值的珍贵资料，我国内地也仅见于这座日岡古墓与下野[①]都贺郡稻叶。不幸的是，日岡方面还完全没有采取保护之策，尤其相比近来成为热点的法隆寺壁画，这座古墓的壁画更为古老、罕见，壁画的保护应有劳当局作一考虑。

这座日岡古墓让人联想到，倘若大野云外氏所写生的图果真传神的话，下野日岡古墓的壁画当为与其类似之物，这样一来，可知九州与关东几乎同时受到汉代的影响，再由此而推，《魏志》所传卑弥呼的耶马台国只与九州匹配的理由就丝毫站不住脚了。

久留米附近受汉代影响的古墓很多。久留米市日轮寺古墓中一般称之为石椁者都有雕刻，其样式同汉镜的文饰比较，仍然可以确定无疑是汉代文饰。根据这一点我们可以想象，同为古墓，在易受中国影响的地区即同中国开通交往的地区，受其影响，棺椁的制作精良，随葬品也是精美无比，而在难以受到其影响、交通不便之地，如日向国那样的地区，只能建造些粗糙简陋的墓。

归途中，在周防山口町附近也看了一些古墓。柳井津附近也

① 旧地名，即今日栃木县一带。

多有古墓。代田八幡[1]所有地的古墓在山顶上，那里曾发掘出日本最大的汉镜。类似的例子还有，吉备津神社后的山顶上也有很大的古墓。或许可以认为，古墓越是古老，就越是在山顶部，当然这还不是定论。同是在周防，我们还看了赤妻町的古墓。那是一坟两墓，男女各为一墓。据说前几年女性的那个墓先行发掘，发现了漂亮的石棺，棺中还发现了精美的梳子。这是男女同葬的一个例子。

根据以上所述来看古墓，其随葬品虽然是从不同地区发现的，但大体上属于同一时代的制作物，即便有所不同，也只是相距不大的年数之差。前面谈到，精美的古墓大抵受到了中国的影响，从许多出土之物如汉镜来看，有一段时期输入的数量极其庞大。从这一点上考虑，即便日本古墓学对诸如古墓构造、古墓形式的问题众说纷纭，最终还是无法断定其新旧之差别。日本的考古学，也就是古墓学的前景不能不说还是路途漫漫。

（1916年1月19日、20日《大阪每日新闻社》）

① 即八幡制铁所，创建于1901年（明治三十四年），今新日本制铁的前身。位于北九州市八幡地区。

《日本美术史》序

首要的问题是所谓日本美术史是否能成立，其中包含的第一个问题是日本民族是否具有美术创造的素质，而作为这一问题的前提就要提出何为日本民族。关于这一点，如滨田博士①所说，九州地区被认为自上古时期就同近畿地区一样是一个"日本人"居住的地区，在此结论的基础上，如果九州的古坟是"日本人"所为的话，这个问题就迎刃而解了。再者，袈裟襷纹的铜铎、汉式模制镜的纹饰上表现出的一种手法圆熟，即便是毫无意义的纹饰，也可以说其显示出后来能够创造出美术的民族性的萌芽。这样疑问又出现在其他方面。奈良时代大部分艺术多由归化人之手完成，即便如此，自平安时代后期至镰仓时代之间创造出的灿烂的美术同其先导者中国的成果相比，几可等量齐观。然不可思议的是，镰仓时代末期输入的宋元美术到室町时代竟轻而易举将固有美术扫清荡尽，以至了无痕迹。唯有桃山时代屏障画得以延续，已呈半工艺化

① 即滨田耕作(1881—1938)，考古学家。号青陵。毕业于东京大学，在学期间参与编辑《国华》杂志，并开始发表考古学、美术史方面的论文。1909年任教京都大学，在京大创设考古学研究室，后晋升教授，同时获博士学位。1937年任京都大学校长。著有《通论考古学》《东业考古学研究》《百济观音》等。

的琳派[①]尚苟延残喘，新兴的四条圆山派[②]甘腻有余而艺术品味索然，南画尚未步出幼稚之域，唯版画成果浮世绘堪可凌于中国，然其溺于地方特色，恶俗难脱，亦陋于颓隳萎靡。此仅就绘事而言，若观雕刻，其发展早于绘画，堕落愈甚，已无药可救，无技可施。

所谓史者，就其意而言，如同植物种子发芽、成长及至枝叶繁茂，如同动物血脉相续，子孙繁衍，必有不断其脉系者。在长达两千年的民族生活中，仅在三百年乃至四百年间出现的阶段性之物是否具有美术史价值，此点尚存疑问。平心而论，任何民族产生美

① 造型艺术的一个流派，兴起于桃山时代后期，一直持续到近代，亦称宗达光琳派。由本阿弥光悦（1558—1637）与俵屋宗达（生卒年不详）开创，尾形光琳、乾吉兄弟发展，最后由酒井抱一（1761—1828）、铃木其一（1796—1858）继承并扎根于江户（今东京）。其特点是以大和绘传统为基础，具有丰富饱满的装饰性，以绘画为中心，涵括书法及各种工艺，具有很大的包容性。琳派不同于许多以家族传承的艺术流派，而是依靠私淑传教，世代相承。尾形光琳（1658—1716）是琳派的中兴之祖，名惟富，通称市之丞，别号方祝、积翠、道崇、青青、寂名等。早年其弟乾山烧制陶器，光琳为其绘制陶器图案，亦作过染织、漆器泥金绘图案绘制。1710 年（宝永七年）在京都从本阿弥光悦与俵屋宗达学画，后还从学过狩野派画家山本素轩，后醉心于宗达的画风。光琳对写生与图案设计抱有强烈的兴趣，把各种艺术要素浑然一体地融入创作中，其所开创的艳美华丽而复杂多变的装饰风格成为元禄文化的象征，留下了许多精美无比的漆器金泥画以及陶绘作品。其弟尾形乾山也以新颖别致的陶绘作品而成为琳派陶器大家。光琳晚年在江户专心致力于绘画，画风追求书与画的融合，两者相得益彰，清新而富有情趣，琳派画风由此在江户传布。光琳弟子有渡边始兴、深江庐舟等，始兴重视写生，在后来的绘画史上产生很大的影响。1800 年（宽政十二年）以后，琳派的中心完全由关西转移到江户，继承和发展琳派艺术的代表人物是酒井抱一和铃木其一，其风格洒脱洗练，极乎人气，但这一时期工艺作品的比重在琳派艺术中有所下降。琳派艺术的影响一直持续到明治时期以后。日本美术院派的画家如菱田春草、今村紫红、速水御丹、小林古径、安田靫彦、前田青邨等都受到一定的影响。

② 日本画的一个派别，是由圆山应举（1733—1785）开创的圆山派与由松村吴春（1752—1811）开创的四条派的合称。圆山四条派在江户时代至明治时期在京都一带的画坛上占主导地位。参见前注。

术的期间都可仅止于其民族生活中有限的年数，此或可为源自爱国之心的豪语。即便在中国，唐以前并无可堪称美术之绘画，元之后绘画亦生气销丧。如此看来，有着三五百年固有美术之民族同众多无固有美术之民族相比，或更足以为豪。这三五百年的记述，加之以其发生之缘由与消失后之回顾也就成为了一部美术史。因为曾经有过拥有美术之时，在思考日本美术史的存在时并不会令人感到失望，纵令现在并不觉得拥有美术，或将来也不会拥有美术。是为《日本美术史》序。

（1930 年 11 月《东洋美术》特辑《日本美术史》第一册）

《日本古建筑菁华》序

我国建筑大而别之，可分为两类，一类为固有的茅屋顶、桧树皮屋顶，神社还保留着这种形式。另一类为从中国传入的样式，即许多寺院可见到的瓦屋顶。神社建筑也有各种形式，其最原始者是大社造①、神明造等，其他则是对中国建筑样式加以改良者。原始的形式很多至今尚保存在我国的民居中，在朝鲜、满洲等地的民居也可以看到同样的形式。这些民居很多可以当作土俗学资料，但尚没达到可以从艺术角度对其加以评论的程度。即便属于同一种形式，神社建筑可以说多少带有了艺术的要素。这是我国国民的兴趣品位自然发展的结果？还是由于受中国建筑的感化，兴趣品位的提高在不知不觉之间使建筑形式也更为美化了？即便是后者，亦可看作我国国民具有在其生活中包容艺术兴趣品位的能力，根据此点，就可以看出在亚洲东北部居民即通古斯民族②中我国

---

① “造”字在日语中作建筑样式之意。

② 通古斯人是雅库特人对鄂温克人的称呼。俄罗斯人沿用了这一称呼。中国境内被称作鄂温克人。通古斯人起源于贝加尔湖附近一个古老的民族共同体，其语言同东北南部满族语言有一定的关联，故这个语言群体被称为通古斯–满语族。如今属于这个语族的包括中国东北地区的满族、赫哲人、鄂伦春人、鄂温克人及生活在俄罗斯境内的奥罗奇人、那乃人（均为赫哲人，即女真人的一支）、乌德盖人、雅库特人、鄂罗克人、涅吉达尔人及埃文人。

国民所表现出的最为杰出的能力。不过若从模造中国建筑这点而论，我国国民的艺术能力还有不能不令人感到悲观之处。我国最为古老且最优秀的建筑，即便举出法隆寺①的金堂、唐招提寺②的金堂，同法隆寺金堂内所藏玉虫厨子③相比，也不可否认其艺术性要素的欠缺。玉虫厨子被认为是当时中国式建筑的微缩本。唐招提寺的金堂同收藏在其内、置于千手观音掌上的微型建筑相比，亦同样可感到艺术性要素的欠缺。现今中国已无唐宋时代木造建筑的遗存，同我国建筑一一作精细比对已无可能，但根据以上实例，且据西域考古发掘的绘画及朝鲜古坟绘画中所见而推之，中国建筑的艺术性要素由于移入我邦而出现相当退化的倾向。由于此

① 亦称法隆学问寺或斑鸠寺，位于奈良县生驹郡斑鸠町，是圣德宗的大本山。作为圣德太子的私寺建于推古天皇时期，后被大火所毁。现存法隆寺为672—689年重建。主要建筑有金堂、五重塔和中门、回廊等，是日本现存最古老的木结构佛教建筑群之一。除建筑、雕刻之外，法隆寺收藏了大量自飞鸟时代以后各时期的国宝级的绘画、工艺精品，其中如玉虫厨子、百万塔以及中国唐朝传入日本的蜀江锦等尤为著名。1993年，法隆寺被确定为世界文化遗产。

② 古称唐律招提寺，位于奈良市五条町，是律宗的大本山，唐代鉴真和尚(参见前注)为其创建者。天平年间应日本入唐僧人荣叡、普照之邀赴日传戒，五次渡航均以失败告终。在年老体衰、双目失明的状况下，鉴真仍初志不移，历经千辛万苦，终于在十二年后的753年(天平胜宝五年)到达日本。758年(天平宝字二年)鉴真在受赐的新田部亲王旧宅地上修建唐招提寺。唐招提寺的建筑以及收藏多为国宝或重点保护文物。招提为私寺之意。

③ 厨子为放置佛像、佛画、舍利、佛教经典之器具，起源于古代佛龛，类似厨房橱柜。奉安佛像的法隆寺玉虫厨子自飞鸟时代所传至今，是现存最古老的宫殿形厨子。其安置在须弥座上，宫殿镂空雕刻的金具下饰有一玉虫(即金花虫)的羽翅，故名玉虫厨子。厨子整体文饰及绘画皆为佛教题材，反映出对当时已传入日本的佛教的关注和倾倒。厨子高226.6厘米，用材基本为日本楠木，纹饰和绘画带有明显的朝鲜风格，可能出自飞鸟时代去日的朝鲜工匠之手。制作时间(包括宫殿与须弥座的建筑样式)当为7世纪中叶，玉虫厨子被定为日本国宝。参见前注。

故，余以为东大寺南大门是比较完整保留宋风之建筑，当为中国式建筑中最为珍贵的遗物。中国自宋以后，由于木材缺乏，维持庄严的古代样式出现困难，不得已只能多用砖甓作料，然现存的大建筑，如明陵、北京的大成殿，依然以巨木作结构，故尚不可认为中国建筑由木造结构遽尔发展为砖甓建筑，大建筑依然以木造为主。我黄檗建筑[①]虽移入明末样式，但已失去唐宋时代艺术要素，如模仿而造的日光大猷庙[②]更已呈玩具化。综上所述，中国建筑在经过唐宋盛期之后，除亭榭廊庑等以游观为目的者得到特别发展外，其余皆日渐式微。而日本的中国式建筑自当初即呈其本质地方化倾向，因而无法得以见到中国最兴盛时期的优秀建筑。中国唐宋时代建筑，现存实物者仅限寺塔之类，元明以前木造大建筑已不可

① 明代僧人隐元隆琦（1592—1673）1654 年（承应三年）赴日，四年后在京都宇治创建万福寺，成为黄檗宗开山之祖。在江户时代中期之前，万福寺的主持一直是来自中国的僧人，其寺院建筑如大雄宝殿等皆为中国明代建筑风格，称为黄檗式样，是为黄檗建筑。

② 栃木县日光市日光山有东照宫，日光东照宫是祭祀江户时代幕府第一代将军德川家康的神社。德川家康殁后即 1616 年（元和二年）开始营造，翌年基本完工。1634 年（宽永十一年）根据幕府第三代将军德川家光之命开始大规模改建，当时改建投入巨大的财力和人力，参与改建的工匠人数总共达 450 万，最多时一天有数千工匠，仅花费十七个月就完成改建工程。日光东照宫建筑群坐落在日光山中，周围是茂密的杉木树林，气势恢宏，豪华壮观，各个建筑色彩丰富，雕刻精美，极富特色。在东照宫附近的大猷院庙是为祭祀第三代将军德川家光于 1653 年（承应二年）修造的。该建筑以东照宫为范，故两者相似点甚多，但规模、气势以及精美度都不及东照宫。大猷院庙的正殿朝向东照宫，以示家光追慕先祖家康之念。日光山的东照宫、大猷院庙及轮王寺、二荒山神社均被列入世界文化遗产。

寻。至于建筑典籍，虽有成书于宋代的《营造法式》[①]，然并无可征其实例者。而在我国，唐宋时代木造建筑尚多存世，循沿其流可直下至中国明朝，宛然呈集中国建筑样本之大观，在此意义上，我国建筑堪可谓最具价值。欲窥知我国国民艺术能力已达何等程度，我国现存古建筑价值何在，高木、岩井两君此部劳作当为唯一可资参考之著述，且至为便捷，余喜而向读者诸君推荐。

（1929 年 10 月）

① 我国古代建筑专著之一。北宋熙宁年间（1068—1077）为核定建筑的设计、结构、用料和施工方法，由将作监编修，元祐六年（1091 年）成书，作为关防土木工程工料的法规，史称《元祐法式》。但因缺乏用材制度，以致工料太宽，关防无术。绍圣四年（1097 年）又由将作监李诫重编。元符三年（1100 年）成书，崇宁二年（1103 年）刊布颁行。共三十四卷，加上看样一卷，目录一卷。内容分总释、制度、功限、料例和图样五个部分，其中多据当时熟练工匠的经验，关于建筑的设计、施工、计算工料等方面的记叙相当完善，并详细说明了“材份制”，即古代建筑设计的一种完善的模数制。该著作是我国现存最早、内容最丰富的建筑学典籍。

卑弥呼考[①]

《后汉书》《三国志》《晋书》《北史》等书中有关倭国女王卑弥呼的记载，历来史家考证甚繁，或以其为我神功皇后，或以其为筑紫[②]女酋，众说纷纭，莫衷一是。近时似大抵取后说者居多。今余考之，就两者相异之处，略述已见。论述顺序如下：

一、文本的选择

二、对文本最早有关我国记载的见解

三、对旧说的异论

四、关于文本的考证

五、结论

① 《魏志·倭人传》所载日本古代(3世纪前期)邪马台国女王。所谓卑弥呼，意为身带太阳灵威的女性统治者。2世纪末期，倭诸国大乱，为收拾乱局，卑弥呼被诸国拥立为女王。卑弥呼善鬼道(即呪术)，其依靠鬼道担当统治国家大任并辅佐其弟国政(当时男女分权而治)。公元239年以后，卑弥呼开始同中国交往，四次遣使朝贡，并被魏明帝册封为亲魏倭王的称号，授以金印紫绶。后同南方狗奴国国王卑弥弓呼(一说卑弓弥呼)产生对立，因而爆发战争。245年、247年时值战争之际，卑弥呼收到来自魏的黄幢、檄等，得到支持。卑弥呼最后殁于此场战争中。有关卑弥呼的邪马台国是位于北部九州还是畿内大和，日本史学界一直存在争论，始终没有定论。

② 筑紫，亦称筑后，日本古代的地方行政区，位于今福冈县西南部地区。

一、文本的选择

在记载有关卑弥呼的中国史书中，如《晋书》《北史》，一直被认为是据《后汉书》《三国志》而编，故此点无须赘述，而《后汉书》与《三国志》之间存在歧异之点，就不能不引起史家之疑。《三国志》成书于晋代，而范晔的《后汉书》成于两宋之际，乃后出之书，两书所记同一事，《后汉书》所取史料亦涉《三国志》所载之外，甚至《东夷传》中"倭国传"的记载似是而非者不止于一、二处，史家随机则可质疑问惑，决此疑惑者即本文选择的第一要件。

第二，在文本中，不可不考虑各书存在字句相异之处。就《三国志》而言，余尚未见宋版本，而将元椠明修本、明南监本、乾隆殿版本、汲古阁本等对照，又参照引用该记载的《北史》《通典》《太平御览》《册封元龟》诸书，察其异同者不在少数，令人惊异。决其歧异即为本文选择的第二要件。

兹因《三国志》为先出之书，兹将其《三国志·魏志》第三十转录于下：

倭人传

倭人在带方东南大海之中，依山岛为国邑。旧百余国。汉时有朝见者，今使译所通三十国。从郡至倭，循海岸水行，历韩国，乍南乍东，到其北岸狗邪韩国七千余里，始渡一海，千余里至对马国。其大官曰卑狗，副曰卑奴母离。所居绝岛，方可四百余里，土地山险，多深林，道路如禽鹿径。有千余户，无良田,食海物自活,乘船南北市粜。又南渡一海千余里,名曰瀚海,至一大国,官亦曰卑狗,副曰卑奴母离。方可三百里,多竹木丛林,有三千许家,差有田地,耕田犹不足食,亦南北市粜。又渡一海千余里,至末卢国,有四千余户,滨山海居,草木茂盛,行不见前人,好捕鱼鳆,水无深浅,皆沈没取之。东南陆行五百里,到伊都国,官曰尔支,副曰泄谟觚,柄渠觚。有千余户,世有王,皆统属女王国,郡使往来常所驻。东南至奴国百里,官曰兕马觚,副曰卑奴母离,有二万余户。东行至不弥国百里,官曰多模,副曰卑奴母离,有千余家。南至投马国水行二十日,官曰弥弥,副曰弥弥那利,可五万余户。南至邪马壹国,女王之所都,水行十日,陆行一月。官有伊支马,次曰弥马升,次曰弥马获支,次曰奴佳鞮,可七万余户。自女王国以北,其户数道里可得略载,其余旁国远绝,不可得详。次有斯马国,次有已百支国,次有伊邪国,次有都支国,次有弥奴国,次有好古都国,次有不呼国,次有姐奴国,次有对苏国,次有苏奴国,次有呼邑国,次有华奴苏奴国,次有鬼国,次有为吾国,次有鬼奴国,次有邪马国,次有躬臣国,次有巴利国,次有支惟国,次有乌奴国,次有奴国,此女王境界所尽。其南有狗奴国,男子为王,其官有狗古智卑狗,不属女王。自郡至女王国万二千余里。男子无大小,皆黥面文身。自古以来,其使诣中国,皆自称大夫。夏后少康之子封于会稽,断发文身以避蛟龙之害,今倭水人好沈没捕鱼蛤,文身亦以厌大鱼水禽,后稍以为饰,诸国文身各异,或左或右,或大或小,尊卑有差。计其道里,当在会稽、东冶之东。其风俗不淫,男子皆露紒,以木绵招

头，其衣横幅，但结束相连，略无缝。妇人被发屈紒，作衣如单被，穿其中央，贯头衣之。种禾稻、纻麻、蚕桑、缉绩，出细纻、缣绵。其地无牛马虎豹羊鹊。兵用矛、楯、木弓。木弓短下长上，竹箭或铁镞、或骨镞，所有无与儋尔、朱崖同。倭地温暖，冬夏食生菜，皆徒跣。有屋室，父母兄弟卧息异处，以朱丹涂其身体，如中国用粉也。食饮用笾豆，手食。其死有棺无椁，封土作冢。始死停丧十余日，当时不食肉，丧主哭泣，他人就歌舞饮酒。已葬，举家诣水中澡浴，以如练沐。其行来渡海诣中国，恒使一人不梳头，不去虮蝨，衣服垢污，不食肉，不近妇人，如丧人，名之为持衰。若行者吉善，共顾其生口财物。若有疾病，遭暴害，便欲杀之，谓其持衰不谨。出真珠、青玉。其山有丹，其木有柟、杼、豫樟、楺枥、投橿、乌号、枫香，其竹篠簳、桃支。有姜、橘、椒、蘘荷，不知以为滋味。有猕猴、黑雉。其俗举世行来、有所云为，辄灼骨而卜，以占吉凶，先告所卜，其辞如令龟法，视火坼占兆。其会同坐起，父子男女无别，人性嗜酒。见大人所敬，但搏手以当跪拜。其人寿考，或百年，或八九十年。其俗，国大人皆四五妇，下户或二三妇。妇人不淫，不妒忌。不窃盗，少诤讼。其犯法，轻者没其妻子，重者灭其门户。及宗族尊卑，各有差序，足相臣服。收租赋。有邸阁，国国有市，交易有无，使大倭监之。自女王国以北，特置一大率，检察诸国，诸国畏惮之。常治伊都国，于国中有如刺使。王遣有诣京都、带方郡、诸韩国，及郡使倭国，皆临津搜露，传送文书赐遗之物诣女王，不得差错。下户与大人相逢道路，逡巡入草。传辞说事，或蹲或跪，两手据地，为之恭敬，对应声曰

噫，比如然诺。其国本亦以男子为王，住七八十年，倭国乱，相攻伐历年，乃共立一女子为王，名曰卑弥呼，事鬼道，能惑众，年已长大，无夫婿，有男弟佐治国。自为王以来，少有见者。以婢千人自侍，唯有男子一人，给饮食，传辞出入。居处宫室楼观，城栅严设，常有人持兵守卫。女王国东渡海千余里，复有国，皆倭种。又有侏儒国，在其南，人长三四尺，去女王四千余里，又有裸国、黑齿国，复在其东南，船行一年可至。参问倭地，绝在海中洲岛之上，或绝或连，周旋可五千余里。景初二年六月，倭女王遣大夫难升米等诣郡，求诣天子于朝献，太守刘夏遣吏将送诣京都。其年十二月，诏书报倭女王曰："制诏亲魏倭王卑弥呼，带方太守刘夏遣使送汝大夫难升米、次使都市牛利，奉汝所献男生口四人、女生口六人、班布二匹二丈，以到。汝所在踰远，乃遣使贡献，是汝之忠孝，我甚哀汝。今以汝为亲魏倭王，假金印紫绶，装封付带方太守假绶汝。其绥抚种人，勉为孝顺。汝来使难升米、牛利涉远，道路勤劳，今以难升米为率善中朗将，牛利为率善校尉，假银印青绶，引见劳赐遣还。今以绛地交龙锦五匹、绛地绉粟罽十张、茜绛五十匹、绀青五十匹，答汝所献贡直。又特赐汝绀地句文锦三匹、细班华罽五张、白绢五十匹、金八两、五尺刀二口、铜镜百枚、真珠、铅丹各五十斤，皆装封付难升米、牛利，还到录受。悉可以示汝国中人，使知国家哀汝，故郑重赐汝好物也。"正始元年，太守弓遵遣建中校尉梯儁等，奉诏书印绶诣倭国，拜假倭王，并齎诏赐金、帛、锦罽、刀、镜、采物。倭王因使上表，答谢恩诏。其四年，倭王复遣使大夫伊声者、掖邪狗等八人，上献生口、倭

锦、绛青缣、绵衣、帛布、丹、木㺃、短弓矢。掖邪狗等壹拜率善中郎将印绶。其六年，诏赐倭难升米黄幢，付郡假授。其八年，太守王颀到官。倭女王卑弥呼与狗奴国男王卑弥弓呼素不和，遣倭载斯、乌越等诣郡，说相攻击状。遣塞曹掾史张政等因赍诏书、黄幢，拜假难升米，为檄告喻之。卑弥呼以死，大作冢，径百余步，殉葬者奴婢百余人。更立男王，国中不服，更相诛杀，当时杀千余人。复立卑弥呼宗女壹与，年十三为王，国中遂定。政等以檄告御壹与，壹与遣倭大夫率善中郎将掖邪狗等二十人送政等还，因诣台，献上男女生口三十人，贡白珠五千孔、青大句珠二枚、异文杂锦二十匹。

根据鱼豢《魏略》，此《三国志》文似略有点窜，但《三国志》尤其有关东北诸夷记载，多取《魏略》，甚至有鱼豢用文字记下当时语处亦不加修正，如《高句丽王传》中云“今高句丽王宫是也”，而其仍作“今古雛加驳位居是也”即为一例。此文中还有“今使译所通三十国”亦与此同一笔法。此记载果真为《三国志》作者陈寿取自《魏略》而非源自他书亦非无疑，《三国志》裴松之注所引《魏略》文中，无论“鲜卑”条中还是“西戎”条中，皆可见“今”字用例。再者，《汉书·地理志》颜师古注中引用有此文所转录文中辞句“女王国东渡千余里。复有国。皆倭种”，将其同《魏略》之文参照对比，此疑当可冰释，既可断《三国志·倭人传》出自《魏略》，而后又可断《后汉书·倭国传》是否同样出自《魏略》。《后汉书》作者范晔乃中国史家中最为擅文者之一，其删改润色之法极为巧妙，引用原书，了无痕迹。范晔所抱钩稽穷搜却无缘之恨，从以下数条即显露破绽。

倭在韩东南大海中。依山岛为居。凡百余国。自武帝灭朝鲜。使译通于汉者。三十许国。

《汉书·地理志》中有“乐浪海中有倭人。分为百余国。以岁时来献见云”，将《三国志》所用《魏略》之中“旧百余国”的“旧”字去除，由此即指“汉时”，“今使译所通三十国”中所云“今”者当为“魏时”，故范晔作“通汉者三十国”者，实为删改遗漏《魏略》之文。不过，“由于郡名带方汉时尚未出现，将其改作韩，此乃其用心良苦之处，而下条则更无法隐其破绽。

乐浪郡[①]徼去其国万二千里。

《魏略》将自女王国至带方郡[②]的徼作一万二千余里，范晔不能从汉时尚未设置的郡算起，迫不得已，其从汉时已有的乐浪郡之带方算起，这样夫余便称作玄菟[③]的北千里，高句丽称作辽东的东千里，对照皆从其郡治算起的例子，女王国从乐浪的郡徼算起当为有悖常例的写法。其又云：

---

① 公元前108年(元封三年)汉武帝在灭卫氏朝鲜之后在朝鲜半岛北部设立的四郡(乐浪、真番、临屯、玄菟)之一，其中心地区相当于今平壤一带。参见前注。

② 东汉后期(204年前后至313年前后)辽东太守公孙康占领乐浪郡，将其南部分出设置地方行政区即带方郡，辖境相当于今朝鲜黄海南、黄海北道南部及开城市，属幽州。三国魏及西晋属平州。西晋末为高句丽所并，内迁棘城(今辽宁义县北)，北魏废。

③ 汉朝在朝鲜半岛设置的郡，与乐浪郡、临屯郡、真番郡共称汉四郡。汉武帝元封三年(公元前108年)设立时为四郡中疆域最广阔、也最为重要的一郡，大约为今日朝鲜咸镜道一带，其中心为咸兴。后因战争及行政重组而疆域几经改变，公元前82年，真番、临屯两郡被撤销，玄菟迁至今吉林省一带。东汉时西迁至辽东，后为高句丽所灭。

其地大较在会稽[1]东治之东。与朱崖[2]儋耳[3]相近。故其法俗多同。

《三国志》文中有“所有无”，即指风俗物产与儋耳、朱崖相同，其下续接记风土之句，而《后汉书》中却变为位置之意，此疏谬乃删改所致。

有城栅屋室。父母兄弟异处。

《三国志》中“城栅”两字仅见于有关卑弥呼居处之条，并不被认为是普通百姓的风俗之物。《后汉书》以其造语严整为主，在百姓“屋室”之前添加“城栅”两字，实乃蛇足。疏谬更为显著者当在

① 秦始皇二十五年(公元前 222 年)灭楚国，降越君后，于原吴、越地设会稽郡，治于吴县(今江苏苏州)。辖境约当江苏长江以南(包括上海)、浙江衢州、金华、奉化三市以北及安徽长江以南芜湖、黟县以东地区。以境内会稽山为名。西汉时因废闽中郡并入，辖境扩大至今浙江南部及福建全省。东汉顺帝永建四年(129 年)分浙江以西置吴郡，会稽郡移治山阴县(今浙江绍州)，辖境逐渐缩小。南朝宋建孝元年(454 年)后治于梁、陈，曾屡为东扬州治。隋平陈郡废，改东扬州吴州。大业初改为越州(今浙江绍兴一带)。三年后(607 年)改为会稽郡，治会稽县(今绍兴市)。唐武德四年(621 年)复为越州。天宝元年(742 年)又改为会稽郡。乾元元年(758 年)复为越州。后习惯上会稽为越州的别称。

② 朱崖，朱一作珠(《太平御览》引《林色记》，崖一作厓《汉书·贾捐之传》)。西汉元封元年(公元前 110 年)在今海南岛置。因崖边出真珠，故名(《太平寰宇记》)。治瞫都县(今琼山市南)，辖境相当于今海南东北部。后因当地土著屡次反抗，于初元三年(公元前 46 年)废弃，隋大业六年(610 年)复置，治舍城县(今琼山市东南)，辖境亦相当于今海南东北部。唐武德初改为崖州。天宝元年(742 年)复为珠崖郡。乾元三年(758 年)复改为崖州。

③ 古代南方国名，又名离耳。汉元封元年(公元前 110 年)置郡，辖境相当于今海南省西部地区。“九疑苍梧以南至儋耳者，与江南大同俗，而杨越多焉。”(《史记·货殖列传》)苏东坡有诗：“我本儋耳人，寄生西蜀州”。始元五年(公元前 82 年)并入珠崖郡。隋大业六年(610 年)复置，唐武德五年(622 年)改为儋州。

下条，其云：

> 自女王国东度海千余里。至拘奴国，虽皆倭种。而不属女王。

如前颜师古引《汉书》注已知，《三国志》这一记载同《魏略》完全一致，唯云女王国东有一国，而并非将其作狗奴国。狗奴国之记载在女王境界尽头处奴国之下，位于其南。由此，《后汉书》删改之不当显而易见，而历来史家中更有人反将《三国志》为误，以为《后汉书》据他书而正之。此当为未曾虑及颜师古所引之《魏略》。此外，《后汉书》割裂《魏略》之文，除以下辨析数条之外，全篇可视为檃括字句比比皆是。其中如以下最后一节，即

> 又有夷洲及澶洲。传言秦始皇遣方士徐福将童男女数千人入海（中略）所在绝远。不可往来。

此节将《三国志》中《吴志·孙权传》的记载割裂，《吴志·孙权传》云："黄龙二年，权遣将浮海，使其求夷洲亶洲。"[①]

这样，关于此记载的原文应当根据《三国志》，而《后汉书》不足为据则愈发显而易见。

不过，在此不得不作辩者为下一条，其云：

"建武中元二年。倭奴国奉贡朝贺。使人自称大夫。倭国之极南界也。光武赐以印绶。安帝永初元年。倭国王帅升等献生口百六十人。愿请见。桓灵间倭国大乱。更相攻伐。历年无主。有

---

① 此段原文为"二年春正月（中略）遣将军卫温、诸葛直将甲士万人浮海求夷洲及亶洲"。《三国志·吴志（吴主权）》

一女子。名曰卑弥呼。”云云。

此汉代朝贡记事,《三国志》遗漏而改存于《后汉书》,只此一点似可说范晔补《三国志》之疏夺,然反之,若思《魏略》写法,鲜卑、朝鲜、西戎各传所述之详皆逾秦汉两世,而《三国志》截去汉前记载,唯存三国时代。裴松之注《三国志》时,补缀被截《魏略》之文,还其旧貌,由此可证,《后汉书》此条非据《三国志》,而是据《魏略》无疑。

附记:

关于上文中倭国王帅升等在《通典》中作倭面土地王师升等,菅政友所作考证可见于其著《汉籍倭人考》。此点余亦细思而有所得,然恐不涉枝叶,姑且在此不述。综上所考,当知倭国记载乃据《三国志》,而《三国志》殆取自《魏略》之原文,本文选择第一要件至此可告解决。

第二要件为字句的校定。文本必须与地名、官名、人名等考证互为印证者居多,单独列举各书歧异者因少而与后段合并,在此姑且省略。现所举之文乃以元槧明修本为原本,间有参照乾隆殿版本者一二,恕不明述。余所见诸本中,大体以元槧明修本最为精准。汲古阁《十七史》世称善本,而据余所知,其《三国志》《后汉书》等粗糙谫劣,《三国志》较乾隆版更为粗劣,《后汉书》亦劣于与元大德本有渊源之宽永活版本。乾隆殿版本出于明北监本,兹不赘举。《三国志》明南监本经冯梦祯手校,被认为是监本之善本,亦可见于顾亭林《日知录》,其体式虽已不古,然字句讹夺比比皆是,此皆为余所定选择标准之理由。参考书中,《太平御览》宋本尚无缘得窥,故仍以我仿宋活字本为主，参照极为稀见之鲍刻本[1]。鲍刻本乃据宋本校刻之明校本，然四夷部倭国条明版粗劣尤甚，鲍刻本则亦有据汲古阁本《三国志》校改之迹，宋校本几无可取之处，不如墨守我活字本之影宋本。《通典》《册府元龟》等皆用通行本。

二、对文本最早有关我国记载的见解

考证卑弥呼记载，首先必须了解《日本书纪》作者是如何看待卑弥呼的。此可谓是我国史家对卑弥呼记载所作的最早评说。《神功皇后纪》有以下记载，

> 三十九年。是岁也大岁己未。（《魏志》云。明帝初三年六月。倭女王遣大夫难斗米诣郡。求诣天子朝献。太守邓夏使将送诣京都也。）
>
> 四十年。（《魏志》云。正始元年。遣建忠校尉梯携等。奉诏书印绶。诣倭国也。）
>
> 四十三年。（《魏志》云。正始四年。倭王复遣使大夫伊声者掖耶约等八人上献。）
>
> 六十六年。（是年。晋武帝泰初二年。晋起居注云。武帝泰初二年十月。倭女王遣重译贡献。）

此记载成于《日本纪》[2]作者之手，将卑弥呼认作神功皇后当绝无任何障碍。然在近世国学者中，有一说认为此类加有细注的

① 即宋鲍澣之刻本。

② 即《日本书纪》，参见前注。

记载乃搀入后人之见，此说颇有势力。搀入缘由乃是外国史书之文混杂在国史之中，此种不应有之事疑为源自一种尊王之说，其理由古书并无此类记载。此类说法之影响近时亦波及至田中勘兵卫所藏奈良时代古抄本《应神纪》断简之记载，大大削弱其信用。《应神纪》五年关于造船即名为枯野一条细注，"及二十二年，'足媛者告备臣祖御友别之妹也'"这一细注，《书纪集解》作古本无此，乃私记搀入者，而古抄本有之。此外，《集解》亦有引古本之据不足之证，同样，《集解》有古本所无之《神功纪》细注，此亦视作搀入者并无实据。尤其是六十六年细注所引晋起居注至为可信，晋起居注亦可见于藤原佐世[①]《日本国见在书目录》，并无自古流布我国之说，《神功纪》不引唐太宗勅撰《晋书》而引此书，或因其时尚未见《晋书》，由此可知此类细注皆古已有之。再者，《日本纪》所用韩国地名往往同《三国志·三韩传》之地名一致，此点不可不加以留意。如《应神纪》八年细注中出现的支侵，十六年细注出现的尔林，《三国志》马韩条中亦有国名支侵、尔林。《神功纪》四十九年条中出现的古奚津，当为同样出现在马韩条中的古爰国，"爰"字形似"奚"，当误为"奚"字。该同一年条中出现的地名布弥支、半古，在《马韩传》中可见不弥国、支半国、狗素国、捷卢国之名。此当为《三国志》将其误分四国，而据《日本纪》将其改正，亦堪可称奇。凡此类地名，多不见韩国古史，即有所见，亦为兒林作尔林之类，不过反证《日本纪》与《三国志》似并不相近而已。由《日本纪》与《三国志》相合可以推知《日本纪》的作者业已见过《三国志》或《魏略》。这样，

① 藤原佐世（？—898），平安时代前期学者。

根据《神功纪》细注以及纪中地名的两种称呼可以推定卑弥呼即为神功皇后，其年代亦可定为同一时期，这是毫无疑义的，此实为我国史家有关卑弥呼记载所作评说之嚆矢。这些旧时评说本不应为今日史家漫然忽视，至于其见解是否得体则当另作别论。

（1910 年 5 月《艺文》第一年第二期）

三、对旧说的异论

足利氏中世，有僧人周凤[①]，文正时期著《善邻国宝记》，始引起倭国是否当为日本之议。其曰，《前汉书・地理志》中有“乐浪海中有倭人。分百余国”，若作日本解，百余国当可置疑。再者，《魏志》中有“带方东南海中。依山岛为岛。度海千里。复有国，皆倭种。”若作日本解，前所谓乐浪海中百余国，其倭人又当指何国？《韵书》以倭为女王国名，盖因天照大神为地神之首，该国之主或以倭为女王国之名乎。倘若如此，凡此国人民皆为其神其奴，而度海千里之语，似同乐浪海中倭与倭种之国有异，此点尚未断疑。此乐浪海中之倭与渡海千里之东倭种之国，两者之中果真有为日本者乎？与此同时，女王之名是否同天照大神有关？两者皆为疑问。

① 即瑞溪周凤（1391—1473），室町时代临济宗僧人，别号卧云山人，历任等持寺、相国寺、鹿苑寺住持，曾三度就任僧录司。一生勤于著述，著作丰赡，尤以外交文书集《善邻国宝记》《卧云日件录》著名。谥号兴宗明教禅师。

（鹤峰戊申[①]《袭国伪僭考》中亦指出《善邻国宝记》一书存此疑问）

元禄年间，松下见林[②]在撰述其名著《异称日本传》时，对《后汉书》《三国志》所谓卑弥呼即为神功皇后这一旧说笃信不疑，不持任何异论。颠覆这一历来定说者乃本居宣长[③]的《驭戎慨言》。本居对三韩称息长带姬尊即称神功皇后者并不持疑，认为遣魏之使并非皇朝正使，乃筑紫南部有势力者熊袭之流利用女王赫赫英名，诈称其使，私自派遣，且自称卑弥呼，接受魏使，其所为完全是诈男儿，欺魏使。同一时期，村濑栲亭[④]《艺苑日涉》中有论国号之条，力主《魏志》女王乃指神功皇后。本居氏之说实为破天荒之思，自此之后，历代史家皆循因其说，次第润色。

鹤峰戊申有《袭国伪僭考》（载《大和丛志》），其论述本居氏之说，更提出新见，认为袭国乃吴太伯之后姬姓之国，伪称王通汉之事久远，光武建武中元二年奉贡、安帝永初元年献生口诸举皆此国所为。自景行帝亲征以后，经数度征伐，其主已丧，自神功皇后摄政始，私定皇后，立一女子为主，于是将姬尊之名称卑弥呼，该名自

① 鹤峰戊申（1788—1859），江户时代后期日本国学家。字世灵、季尼，通称左京彦一郎，号海西。幼时随父及臼杵藩儒学习，后赴京都专修和歌、国学、天文究理，在大阪讲学。天宝3年（1832年）在江户开设究理塾，后在水户藩和书编集所任职。在古典研究领域引进实证方法，开创一代学风。著有《语学新书》《究理或问》等。

② 松下见林（1637—1703），江户时代前期历史学家，儒医。参见前注。

③ 本居宣长（1730—1801），江户时代后期国学家。伊势人。号芝兰、舜庵。早年习儒学、医学，后受契冲影响研究国学，尤致力于《源氏物语》《古事记》等古典研究，用力极深。主张从古典中寻求发现日本民族固有的文化精神，其所开创的“物哀”之说，对后世的日本文化产生深远的影响。著有《石上私淑言》《源氏物语玉小栉》《古事记》（44卷）等。

④ 村濑栲亭（1747—1818），江户时代中、后期儒学家。参见前注。

此传布。此说令世上学者震惊，其极具影响力，从者靡然。黑川春村[①]《北史国号考》仍据本居氏旧说，主张卑弥呼为神功皇后，筑紫人使译乃伪托朝廷之名，然其于鹤峰一说之后，史家无人奉行其说。明治以来史家大体不出鹤峰之说范围。菅政友氏[②]的《汉籍倭人考》、吉田东伍氏[③]的《日韩古史断》、那珂通世氏[④]的《日本上古年代考》、久米邦武氏[⑤]的《日本上古史》等，无不采筑紫女酋之说，唯取熊袭女酋者与取筑后、肥后一带女酋者之细微差别而已。如经久米、菅诸氏之手的《国史眼》[⑥]，甚至如吉田氏的《日本地名辞书》这种已被当作日常典据性质之书皆收入此说，发展到久米氏

① 黑川春村（1799—1866），江户时代后期国学家，狂歌创作者。通称郎左卫门、主水，号薄斋。自学和歌、国学，博学多才，涉考证，音韵学、文法、古典艺能、金石文等领域，造诣深厚。著有《音韵考证》《猿乐考证》《墨水遗稿》等。

② 菅政友（1824—1897），幕末、明治时代历史学家。又名松太郎、亮之介，字子干、号樱庐。先后从学藤田东湖、会泽正志斋。安政五年（1858 年）任彰考馆馆员。明治六年（1874 年）任大和石上神社宫司。明治十年（1878 年）后在修史馆、修史局从事修史事业。著有《菅政友全集》。

③ 吉田东伍（1864—1918），明治时代历史地理学家。早年自学，专攻史学，曾以落后生之号在《读卖新闻》发表史论。明治三十五年（1902 年）任早稻田大学教授。以一己之力完成《大日本地名辞书》，该书被誉为不朽名著。此外，能乐造诣精深，校注《世阿弥十六部集》，对能乐研究产生重要影响。

④ 那珂通世（1851—1908），明治时期历史学家。旧姓藤村，又名壮太郎。毕业于庆应义塾大学，在多所师范学校等教育机构任校长、教授。从事汉语、历史教育。首创“东洋史”这一学科名称，对日本东洋史学研究贡献巨大。著有《那珂东洋小史》《中国通史》《成吉思汗实录》等。在日本史研究方面亦有《日本上古年代考》《外交绎史》等。

⑤ 久米邦武（1839—1931），明治时期历史学家。通称泰次郎、丈一郎，号易堂。曾先后在弘道馆、昌平黉学习，后在弘道馆执教。明治维新后，随岩仓具视遣外使节同赴海外考察，回国后编写《特命全权大使美欧考察实记》。后任修史馆编修官、帝国大学、早稻田大学教授等职。著有《大日本时代史》《日本古代史与神道的关系》等。

⑥ 即《稿本国史眼》，重野安绎等编，明治三十七年（1910 年）7 月出版。

所云邪马台考证时代。对于此等诸家之说一一加以评述实不免有烦杂且冗漫无章之虑，此文所论仅限于其大意，展示评述变迁，对于其说可否，限于必要范围之内，考证时恕不论及。

四、关于文本的考证

有关卑弥呼的文章前已摘录，此处仅举仍需考证之字句。上期刊行后，友人稻叶岩吉氏[①]以宫内省图书寮所藏宋椠本《三国志》校余所录文本，告知其异同。该宋本乃市野迷庵旧藏，亦可见于《经籍访古志》。其异同举于所列各字句之后。

带方　　汉末公孙氏占据辽东时所置郡名，魏灭公孙氏后，亦从之。乐浪郡本为县名，后升为郡名。乐浪之南，当为今韩国忠清、全罗两道之间。松下见林云，带方，会稽郡名，今八闽地方。妄也。

旧百余国。汉时有朝见者。今使译所通三十国。　　所云旧者，乃据《汉书・地理志》。所云今者，乃指鱼豢作《魏略》之时，此前已叙之。《史通》有"魏时京兆鱼豢私撰《魏略》。事止明帝。"《三国志》引《魏略》文，有及正始嘉平之际者，其所记之处，显而易见包括齐王芳之世。倘若如此，此处所云今字，乃指齐王芳之世乎。菅氏以此当作陈寿自指其时，实乃未察《高句丽传》等例之误也。

---

① 稻叶岩吉(1876—1940)，大正、昭和时期历史学家。旧姓小林，号君山。早年毕业于高商附属外国语学校中国语专业，日俄战争期间作为翻译入伍，后从事满铁历史、地理调查。担任过中国史教官，作为朝鲜总督府修史官完成《朝鲜史》(35卷)的编纂，后担任满洲建国大学教授。

到其北岸狗邪韩国　　同样《魏志·弁辰传》中有弁辰狗邪国，吉田东伍氏将其作《韩史》的迦耶、驾洛，即相当于今之金海。亦相当于《日本纪》中的南加罗。此处所云其北岸当为倭国北岸。《后汉书》云“乐浪郡徼去其国万二千里。去其西北界拘邪韩国七千余里”，两其字皆指倭国。菅政友误将所指为韩国而云北岸，实可置疑。此误乃缘于不知当时狗邪韩业已服属倭国之故。《魏志·韩传》云“韩在带方之南。东西以海为限。南与倭接。”又，《弁辰传》云，“其渎庐国与倭接界”。吉田氏认为，弁辰渎庐国相当于今陕川郡，然有与倭接界者，又将其作渎庐津，相当东莱府多太浦，主张两个渎庐，其说未免牵强。毫无疑义，唯一之解渎庐乃古之大良州郡，即《日本纪》中的多罗。若韩国国内无倭之领土，东西南又同为大海所限，便无其内地渎庐国与倭接壤之理。据此足以可推断该记载乃出于任那[1]服属于我国之后。

对马国、一大国、末庐国、伊都国、奴国、不弥国　　对马在宋本中作对海乃误。本居氏根据《北史》将一大国改作一支国可。《梁书》亦同，即壹岐也。末庐为肥前松浦，伊都为筑前怡土，奴为傩县，那津、不弥国当为应神天皇诞生地宇瀰，本居以后，别无有力异说，皆从之。

南至投马国。水行二十日。　　关于此条有数说。本居氏云，日向国儿汤郡有都万神社，可见于《续日本后纪》《三代实录》《延喜式》，或有此所。鹤峰氏云，《和名钞》有筑后国上妻郡、加牟

① 历史上朝鲜半岛加罗诸国的别称。自古以来是乐浪、带方两郡的重要枢纽。参见前注。

豆万、下妻郡或为准上妻郡，不过，将“水行二十日”解释为自投马至邪马台日程显为谬误。黑川氏举三说，一与鹤峰之说同，二将投作杀之讹，当为萨摩国，三举《和名钞》萨摩国麑岛郡有都万乡，因其声近，再则认为投乃敏之讹，施以训ミヌマ，作三潴郡之说，三说无一稳当。《国史眼》以其为设马之讹，实为萨摩，吉田氏取其说，更举出《和名钞》高城郡托摩乡，菅氏则从本居氏。总之，众说皆出于自筑紫寻探邪马台这一先入之见，为“南至”这一方向所拘。然中国古书言方向之时，东与南相兼、西与北相兼乃为常例，且由起程之初或途中地区位置而导致方向混乱并非鲜见。《魏书·勿吉传》中自太鲁水即今洮儿河至勿吉即今松花江上流当为东南行，而其作东北行十八日。陆上尚且如此，海上方向则更易出错，故余将此南作东解，投马国则当为《和名钞》中周防国佐婆郡玉祖乡（多万乃于也）。此地乃祭祀玉祖宿弥之祖玉祖命，又名天明玉命、天栬明玉命之处，称周防一宫，其控今三田尻之海港，据内海之要冲。可以想象，在古代，其为以玉作职名之族所据，形成五万余户之聚落。其既不同于日向萨摩之类僻陬，亦非筑后之类路程难合之地，此乃余所断之理由。

南至邪马壹国。水行十日。陆行一月。　　不言而喻，邪马壹为邪马台（臺）之讹。《梁书》《北史》《隋书》皆作臺。本居氏未指明其地，而作日向大隅地区。鹤峰氏认为邪马台为袭人之僭称，乃将自所在之处称作皇都大和，今琉球人亦指萨摩作やまと〔yamato〕（即大和——译者），琉球童谣有“琉球大和连一起”。又云水行十日，十字之前有二字脱落。菅氏与吉田氏之说略同，且更为详细，其拟为大隅国噌唹郡之国府乡小川村隼人城，当为清水乡姬木村姬木城一带。星野桓[①]氏、久米氏将其定为筑紫国山门郡。所云陆行一月，当改读一日，此处诸说一致。然陆行一月之语，出自《魏略》及《三国志》《梁书》《北史》至《太平御览》《册封元龟》《通志》《文献通考》等，无一作一日者，率尔窜改古书，实难从之。至于鹤峰氏主张水行十日作二十日则更无根据。如本居氏所云，诈称接受魏使，菅氏亦视之为等同儿戏，即便边裔，亦不可能有此举。菅氏认为，当时汉国所指倭者，乃筑紫九国之地，称统领其地有威权者为倭王，本不知天皇坐大和者。然此邪马台在筑紫之说其证不足，且据《日本纪》，意富加罗国王之子都怒我阿罗斯等闻日本国有圣王，归化，至穴门时，其国人伊都都比古曰，吾即此国之王，除吾复无二王，然视其所为，即可知非王。及后世，明太祖遣僧祖阐等赴日时，被征西将军所扣，且知京都有持明天皇，由此可推魏国之使来筑紫，适遇其内乱，不可能有不闻大和皇室之事。琉球有ヤマト(yamato)一语者，大和朝廷威力波及九州之后始得以交往，此说证据不足。《隋书》及《北史》中云，“倭国都于邪摩堆，则《魏志》所谓邪马台也。”此乃隋时将大和看作邪马台之证。自东晋起及宋、齐、梁各代，倭王瓒、珍、济、兴、武朝贡之记载可见于宋梁各书，据此有学说认为，大和朝廷并无正使而皆为边将私使，而据上表之文即知，其皆以朝廷之名交往，于此不言而明，梁代大和朝廷之存在已为彼国人所知，《梁书》对当时倭王乃《魏志》倭王之后一说并

① 星野桓(1839—1917)，明治时期历史学家、汉学家。本名世桓，字德夫。随从儒者盐谷宕阴多年，后在越后水原学校担任教官。明治八年(1875年)入太政官修史局从事《大日本编年史》编纂。明治二十一年(1888年)开始担任帝国大学教授，讲授日本史。著有《史学丛说》等。

无置疑。据中国记载，其所视邪马台国当意指大和朝廷所在地，除此之外，未存异见。其所云自投马水行十日、陆行一月之距离乃自奴国一带至投马距离以水行二十日所比算，并非无理。再者，当时有七万余户之大国，与其有求边陲筑紫，毋如求王畿大和更为稳当，此乃余将邪马台国回归大和旧说之理由。不过，所称邪马台这一地方之界限恐较今大和国更为广大，当包括当时朝廷所管辖之地。

斯马国　　本居氏云，当为筑前国志摩郡或大隅国噌唹郡志摩乡，吉田氏将其作樱岛。余以为当为志摩国。附言之，余考定地名之方针，关于《和名钞》之郡乡，汇集声音类似者，参酌地望[①]而从中选择。此处只示选择结果，以下皆按此法。

巳百支国　　吉田氏训其伊尔敷，作萨摩国麑岛郡伊敷村。余训作石城。栗田宽氏[②]于《古风土记逸文》伊势国石城一条中引《日本书纪》私见闻，云，“《伊势国风土记》云，伊势云者伊贺事志社坐神。出云神子出云建子命。又名伊势都彦命又名天栉玉命。此神昔石造城坐于此。于是阿倍志彦神来集不胜而还却。因以为名也”云云，即此石城。

伊邪国　　吉田氏作萨摩国南北伊作二郡。余以为当为志摩国答志郡伊杂宫所在地。即天照大神遥宫及《延历仪式帐》《延喜式》《神名帐》等所言者。又，伊势国度会郡亦有伊苏乡，伊苏宫、伊

① 指地理位置。清魏源《圣武记》卷12云：“圣祖勒名狼胥之山，其山必距昭莫多不远，则是以汗山或肯特岭为狼居胥山。准其地望，皆与古书同。”王国维《观赏集林·汉郡考上》：“东高宛城，以今地望准之，当在乐安、高宛之间。”

② 栗田宽（1835—1899），幕末、明治时期儒学家、历史学家。参见前注。

苏国同可见于《倭姬命世记》。

郡支国　　明南监本、乾隆殿版本皆作都支，然当从宋元本作郡支。吉田氏作串伎，即今大隅国始罗郡加治木乡。余以为其当为伊势国度会郡棒原神社所在地。谷川士清《和训栞》〈くぬぎ〉条云，《神名式》伊势国度会郡有棒原神社，此棒字异于字书之义，櫟(クスキ)原亦误训为ぬをす，社地在今田边乡浅营村，《万叶集》中有和歌

度会の大河のへの若歴木(わかくぬき)われ久ならば妹戀ひんかも

《神名帐考证》亦有"棒者，櫟字之误也，久奴木之略语奴木原也，长谷街道也"。《和名钞》中亦有度会郡沼木(奴木)乡。

弥奴国　　吉田氏云，或为萨摩国日置郡市来乡之港。余以为当为美浓国。

好古都国　　吉田氏将其作好占都，笠沙，即今川边郡加世田乡。余所见诸本，无一作好占都者，故从旧读，当为美浓国各务部，或为方具郡。备前和气郡有香止(加加止)乡，音颇通，无奈其并无地缘联系。

附记

松下见林《异称日本传》中自"次有伊邪国"至"好古都国"有二十一字脱落，本居氏《驭戎慨言》亦可见有相同数文字脱落，本居宣长据《异称日本传》成其之说，可知其未检《三国志》原本，从其所致力之考证亦可明之。后人所以常为其说所动者，一为被其声名所眩，一为其说正投国人自尊心之由。

不呼国　　吉田氏认为其为萨摩国日置郡日置乡。余意当为伊吹山一带之伊吹，即《和名钞》之美浓国池田郡伊福，伊福吉部氏所占据之地。

姐奴国　　本居氏将其作伊豫国周敷郡田野乡，吉田氏按训作谿，认为当为萨摩国谿山郡。此名皆以“姐”为“妲”，然诸本皆无作“妲”者。余意其当为近江国高岛郡角野乡。栗田氏《神祇志料》载，有津野神社，为川上乡廿余村之产土神，祭都奴臣之祖木角宿弥。

对苏国　　本居氏云或为土佐，吉田氏将其作萨摩国阿多郡田布施乡。即《和名钞》之田水乡。读土佐于音韵而言最为合适，然地势隔离，余意姑且拟作《和名钞》近江国伊香郡遂佐乡。

苏奴国　　吉田氏将其作噌唹，即今之大隅国西噌唹郡，余意当为《延历仪式帐》《倭姬命世纪》中所谓佐奈县。伴信友《倭姬命世纪考》云，佐奈县《古事记》上卷有佐奈县（イセ），中卷伊邪川宫段有伊势佐那造，《帐》有伊势国多气郡佐那神社，佐奈县今多气郡有佐那谷，乃一谷之大名，有八村。

呼邑国　　吉田氏将其作大隅国肝属郡鹿屋乡，余意当为伊势国多气郡麻绩（乎宇美）乡。有祭中麻绩公之祖丰城入彦命的麻绩神社。又，《倭姬命世纪》载，“自櫛田御船（爾）乘给（弖）幸行、其河后江（爾）到坐，于时鱼自然集出（天）御船（爾）参乘（支）、尔时倭姬命见悦给（弖）、其处（爾）鱼见社定赐（支）”。据伴氏考证，鱼见社乃《神名秘书》之机殿，《仪式帐》载，鱼见社三前、月读命、丰玉彦命、丰玉姬。《延喜式神名帐》亦载有多气郡鱼见神社，似亦与麻绩有关。

华奴苏奴国　　吉田氏云，或作噌唹之别邑（今东噌唹郡?）欤。余意或有两拟定地，一为远江国磐田郡鹿苑神社之所在地，一为《古事记》所载，八岛士奴美神之子有布波能母迟久奴须奴神，母迟等同大穴牟迟神之牟迟，作贵之意，相当于韩语之 imatai（上之意），即不破之国主。所云久奴须奴之神名，按古时之习可作地名，其可当为华奴苏奴。

鬼国　　本居氏作肥前国基肄郡，吉田氏云，城即萨摩国高城郡。然鬼音为クヰ（kui）而非キ（ki）。其古音又可近魁、傀、槐，与桑之训更合，抑或以尾张国丹羽郡大桑乡或美浓国山县郡大桑乡等为稳妥。

为吾国　　松下氏施训イガ（iga），或当为伊贺。本居氏将其作筑后国生叶郡，吉田作可爱即今萨摩国萨摩郡高江乡。然当时为之音可为ウヰ（ui）或ウワ（uwa）、クワ（kuwa），余意其当为三河国额田郡位贺乡即今冈崎地区，或尾张国智多郡番贺乡。

鬼奴国　　松下氏施训キノ（kino），作纪伊国。吉田氏作今之萨摩国出水郡阿久根。余意其为伊势国桑名郡桑名乡。

邪马国　　本居氏云，丰前郡下毛郡有山国，《景行记》中亦有八女县。吉田氏亦作八女，即作今筑后之山门及上妻下妻两郡。余意当为伊势国员辨郡野摩（也末）。

躬臣国　　吉田氏云其名难考，或当为今三潴御井之地。余意其为伊势国多气郡櫛田（久之多）乡。《倭姬命世纪》有下赐御栉，定赐栉田社记载。《仪式帐》亦有献栉田根椋神田之记载，《神名帐》记载有多气郡栉田神社、栉田槻本神社、大栉神社等。

巴利国　　吉田认为原即今筑后御原郡，余意其当为尾张国或播磨国。

支惟国　　吉田氏将其作为肥前基肄郡。若位于大和附近，或可将其作纪伊，然以音ウヰ(ui)推之，作吉备或更为准确。

乌奴国　　本居氏云，当为周防国吉敷郡宇努乡，又云名大野之处西面诸国随处可见。吉田氏将大野作今筑前御笠郡大野山。余意当为备后国安那郡。《国造本纪》记载有吉备穴国造，孝昭帝之皇子天足彦国押入命之后，定彦国葺之孙八千足尼，《姓氏录》亦有安那公之由绪。《景行纪》记载有穴海，《安闲纪》记载有婀娜国，即安那、深津两郡皆为濒海之地，此亦可见于吉田氏之《地名辞书》。

奴国　　同前

此女王境界所尽。其南有狗奴国。　　所谓其南乃就奴国而言，菅氏解其为广指女王国之南，由此反疑《三国志》，《后汉书》恣意窜改，以"自女王国东度海千余里，至拘奴国"为正确者，实乃未细读之过。《后汉书》实不足为取，前已概述。本居氏亦据《后汉书》将伊豫国风早郡河野乡作狗奴国，吉田氏又一袭相承其误。余意其当为肥后国菊池郡城野乡，即奴国南面之地。

会稽东治　　治为冶之讹。《续汉书・郡国志》记载，会稽郡无东冶县，杨守敬于《三国郡县表补正》辩其误脱。属今福州治。

以上，地名考证毕。

（1910年6月《艺文》第一年第3期）

以下论述官名，其中诸如卑狗之ヒコ(hiko)即为彦，卑奴母离之ヒナモリ(hinamori)即为夷守，此类无须赘述，主要就历来从未作释者试作一辨释。

尔支　《隋书》《北史》所举我国官名中，有伊尼翼。黑川氏认为翼为冀之讹音，施训イネキ(ineki)，即稻置[①]。此尔支即ニキ(niki)亦当为同语之转讹。

泄谟觚、柄渠觚、兕马觚　泄谟觚、兕马皆训为シマコ(shimako)，似岛子之训，但未闻我上古时期有此类官名或尊号。柄渠觚当施训ヒココ(hikoko)，即彦子。然亦无古书证例，实难以确定。

多模　タマ(tama)即玉，当训作魂。诸如櫛䤘玉命[②]、櫛明玉命、天明玉命、天太玉命、豊玉彦命、仓稻魂命、宇都字国玉神等，神名有玉、魂之语者甚多。本居氏《古事记传》云，宇迦之御魂（ウカノミタマ）之御魂解为恩赖（ミタマノフユ）（亦有神灵（ミタマノフユ）、或灵（ミタマノフユ）等），又《万叶葉》(26页)中有阿我农斯能美多麻多麻比弖（ウガヌシノミタマタマヒテ），意为赞其功德之名；再者，宇都志国玉神之玉者乃御灵、故国御魂，故此名不限此神，倭大国魂神、高市郡吉野大国栖御魂神社、山城国久世郡水主坐山背大国魂命神、和泉国日根郡河内国玉神社、摄津国东生郡生国魂神社、兔原郡河内国魂神社、伊势国度会郡大国玉比卖神社、度会乃大国玉比卖神社、尾张国中岛郡尾张大国灵神社、远江国磐田郡淡海国玉神社、能登国能登郡能登生国玉比古神社、对马上县郡岛大国魂神

---

① 稻置现通常训读作いなぎ(inagi)，其为古时倭国的地方官职，是屯仓(一种施政制度)或县(行政区域)的管理者。在大化改新以后逐渐消失。

② 命训读作みこと(mikoto)，为古代神或贵人的尊称，亦可作王解。最早见于《古事记》。

社等各国有经营功德之神皆如此称呼祭祀。于此之外，各国称国玉神社、大国玉神社者众多，皆同。（传九卷）至此大致可以得释。再可举一例，《新撰龟相记》（友人富冈谦藏氏据井上赖国博士藏本传抄，据称井上本乃吉田家秘藏抄本）记载中有今祭卜部访栉间智神社，其注为母鹿木神社也，一云栉玉命。由此可知间智一语当与玉为同义。间智与宇麻志麻迟命之麻迟相同，荒木田守良在《鹿龟杂志》（富冈藏本）中举麻迟一名可见于古书，除宇麻志麻迟命外，亦引《神名帐》中远江国佐野郡已等能麻知神社，《中臣寿词》中有麻知（波）弱韮（仁）由都篁生出（牟），然其释义并不明了。想来其亦与大名持、大穴牟迟、大已贵之持、牟迟、贵以及《神功纪》五年条中所记载之新罗人、富罗母智之母智相同，韩语中有上之义，此相当富罗母智之人在《三国》《史记》作朴堤上，《三国遗事》中作金堤上，皆足以可推断母智乃上之义，《训蒙字会》中“上”字训作 matai，恰如我古书中“贵”字训作むち（muchi），据此亦可证之，由此可解タマ（tama）即多模，上、贵之义可解为地方君长之尊称。本居氏释布刀玉命，尤将玉释为供奉之义，实过于穿凿。（《古事传》八）

弥弥、弥弥那利　　弥弥当与天忍穗耳、神八井耳、手研耳之耳同。《古事记传》卷七释天忍穗耳命之义，耳为尊称（耳字本为借字），其下有布帝耳神。又，神武天皇御子中以某耳（ナニミミ）为名者多。此外以耳为人名者亦众，皆同（中略）至于耳为尊称之意，美通比，产（ムス）灵（ビ）之灵（ヒ）重叠则灵灵（ヒヒ），为开化天皇大御名大毘々命，《书纪》中有太日々尊，《垂仁》卷亦有人名太耳，由此可知日々与耳同也。又明宫段人名前津見，《书纪》有前津耳（マエツミミ）（又，水垣宫段有陶津耳（スエツミミ），《旧书纪》称大陶祇(オホスヱツミ)当有据),可知耳(ミミ)者美(ミ)者,二者重叠,所云见者,略去其一也,云云。至此弥弥之义即明。弥弥那利我古书不见其语。《景行记》十二年条载,御木川上贼称作耳垂(ミミタリ),音近。然该纪之文有贼名鼻垂(ハナタリ)者相并而出,当非地方君长之尊称,古记传说混入甚多,以弥弥那利之尊称为起端并非不可能产生耳垂、鼻垂之词,姑且举之,仅作参考。

伊支马、弥马升、弥马获支、奴佳鞮　《梁书》及《南史》无弥马升,或脱落乎。宋本《太平御览》(近又有劳友人稻叶氏将仿宋活字本御览同宋椠本对校,告知四夷部倭国记载中所引《三国志》者完全相同,据此以下皆引用宋本,此附记之,并深谢稻叶氏)弥马升作弥马叔,此当为古写本叔作爲,由此产生异同。孰为正确,今难以断决,且二字之音并非相差殊远,似任取一方无妨。此四官名,皆邪马台者,故据此记载考定资料,至为重要。凡此《倭人传》官名考定,历来史家多付以等闲,然余最为留意,明而言之,能先考定此四官名,始得考定本传之关键。首先,关于伊支马一语,《神名帐》记载,大和国平群郡有往马坐伊古麻都比古神社两座,栗田氏《神祇志料》引《北山钞》云,凡大尝祭[①]使膽驹社神部奉火鑚木,又引《神名帐》头注,"卜部[②]龟卜次第照合奥书,卜部氏又祭此神,龟卜云火燧木神也"。《新撰龟相记》亦记载:"祭卜部坊行马社(一名膽驹社,在大和国平群郡)火燧木神也"。故或可指祭祀此神之卜部官氏为伊马支,此为一说。垂仁天皇御名活目入彦五十狭茅天皇

① 一代天皇只举行一次的祭祀仪式,通常是在天皇即位后的第一个秋季举行。

② 官名。古时属神祇官,司掌占卜之事。亦为其子孙姓氏。

(《记》作伊久米伊理昆古伊佐知命)。我上古制度有御名代[1],《日本书纪》记载,景行天皇之世,因录日本武尊功名而赐定武部。御名代及一并实行之御子代[4]制度,垂仁天皇之世,御子伊登志和气王无子,定伊登志部为子代,此可见于《古事记》,此二制度起源比记录所载更为古老。即便纪记[2]亦未载垂仁天皇定御名代之事,据当时制度其事并非无可能,伊支马或为垂仁天皇之御名代,此又一说。又,《书纪》记载,大伴氏率来目部远祖天槵津马大来目,亦称大来目部。《古事记》记载有久米直等之祖天津久米命,本居氏就其是否属大伴氏作过论述,要而言之,上古时期其为高官无疑。伊久米或为伊久久米之省略。伊久(イク)与伊香(イカ)、同嚴(イカ),通蒙古语 yeke,为大之意,由此可知伊久米与大来目同义。如本居氏之说,活目入彦之入乃亲爱之谓,又,参酌《孝德纪》二年所载子代入部,御名入部,结合垂仁天皇坐来目高宫思之,大来目部似与此天皇必定存在某种关系。据此,当不可不考虑官名伊支马同大来目部与垂仁天皇之御名代皆有缘由。其次为弥马升与弥马获支,此二官名相似,一并论述或为便宜。前所述垂仁天皇之御名代,崇神天皇之御名《日本书纪》称御间城入彦五十琼殖天皇(《纪》中有御真木入日子印惠命)。此外,孝昭天皇纪称观松彦香殖稻天皇(《纪》中有御真

---

① 日本大化时期(645—650)之前有关部的概念之一。各种部中,有以为王权服务的内容直接命名的,如玉作部,也有带有豪族名的如苏我部,除此之外,还有以5、6世纪大王、后妃、王子等宫名命名的如长谷部(雄略天皇的长谷朝仓宫)。这些都通常总称为名代、子代。子代(御子代)一语在《古事记》《日本书纪》等古代文献中广泛使用,而名代一语只见于《古事记》,且必用"御名代"表记。子代与名代之间差别不详,历史学家认为,两者可视作同一实体的别称,其本原是大王家的部曲(王家支配下的部民即民众)。

② 即《古事记》与《日本书纪》的简称。

津日诃惠志泥命），并冠以地名弥马。《国造本纪》长国造条载，“志贺高穴穗朝御世、观松彦色止命九世孙韩背足尼定赐国造”。此长乃阿波国那贺郡，且此国亦有美马郡，《神名帐》载，此国名方郡有御间都比古神社，栗田氏认为其所祭祀者为观松彦色止命。《播磨国风土记》[1]亦云，大三间津日子或为孝昭天皇。此类种种ミマツヒコ如何归一并非目下急务，然其中若有与孝昭天皇有关联者，则可解弥马升或为此天皇之御名代、御名入部之类，弥马获支解为崇神天皇之御名代御名入部类。上古族裔兴盛之皇别中，孝昭天皇之皇子天足彦国押入命之后，崇神天皇之皇子、豊城入彦命之后皆为显赫者，此推定当不至于过于牵强。其次为奴佳鞮，上古中臣氏乃强大官氏，此点无须列举证例。此外，尚有中跡直者，栗田氏《国造族类考》载，《旧事纪》中中跡直为天野命中跡直等祖，中跡《和名钞》为伊势国河曲郡中跡（奈加止），《东鉴》（七）中为中跡庄，《神名式》中为有奈加等神社所在地兴起之氏，前所述中臣伊势连、中臣伊势朝臣之中臣即中跡，《神名帐》中有桑名郡中臣社，即为此氏神。奴佳鞮为天儿屋根命之后裔中臣连，同中跡直等并非一定有关，当作中臣或中跡之对音则无疑。若邪马台定于九州地区，此四官名当作何解？此四官名之断定对推定本传主要人物卑弥呼究为何人当为极有力证据，阅下文即可明了。

狗古智卑狗　汲古阁本智作制，当误。宋本《三国志》、宋本

① 播磨国为奈良时代日本列岛上的一国，位于今兵库县西南部一带。该书于713年（和铜六年）应官命编纂，当成书于717年（养老一年）之前。书中和文风格浓厚，记载了当时这一地区狩猎、农耕、祭祀的情况，特别是书中还记载了应神、景行天皇的活动，是研究那一时期的珍贵资料。

《太平御览》皆作智，此可，当从之。狗古智即肥后国菊池郡，菊地古音久久智。菊池彦当为城野乡即狗奴国右族，属熊袭。

以上官名考证毕。

以下考证人名，其主要者为：

卑弥呼　　余拟断其为倭姬命，理由为据前所举官名伊支马、弥马获之可知其距崇神、垂仁两朝不远，此为一。云“事鬼道，能惑众”者，综合《垂仁纪》廿五年记载及其细注、《延历仪式帐》《倭姬命世纪》等传，当最适此命之行事。其从天照大神之教，自大和始，遍历近江、美浓、伊势诸国（据《倭姬世纪》，其行迹及尾张、丹波、纪伊、吉备），所到之处，征当地土豪神户、神田、神地作其神领，此事距神道设教之上古业已久远，纵可见魏人视为以鬼道惑众，然不足为怪，此为二。余断邪马台旁地名，原拟定大和附近，自倭姬命遍历之地遴选，然其多数不免于附会，乃得以限定地区以伊势为基点之地区，当为又一证，此为三。谓“年已长大，无夫婿”者，此极与倭姬命相符，同作神功皇后之事实不悖，此为四。谓“有男弟，佐治国”，当指景行天皇。据国史记载，天皇乃倭姬命之兄所坐，外国人记载当有不同。即据此记载，亦可知国政在天皇御手之中，命则专掌神事，惟其威势熏灼，皆误以为命为女王。日本武尊东征，必谒见之，凯旋之时，亦献俘虏于神宫，于此可知命威势之盛。尤命尊奉天照大神，征诸国神领，行宗教领土扩张，其武功堪比依仗武力之四道将军[①]，外国人以为女王并非无故，此为五。谓以婢千人自

① 崇神天皇为扩大其统治地区向四方派兵征伐。据《日本书纪》记载，大彦命为北陆，武渟川别为东海，吉备津彦为西道（山阳），丹波道主命为丹波（山阴），此四路皇族将军的总称即为四道将军。

侍，此数量似为过多，《倭姬世纪》载，天见通命之孙，即由八佐加支刀部児、由童女宇太乃大弥奈侍奉，又载，惟有男子一人（《隋书》及《北史》作二人）给饮食，传辞出入，此当与《倭姬世纪》所载大若子命以其弟乙若子命、建日方命以弟伊尔方命作舍人相合，此为六。其余者据以下人名考证当愈加明晰。卑弥呼一语之解，本居氏作ヒメコ（himeko）之义可。但《神代卷》载火之户幡姬児千千姬命、万幡姬児玉依姬命等之姬児亦作同，此则非也。如平田笃胤[①]所云，此二姬児意当为姬之子。弥训作メ之例，可见黑川氏《北史国号考》之上宫圣德法五帝说，其引绣帐文之吉多斯比弥乃弥已等（キタシヒメノミコト）、等已弥居加斯支移比弥乃弥已等（トコミケカシキヤヒメノミコト），注云，“弥字或当卖音也”，可从之。

难升米　　杂志《文》第一卷第十二号桔良平氏《日本纪元考概略》云，“垂仁天皇末年田道间守便常世（远国之称）之国，至景行天皇元年归朝，《魏志》载此事，曰，‘景初二年六月倭女王遣大夫难升米等诣郡诣求天子朝献’。倭女王乃倭奴王之误，难升米乃田道间守之讹”，倭女王作倭奴王，殆不足取，田间道守[②]作难升米，当从之。据《日本书纪》，载，垂仁天皇崩后，翌年，田道间守自常世国至，往来之间，历经十年。据《倭人传》，难升米景初 3 年（记载为 2 年，当为误，参见下说）初奉使赴魏，其间归国之事不明，可确其归国于正始 8 年以后，魏使张政等偕行，其时卑弥呼已死，可明其来往费时九至十年。差别之处，一为垂仁天皇，一为倭姬命，使者境

① 平田笃胤（1776—1843），江户时代后期国学家。参见前注。

② 日本神话传说中人物，但马国国守之意，新罗国王子天日枪的子孙。

遇大略相似。

伊声耆掖邪狗　　《倭人传》出现此人名有三处，唯最初出现时为伊声耆掖邪狗，后二处仅为掖邪狗，无伊声耆字。伊声耆之音当施训イ、サン、ガ，掖邪狗亦当施训イ、サ、カ，但魏人同一人以两种对音记时，或为重复记，或为单记一方。《神名帐》记载，有出云国出云郡阿须伎神社、同一社神伊佐我神社，又，同郡有伊佐波神社、伊佐贺神社，栗田氏《神祇志料》载，皆祭出云国造之祖，天夷鸟命之子伊佐我命。此神为天穗日命之孙，有年代不合之嫌，若同所有帝系，如出云国造系图、中辰系图、《旧事纪》之天孙本纪、物部、尾张二氏系图相比，世代之数短少，此乃常见，伊佐我命之年代亦并非必以天穗日命为标准。倘若该居地取其名，当可视该命之后裔亦袭用其名，故姑且以伊声耆即掖邪狗拟为此命。

都市牛利　　关于此人名，一可解为同田道间守有缘者，亦可解为同伊佐我命有缘者，故其于前二者之后出现。有一说认为，都市作同田道间守有缘者拟都市作出石，《和名钞》载有淡路国津名郡都志（豆之）乡，此岛同天日枪命有关，故此都志亦同但马出石有关，当为イッシ之省略，牛利（ゴリ）乃心（ゴリ）之义。《旧书纪·天孙本纪》载，有出石心大臣命，此命即便原同田道间守无任何关连，所云出石心，亦可当作人名使用之例。心在《日本书纪·神代卷》有田心（タゴリ）姬之例，若可作牛利，即便同《天孙本纪》不为一人，亦当有出石心（イッシゴリ），即都志牛利（ツシゴリ）这一人名。天日枪之后，天石若为田道间守居地，则可推断其因同正使难米升即田道间守有关，遂作次使赴魏国。同伊佐我命有关者，《神名帐》载，出云国出云郡有都我利神社，栗田氏

《志料》中作祭祀武夷鸟命（即天夷鸟命）之孙津狡（ツガリ）命。都志牛利之“志”，邦语[①]及韩语中多作助词，亦同都我利音近。此亦不可皆弃之。

载斯乌越　　有一说认为，载为戴之讹，近武内。现不改其字试释。栗田氏《志料》载，《神名帐》载有出云国饭石郡须佐神社，在今须佐乡。又，大原郡有佐世神社，在今佐世乡，皆祭祀须佐能袁命。以此须佐能袁命作素盏鸣尊近乎牵强，作须佐或佐世地方名族之名解不谓不可。

卑弥弓呼素　　历来读此人名多将素字作モトヨリ之义，读时附不和之后，余则附其于前，置于人名之中。呼素当施训コソ，《国造本纪》中“凡河内国造彦已曾保理命”之已曾、《孝德纪》中神社（カミコソノ）福草之社、《神名帐》中摄津国东生郡比卖许曾神社之许曾、《垂仁纪》二年条中难波与豊国国前郡两处比卖语曾神社之语曾等，所用コソ当与之同。所云比卖语会，当作女性，与其相对，所云卑弥弓，或可作男性。与卑弥呼一字之差，或缘其无ヒメコ之意。《国造本纪》载，山背国造有曾能振命，非彦已曾保理命，当为他者，名命之意似通，已曾者、曾者本义并无差别，此呼素或可亦指袭国酋长。

壹與　　本传中邪马台（臺）误作邪马壹，此壹與亦为臺與之误。《梁书》及《北史》俱作臺與，宋本《御览》作臺擧，此当可为证。卑弥呼宗女，即宗室女子之义，近与我《国史》中崇神天皇之女豊锹

① 即日本语。

入姬(豊耜姬命)之豊,《国史》中定豊锹入姬命为前所述天照大神之祭主,后涉及倭姬命。《倭人传》中倭姬命之前未见祭主,或当豊锹入姬误传作第二代。《国史》载景行天皇五百野皇女嗣倭姬命之职,其名字之音不似,相去甚远,无法匹对。

以上人名考证毕。

下面论述路程。白鸟库吉博士[①]在其最近考证中发表有关路程见解,举其大要,自带方郡至女王国一万二千余里,其中带方郡至狗邪韩水路七千余里,狗邪韩国至末庐国合三千余里,末庐国至不弥陆路七百余里,水陆合计,已一万七百余里,余者不过一千三百余里,尚不足到达大和。且当时路程记载以此种算法作基础精确与否,已存疑问。带方郡至女王国是否为女王之所都邪马台国,或为女王境界所尽处奴国,或为投马国与邪马台国之接界处,此必先决。即使以白鸟氏算法以,至奴国以直线计,不过一万六百余里,若以投马与邪马台接界为标准,一万二千余里并非过短。且此路程以海路计算极远,陆路计算较近,当不能不会有伸缩之余地。如下节所述,自带方至不弥之路程,与自带方至女王国之路程,因记载者异,记载时异,实难为一致。又若明确当时路程为奴国、不

① 白鸟库吉(1865—1942),明治、昭和时期历史学家。本名仓吉,毕业于东京大学,1901 年在获得文学博士学位后去欧洲留学,先后在德国、匈牙利研究东方学。回国后先后任学习院大学、东京大学教授。1907 年创东洋协会学术调查部,后又创办《东洋学报》。最早致力于朝鲜古代史、满洲史研究,是日本西域史研究的开拓者。在中国史学研究方面,其以《尚书》等古代文献的研究为基础,否定舜禹的存在,进而否定上古三代的存在。白鸟库吉的史学观既受到中国清代后期今文经学的影响,又带有西方近代文化所具有的批判性,在日本的学术界产生很大影响。著有《白鸟库吉全集》10 卷。

弥国以南，当应明记其数，而单以日数记其行程，不举里数，不将此间路程自一万二千余里精确扣除计算，有近乎刻板之嫌。由此可知，考证基础求之于地名、官名、人名较不精确之路程更为稳妥，从白鸟氏考证业已知轻觑地名之过。氏据菅氏之说定魏使自一支至末庐之地点为松浦郡值嘉岛之美弥良久崎。嘉岛即今五岛，自嘉岛陆行至伊都全无可能，然未留意，实为大谬。以余之所见，魏使上陆路地点恐为松浦郡名护屋附近。《仲哀纪》记载，岗县主祖熊鳄于周芳沙磨之浦（即佐波，位于本传之投马附近。有关此沙磨，《景行纪》及《豊后风土记》皆记载有关景行天皇征伐筑紫时经由其地之事，可见该地自古时已为舟行必由之地）奉迎天皇，其奏言曰："自穴门至向津野大济为东门，名笼屋大济为西门"。可知名護屋在当时作为要津已为人所知，自壹崎水路最为便捷，故作此决断。所云向津野大济，或为周防上之关、室积一带。该地今为熊毛郡，古时或当与都浓郡同为角国范围之中。亦有主张熊毛郡为古时周防郡之说。沙磨之浦属周芳、故周防郡位都浓之西而非其东。此都浓可解为向津野之津野，所谓向者，乃上之关等海岛，恐指都浓对岸者。余猜想魏使于投马以东登陆，地点当为此向津野附近要津。考虑路程之余，稍论及此点。

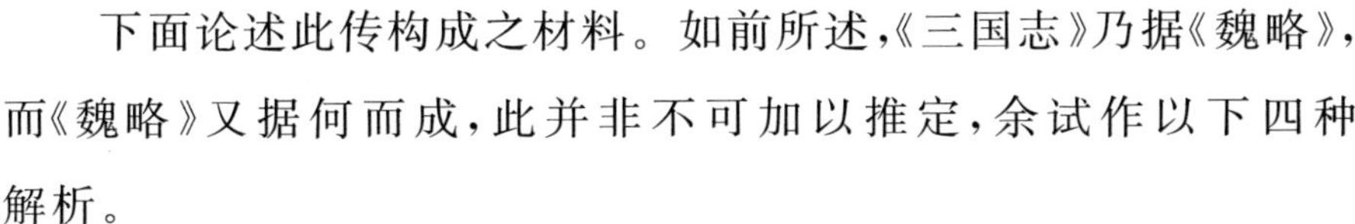

下面论述此传构成之材料。如前所述，《三国志》乃据《魏略》，而《魏略》又据何而成，此并非不可加以推定，余试作以下四种解析。

一、自"倭人在带方东南大海之中"至"使译所通三十国"，据

《汉书・地理志》,当为其时涉其事者所叙,此乃一种。

二、自"景初三年六月"至末尾者,乃据当时官府记录,此又为一种。

三、倭使初诣带方郡,询其本国情况,参考诸如《汉书》等前代记录所作记载,此为其三。余据传中以下各节作如此断定。

自"次有斯马国"至"与儋耳朱崖同"一节。(1)

自"其行来渡海诣中国"至"持衰不谨"一节。(2)

自"其会同坐起"至"人性嗜酒"一节。(3)

自"参问倭地"至"五千余里"一节。(4)

四、记载魏使至倭国详询其情者,此为第四种,即以下各节。

自"从郡至倭"至"旁国远绝,不可得详"一节。(1)

自"倭地温暖"至"以如练沐"一节(2)

自"出真珠青玉"至"视火坼占兆"一节。(3)

自"见大人所敬"至"船行一年可至"一节。(4)

一、二两种无须辩证。三、四种解析标准为,其一,属第三种记载多着眼于自倭至郡方面,属第四种者则着眼于自郡至倭方面,此为二者之别。其二,"次有某国"云云,国名排列皆于大和王畿附近,尤以伊势为起点,逐次排至最后,而"从郡至倭"云云,其国名排列则完全与之相反。其三,记载多有重复,属辞无脉络,如第三种(1)节,"风俗不淫"之句同第四种(4)节"妇人不淫不妬"句重复,第三种同节,"禾稻、纻麻"以下至"箭镞",物产同第四种(3)节所记物产非脉络相属,第四种(3)节"父母兄弟"云云,此句同第三种(3)节"会同坐起"云云一句亦非脉络相属。又,所载

"夏后康之子。封于会稽。断发文身。避蛟龙之害。"(第三种

1 节）乃袭《汉书·地理志》中粤地事记载。

“作衣如单被。穿其中央。贯头衣之。种禾稻纻麻。蚕桑缉绩。……其他无牛马虎豹羊鹊。兵用矛楯木弓。……竹箭……或骨镞。”（同节）

此大体袭用《汉书·地理志》有关儋耳珠崖之记载。根据此类掺杂魏人想象、附会古书记载者而推之，显而易见，其并非亲耳闻目睹者。最后之“参问”云云，亦然。

最后以校订零碎字句之异同终结此章。

注引《魏略》载“正岁四时”之“时”，宋本作“序”。“记春耕秋收”之“记”，宋本作“计”，当从之。

“重者灭其门户及亲族”之“灭”，宋本作“没”，“亲”作“宗”，亦当从之。

“其国本亦以男子为王。住七八十年。倭国乱，相攻伐历年。乃共立一女子为王。名曰卑弥呼”。此数句异同甚多。如前所引《后汉书》，

> 建武中元二年。倭奴国奉贡朝贺。此人自称大夫。倭国之极南界也。先武赐以印绶。安帝永初元年。倭国王帅升献生口百六十人。愿请见。桓灵间倭国大乱。更相攻伐。历年无主。有一女子。名曰卑弥呼。

《隋书》《通典》皆据《后汉书》，《北史》“桓灵间”作“灵帝光和中”，余者与《后汉书》同。《梁书》作“汉灵帝光和中”，与《北史》同，“历年”之下无“无主”二字，与《三国志》同，宋本《御览》引《三国志》，“住七八十年”作“灵帝光和中”。故《魏略》原文自“建武中元”

至“愿请见”与《后汉书》同，后有“汉灵帝光和中，倭国乱相攻伐历年”以下或当与《三国志》同。《三国志》云，“本亦以男子为王”，变为“中元、永初二次使朝贡者为男王”，当略去后改之。又，自永初至光和计算，作“住七八十年”之句，“灵帝光和中”改作“桓灵帝”皆明显出自喜好改删之范晔私意，“历年”之下加“无主”二字当完全为范晔妄改之结果。宋本《御览》引《三国志》存“灵帝光中和”之句，恐为当时异本或有作此者。

“景初二年六月”当为“三年”之误。《神功纪》引其作“三年”，当为正确。倭国、诸韩国通魏，此完全为辽东公孙刚为司马懿所灭之结果，渊之灭亡于景初二年八月，六月魏尚未于带方郡置太守。《梁书》亦作“三年”。

五、结论

以上各章大致论述了《魏书・倭人传》中

邪马台当为大和朝廷之王畿

女王卑弥呼当为倭姬命

但同魏国的交往时期在我国历史上相当于哪一时期，此点尚有语焉不详之憾。在此聊补片语结束此篇考证。

余根据女王国同狗奴国相攻击断定该时期当为景行天皇初年熊袭亲征时期。早在上古时期，语部[①]口传相承的史实完全不可能遗漏当时之大事，故魏国记载出现的史实即筑紫女酋之事迹在

① 上古时期以讲述传说、典故为世袭职业的部族。

我国上古史中完全阙失，实匪夷所思。又如魏使来筑紫，完全不知有大和朝廷存在而归同样难以置信。据此，魏国所尽知攻击之事可定为景行天皇之事迹，由此思及后世，如那珂通世之说，据《三国史记》、《神功纪》之干支、《续日本纪》菅野真道[①]等人之上表，神功皇后摄政时期当为百济近肖古王时期，此间凡百年，历经景行、成务、仲哀，神功四朝，则并非流于荒诞。由此上溯，汉灵帝光和中期间内乱，崇神、垂仁两朝间百姓流离，或有背叛（《崇神纪》六年条语），据此可推，诸如崇敬神祇、武埴安彦之叛、四道将军出征、狭穗彦之乱皆发生于此间，期间当为五、六十年，长短颇当，此亦为断定我国古代历史纪年极为有益之资料。

此处有一处当留意者，余所考定倭国使者除田间道守外诸人物皆出自但马、出云者。《崇神纪》六十年条所载，使贡上出云六神宫神宝，《垂仁纪》八十八年条载，献但马出石神宝，一并思之，贡献神宝实为示其服属于该国，此二国之服属乃使大和朝廷海外交往变易，更导致任那之服属。如前所述，《魏志》记载当在任那服属之后，其时奉外交使命者乃但马、出云两国名族，以当时情况思之，可谓于情理之中。

若再对《倭人传》所载倭国习俗及其他加以考辩及论述同韩国等诸国关系，当需更进一步阐发，此考证文已篇幅过长，故今略之，留待日后另草续考之机会。

（1910 年 7 月《艺文》第一年第 4 期）

① 菅野真道（741—814），奈良、平安时期公卿，出生于自百济去日的氏族。曾为东宫学士，任图书头、民部大辅、左兵卫督、左大弁、参议等官职，兼任大宰大弍、民部卿、左大弁、大藏卿。《续日本纪》撰者之一。

附记

此篇发表当时即引起专业学者之关注。与此同时，白鸟博士发表邪马台九州之说，接着其门人博士桥本增吉[①]氏在《史学杂志》刊载长篇论文，同样主张九州，尤其是筑后川流域之说，欲覆余之所说，然其说多与余见解相异而生歧论，并无加以辩驳之必要。惟令余满足者，此一时之议论使并时学者得以摆脱迷信以九州说为定论之意向，重新思考近畿说与九州说之两端。六七年前，《考古学杂志》曾刊载多种异论，推出主张畿内说之有力学者，其中亦派生出于山阴考察九州以东之海路一说，自不待言，此说要到形成一定结论尚待进一步研究探讨，然其远可震学者本居、鹤峰诸氏之名，近不雷同于星野、菅等先辈之言，不可不谓一大进步。今此篇再度问世之际，回顾二十年间史论之变化，不能不枨触中怀，故篇末聊作附语。

拙文发表之后，即有发现本说之欠缺者，指出考证卑弥呼之名条中，《古事记·神代卷》火之户幡姬兒及万幡姬児之两姬兒一词从本居氏读作ヒメコ（himeko）乃误，平田氏读ヒメノコ（himenoko）当为正确，今版改之。此外，"到其北岸狗邪韩国"条下，云，"据此足以可推断该记载乃出于任那服属于我国之后"，又，篇末，"此二国（但马、出云）之服属乃始使大和朝廷海外交往为易，更导致任那之服属。……《魏志》记载当时在任那服属之后"云云。

---

① 桥本增吉（1880—1956），历史学家，号南面外史。毕业于东京大学，先后任庆应大学教授、东洋大学校长。以研究古代日中关系史和中国古代天文、历法而著称。著有《从中国史看日本上古史研究》《中国古代历法研究》等。

后余据《山海经》记载得以推断，倭人自中国战国末至汉代定居于半岛南部，据《姓氏录》记载，左京皇别吉田连之祖盐乘津彦命受遣赴三已汶，当为居住半岛倭人受他族压迫，向本国请求援助，前说所记崇神天皇时任那始服属之事当加以修正。

再者，"对苏国"一条，拟其当为近江国伊香郡遂佐乡，然村岡良弼氏《日本地理志料》认为遂佐为远佐之误，此说得当，故拟改其为该国蒲生郡必都佐乡。因据《延喜式》《神名帐》，该郡有比都佐神社，亦因该地有鸟坂长峰。

又，关于投马国，近年有将其拟作备后鞆津一说，余亦以为可作一考。余前说着重于周防佐波乃自古以要津而知名，而其与鞆津者，究为何者，当有待作进一步考证。

西高辻男爵所藏张楚金[①]《翰苑》卷第卅有"倭国"条，其中所引《魏略》"女王之南又有狗奴国"，将狗奴国作"女王之南"，恐为误解《魏略》之文，而据此所作《后汉书》之"自女王国东度海千余里。至拘奴国"，其谬误显而易见。

参考论文

白鸟博士《倭女王卑弥呼考》(1910 年 6 月、7 月《东亚之光》第 5 卷第 6 期、第 7 期)

白鸟博士《论邪马台国》(1922 年 7 月《考古学杂志》第 12 卷第 11 期)

桥本增吉《论邪马台国及卑弥呼》(1910 年 10 月、11 月、12 月《史学杂志》第 21 卷第 10 期、第 11 期、第 12 期)

高桥健自博士《从考古学看邪马台国》(1922 年 1 月《考古学杂志》第 12

① 张楚金，唐代人，生卒年不详。并州祁(今山西祁县)人。历任刑部侍郎、吏部侍郎、秋官尚书，赐爵南阳侯。后为酷吏周兴所陷，配流岭表，竟卒于徙所。著有《翰苑》《绅诫》。

卷第 5 期)

三宅米吉博士《论邪马台国》(1922 年 7 月《考古学杂志》第 12 卷第 7 期)

笠井新也《邪马台即大和》(1922 年 3 月《考古学杂志》第 12 卷第 7 期)

笠井新也《卑弥呼时代畿内与九州文化及政治关系》(1923 年 3 月《考古学杂志》第 13 卷第 7 期)

笠井新也《卑弥呼即倭迹々日百袭姬命》(1924 年 4 月《考古学杂志》第 14 卷第 7 期)

中山太郎《关于〈魏志·倭人传〉的土俗学考察》(1922 年 3 月、5 月、8 月《考古学杂志》第 12 卷第 7 期,第 9 期、第 12 期)

山田孝雄《狗奴国考》(1922 年 4 月、5 月、6 月、7 月、8 月《考古学杂志》第 12 卷第 8 期、第 9 期、第 10 期、第 11 期、第 12 期)

志田不动麿《邪马台方位考》(1927 年 10 月 1 日《史学杂志》第 38 编第 10 期)

以上八人中,白鸟博士与桥本氏持九州说,其余六人持近畿说。

(1928 年 12 月记)

图书在版编目(CIP)数据

日本文化史研究/(日)内藤湖南著;刘克申译.—北京:商务印书馆,2017
(汉译世界学术名著丛书:120年纪念版:珍藏本)
ISBN 978-7-100-14279-3

Ⅰ.①日… Ⅱ.①内… ②刘… Ⅲ.①文化史—研究—日本 Ⅳ.①K313.03

中国版本图书馆CIP数据核字(2017)第139310号

汉译世界学术名著丛书
(120年纪念版·珍藏本)
日本文化史研究
〔日〕内藤湖南 著
刘克申 译

商 务 印 书 馆 出 版
(北京王府井大街36号 邮政编码100710)
商 务 印 书 馆 发 行
北京中科印刷有限公司印刷
ISBN 978-7-100-14279-3

2017年12月第1版 开本710×1000 1/16
2017年12月北京第1次印刷 印张28¾
定价:145.00元